本书由江苏大学专著出版基金资助
本书系项目 71371087 研究成果

经济效益分析：理论与方法

Economic Benefit Analysis: Theory And Method

孔玉生　朱乃平　李靠队　陈平　著

江苏大学出版社
JIANGSU UNIVERSITY PRESS

图书在版编目(CIP)数据

经济效益分析：理论与方法 / 孔玉生等著. —镇江：江苏大学出版社，2015.12
ISBN 978-7-5684-0010-7

Ⅰ.①经… Ⅱ.①孔… Ⅲ.①经济效益—经济分析 Ⅳ.①F014.35

中国版本图书馆 CIP 数据核字(2015)第 314484 号

经济效益分析：理论与方法
Jingji Xiaoyi Fenxi：Lilun yu Fangfa

著　　者/孔玉生　朱乃平　王海军　李靠队　陈　平
责任编辑/柳　艳　张　平
出版发行/江苏大学出版社
地　　址/江苏省镇江市梦溪园巷 30 号(邮编：212003)
电　　话/0511-84446464(传真)
排　　版/镇江文苑制版印刷有限责任公司
印　　刷/丹阳市兴华印刷厂
经　　销/江苏省新华书店
开　　本/787 mm×1 092 mm　1/16
印　　张/22
字　　数/464 千字
版　　次/2016 年 1 月第 1 版　2016 年 1 月第 1 次印刷
书　　号/ISBN 978-7-5684-0010-7
定　　价/56.00 元

如有印装质量问题请与本社营销部联系(电话：0511-84440882)

目 录

1 绪 论

1.1 经济效益的概念

经济效益，一般是指经济活动中投入与产出的比较关系。人类从事的任何经济行为和经济活动，都要投入一定的经济资源以取得相应的成果。投入与产出两者进行比较，就构成经济效益。经济效益是有效地利用资源（人力、物力、财力）以提供为促进社会繁荣和提高人民生活所需要的物质产品及服务。它包括社会劳动节约程度和社会需要的满足程度两个方面。经济效益的大小，在于生产与消费的构成比例及生产构成的协调程度，或者说，在于再生产过程中是否使生产的各种要素及生产与消费之间保持动态的平衡。保持这种平衡，实际上就是社会主义计划经济的使命。衡量社会经济效益的主要指标，既不是产值多少，也不是积累率的高低，而是两大部类生产的协调程度及每个部类内部的比例协调的程度。它在总体上表现为国民收入同社会消费需要相互协调而增长的幅度，是国强和民富一致的增量。国强民富的统一，是社会主义优越性的根本所在。

人们从事任何经济活动，都要投入一定的劳动以取得相应的成果，在一般情况下，投入一定的劳动量所产出的成果越多，或者产出一定的成果所投入的劳动量越少，即表明经济效益越大。在商品经济条件下，经济活动中劳动占用和劳动消耗主要是通过其价值量来计算的，但绝不是说与使用价值无关，而是恰恰相反，任何的经济效益都必须以一定的质（即一定的使用价值）为前提。马克思在其剩余价值理论中引用了李嘉图的一段话："真正的财富在于用较少的价值创造出尽量多的使用价值，换句话说，就是在尽量少的劳动时间内创造出尽量丰富的物质财富。"恩格斯则把商品经济中的经济效益概括为"生产费用对效用的关系"。他们的论述科学、精辟地阐明了经济效益的精髓。当前多数学者把经济效益表述为"经济活动中产出与投入的比较关系"或者"所得与所费的比较关系"，无一不是源于马克思、恩格斯的论述。

经济活动中的"投入"，一方面表现为经济活动中的劳动消耗（包括活劳动消耗和物化劳动消耗），它是人类社会活动的基本要素。活劳动消耗是为了补偿劳动力的消耗而支出的各项费用；物化劳动消耗则是劳动资料和劳动对象的消耗。在经济活动的有用成果一定的情况下，劳动消耗越少，经济效益越大；反之，则经济效益越小，甚至有可能产生负效益。

经济活动中的“投入”还表现为劳动占用。劳动占用是指对人力资源、自然资源和其他物质资源的占用。劳动占用的多少，既体现为其占用的数量，也体现为占用的时间。物化劳动的占用是经济活动的物质基础，而且随着经济活动的进行，物化劳动的占用将不断地转化物化劳动消耗，物化劳动占用的数量和质量会直接影响产出成果的数量和质量。合理的物化劳动占用应当是在满足消耗需要的前提下，其占用数量越少越好。另外，劳动占用总是表现为一定时间的占用，在劳动占用量一定的情况下，应力求减少占用时间。合理、有效的劳动占用不仅影响经济单位的经济效益，而且会影响国民经济的持续稳定发展。总之，从经济效益的内涵来说，劳动消耗和劳动占用都是经济活动“投入”的表现。

经济活动的“产出”是经济活动的有效成果。在物质生产部门，它表现为符合社会需要的产品和劳务，一般用反映其使用价值的品种、数量、质量等表示。非物质生产部门的有效成果则表现为各种服务及其成果，即超出了经济范畴而体现在社会精神和社会责任方面。

经济效益是一个“比较”的概念。从定性的角度来看，经济效益可以用经济活动的“所得”与“所费”来概括。“所得”是表示实现经济活动目标的程度；“所费”表示实现经济活动目标所付出的代价。从定量的角度来看，经济效益的高低、优劣应当主要以其价值形态量化来表示。其具体表达方式有两种：其一是经济效益的绝对值，即“有效成果－劳动占用、劳动消耗”，其二是经济效益的相对值，即“有效成果/劳动占用、劳动消耗”，其中以后者较为常用。

还应当指出，在社会化大生产高度发达的条件下，经济效益的范围不仅仅局限于直接生产过程，而是涉及社会再生产的全过程，甚至涉及社会生活的各方面。因为生产领域中的“投入”与“产出”，对资源利用、生态平衡、人口、就业、精神文明、社会发展都有不同程度的影响。所以评价经济效益时，在投入上不仅要考虑劳动消耗和劳动占用的数量的多少，还应当考虑资源的合理有效利用程度；在产出上，不仅要衡量有效成果的数量和质量，还应衡量其对社会及生态环境的影响。

1.2 经济效益研究的意义

1.2.1 经济效益分析的理论意义

现代社会，人们越来越注重经济效益。“经济效益”一词最早出现在国外，在中国的发展虽然也已经有些年月，但是大多数人只是用它来表示一个笼统的概念。比如一个馒头就可以产生经济效益，一个企业有经济效益，甚至连英国王室宝宝都会产生经济效益。自从传出英国凯特王妃即将分娩的消息后，为王室宝宝提供产品的英国母婴产品品牌Mothercare的股价就高开高走。另外，博彩公司设下了王室宝宝性别和姓名的“赌局”，其赌注总额度已超过153万英镑(235万美元)，这意味着公司已经稳入15.3万英镑(23.5

万美元)利润。可以说,王室宝宝的到来给英国带来了巨大的经济效益。由此我们可以对"经济效益"一词形成初步的认识,它可能是一些指标,但绝不仅仅只是几个独立指标的混合。以往的研究只停留在了相对细化的层面上,没有涉及对经济效益的系统分析,其理论基础并不坚实。本书就是在这样的背景下展开研究的,更强调经济效益分析的系统性和科学性。

1.2.2 经济效益分析的现实意义

提高企业经济效益的重要性主要在于以下三个方面:① 提高经济效益,有利于增强企业的市场竞争力。② 提高经济效益,才能充分利用有限的资源创造更多的社会财富,满足人民日益增长的物质文化需要。③ 提高经济效益,搞好国有大中型企业,才能增强综合国力,巩固公有制的主体地位,发挥社会主义制度的优越性。

正因为企业经济效益的提高对企业发展有如此重要的影响作用,目前中国乃至全球企业都在积极追寻提高企业经济效益的有效方法。比如很多企业依靠科技进步,采用先进技术,提高企业职工的科学文化水平和劳动技能,使企业的经济增长方式由粗放型向集约型转变。同时也有很多企业趋向于采用现代管理方法,提高企业经营管理水平,提高劳动生产率,以最少的消耗生产出最多的适应市场需求的产品。依靠科技进步和采用现代管理方法是现代企业提高经济效益的重要手段。而进行经济效益分析可以促进企业经营管理、推动技术进步。

企业最主要的目的就是充分利用有限的资源以实现效益最大化。企业是员工、实物资产和信息技术的综合体,可以称之为一个系统。当今应用管理学中的各种解决问题的方法有一个明显的共同特征就是以系统的观点观察、分析问题。企业管理的系统分析是为衡量企业达到预定目标的程度,分析和寻找未能达到目标的原因或寻找更好的达到目标的途径,并且对企业的效益、活力、素质及管理方案进行系统、科学的分析和评价。其中对效益的分析和评价就是企业经济效益分析,它是企业管理系统分析的重要部分。企业经济效益分析就是从宏观与微观相结合的角度,对企业在生产经营过程中形成和实现经济效益的程度进行检查、考核和评价的管理工作,其目的在于提高企业经济效益。在市场经济活动中,每一个企业都会受到资源(资金、人员的数量及质量、生产能力、技术信息等)的限制,如何充分地利用这些资源,以实现最大的经济利益呢?本书认为,只有通过对企业的外部环境和内部环境及约束条件进行综合分析和评价,并采取相应的措施,才能达到资源的最优配置。当前我国经济建设工作中面临着经济发展速度与效益的关系问题,其解决的重点在如何保证和提高效益的基础上维持或者加快经济发展速度。很多经济管理理论指出,国民经济的微观单位(企业)从粗放型向集约型发展,可以促进企业经济效益的提高并实现最大化。而企业经济效益分析就是从宏观与微观相结合的角度,对企业在生产经营过程中形成和实现经济效益的程度进行检查、考核和评价的管理工作,其目的在于提高企业经济效益。所以,开展企业经济效益分析对于提高经济效益的整体水平是关键的一环。此外,开展对企业经济效益的分析,不仅能提高企业素质、切实加强经营管理,深入挖掘企业内部潜力,而且对于推动科技进步,实现从"速度效益型"向"内涵效益型"的转变,对于维护资产投资权益,确保资产保值增值和为企业经济效益的最大化创造良好的外部环境等都具有重要的意义。[①]

1.3　经济效益研究综述

1.3.1　马克思在《资本论》中所阐述的经济效益思想

（1）从所费最小的角度体现经济效益的思想。马克思说："资本有一种趋势，就是在直接使用活劳动时，把它缩减为必要劳动并且利用劳动的各种社会生产力来不断缩减生产产品所必要的劳动，因而尽量节约直接使用的活劳动，它还有一种趋势，要在最经济的条件下使用这种已经缩减到必要程度的劳动，也就是说，要把所使用的不变资本的价值缩减到它的最低限度。"

（2）要获得一定的经济效益所依赖的因素有：资本量、劳动力、科学和土地等，而以最小的所费获得同样的所得是资本的趋势和资本固有的力量。①"即使执行职能的资本的量已定，资本所合并的劳动力、科学和土地（经济学上所说的土地是指未经人的协助而存在的一切劳动对象），也会成为资本的有伸缩性的能力，这种能力在一定的限度内使资本具有一个不依赖于它本身的量的作用范围。"②"生产资料使用上的这种节约，这种用最少的支出获得一定结果的方法，同劳动所固有的其他力量相比，在更大得多的程度上表现为资本的一种固有的力量，表现为资本主义生产方式所特有的并标志它的特征的一种方法。"

（3）生产符合社会需要的使用价值，从实现的角度体现经济效益的思想。①"如果某种商品的产量超过了当时的社会需要，社会必要劳动时间的一部分就浪费掉了。"②"要使一个商品按照它的市场价值来出售，也就是说，按照它包含的社会必要劳动来出售，耗费在这种商品总量上的社会劳动的总量，就必须同这种商品的社会需要的量相适应，即同有支付能力的社会需要的量相适应。"

（4）提高经济效益的思想：一靠扩大潜力，二靠提高资金占用，三靠缩短流通时间，四靠提高劳动生产率。①"资本一旦合并了形成财富的两个原始要素——劳动力和土地，它便获得了一种扩张的能力，这种能力使资本能把它的积累的要素扩展到超过似乎是由它本身的大小所确定的范围。即超过由体现资本存在的，已经生产的生产资料的价值和数量所确定的范围。"②"流通时间的延长和缩短，对于生产时间的缩短和延长，或者说对于一定量资本作为生产资本执行职能的规模的缩小和扩大，起着一种消极限制的作用。"③"显然，生产时间和劳动时间越吻合，在一定期间内一定生产资本的生产率越高，它的价值增殖就越大。"④"资本在流通中的形态变化越成为仅仅观念上的现象，也就是说，流通时间越等于零或接近于零，资本的职能就越大，资本的生产效率就越高，它的自身增殖越大。"⑤"商人资本既不创造价值，也不创造剩余价值，就是说，它不直接地创造它们。但既然它有助于流通时间的缩短，它就能间接地有助于产业资本家所生产的剩余

---

① 周莉莉：《浅谈企业经济效益分析》，《经济教育研究》，1996 年第 2 期。

价值的增加。既然它有助于市场的扩大并对资本家之间的分工起中介作用,因而使资本能够按更大的规模来经营,它的职能就会提高产业资本的生产效率和促进产业资本的积累。既然它会缩短流通时间,它就会提高剩余价值和预付资本的比率,也就是提高利润率。"⑥"劳动生产率的提高正是在于:活劳动的份额减少,过去劳动的份额增加,但结果是商品中包含的劳动总量减少;因此所减少的活劳动要大于所增加的过去劳动。"⑦"劳动生产力的提高的特征正好是:不变资本的固定部分大大增加,因而其中由于损耗而转移到商品的价值部分也大大增加。"⑧"因此,加入商品的劳动总量的这种减少,好像是劳动生产力提高的主要标志,无论在什么社会条件下进行生产都一样。"⑨"劳动生产力的提高,在这里一般是指劳动过程的这样一种变化,这种变化能缩短生产某种商品的社会必需的劳动时间,从而,使较小量的劳动获得较大量的使用价值的能力。"

综上所述,尽管马克思在《资本论》中并没有明确提出经济效益这个概念,但却从不同角度反映了经济效益的思想。正是由于马克思等革命导师当年的辛勤耕耘,才为后来的中国现代经济学家在经济效益领域的研究开辟了广阔的天地。[①]

1.3.2 20世纪90年代早期《经济研究》对经济效益理论的贡献

(1) 1991年《经济研究》第11期发表张军扩的文章《"七五"期间经济效益的综合分析——各要素对经济增长贡献率测算》,作者在文章中谈到国家在"七五"计划中提出,坚持把提高经济效益特别是提高产品质量放在十分突出的位置上来,正确处理好效益和速度、质量和数量的关系。并在此基础上保持经济的持续稳定增长。"七五"期间,我国国民生产总值年平均增长7.7%,略高于计划规定的年平均增长7.5%的速度,与国外情况相比,不仅高于西方发达国家,也高于大多数发展中国家和地区,与亚洲四小龙的新加坡和中国香港相当。因此,可以说,"七五"计划的增长率目标基本上实现了。文章还分析了影响经济效益的各要素对经济增长的贡献率。

(2) 1991年《经济研究》第11期发表刘诗白的文章《经济效益持续下降之原因探索》,文章认为工业生产和市场销售持续回升,而经济效益却大面积下滑,是1990年我国经济进入复苏以来经济运行的主要特征。该年第二季度以来经济效益缓慢好转,企业亏损微弱减少,但是经济效益下滑趋势尚未被根本扭转。一方面投资、消费、生产、销售增长、经济复苏,另一方面经济效益却持续下滑。这一现象表明:治理整顿在矛盾中发展,使得总需求与总供给的矛盾基本缓解。

(3) 1991年《经济研究》第11期首钢研究与开发公司经济效益课题组撰文《改革时期全民工业企业经济效益状况研究》认为,近年来,如何评价工业企业经济效益一直是各界讨论的热点。由于从不同的角度,采用不同的衡量指标来分析工业企业经济效益状况,因而得出两种截然不同的结论。多年来,认为工业企业经济效益不断下降的观点最为流行。党的十一届三中全会以来,经济不断发展,国家实力显著增强,人民生活明显改善,这表明工业企业创造的物质财富大幅度增加,经济效益明显提高。理论与现实出现的这种矛

① 李晓东:《中国经济效益理论研究的历史回顾与分析》,《改革与战略》,2008年第8期。

盾，根源在于理解和评价经济效益的方法有别，经济学界因此给出了不同的想法和建议。

这些文章的发表表明我国已经拥有了一套比较系统的科学的经济效益理论，并开始了从理论向实践的迈进。

1.3.3 1993 年以后关于经济效益理论的论战

《经济研究》在 1993 年第 6 期刊登了美国经济学家托马斯·G. 罗斯基教授的《经济效益与经济效率》，在我国经济学界引起了轩然大波，一场有针对性的大讨论爆发。罗斯基认为，中国的经济学家用许多统计指标来度量经济效益的变化，用得最多的有三种：① 工业净产值对总产值的比率；② 利税对总资产的比率；③ 利税对销售额的比率。他对中国学者以上三种指标的高值或上升与有利的经济情况相互联系表示强烈的质疑。

第一篇应战文章是 1993 年《经济研究》第 10 期刊登的《正确理解经济效益促进经济发展——有感于译文〈经济效益与经济效率〉》，作者在文中认为：《经济研究》1993 年第六期刊登一篇《经济效益与经济效率》的译文（作者罗斯基，译者王宏昌），译文作者把我国的“效益”一词当作 benefit（这一英文词一般译为利益或收益），说中国的翻译把“效益”译为 effiency（效率）是不妥当的，从而认为在中国的经济界词汇中应该清除对经济效益概念使用经济效率之类的度量。然而不无遗憾的是，这位教授的理解并不符合中国语文、经济词汇的实际。其他具有代表性的文章有张先治 1994 年发表在《财经问题研究》的《经济效益与经济效率——兼与托马斯·G. 罗斯基商榷》，刘涛、黄强发表于《上海统计》1997 年第 10 期的文章《经济效率与经济效益之比较》等。

纵观我国 40 多年来经济效益理论的研究和发展，尽管经济学界已经有了系统的研究方法和较为科学的理论体系，但是我国现行经济效益理论并不完善。例如：不同的社会形态的经济效益到底有什么区别，为什么社会主义现阶段的经济效益不同于其他社会形态的经济效益，它们之间有什么区别和联系，现阶段的经济效益的特点和实质是什么？再者，我国目前尚未形成一套公认的经济效益评价体系，统一的经济效益评价标准至今仍未产生。另外，影响我国经济效益的因素到底是哪些，有多少？怎么样把这些因素同经济效益理论分析和实践结合起来等等都是需要进一步解决的问题。因此，尽管《经济研究》杂志从 1994 年以后再也没有发表过关于经济效益的文章，但每年在其他各类杂志上发表的经济效益的理论应用、评价体系创建等类的文章都在 100 篇以上，因此，经济效益理论的研究还在随着时间的推移继续发展。[①]

综上所述，国内外关于经济效益的研究，还没有建立起逻辑清晰的理论与方法体系，实践中也没有建立起以经济效益分析理念指导企业的战略定位、产品开发、营销决策、竞争策略以及其他企业运作行为的决策等。为此，本书对企业进行经济效益的理论和分析方法将进行重点研究，并结合实例强调实践的可操作性。

---

① 李晓东：《中国经济效益理论研究的历史回顾与分析》，《改革与战略》，2008 年第 8 期。

1.4 研究框架

经济效益分析是经济活动中极为关键的部分。科学的经济效益分析能为政府宏观经济决策和企业微观经营决策提供科学依据,也是保证经济合理增长的重要手段。本书在对经济效益分析理论和分析方法系统深入分析的基础上,结合企业经济活动的重要内容和特征进行多维度多层次的具体分析,包括基于市场的经济效益分析、基于生产的经济效益分析、基于财务的经济效益分析及基于风险的经济效益分析等。本书注重宏观与对微观结合,对非营利组织经济效益分析进行了独立研究。最后对经济效益分析实现的途径进行了探索和总结。本书的研究框架如图 1-1 所示:

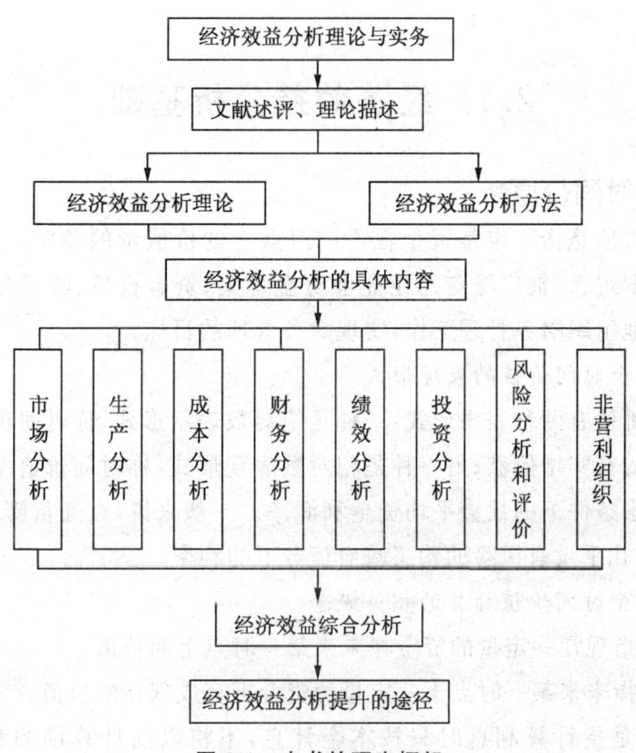

图 1-1 本书的研究框架

2 经济效益分析理论

2.1 经济效益分析基础

2.1.1 资金的时间价值

资金的时间价值是指一定量资金在不同时点上的价值量的差额。它是现代财务管理树立的一个基本观念，被广泛应用于企业资金筹集、资金投放、收益分配等诸多环节，从而能够更有效地组织财务管理工作，实现财务管理的目标。

2.1.1.1 资金时间价值的表现形式

资金的时间价值有两种表现形式：一种是绝对数表示形式，称时间价值额，是资金在周转使用中产生的真实增值额；另一种是相对数表现形式，称时间价值率，是指在没有风险和没有通货膨胀条件下的社会平均资金利润率。一般来说，在通货膨胀率很低的情况下，时间价值率为几乎没有风险的购买政府债券下的利率。

2.1.1.2 资金时间价值计算的相关概念

(1) 终值，是指现在一定量的资金在未来某一时点上的价值。

(2) 现值，是指未来某一时点上一定量的资金折合成现在的价值。

(3) 单利法，是指计算利息时只按本金计息，不将以前计算期的利息累加到本金中去。

(4) 复利法，是指计算利息时将上期的利息并入本金一并计算利息。

(5) 年金，是指一定时期内每期相等金额的收付款项。其中普通年金是指在每期期末收到或付出的年金。

2.1.1.3 资金时间价值的计算公式

(1) 单利终值和现值的计算

单利终值的计算：$F=P\times(1+i\times N)$，F 为终值，P 为现值，i 为利率，N 为期数。

单利现值的计算：$P=F/(1+i\times N)$。

（2）复利终值和现值的计算

复利终值的计算：$F=(1+i)^n$，$(1+i)^n$ 为复利终值系数，也可表示为$(F/P,i,n)$。

复利现值的计算：$P=(1+i)^{-n}$，$(1+i)^{-n}$为复利现值系数，也可表示为(P,i,n)。

（3）普通年金终值和现值的计算

普通年金终值的计算：$F=A\cdot\frac{(1+i)^n-1}{i}$，$A$ 为年金，$\frac{(1+i)^n-1}{i}$为年金终值系数，也可表示为$(F/A,i,n)$。

普通年金现值的计算：$P=A\cdot\frac{1-(1+i)^{-n}}{i}$，$\frac{1-(1+i)^{-n}}{i}$为年金现值系数，也可表示为$(P/A,i,n)$。

为了更好地理解相关概念，举一个小小的例子。如果有人请你对美国纽约曼哈顿岛进行估价，你可能会一筹莫展。但是，如果有人告诉你，美国纽约曼哈顿岛是在 1626 年以 60 荷兰盾（约合 24 美元）购得的，你会很容易地计算出当时的 24 美元到现在应该值多少钱。是的，这笔交易发生在 390 年前，假设年利率是 10%，则当时 24 美元投资的现值约为 33 万亿美元。这是资金的时间价值最直接的体现，它相当于在没有风险且没有通货膨胀条件下的社会平均资金利润率。

2.1.2 风险价值

风险是指事件本身的不确定性，或者说，风险就是某一不利事件发生的可能性。从财务管理的角度来说，风险就是实际收益无法达到预期收益的可能性。比如，假设投资者购买了报酬率为 8%的一年期国债，一年期满，该投资者即可获得政府保证的 8%的收益，其收益的不确定性较小。但如果该投资者换成购买的是任何一家的普通股股票，同样持有一年，其收益就会相当的不确定。该投资者有可能实现预期的现金股息收益，也可能不能实现；而且，一年后的股价更加不确定，甚至有可能比当初的买价还要低。根据风险的含义，我们可以看出，国债是无风险的证券，而普通股票则是有风险的证券。收益的不确定性越大，其风险也就越高。从理论上严格地说，风险和不确定性有一定的区别。风险是指事前可以知道所有可能的后果，以及各种后果出现的概率。而不确定性是指事前不知道所有可能的后果，或者虽然知道可能的后果，但不知道它们出现的概率。但在处理实际问题时，两者实际上很难区分。人们通常会为不确定性主观规定一些概率，以便进行定量分析。也就是说，在实际的财务管理中，对风险与不确定性并不作严格区分。

风险无处不在，风险的存在会影响经济效益的变动，也会影响投资者对经济效益的要求。在进行经济效益分析时必须考虑风险。风险由风险因素、风险事故和风险损失三个要素构成：① 风险因素，指引起或增加风险事故的机会或扩大损失幅度的条件，是事故发生的潜在原因，包括实质性风险因素、道德风险因素和心理风险因素；② 风险事故，即风险事件，是使风险造成损失的可能性转化为现实性的媒介，是损失的直接外在原因。③ 风险损失，是指风险事故所带来的物质上、行为上、关系上及心理上的实际和潜在的利益丧失。

风险价值又称风险收益、风险报酬，是指投资者冒风险进行投资所获得的报酬。投资风险越大，投资者对投资报酬率的要求就越高。

2.1.2.1 风险价值的计算步骤

财务领域中所谈及的风险是指预期收益偏离实际收益的可能性，所以衡量这一偏离程度就需要计算：① 确定收益的概率分布；② 计算期望值；③ 计算方差和标准离差。期望值相同的情况下，方差和标准离差越大，风险越大。在实际工作中，尽管"标准离差"能够反映投资项目所冒风险的程度，但不便于与其他方案比较，故需计算"标准离差率"。

(1) 确定投资项目未来的各种预计收益(用 x_i 表示)及其可能出现的概率(用 p_i 表示)，并计算出未来收益的"预期价值"(用 EV 表示)，计算公式为：

$$\text{未来收益的预期价值}(\bar{E}V) = \sum x_i p_i$$

(2) 计算"标准离差"(用 σ 表示)与"标准离差率"(用 r 表示)。

(3) 投资风险价值计算公式：标准离差率 $= \sqrt{\sum x_i - \bar{E}V \cdot p_i}$。

(4) 确定"风险系数"(用 f 表示)：一般应根据该行业全体投资者对风险反感的态度来确定，通常是风险程度的函数。

(5) 导入风险系数，计算该项投资方案预期的投资风险价值。

2.1.2.2 风险价值的计算公式

风险价值的计算公式为：

预期的风险报酬率＝风险系数×标准离差率

预期的风险报酬额＝未来收益的预期价值×预期风险报酬率/(货币时间价值＋预期风险报酬率)

将预期的投资风险价值与企业要求的投资风险价值进行比较：若预期的投资风险价值大于要求的投资风险价值，说明该投资方案所冒的风险大，得到的报酬率小，方案不可行。若预期的投资风险价值小于要求的投资风险价值，说明该投资方案所冒的风险小，得到的报酬率大，方案可行。

企业要求的投资风险价值的计算公式为：

企业要求的投资报酬率＝货币时间价值＋要求的风险报酬率

企业要求的风险报酬率＝要求的投资报酬率－货币时间价值

企业要求的风险报酬额＝未来收益的预期价值×要求的风险报酬率/(货币时间价值＋要求的风险报酬率)

2.2　经济效益分析的类型

2.2.1　经济效益分析的类型——按时间分

2.2.1.1　事前经济效益分析

事前经济效益分析也称为项目可行性分析，是企业做决策的前提。

就成本效益事前分析而言，它在事前分析时的重点是对成本决策效益进行分析评价。成本决策包括确立目标成本和规定成本的构成。目标成本是指一定时期内产品成本应该达到的水平，它是根据企业的生产技术经济条件和可能采取的各种措施、方案对未来成本水平及其变动趋势的科学评估。

2.2.1.2　事中经济效益分析

事中经济效益分析主要是强调在目标完成过程中对目标偏离可能的控制分析。以成本效益为例，其事中经济效益分析主要是对成本形成过程的控制工作进行分析评价，主要包括对控制方法、控制手段、控制工作的有效性进行分析。

2.2.1.3　事后经济效益分析

事后经济效益分析主要强调目标完成的程度总结，以积累在下一次经济活动中的经验。就成本效益的事后分析而言，它主要是对成本经济效益的实现情况进行分析评价。主要包括对产品升降原因的分析和对成本降低计划指标的完成情况进行分析和评价。

2.2.2　经济效益分析的类型——按主体分

2.2.2.1　微观经济效益分析

微观经济效益是从基层单位或局部的角度来考察的经济效益，是基层单位生产经营获得的投入与产出之比，也就是我们日常从某个部门、某个单位的角度出发进行的经济效益分析。它包括成本经济效益分析、资源利用经济效益分析、销售经济效益分析、投资项目经济效益分析、企业兼并与破产的经济效益分析等。

2.2.2.2　宏观经济效益分析

宏观经济效益也称国民经济效益，是从全社会或国民经济全局来考察的经济效益。它是指国民经济中劳动成果与劳动消耗及资源占用之间的比例关系，是再生产过程中生产、分配、交换和消费环节取得的综合效益，是经济效益、社会效益、环境效益相统一的效益。凡关系到国民经济全局的重大经济活动所带来的效益，均可视作宏观经济效益。

宏观经济效益分析是对宏观经济活动的经济性、效率性、效果性和可持续性进行检查、评价。内容包括财务活动、金融活动、投资活动、贸易活动、科技活动等宏观经济效益分析。

经济性分析是对宏观计划、预算和有关管理制度及其执行情况进行分析，评价宏观经济活动中资源取得的节约程度。

效率性分析是将宏观经济活动的实际总产出与实际总投入进行比较，评价管理水平和效率。例如投资效益的高低。

效果性分析是将宏观经济活动实际业务与预期目标比较，评价预期目标实现程度。例如将宏观经济效益与预期投资目标比较，评价考核投资目标的实现情况。

可持续性分析是对资源的有效利用程度进行分析，评价宏观经济活动对国家长远经济发展的影响。

(1) 宏观经济效益分析的程序和方法

① 收集有关资料。根据宏观经济效益分析指标，通过国家统计局、各部委和研究机构获得国民经济发展的历史资料、本年度实际资料、计划资料和世界主要国家相关资料。应对各种数据、图表、记录，按要求整理分类，并进行去粗取精，去伪存真。

② 分析评价。包括总量分析、评价，典型调查，模型分析，行业分析，比较分析。

③ 编写分析报告。在分析报告中需明确观点，同时一定要讲清楚造成经济效益好坏的原因。在指出问题的同时，分析报告要提出改进的建议，要抓住关键，中心突出。

④ 后续分析。经济效益分析报告的内容数据、举例都应前后呼应，根据分析中暴露的问题，结合发展趋势，提出挖掘潜力、改进经营管理的建议。

(2) 宏观经济效益分析指标

① 社会劳动生产率，是指国民经济各个部门劳动者的劳动效率，通过国民经济中劳动成果与创造劳动成果的劳动者数量之间的对比加以反映。包括人均国民生产总值(GNP)、人均国内生产总值(GDP)、人均国民生产净值(NNP)等指标。

② 规模速度分析指标，包括国内生产总值增长速度、物价指数、财政收入增长等分析指标。

③ 比例结构分析指标，包括财政收入占国民生产总值的比重、第一二三产业结构、银行存贷比等指标。

2.2.2.3 综合经济效益分析

综合经济效益分析是从经济各个部门、各个方面相互联系的角度出发，从总体上分析、评价经济效益的活动。国民经济是一个复杂的系统，应该将其作为一个有机的整体进行系统分析，不能仅从某个部门、某个环节单方面考虑。分析一个企业实体的经济效益时，也要综合考虑它带来的社会效益，企业对就业的影响、对环境的影响都要纳入评价分析范围。

2.2.3 经济效益分析的类型——按内容层次分

经济效益是多因素相关的问题，涉及许多方面，需要从各个不同的层次和角度来考察。将经济效益划分为不同的层次，并分析它们的关系，有利于从总体上衡量经济效益活动的合理性与效益性，为经济效益分析提供一般的评价标准。经济效益分析层次包括直接经济效益、间接经济效益、综合经济效益三个部分。

2.2.3.1 直接经济效益

直接经济效益是指建设项目为企业自身产生的经济效益，它将反映在企业的财务账户中。能够直接得到数据并能以货币进行较精确计量的效益，一般属于直接经济效益。

2.2.3.2 间接经济效益

举个例子，人们常说，“经济要发展，交通要先行”，铁路作为基础产业，其他很多领域的投资发展必须依赖铁路项目的投资建设。例如，大连长兴岛港口及各临港工业的投资发展必须依赖长兴岛疏港铁路的建设；内蒙古东部白音华煤矿的投资开发必须依赖赤大白铁路的建设。铁路运输兼有生产和流通双重功能，铁路部门财务效益只是直接运输生产过程实现的那部分，流通产生的效益则被其他部门分享了。铁路部门的财务效益远远小于其所创造的社会效益。所以能够总结出间接经济效益是指那些不能直接得到、并且不能用货币进行精确计量的效益，包括社会效益和生态效益等。

2.2.3.3 综合经济效益

一个项目的直接经济效益与间接经济效益之和即是它的综合经济效益。这样，若另一领域建设项目Ⅱ与建设项目Ⅰ有关联，则建设项目Ⅰ的综合经济效益为：

$$W(t)=W_{\mathrm{I}}(t)+\overline{W}_{\mathrm{II}}(t)$$

如果项目Ⅰ与若干个领域项目有关联，则项目Ⅰ的综合经济效益为：

$$W(t)=W_{\mathrm{I}}(t)+\overline{W}_{\mathrm{II}}(t)+\cdots+\overline{W}_{s+1}(t)$$

其中，s 为与项目Ⅰ有关的项目个数。

对经济活动开展经济效益评价和分析时，不仅要计算和评价它的直接经济效益，也应关注间接经济效益。对直接经济效益暂时不理想，但具有良好的间接经济效益的经济活动，首先应给与肯定的分析评价，再对改善其直接经济效益提出建议及意见。

2.3 经济效益分析的内容

如前所述，经济效益分析有很多种类型。而企业作为微观经济主体，其经济效益分析的目的是实现效益最大化。企业往往结合经营活动和具体目的进行经济效益分析，涉及的具体内容可能是专项分析，也可能是全面综合分析。专项分析包括市场分析、生产分析、成本分析、投资分析、风险分析等，全面综合分析包括财务分析、绩效分析等。

2.3.1 市场分析

现代市场经济活动的总体框架可这样描述：参加现代市场经济活动的主体（“居民”“工商企业”“货币金融”“部门”“政府”和“外国”）是分立的、多元化的，现代市场经济中的各种市场（“产品市场”“要素市场”“资本货币市场”）有不同的功能；各个经济活动主体之间通过市场所进行交换活动（最终产品的交换、生产要素的交换、投资品的交换），由此形成交换关系；现代经济活动中的实质是要素的使用，产品和劳务的生产、流通和消费；政府通过市场起作用。在这个总体框架中所进行的现代市场经济活动，是多元化的主体在多元化市场上所进行的交换活动。现代经济活动中的货物流、资金流和信息流，也就是在这种交换活动中呈现出来的。市场要素包括以下三种：

(1) 市场的主体要素，即从事市场交换活动的当事人，包括生产者、经营者和消费者。他们在市场活动中的地位和作用不同，参加市场活动的目的不同，具有各自独立的经济利益。生产者与经营者参加市场活动是为商品找到合适的购买者，而消费者则是为了购买合适的商品。要使市场交换活动顺利进行，必须正确处理好交换双方的经济利益关系。

(2) 市场的客体要素，即能够满足消费者某种需要的一定量的商品或劳务，这是构成市场的物质基础。

(3) 市场交换行为要素，即在交易活动中各方面主体所采取的交换行为，是人的主观意志的外在表现。在商品交换活动中，买方和卖方各有不同的目的和要求，这些要求必须形成双方都接受的交易条件，如共同接受的价格、付款期限、付款方式等，交易才能进行。市场交换的行为要素就是使各方面的主观意志趋向一致的行动。为了保证商品交易活动取得成功，要求卖方的商品要适销对路、价格适宜，并能提供良好的销售服务，这就要求买方(包括团体和个人)必须具备一定的购买力和购买欲望。

2.3.2 生产分析

生产产品对象、数量、品种组合及生产过程质量控制对于生产制造企业经济效益目标的实现和持续发展具有重要作用。工业企业产品销售数量的变动由产、销两方面的原因所造成。只有企业生产的产品在保证产量、品种、质量的基础上，才能扩大销售，完成或超额完成利润指标，取得最佳的经济效益。因此，生产分析是经济效益分析中重要的一环。通过本年生产与上年(或计划)生产的对比分析，查找增减变动的原因，总结经验，克服缺点，改善生产经营管理，并且采用现代管理的科学方法，分析企业生产水平，进一步提高产品的产量，合理安排产品的品种，正确制订产品的质量指标，可以挖掘提高企业经济效益的潜力。生产分析包括生产决策分析、生产过程分析和生产条件分析等内容。

2.3.3 成本分析

成本分析是利用成本核算及其他有关资料，分析成本水平与构成的变动情况，研究影响成本升降的各种因素及其变动原因，寻找降低成本的途径的分析方法。成本分析是成本管理的重要组成部分，其作用是正确评价企业成本计划的执行结果，揭示成本升降变动的原因，为编制成本计划和制定经营决策提供重要依据。

成本分析的主要内容包括成本计划完成情况的分析、技术经济指标变动对成本影响的分析、主要产品单位成本分析等。方法主要有对比分析法、比率分析法、趋势分析法、因素分析法等。在进行成本分析时可供选择的技术方法(也称数量分析方法)很多，企业应根据分析的目的、分析对象的特点、掌握的资料等情况确定采用哪种方法进行成本分析。在实际工作中，通常采用的技术分析方法有对比分析法、因素分析法和相关分析法三种。

2.3.4 财务分析

财务分析，是指以财务报告为基础的综合经济效益分析，分析内容包括盈利能力、偿债能力和成长能力等。财务报告分析是通过收集财务报告的数据，以及企业管理者、投资顾问、企业公会、商业刊物、政府机构等提供的补充信息，而对一个企业的财务状况和经营成果所做的综合比较与评价。财务报告分析的主要目的，在于说明、评价、预测企业的经营成果、财务状况、获利能力、偿债能力等，以帮助企业管理者做出正确决策。

对一个报告使用者来说，要从财务报告中整理出概要性的信息是有一定困难的，因为这需要花费大量的时间和精力；另外，从整套财务报告中整理出有用的信息或指标，要求具有一定的专业知识水准。业主或股东、债权人等在制订决策时有其各自的考虑，而对一个企业的投资或贷款的决策主要是诸如经营成果、财务状况和现金流量等信息的影响，这些都是经济上需要考虑的重要因素。一家企业的财务报告若能反映若干个会计期间的数据，那么这将成为经济信息的重要来源。当然，这并不意味着财务报告上的数据是经济信息的唯一来源。

财务分析是一种从财务报告中整理出对决策有用信息的方法。因此，这种分析应该取决于决策的意图。一般而言，财务报告的分析应该包括以下几个步骤：① 审阅注册会计师的报告；② 审阅整套财务报告，包括报表注释和补充报表中的相关内容；③ 运用分析方法，如比较报表分析法、横向和纵向百分比分析法、比率分析法等；④ 参考重要的补充信息。

2.3.5 绩效分析

绩效分析是整个绩效改进系统的重要一环，是组织提高经济效益的第一步，若没有明确和澄清问题及绩效差距，就不可能找出原因，也不可能设计或选择一种解决方案。绩效分析的日的在于确定和测量期望绩效与当前绩效之间的差距。绩效不是发生在真空中的，组织与环境对于绩效和员上都有重大的影响。组织的方向在很人程度上影响和决定着期望绩效的绩效标准，环境的驱动因素则在很大程度上影响着当前绩效。

绩效分析一般分为组织分析、环境分析和原因分析三个阶段。

组织分析是对组成战略计划的成分的深入考察，包括对组织愿景、使命、价值、目标和策略的深入考察。这些成分可以在组织的战略规划中找到。组织分析的目的在于寻找导向，即“组织及其领导者试图实现的绩效和远景”。必须在差距分析之前进行组织分析，因为组织分析将为期望的或最佳绩效设定标准。组织分析除分析战略计划成分外，还需要分析组织结构、中央控制系统、企业策略、关键政策、企业价值、企业文化等因素。通常，组织分析的第一步是查看已有的文档，包括组织的战略计划、历史、议事程序、董事会会议纪要、年报、入职培训材料等。组织分析的第二步是从尽可能多的内部和外部利益相关者那里搜集感受和看法。客户便是主要的利益相关者之一，但在实践中他们常常被忽视。成功的组织领导者会运用有关当前和潜在客户的需求和期望的信息为组织设定进程或方向。在为执行组织分析选择工具时，时间、成本、组织文化和资源的可利用性是首要的考虑因素。主要的组织分析工具包括现有数据分析、采访、调查和小组活动。

环境分析是确定支持真实绩效的现实因素并找出其中主要因素的过程。其目的并不是找出问题，而是对组织内部、外部的真实状况做出评价。环境分析包括以下四点：

(1) 组织环境分析。关注组织外部利益相关者(客户、供应商、分销商、股东、管理者等)和竞争(组织运营的工业领域，例如生产、保健、教育、零售等)如何影响绩效。

(2) 工作环境分析。关注组织内部支持绩效的因素(资源分配、工具、招聘和甄选政策、反馈、绩效和非绩效的结果)。

(3) 工作分析。关注工作设计(流程)层面的情况。

(4) 工作者分析。关注工作者的情况(知识、技能、能力、动机和期望)。

组织分析可以发生在绩效差距分析之前、之后和其过程之中，通常把它作为分析真实绩效整体的一部分。

绩效差距分析与需求分析相似。需求分析是很有价值的工具，可以用来确定当前的结果及期望的结果。需求分析与差距分析的主要区别如下：

(1) 需求分析倾向于关注知识、技能和态度；差距分析则确定任何影响人的绩效的不足或熟练程度。

(2) 需求分析倾向于关注过去和现在；差距分析还关注未来。

绩效差距可以被视为改进绩效的机遇：当真实的绩效状态没有达到期望的绩效状态时，可以改进真实的绩效状态；当真实的绩效状态达到或超越了期望的绩效状态(创新)时，提高或强化真实的绩效状态。

绩效差距分析的目的在于确定期望绩效状态与真实绩效状态之间当前的和将来的差距。必须在原因分析之前进行差距分析。绩效差距分析有三个步骤：确定真实绩效状态与期望绩效状态之间的差距，找出首要差距，分析差距出现的原因。

2.3.6 投资分析

投资是一种以获取收益为目的的行为。例如，国家投资于交通和通信设施等基础设施项目，目的是为了促使产业结构升级，推动国民经济全面发展；企业投资某项产品的生产、个人投资于股票等，则是为了获取经济收益。此外投资决策过程一般还受到监管机构(国家)和资金供给方(一般是贷款机构)关注。前者目的是保证投资行为不对社会造成损害，甚至会带来社会收益；后者则更关注所贷出的资金能够顺利收回并且获得利息。因此他们都要对投资者的投资行为进行审核和评估。投资是有风险的，要达到投资目的、取得收益，很关键的一点就是要在投资前进行分析，综合各方面的信息，采取最佳的投资决策。

狭义地说，投资分析是对投资项目的市场需求、项目目标、投资方案、资金来源、财务评价、环保评价等一系列问题进行整体分析，投资者可通过投资分析深入了解投资项目，最终决定是否投资。广义地说，投资分析就是对要投资的项目的可行性和不可行性进行充分的论述，最后通过短期效益和长期效益指标情况，来对投资项目进行最终的决策。对投资项目的目标、市场需求、投资方案、资金来源、财务评价等一系列问题的整体分析报告。

2.3.7 风险分析和评价

风险分析和评价是在对风险进行识别的基础上，对识别出的风险采用定性分析和定量分析相结合的方法，估计风险发生的概率、风险范围、风险严重程度（大小）、变化幅度、分布情况、持续时间和频度，从而找到影响安全的主要风险源和关键风险因素，确定风险区域、风险排序和可接受的风险基准。风险分析和评价的内容包括筹资风险分析、营运风险分析、投资风险分析和风险预警分析。在分析和评价风险时，既要考虑风险所致损失的大小，又要考虑风险发生的概率，由此衡量风险的严重性。风险分析和评价的目的是将各种数据转化成可为决策者提供决策支持的信息，进而对各风险事件后果进行评价，并确定其严重程度排序。在确定风险评价准则和风险决策准则后，可从决策角度评定风险的影响，计算出风险对决策准则影响的度量，由此确定可否接受风险，或者选择控制风险的方法，降低或转移风险。在分析和评价风险损失的严重性时应注意风险损失的相对性，即在分析和评估风险损失时，不仅要正确估计损失的绝对量，而且要估计组织对可能发生的损失的承受力。在确定损失严重性的过程中，必须考虑每一风险事件和所有风险事件可能产生的所有类型的损失及其对主体的综合影响，既要考虑直接损失、有形损失，也要考虑间接损失、无形损失。风险影响与损失发生的时间、持续时间、频度密切相关，这些因素对安全生产的影响至关重要。

2.4 经济效益分析的方法体系

企业经济效益分析应根据实际情况选择一种或几种相应的分析方法，经济效益分析方法通常分为基本分析法、综合分析方法和风险分析预警方法。基本分析法包括因素分析法、比率分析法、相关分析法、平衡分析法、量本利分析法、ABC 分析法。综合分析方法包括结构分析法、成本效益分析、杜邦分析法、层次分析法（AHP 算法）、SWOT 分析法和主成分分析法等。风险分析方法包括动态分析、趋势分析、线性规划分析和数值分析等。下面简单介绍几种常用的分析方法，方法的具体解释和运用将在下一章重点介绍。

2.4.1 因素分析法

因素分析法是在分析多种因素影响的事物变动时，为了观察某一因素变动的影响而将其他因素固定下来，如此逐项分析，逐项替代，故称因素分析法或连环替代法。因素分析法是在比较分析法的基础上，对于比较过程中发现的差异，进一步探究其形成的原因而经常采用的方法。其要点如下：

(1) 确定某项指标是由哪几项因素构成的，各因素的排列要遵循正常的顺序。

（2）确定各因素与某项指标的关系，如加减关系，乘除关系，乘方关系，函数关系等。

（3）根据分析的目的对每个因素进行分析，测定某一因素对指标变动的影响方向和程度。

2.4.2 比率分析法

比率分析法的实质也是一种比较分析法，它通过计算指标之间的相对数来分析经济现象。常用的有相关比率分析法、构成比率分析法，动态比率分析法。相关比率分析法是将两种性质不同但又相关的指标进行对比（相除），算出比率，用以反映生产经营情况的分析方法。如资金利润率就是利润额与资金额相除的比率，用以说明盈利的能力。构成比率分析法是通过计算某一经济指标的各个组成部分占总体的比率，用以评价经济指标内在结构是否合理的分析方法。动态比率分析法是将不同时期同类经济指标进行对比，计算出动态比率，用以反映该项指标的发展趋势和速度。

2.4.3 相关分析法

相关分析法是测定经济现象之间相关关系的规律性，并据以进行预测和控制的分析方法。社会经济现象之间存在着大量的相互联系、相互依赖、相互制约的数量关系。这种关系可分为两种类型。一类是函数关系，它反映着现象之间严格的依存关系，也称确定性的依存关系。在这种关系中，对于变量的每一个数值，都有一个或几个确定的值与之对应。另一类为相关关系，在这种关系中，变量之间存在着不确定、不严格的依存关系，对于变量的某个数值，可以有另一变量的若干数值与之相对应，这若干个数值围绕着它们的平均数呈现出有规律的波动。

2.4.4 平衡分析法

所谓平衡就是各个互相联系的因素之间，在数量上保持一定的合理的对应关系。平衡分析法是分析事物之间相互关系的一种方法。它把对立统一的双方按其构成要素一一排列起来，给人以整体的概念，以便于全局来观察它们之间的平衡关系。平衡关系广泛存在于经济生活中，大至全国宏观经济运行，小至个人经济收支。平衡表种类繁多，如财政平衡表、劳动力平衡表、能源平衡表、国际收支平衡表、投入产出平衡表，等等。平衡分析的作用主要有：一是从数量对等关系上反映社会经济现象的平衡状况，分析各种比例关系相适应状况；二是揭示不平衡的因素和发展潜力；三是利用平衡关系可以从各项已知指标中推算未知的个别指标。平衡分析法分析事物之间发展是否平衡，揭示出事物间出现的不平衡状态、性质和原因，指引人们去积极研究平衡的方法，促进事物的发展。

2.4.5 量本利分析法

量本利分析法又称盈亏平衡分析或保本点分析，是根据产品的业务量（产量或销量）、成本、利润之间的相互制约关系的综合分析，用来预测利润，控制成本，判断经营状况的一种数学分析方法。量本利分析是成本—业务量—利润关系分析的简称，是指在变动成本计算模式的基础上，以数学化的会计模型与图式来揭示固定成本、变动成本、销售量、单价、销售额、利润等变量之间的内在规律性联系，为会计预测、决策和规划提供必要的财务信息的一种定量分析方法。目前，无论在西方还是在我国，量本利分析的应用都十分广泛。它与经营风险分析相联系，可促使企业努力降低风险；与预测技术相结合，企业可进行保本预测、确保目标利润实现的业务量预测等；与决策融为一体，企业据此进行生产决策、定价决策和投资不确定性分析；企业还可以将其应用于全面预算、成本控制和责任会计。

2.4.6 ABC 分析法

ABC 分析法(ABC-Analysis)是储存管理中常用的分析方法，也是经济工作中的一种基本工作和认识方法。ABC 分析的应用，使得在储存管理中比较容易取得以下成效：第一，能够压缩总库存量；第二，释放被占压的资金；第三，可以使库存结构合理化；第四，节约管理力量。

2.4.7 结构分析法

结构分析法也称比重分析法，这种方法就是计算某项经济指标各项组成部分占总体的比重，分析其内容构成的变化，从而区分主要矛盾和次要矛盾。从结构分析中，能够掌握事物的特点和变化趋势，如按构成流动资金的各个专案占流动资金的总额的比重确定流动资金的结构，然后将不同时期的资金结构相比较，观察构成变化与产品积压的情况，以及产销平衡定额情况，为进一步挖掘资金潜力之明了方向。

2.4.8 成本效益分析

成本效益分析是通过比较项目的全部成本和效益来评估项目价值的一种方法，成本-效益分析作为一种经济决策方法，将成本费用分析法运用于政府部门的计划决策之中，以寻求在投资决策上如何以最小的成本获得最大的效益。常用于评估需要量化社会效益的公共事业项目的价值。

2.4.9 杜邦分析法

杜邦分析法是一种财务比率分解的方法，能有效反映影响企业获利能力的各种指标间的相互联系，对企业财务状况和经营成果做出合理的分析。企业的财务状况是一个完整的系统，内部各种因素都是相互依存相互作用的，任何一个因素的变动都会引起企业整体财务状况的改变。

杜邦分析法有助于企业管理层更加清晰地看到所有者资本收益率的决定因素，以及销售净利润率与总资产周转率、债务比率之间的相互关联关系，给管理层提供了一张明晰的考察公司资产管理效率和是否最大化股东投资回报的路线图。

杜邦分析法利用各个主要财务比率之间的内在联系，建立财务比率分析的综合模型，来综合地分析和评价企业财务状况和经营业绩的方法。采用杜邦分析图将有关分析指标按内在联系加以排列，从而直观地反映出企业的财务状况和经营成果的总体面貌。

2.4.10 层次分析法(AHP 算法)

层次分析法(Analytic Hierarchy Process, AHP)是将与决策总是有关的元素分解成目标、准则、方案等层次，在此基础之上进行定性和定量分析的决策方法。该方法是美国运筹学家匹茨堡大学教授萨蒂于20世纪70年代初，在为美国国防部研究“根据各个工业部门对国家福利的贡献大小而进行电力分配”课题时，应用网络系统理论和多目标综合评价方法，提出的一种层次权重决策分析方法。

2.4.11 SWOT分析法

SWOT分析法（也称TOWS分析法、道斯矩阵）即态势分析法，20世纪80年代初由美国旧金山大学的管理学教授韦里克提出，经常被用于企业战略制定、竞争对手分析等场合。SWOT分析法是通过分析优势、劣势、机会与威胁来监测公司的市场营销方法。在现在的战略规划报告里，SWOT分析应该算是一个众所周知的工具。来自于麦肯锡咨询公司的SWOT分析，包括分析企业的优势（Strengths）、劣势（Weaknesses）、机会（Opportunities）和威胁（Threats）。因此，SWOT分析实际上是将对企业内外部条件各方面内容进行综合和概括，进而分析组织的优劣势、面临的机会和威胁的一种方法。

通过SWOT分析，可以帮助企业把资源和行动聚集在自己的强项和有最多机会的地方，并让企业的战略变得明朗。

2.4.12 主成分分析法

主成分分析（principal components analysis，PCA）又称主分量分析、主成分回归分析法，也称主分量分析，旨在利用降维的思想，把多指标转化为少数几个综合指标。

在统计学中，主成分分析是一种简化数据集的技术。它是一个线性变换，这个变换把数据变换到一个新的坐标系统中，使得任何数据投影的第一大方差在第一个坐标（称为第一主成分）上，第二大方差在第二个坐标（第二主成分）上，依次类推。主成分分析经常用减少数据集的维数，同时保持数据集的对方差贡献最大的特征。这是通过保留低阶主成分，忽略高阶主成分做到的。这样低阶成分往往能够保留住数据的最重要方面。但是，这也不是一定的，要视具体应用而定。

2.4.13 动态分析法

动态分析（Dynamic Analysis），也称动态均衡分析（Dynamic Equilibrium Analysis）。

在经济学中，动态分析是对经济变动的实际过程所进行的分析，其中包括分析有关变量在一定时间过程中的变动，这些经济变量在变动过程中的相互影响和彼此制约的关系，以及它们在每一个时点上变动的速率等。动态分析法的一个重要特点是考虑时间因素的影响，并把经济现象的变化当作一个连续的过程来看待。

在经济学动态分析是在假定生产技术、要素禀赋、消费者偏好等因素随时间发生变化的情况下，考察经济活动的发展变化过程。应用动态分析方法的经济学称为动态经济学。其中著名的动态分析有所谓蛛网理论和宏观经济增长与周期方面的理论。蛛网理论其实只能算是基于时期数的“亚动态分析”，而非基于物理时间变量的真正的动态分析。

2.4.14 趋势分析法

分析事物发展趋势，是对未来的研究。随着现代科学的飞速发展，技术更新加快，市场瞬息万变，企业竞争加剧。为了增强企业生存发展能力、应变能力和竞争能力，企业管理者必须研究未来，分析、预见经济活动的发展趋势。鉴往知来，是趋势分析的根本途径。事物从过去、现在到未来的发展，总是有内在规律的，只有发现和掌握事物发展过程的固有规律，才能正确地预见其发展趋势。趋势分析法，就是以历史资料的基础，研究复杂多变的诸因素，预见事物发展趋势的一种方法。这里"历史资料"是指占有的过去和现在的以数据资料为主的一切信息。通过分析这些信息，掌握事物的规律。这里的"诸因素"是指影响和决定事物发展变化的内外部条件。通过分析这些条件，预见事物发展的趋势。

2.4.15 线性规划法

在人们的生活、生产、管理等各项经济活动中都会遇到一个问题，即什么是最好的决策、最佳的方案。例如，消费者在总收入一定的情况下，如何购买商品使得消费者的效用最大；总成本固定后，怎样安排生产要素的投入使总产量最大；工厂在各原材料固定的情况下，如何最佳地使用原材料使得利润最大等等，这类问题都可以用线性规划理论与方法来分析和求解。线性规划是数学规划与运筹学的一个分支，是运筹学中最常用的一种方法。线性规划所处理的问题是怎样以最佳的方式在各项经济活动中分配有限的资源，以便最充分地发挥资源的效能去获取最佳经济效益。

2.4.16 数值分析法

数值分析(numerical analysis)是研究分析用计算机求解数学计算问题的数值计算方法及其理论的学科，是数学的一个分支，它以数字计算机求解数学问题的理论和方法为研究对象。

2.5 经济效益分析的一般程序

经济效益分析是传统的边际效益分析的进一步变种与完善，它是解决综合性非程序决策问题的效益分析方法。它的特点是将重心放在一个方案或者系统的最终结果上面，即根据每个方案为目标服务时的效果，来权衡它们的优缺点。包括产品成本分析、收入及税金分析、损益分析、现金流量分析和敏感性分析。一般情况下，企业的经济效益分析，首先，从企业生产和销售的成果分析入手，分析企业生产条件及其利用的效果。其次，评价企业生产技术的经济效益，并在此基础上从价值形态进行产品成本、企业盈利和经营资金的分析等。但这些分析不能单独参考，必须综合分析。

企业进行经济效益分析一般遵循以下步骤：

第一，分析企业一定时期内的生产成果满足社会需要的效益。

第二，分析企业一定时期内人力、物力、财力方面利用的效果。

第三，分析企业一定时期内生产消费方面的效益。

第四，企业一定时期内生产经营的总效益分析。

为了更好地了解经济效益分析的整个流程，下面以某个企业为例进行说明。

表 2-1　企业经济效益分析流程

流程图	责任人	实施部门	步骤及时间要求	相关文件及记录
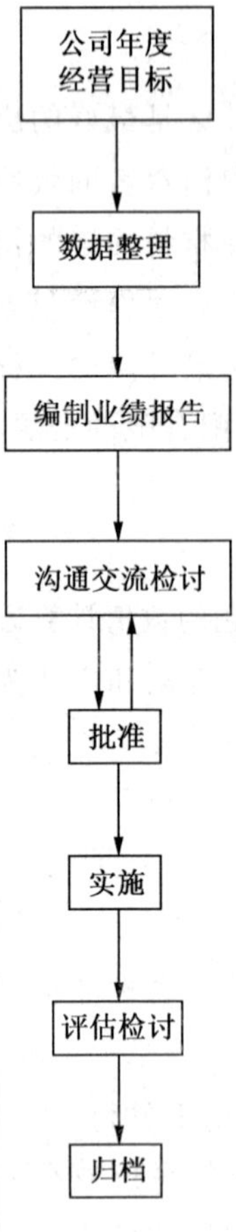 公司年度经营目标	总经理	总经理办公室	1. 按照核准的《经营计划管理程序》编制《年度经营计划书》 2. 时间：1 月 20 日前完成	《经营计划管理程序》 《年度经营计划》
数据整理	各岗位	财务部	1. 每季度结束后的次月 30 日前 2. 材料会计统计本季度期末存货，原辅料耗用成本 3. 成本会计统计产品重量、直接人工和制造费用总成本、单位成本 4. 计算应收账款周转率等指标 5. 销售部门编制销售毛利表	1. 存货成本大类结构表 2. 原辅材料成本分析表 3. 月度收入成本毛利表 4. 部门毛利、收入表 5. 产品销售、毛利表 6. 月度返利、部门返利表 7. 销售、汇款、应收分析表
编制业绩报告	财务经理	财务部	1. 核算主管分析部门业绩编写达成报告 2. 财务经理编制报告分别从盈利能力分析、偿债能力分析、成本分析、费用分析、应收账款分析和资金应用分析方面进行，在 30 日前完成	1. 季度（年度）经营业绩报告 2. 部门指标达成情况报告
沟通交流检讨	总经理	总经理办公室	1. 季度或月度会议于 25 日通报与讨论 2. 针对存货的问题检讨与预防	下期经营工作纠正预防措施
批准	总经理	总经理办公室	总经理批准的纠正预防措施	
实施	各部经理	各部门	1. 各部门针对预防和纠正问题提出解决方案 2. 部门经理每月根据方案效果进行跟踪反馈	纠正预防进度跟踪表
评估检讨	财务经理	财务部	1. 专人检查上月落实结果 2. 每月编写纠正预防问题情况报告	纠正预防措施情况报告
归档	文员	财务部	将相关报告及表格归档	

3 经济效益分析方法

企业经济效益分析可以采用统计的、数学的等具体方法，这些方法是多种多样的，企业应该依分析目的、企业特点以及掌握资料的性质和内容来决定。本章介绍几种经济效益分析的方法。

3.1 基本分析方法

3.1.1 因素分析法

3.1.1.1 因素分析法分类

因素分析法是依据分析指标与其影响因素的关系，从数量上确定各因素对分析指标影响方向和影响程度的一种方法。因素分析法具体包括以下两种：

(1) 连环替代法

连环替代法是将分析指标分解为各个可以计量的因素，并根据各个因素之间的依存关系，顺次用各因素的比较值(通常即实际值)替代基准值(通常为标准值或计划值)，据以测定各因素对分析指标的影响。

(2) 差额分析法

差额分析法是连环替代法的一种简化形式，是利用各个因素的比较值与基准值之间的差额，来计算各因素对分析指标的影响。

因素分析的主要方法是连环替换法，连环替换法是指确定影响因素，并按照一定的替换顺序逐个因素替换，计算出各个因素对综合性经济指标变动程度的一种计算方法。企业经济活动中，一些综合性经济指标往往是由于受多种因素的影响而变动的。比如，在生产性企业中，产品生产成本的降低或上升受材料和动力耗费、人力耗费、生产设备的优劣等多种因素的影响。利润的变动更是受到产品生产成本、销售数目和价格、销售税金等多种因素的影响。在分析这些综合性经济指标时，就可以从影响因素入手，分析各种影响因素对经济指标变动的影响程度，并在此基础上查明指标变动的原因。由此可见，因素分析法是指确定影响因素，衡量其影响程度，查明指标变动原因的一种分析方法。

3.1.1.2 因素分析法应用

运用因素分析法时，首先要研究分析对象的形成过程，从中找出构成分析对象的各个因素，再通过与相对应的判断标准的构成因素逐项对比，确定各个因素差异形成的影响程度，帮助分析者从中找出主要矛盾，为下一步解决问题指明主攻方向。

因素分析法将分析指标分解为各个可以计量的因素，并根据各个因素之间的依存关系，顺次用各因素的比较值（通常即实际值）替代基准值（通常为标准值或计划值），据以测定各因素对分析指标的影响。例如，某一个财务指标及有关因素的关系由如下几个公式构成：实际指标 $P_1=A_1\times B_1\times C_1$，标准差异 $P_2=A_2\times B_2\times C_2$，实际与标准的总差异为 P_1-P_2。这一总差异同时受到 A,B,C 三个因素的影响。它们各自的影响程度可分别由以下式子计算求得：A 因素变动的影响为 $(A_1-A_2)\times B_2\times C_2$；$B$ 因素变动的影响为 $A_1\times(B_1-B_2)\times C_1$；$C$ 因素变动的影响为 $A_1\times B_1\times(C_1-C_2)$。最后，将以上三大因素各自的影响数相加就应该等于总差异 P_1-P_2。

因素分析法的过程一般如下：第一，确定分析对象及其构成因素。一般分为乘积关系、除商关系、加减关系、混合关系等。第二，确定在分析过程中的判断标准。第三，以判断标准为起点，按各因素排列的顺序，用分析对象的数据逐项代替判断标准数据，计算各因素分析对象与判断标准之间差异的影响程度。第四，对计算结果进行定性分析，确定进一步分析对象。

【例 3-1】 以新源国际 2007—2009 年的简化财务报表为例，简单进行因素分析法的运用。

表 3-1 新源国际 2007—2009 年资产负债简表

万元

会计科目	2009 年	2008 年	2007 年
应收账款	235 683	188 908	125 494
存货余额	80 816	94 072	73 946
流动资产合计	830 287	770 282	1 078 438
固定资产合计	3 840 088	4 021 516	3 342 351
资产总计	5 327 696	4 809 875	4 722 970
应付账款	65 310	47 160	36 504
流动负债合计	824 657	875 944	1 004 212
长期负债合计	915 360	918 480	957 576
负债总计	1 740 017	1 811 074	1 961 788
股本	602 767	600 027	600 000

续表

会计科目	2009 年	2008 年	2007 年
未分配利润	1 398 153	948 870	816 085
股东权益总计	3 478 710	291 694	2 712 556

表 3-2 新源国际 2007—2009 年利润分配简表

万元

会计科目	2009 年	2008 年	2007 年
主营业务收入	2 347 964	1 872 534	1 581 665
主营业务成本	1 569 019	1 252 862	1 033 392
主营业务利润	774 411	615 860	545 743
其他业务利润	3 057	1 682	−52
管理费用	44 154	32 718	17 583
财务费用	55 963	56 271	84 277
营业利润	677 350	528 551	443 828
利润总额	677 408	521 207	442 251
净利润	545 714	408 235	363 606
未分配利润	1 398 153	948 870	816 085

表 3-3 新源国际 2007—2009 年现金流量表简表

万元

会计科目	2009 年	2008 年	2007 年
经营活动现金流入	2 727 752	2 165 385	1 874 132
经营活动现金流出	1 712 054	1 384 899	1 162 717
经营活动现金流量净额	1 015 697	780 486	711 414
投资活动现金流入	149 463	572 870	313 316
投资活动现金流出	670 038	462 981	808 990
投资活动现金流量净额	−520 574	109 888	−495 673
筹资活动现金流入	221 286	17 337	551 415
筹资活动现金流出	603 866	824 765	748 680
筹资活动现金流量净额	−382 579	−807 427	−197 264
现金及等价物增加额	112 604	82 746	18 476

根据上述案例中的数据，从因素分析法的分析角度，对影响新源国际2009年和2008年净资产收益率的因素进行进一步的分析如下：

2009年的净资产收益率设为P_1，销售净利率设为A_1，资产周转率设为B_1，权益乘数设为C_1。

A_1=净利润/销售收入=545 714/2 347 964×100%=23.24%；

B_1=销售收入/平均资产总额=2 347 964/5 068 785.5×100%=43.32%；

C_1=资产/股东权益=5 327 696/3 478 710=1.532；

则$P_1=A_1\times B_1\times C_1$=23.24%×43.32%×1.531×100%=15.42%。

2008年净资产收益率设为P_2，销售净利率设为A_2，资产周转率设为B_2，权益乘数设为C_2。

A_2=净利润/销售收入=408 235/1 872 534×100%=21.80%；

B_2=销售收入/平均资产总额=1 872 534/4 766 422.5×100%=39.29%；

C_2=资产/股东权益=4 809 875/2 916 947=1.649；

则$P_2=A_2\times B_2\times C_2$=21.80%×39.29%×1.649×100%=14.12%。

由以上可以看出，2009年的净资产收益率比2008年的净资产收益率高出P_1-P_2=1.3%，其中：

销售净利率的影响为$(A_1-A_2)\times B_2\times C_2$=(23.24%−21.80%)×39.29%×1.649
=0.924%；

资产周转率的影响为$A_1\times(B_1-B_2)\times C_2$=23.24%×(43.32%−39.29%)×1.649
=1.549%；

权益乘数的影响为$A_1\times B_1\times(C_1-C_2)$=23.24%×43.32%×(1.532−1.649)
=−1.188%。

由以上分析可以得出，资产周转率的提升是净资产收益率提升的最重要的原因，尽管销售净利率的提高也对2009年的净资产收益率有一定的影响，但资产周转率的影响程度远远大于销售净利率的影响程度。而权益乘数的下降对净资产收益率具有很大的反作用，但销售净利率的提升和资产周转率的提升弥补了净资产收益率的反作用。

因此，2009年的净资产收益率与2008年相比在整体上是上升的。进一步分析2009年和2008年的财务数据，2009年的所有者权益较2008年增加了16.15%，而2009年的资产总额相对于2008年只增加了9.72%，可见，2009年权益乘数比2008年低的主要原因是资产总额增长速度较慢。而2009年的销售收入比2008年的销售收入增加了20.25%，2009年的平均资产总额比2008年的平均资产总额增加5.97%，由此可以看出，影响资产周转率大幅度上升的主要原因是2009年销售收入的增加，可以得出结论，影响2009年净资产收益率上升的主要原因也是2009年销售收入的增加。

3.1.2 比率分析法

3.1.2.1 比率分析法概述

比率分析法是财务分析中最基本、最重要的方法。比率分析法实质上是将影响财务状况的两个相关因素联系起来，通过计算比率，反映它们之间的关系，借以评价企业财务状况和经营状况的一种财务分析方法。由于分析的目的及角度不同，比率分析法中的比率有许多表示形式。按财务报表划分的比率，包括资产负债表比率、利润表比率以及两者相结合的比率等；按分析主体划分的比率，可分为从投资者观看的财务比率，从债权者观看的财务比率等。

3.1.2.2　比率分析法分类及应用

比率分析法是把某些彼此存在关联的项目加以对比，计算出比率，据以确定经济活动变动程度的分析方法。比率是相对数，采用这种方法，能够把某些条件下不可比较的指标变为可以比较的指标，以利于进行分析。常用的财务分析比率通常可分为以下三类：

(1) 反映偿债能力的财务比率

它又分为短期偿债能力和长期偿债能力两类。

① 短期偿债能力

短期偿债能力是指企业偿还短期债务的能力，短期偿债能力不足，不仅影响企业的秩序，增加今后筹集资金的成本与难度，还可能使企业陷入次物危机，甚至破产。一般来说，企业应该以流动资产偿还流动负债，而不应依靠变卖长期资产，所以分析短期企业偿债能力可以通过以下比率来进行。

A. 流动比率

流动比率＝流动资产/流动负债×100%

流动比率用于衡量企业流动资产对流动负债的保障程度，也就是流动资产在短期债务到期前可以变为现金用于偿还流动负债的能力。但在流动资产中往往有些项目在实际情况下不能很快转变为现金。例如从会计处理方面来看，呆账、坏账是通过其他应收款、长期应收账款等科目反映的。从稳健原则出发，应在计算流动比率指标时予以扣除。

B. 速动比率

速动比率＝速动资产/流动负债×100%

速动资产＝流动资产－存货

速动比率指标用于衡量企业流动资产可以在当前偿还流动负债的能力。通常速动比率越高，债权人的债务风险越小。

C. 现金比率

现金比率＝(现金＋银行存款＋现金当量)/流动负债×100%

衡量企业即时偿付能力最为稳健的指标就是现金比率，其中的现金当量为预期三个月内可收回的债务、股票投资等，这个指标在分析企业财务困难，面临破产清算危机时尤为重要。

② 长期偿债能力

长期偿债能力是指企业偿还长期利息与本金的能力，一般而言，企业借长期负债主要是用于长期投资，因此，最好是用投资产生的效益偿还利息与本金。所以通常以资产负债率和利息收入倍数两项指标来衡量企业的长期负债能力。

A. 资产负债率

资产负债率＝负债总额/资产总额×100％

资产负债率又称为财务杠杆，由于所有者权益不需偿还，所以财务杠杆越高，债权人所受的保障就越低。但这并不是说资产负债率越低越好，因为一定规模的负债表明企业的管理者能够有效地运用股东的资金，帮助股东用较少的资金进行较大规模的经营，所以资产负债率过低，说明企业没有很好地利用其资金。一般说来，资产负债率保持在30％左右的水平较为合适。

B. 利息收入倍数

利息收入倍数＝经营利润/利息费用＝(净利润＋所得税＋利息费用)/利息费用

利息收入倍数考察企业的营业利润是否足以支付当年的利息费用，它从企业经营活动的获利能力方面分析其长期偿债能力，一般说来，利息收入倍数越大，长期偿债能力越强。

(2) 反映营运能力的财务比率

营运能力是以企业各项资产的周转速度来衡量企业资产利用的效率。周转速度越快，表明企业的各项资产进入生产、销售等经营环节的速度越快，那么其形成收入和利润的周期就越短，经营效率自然就越高。一般说来，反映企业营运能力的比率主要有以下5个：

① 应收账款周转率＝赊销收入净额/应收账款平均余额。

② 存货周转率＝销售成本/存货平均余额。

③ 流动资产周转率＝销售收入净额/流动资产平均余额。

④ 固定资产周转率＝销售收入净额/固定资产平均净值。

⑤ 总资产周转率＝销售收入净额/总资产平均值。

由于上述5个周转率指标的分子、分母分别来自资产负债表和损益表，而资产负债表数据是某一时点的静态数据，损益表数据则是整个报告期的动态数据，所以为了使分子、分母在时间上具有一致性，就必须将资产负债表上的数据折算成整个报告期的平均值。一般说来，上述指标越高，说明企业的经营效率越高。但数量只是单方面的因素，在进行分析时，要避免片面性，还必须注意各资产项目的组成结构，构成不同，分析的结果也就不同。

(3) 反映盈利能力的财务比率

盈利能力是与企业相关的各方关注的焦点，同时也是企业成败的关键，只有保持企业的长期营利性，才能真正做到持续稳定经营。反映企业盈利能力的比率有很多，但常用的不外乎以下几种：

① 毛利率＝(销售收入－成本)/销售收入×100％。

② 营业利润率＝营业利润/销售收入×100％

＝(净利润＋所得税＋利息费用)/销售收入×100％。

③ 净利润率＝净利润/销售收入×100％。

④ 总资产报酬率＝净利润/总资产平均值×100％。

⑤ 权益报酬率＝净利润/权益平均值×100％。

上述比率中，毛利率、营业利润率、净利润率分别说明企业生产（或销售）过程，经营活动和整体的盈利能力，越高说明企业获利能力越强；资产报酬率反映股东和债权人共同投入资金的盈利能力，权益报酬率则反映股东投入资金的盈利状况。权益报酬率与财务杠杆有关，如果资产的报酬率相同，则财务杠杆越高，企业权益报酬率也越高，因为股东用较少的资金实现了同等的收益能力。当然，财务杠杆高也意味着企业债权人所受的保障就会降低，这样，企业的信用就会随之下降，给企业的未来发展带来隐患。

上述各个比率反映的都是企业分析当期的盈利能力状况，对于经营者而言，可以充分体现其工作业绩，因而备受关注，而对于投资者而言，可能更为关注的是企业未来的盈利能力，也就是企业的成长性问题，成长性好的企业具有更广阔的发展前景。因此，对于企业未来盈利能力的分析也很有必要。

一般说来，可以通过企业过去几期的销售收入、营业利润、净利润等指标的增减变化情况来预测企业未来的发展前景。

常用的分析比率有：

① 销售收入增长率＝（本期销售收入－上期销售收入）/上期销售收入×100％。

② 营业利润增长率＝（本期销售利润－上期销售利润）/上期销售利润×100％。

③ 净利润增长率＝（本期净利润－上期净利润）/上期净利润×100％。

在采用上述比率进行分析时，可以根据已掌握的企业连续若干期的数据逐年进行对比，通过环比分析，较为精确地预测出企业未来的发展前景。

【例 3-2】 华锋公司 2008 年的有关资料如下：

表 3-4 资产负债表

2008 年 12 月 31 日　　万元

资产	年初	年末	负债及所有者权益	年初	年末
流动资产			流动负债合计	220	218
货币资金	130	130			
应收账款净额	135	150	长期负债合计	290	372
存货	160	170	负债合计	510	590
流动资产合计	425	450	所有者权益合计	715	720
长期投资	100	100			
固定资产原价	1 100	1 200			
减：累计折旧	400	440			
固定资产净值	700	760			
合计	1 225	1 310	合计	1 225	1 310

华锋公司2008年的经营现金净流量为196.2万元；或有负债（包含担保、未决诉讼）金额为72万元；流动负债中包含短期借款50万元，长期负债中包含长期借款150万元，该短期借款和长期借款均为带息负债。2008年营业收入净额1500万元，营业净利率20%。假定该企业流动资产仅包括速动资产与存货。

要求：根据以上资料

(1) 计算华锋公司2008年末的流动比率、速动比率、现金流动负债比率。

(2) 计算华锋公司2008年末的资产负债率、产权比率、权益乘数。

(3) 计算华锋公司2008年的或有负债比率和带息负债比率。

(4) 计算华锋公司2008年应收账款周转率、流动资产周转率、总资产周转率。

(5) 计算华锋公司2008年净资产收益率、资本积累率、总资产增长率。

解答：

根据以上资料求得：

(1) 2008年末流动比率＝450/218＝2.06；

速动比率＝(450－170)/218＝1.28；

现金流动负债比率＝196.2/218＝90%。

(2) 产权比率＝590/720＝0.82；

资产负债率＝590/1310＝45%；

权益乘数＝1/(1－45%)＝1.82。

(3) 或有负债比率＝72/720＝10%；

带息负债比率＝(50＋150)/590＝34%。

(4) 2008年应收账款周转率＝1 500/[(135＋150)/2]＝10.53(次)；

流动资产周转率＝1 500/[(425＋450)/2]＝3.43(次)；

总资产周转率＝1 500/[(1 225＋1 310)/2]＝1.18(次)。

(5) 净资产收益率＝1 500×20%/(715＋720)/2＝41.81%；

资本积累率＝(720－715)/715＝0.7%；

总资产增长率＝(1 310－1 225)/1 225＝6.94%。

3.1.3 相关分析法

3.1.3.1 相关分析法概述

相关分析法是测定经济现象之间相关关系的规律性，并据以进行预测和控制的分析方法。社会经济现象之间存在着大量的相互联系、相互依赖、相互制约的数量关系。这种关系可分为两种类型。一类是函数关系，它反映着现象之间严格的依存关系，也称确定性的依存关系。在这种关系中，对于变量的每一个数值，都有一个或几个确定的值与之对应。另一类为相关关系，在这种关系中，变量之间存在着不确定、不严格的依存关系，对于变量的某个数值，可以有另一变量的若干数值与之相对应，这若干个数值围绕着它们的平均数呈现出有规律的波动。例如，批量生产的某产品产量与相对应的单位产品成本，某些商品价格的升降与消费者需求的变化，就存在着这样的相关关系。实践中进行相关分析要依次解决以下问题：

（1）确定现象之间有无相关关系及相关关系的类型。对不熟悉的现象，则需收集变量之间大量的对应资料，用绘制相关图的方法做初步判断。从变量之间相互关系的方向看，变量之间有时存在着同增同减的同方向变动，是正相关关系；有时变量之间存在着一增一减的反方向变动，是负相关关系。从变量之间相关的表现形式看有直线关系和曲线相关，从相关关系涉及的变量的个数看，有一元相关或简单相关关系和多元相关或复相关关系。

（2）考察现象之间相关关系的密切程度，通常是计算相关系数 r 及绝对值，若 r 值在 0.8 以上则表明高度相关，必要时应对 r 进行显著性检验。

（3）拟合回归方程，如果现象间相关关系密切，就根据其关系的类型，建立数学模型用相应的数学表达式——回归方程来反映这种数量关系，这就是回归分析。

（4）判断回归分析的可靠性，要用数理统计的方法对回归方程进行检验。只有通过检验的回归方程才能用于预测和控制。

（5）根据回归方程进行内插外推预测和控制。

3.1.3.2 相关分析法应用

对现象进行相关分析的常用方法有相关表分析法、相关图分析法和相关系数分析法。

（1）相关表分析法

对两种现象作相关分析时，将一系列的成对观察值排列在统计表中，就形成了相关表。

表 3-5 某作物耕作深度与单产相关表

耕作深度/cm	单产/t·hm^{-2}
8	6.0
10	7.5
12	7.8
14	9.1
16	10.8
18	12.0

从表 3-5 中可以看出，耕作深度与单产之间存在着正相关的关系。

（2）相关图分析法

相关图又称散点图或散布图，它是利用直角坐标，将变量值用相对应的坐标点描绘出来，从坐标点的分布状况观察变量之间的相互关系的图形，如图 3-2 所示：

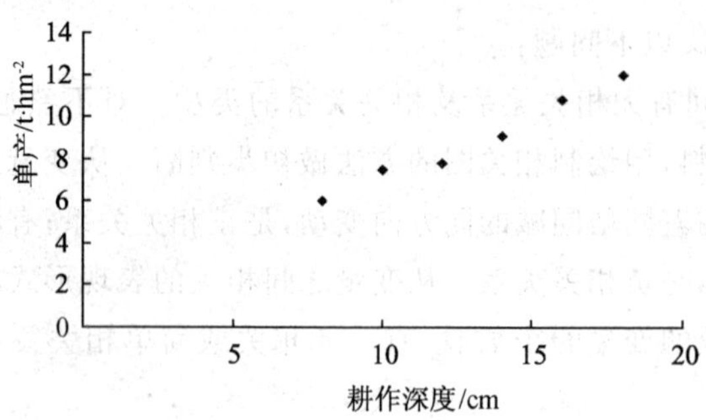

图 3-1 耕作深度与单产的关系相关图

(3) 相关系数分析法

相关系数是判断两种现象在直线相关条件下相关密切程度的统计分析指标。对于两个要素 x 与 y，它们之间的相关系数计算公式如下：

$$r=\frac{n\sum xy-(\sum x)(\sum y)}{\sqrt{n\sum x^2-(\sum x)^2}\cdot\sqrt{n\sum y^2-(\sum y)^2}}$$

r 表示相关系数，$-1<r<1$；x 表示自变量，y 表示因变量。$r\leqslant 0.3$，为不相关；$0.3<r\leqslant 0.5$，为低度相关；$0.5<r\leqslant 0.8$，为显著相关；$0.8<r\leqslant 1$，为高度相关。

【例 3-2】 依据表 3-6 中的观察资料计算 10 个企业生产性固定资产价值与工业增加值之间的相关系数。

表 3-6 相关系数计算表

百万元

序号	固定资产价值 X	工业增加值 Y	X^2	Y^2	XY
1	3	14	9	196	42
2	4	16	16	256	64
3	5	25	25	625	125
4	6	28	36	748	168
5	6	30	36	900	180
6	8	32	64	1 024	256
7	8	36	64	1 296	288
8	9	42	81	1 764	378
9	10	45	100	2 025	450
10	12	47	144	2 209	564
合计	71	315	575	11 079	2 515

相关系数为：

$$r=\frac{10\times 2\,515-71\times 315}{\sqrt{10\times 575-(71)^2}\cdot\sqrt{10\times 1\,079-(315)^2}}=0.973$$

计算结果表明生产性固定资产价值和工业增加值之间存在高度的正相关关系。通过以上的计算与分析过程,我们看到,统计所研究现象之间的相关关系,应该是真实的、客观存在的联系关系,而不是主观臆造或形式上的偶然巧合。

3.1.4 平衡分析法

所谓平衡就是各个互相联系的因素之间,在数量上保持一定的合理的对应关系。平衡分析法是分析事物之间相互关系的一种方法,它把对立统一的双方按其构成要素一一排列起来,给人以整体的概念,以便于全局来观察它们之间的平衡关系。平衡关系广泛存在于经济生活中,大至全国宏观经济运行,小至个人经济收支,都存在平衡关系。平衡种类繁多,如财政平衡表、劳动力平衡表、能源平衡表、国际收支平衡表、投入产出平衡表,等等。平衡分析的作用:一是从数量对等关系上反映社会经济现象的平衡状况,分析各种比例关系相适应状况;二是揭示不平衡的因素和发展潜力;三是利用平衡关系可以从各项已知指标中推算未知的个别指标。通过平衡分析法可以了解事物之间发展是否平衡,揭示出事物间出现的不平衡状态、性质和原因,指引人们去研究积极平衡的方法,从而促进事物的发展。

统计中的平衡分析要求通过有联系指标数值的对等关系来表现经济现象之间的联系;要通过有联系指标数值的比例关系来表现经济现象之间的联系;要通过任务的完成与时间进度之间的正比关系来表现经济现象的发展速度;要通过各有关指标的联系表现出全局平衡与局部平衡之间的联系。

统计平衡分析的主要方法有编制平衡表和建立平衡关系式。平衡表与一般统计表的区别在于:指标体系必须包括收入与支出,来源与使用两个对应平衡的指标。平衡表的主要形式有三种,即收付式平衡表、并列式平衡表和棋盘式平衡表,前两种形式如资产负债表(表 3-7)、能源平衡表(表 3-8),后一种形式如投入产出表。平衡关系式是用等式表示各相关指标间平衡关系的式子。如,期初库存+本期入库=本期出库+期末库存,资产=负债+所有者权益,增加值=总产出-中间投入。

表 3-7 资产负债表

编制单位:某公司　　　　2010 年 12 月 31 日

单位:元

流动资产	期末数	年初数	流动负债	期末数	年初数
货币资金	59 020 000		短期借款	1 200 000	
交易性金融资产	2 000 000		交易性金融负债		
应收票据	3 000 000		应付票据		
应收账款	24 900 000		应付账款	2 100 000	
预付账款	400 000		预收账款	5 200 000	
应收利息		—	应付职工薪酬	1 400 000	
应收股利			应交税费	1 000 000	
其他应收款			应付利息	100 000	

续表

流动资产	期末数	年初数	流动负债	期末数	年初数
存货	59 664 000		应付股利		
一年内到期的非流动资产	5 300 000		其他应付款	100 000	
其他流动资产			一年内到期的非流动负债	1 500 000	
流动资产合计	154 284 000		其他流动负债		
非流动资产：			流动负债合计	12 600 000	
可供出售金融资产		—	非流动负债：		
持有至到期投资	5 000 000		长期借款	2 500 000	
长期应收款			应付债券		
长期股权投资	12 000 000		长期应付款		
投资性房地产			专项应付款		
固定投资	60 000 000		预计负债		
在建工程			递延所得税负债		
工程物资			其他非流动负债		
固定资产清理			非流动负债合计	2 500 000	
生产性生物资产			负债合计	15 100 000	
油气资产			所有者权益（或股东权益）：		
无形资产	2 000 000		实收资本（或股本）	200 000 000	
开发支出			资本公积	2 000 000	
商誉			减：库存股		
长期待摊费用	200 000		盈余公积	5 184 000	
递延所得税资产			未分配利润	11 200 000	
其他非流动资产			所有者权益（或股东权益）合计：	218 384 000	
非流动资产合计	79 200 000				
资产总计	233 484 000		负债及所有者权益总计	233 484 000	

表 3-8　综合能源平衡表

万吨标准煤

项　目	1990 年	1995 年	2000 年	2005 年	2007 年
可供消费的能源总量	96 138	129 535	136 535	223 213	261 111
一次能源生产量	103 922	129 034	128 978	205 876	235 445
回收能		2 312	1 760	2 840	3 057
进口量	1 310	5 456	14 334	26 952	34 904
出口量（—）	5 875	6 776	9 633	11 447	10 298

续表

项　目	1990 年	1995 年	2000 年	2005 年	2007 年
年初年末库存差额	－3 219	－491	1 097	－1 008	－1 997
能源消费总量	98 703	131 176	138 553	224 682	265 583
在总量中：					
1. 农、林、牧、渔、水利业	4 852	5 505	6 045	7 978	8 245
2. 工业	67 578	96 191	95 443	159 492	190 167
3. 建筑业	1 213	1 335	2 143	3 411	4 031
4. 交通运输、仓储和邮政业	4 541	5 863	10 067	16 629	20 643
5. 批发、零售业和住宿、餐饮业	1 247	2 018	3 039	5 031	5 962
6. 其他行业	3 473	4 519	5 852	8 691	9 744
7. 生活消费	15 799	15 745	15 965	23 450	26 790
在总量中：					
(一) 终端消费	94 289	124 252	132 030	214 479	253 861
＃工业	63 239	89 473	89 266	149 639	178 845
(二) 加工转换损失量	2 264	3 634	2 461	3 720	4 064
＃炼焦	905		525	658	815
炼油	326		781	1 305	1 325
(三) 损失量	2 150	3 289	4 062	6 483	7 657
平衡差额	－2 565	－1 641	－2 017	－1 469	－4 472

3.1.5　量本利分析法

3.1.5.4　*量本利分析法关系式*

(1) 量本利基本公式

量本利是根据会计计算利润或亏损的基本公式来描述成本、业务量、利润三者之间的内在关系。由于企业总成本可以分为固定成本和变动成本两大类，因此：

利润＝销售收入－变动成本－固定成本

展开后：利润＝单价×销售量－单位变动成本×销售量－固定成本

上述方程式中含有五个相互联系的变量，只要给定其中任意四个变量的数值，就可以求出另一个变量。

【例 3-3】 甲公司只生产 A 产品，每件售价 150 元，单位变动成本 90 元，每年固定成本 48 000 元，计划销售 1 000 件。请计算：

(1) 预期利润是多少？

(2) 如果企业将目标利润定为 24 000 元，销售量应该达到多少？

(3) 如果销售量和成本均不变，要实现目标利润，单价应该定为多少？

解：预期利润＝单价×销售量－单位变动成本×销售量－固定成本＝12 000 元，计算结果表明，按照现有的计划，该公司可实现利润 12 000 元。如果将目标利润定为 24 000元，在其他因素不变的情况下，通过将销售量提高到 1 200 件，或将销售单价提高到 162 元，都可以保证目标利润的实现。

(2) 贡献毛益方程式

贡献毛益，也称为创利额、边际贡献、边际利润等，是本量利分析中十分重要的概念，它是指产品销售额扣除产品变动成本后为企业做的贡献。贡献毛益首先用来补偿企业的固定成本，如果补偿固定成本后仍有剩余，则形成企业的利润；如果贡献毛益不足以弥补固定成本，则企业发生亏损。因此，贡献毛益是直接反映企业能否盈利的指标。

贡献毛益可以表现为单位贡献毛益，也可以表现为贡献毛益总额。计算公式为：

单位贡献毛益＝单位售价－单位变动成本

贡献毛益总额＝单位贡献毛益×业务量

或：贡献毛益总额＝销售收入总额－变动成本总额

根据上例中的资料，计算该公司单位贡献毛益和贡献毛益总额：

单位贡献毛益＝150－90＝60(元)

贡献毛益总额＝60×1 000＝60 000(元)

贡献毛益除了用绝对数表示外，还可以用相对数表示，即贡献毛益率。贡献毛益率是指贡献毛益在销售收入中所占的比率，可直接反映销售收入变动时，贡献毛益总额将发生的变动。

计算公式为：

贡献毛益率＝单位贡献毛益/单位售价

或：贡献毛益率＝贡献毛益总额/销售收入总额

沿用例 3-3 中的资料，该公司的贡献毛益率为：60/150＝40％。表明该公司每增加 100 元销售收入，贡献毛益将增加 40 元。如果固定成本保持不变，则公司的税前利润也随之增加 40 元。管理者可以据此快速了解收入变化对利润的影响程度。当企业生产多种产品时，还可以通过对各种产品贡献毛益率的比较，选择盈利能力最高的产品。

有了贡献毛益和贡献毛益率的概念，可以将本量利基本公式改写为贡献毛益方程式：

利润＝销售收入×贡献毛益率－固定成本
＝销售量×单价×贡献毛益率－固定成本

或　　利润＝贡献毛益－固定成本＝销售量×单位贡献毛益－固定成本

同时，可以根据贡献毛益和贡献毛益率求出公式中的其他变量。如：上述两个公式在进行本量利分析时经常要用到。

3.1.5.2　盈亏平衡点分析

盈亏平衡点，也称为保本点、盈亏临界点，是指企业的销售收入等于总成本时的状态，即企业处于既不盈利也不亏损的状态。通常用销售量或销售额来表示盈亏平衡点。

盈亏平衡分析是本量利分析的基本内容，主要研究如何测算企业的盈亏平衡点，并分析有关因素变动对盈亏平衡点的影响。

(1) 盈亏平衡点的计算

① 单一产品条件下的盈亏平衡点

计算盈亏平衡点，实际上就是计算利润为零时的业务量。如前所述，贡献毛益首先要用来弥补固定成本，如果补偿后有剩余，才能为企业提供利润。当贡献毛益总额正好等于固定成本总额时，表明企业不盈利也不亏损，达到盈亏平衡。如果用公式表示，即为：

贡献毛益总额＝固定成本总额

将该公式展开后：销售量×单位贡献毛益＝固定成本总额

即盈亏平衡点销售量＝固定成本/单位贡献毛益。

盈亏平衡点销售额＝固定成本/贡献毛益率

【例 3-4】 沿用上例的资料，甲公司 A 产品的单价为 150 元，单位变动成本为 90 元，每年固定成本为 48 000 元，单位贡献毛益为 60 元，贡献毛益率为 40%。则：

盈亏平衡点销售量＝48 000/60＝800(件)

盈亏平衡点销售额＝48 000/40%＝120 000(元)

计算结果表明，该公司每年销售量达到 800 件或销售收入达到 120 000 元时，能够做到不盈不亏。

② 多种产品条件下的盈亏平衡点

如果企业销售的产品不止一种，由于固定成本一般不能分摊到每一种产品，因此无法计算每种产品的盈亏平衡点，这时只能计算整个企业的盈亏平衡点，在此基础上再根据各种产品的销售比重计算各种产品在盈亏平衡点的销售额和销售量。具体做法是，先计算各种产品的贡献毛益率，然后以各种产品的销售比重为权数计算加权平均贡献毛益率，再根据加权平均贡献毛益率计算企业盈亏平衡点的销售额，最后计算每种产品在盈亏平衡点的销售额和销售量。

【例 3-5】 乙公司每年固定成本为 96 000 元，生产和销售 A，B，C 三种产品，有关资料如表 3-9 所示。

表 3-9 A，B，C 三种产品销售表

项目	A 产品	B 产品	C 产品
预计销售量/件	1 500	1 200	800
预计单价/元	120	100	110
单位变动成本/元	70	56	80

根据表 3-9 中的资料计算各种产品的销售额、销售比重和贡献毛益率，见表 3-10。

表 3-10　A,B,C 三种产品贡献毛益率

项目	A 产品	B 产品	C 产品
销售额/元	180 000	120 000	88 000
销售比重/%	46.39	30.93	22.68
贡献毛益率/%	41.67	44	27.27

根据表 3-9 和表 3-10 中的资料：

第一步计算：

加权平均贡献毛益率＝46.39%×41.67%＋30.93%×44%＋22.68%×27.27%
＝39.12%

第二步计算：

企业盈亏平衡点销售额＝96 000/39.12%＝245 399(元)

第三步计算各种产品在盈亏平衡点的销售额：

A 产品销售额＝245 399×46.39%＝113 841(元)

B 产品销售额＝245 399×30.93%＝75 902(元)

C 产品销售额＝245 399×22.68%＝55 656(元)

第四步计算各种产品在盈亏平衡点的销售量：

A 产品销售量＝113 841÷120＝949(件)

B 产品销售量＝75 902÷100＝759(件)

C 产品销售量＝55 656÷110＝506(件)

根据以上计算可以得知，在假设各种因素不变的情况下，A 产品销售 949 件、B 产品销售 759 件、C 产品销售 506 件时，该公司的销售收入可以达到 245 399 元，此时该公司处于不盈利也不亏损的状态。

(2) 相关因素变动对盈亏平衡点的影响

上述计算盈亏平衡点的公式，是以固定成本、单位变动成本、单位价格，以及品种结构等因素不变为前提的。但实际上这些因素在企业经营活动中是经常变动的，并由此引起盈亏平衡点随之发生变动。

① 固定成本变动对盈亏平衡点的影响

虽然固定成本不随业务量变动而变动，但是当企业的经营能力发生变化时也会导致固定成本上升或下降。在其他因素不变的情况下，固定成本总额上升，盈亏平衡点销售量提高，反之则下降。

【例 3-6】 沿用例 3-3 中的资料，如果其他条件不变，只是固定成本从原来的 48 000 元下降到 42 000 元，则：

盈亏平衡点销售量＝42 000/60＝700(件)

计算结果表明，由于固定成本下降，导致盈亏平衡点从 800 件下降到 700 件。

② 单位变动成本变动对盈亏平衡点的影响

当其他条件不变时，单位变动成本上升，盈亏平衡点销售量提高，反之则下降。

假设例 3-3 中的其他条件不变，只是单位变动成本从原来的 90 元下降到 80 元，则：

盈亏平衡点销售量＝48 000/(150－80)＝686(件)

计算结果表明，由于单位变动成本下降，导致盈亏平衡点从 800 件下降到 686 件。

③ 销售单价变动对盈亏平衡点的影响

产品销售单价的上升或下降，会直接影响企业的盈亏。当其他条件不变时，销售单价提高，会使盈亏平衡点的销售量下降，反之则上升。

假设例 3-3 中的其他条件保持不变，只是销售单价从原来的 150 元提高到 155 元，则：

盈亏平衡点销售量＝48 000/(155－90)＝738(件)

计算结果表明，由于销售单价提高，导致盈亏平衡点从 800 件下降到 738 件。

④ 销售品种结构变动对盈亏平衡点的影响

当企业同时生产和销售多种产品时，由于各种产品的贡献毛益率不同，不同产品销售比重发生变化也会对企业的盈亏产生较大影响。如果贡献毛益率高的产品所占比重增加，则加权平均贡献毛益率提高，盈亏平衡点的销售量下降；反之则会降低加权平均贡献毛益率，使盈亏平衡点的销售量上升。

【例 3-7】 沿用例 3-5 中的资料，假设其他条件不变，只是 A，B，C 产品的销售比重发生变化，其中 A 产品占销售总额的 40％，B 产品和 C 产品分别占 30％。则：

加权平均贡献毛益率＝40％×41.67％＋30％×44％＋30％×27.27％＝38.05％

盈亏平衡点销售额＝96 000/38.05％＝252 300(元)

计算结果表明，由于贡献毛益率较高的 A 产品销售比重下降，贡献毛益率较低的 C 产品销售比重上升，导致该公司的综合盈亏平衡点从原来的 245 399 元，提高到 252 300 元。

3.1.5.3　目标利润的影响因素分析

如前所述，盈亏平衡点分析是研究企业利润为零时的成本、价格和销售量的。企业的经营目标是尽可能多地超越盈亏平衡点，实现更多的利润。因此，研究如何根据本量利之间的依存关系，保证目标利润的实现，是盈亏平衡分析的延伸和拓展，也是企业经营决策的重要内容。

(1) 实现目标利润的计算公式

测算实现目标利润的销售量或销售额，可以借助于盈亏平衡点的计算模型。

由于

目标利润＝销售量×单位贡献毛益－固定成本总额

因此

$$\text{实现目标利润的销售量}=\frac{\text{固定成本总额}+\text{目标利润}}{\text{单位贡献毛益}}$$

$$\text{实现目标利润的销售额}=\frac{\text{固定成本总额}+\text{目标利润}}{\text{贡献毛益率}}$$

(2) 有关因素变动后对实现目标利润的影响

在实际工作中，大多数企业要对未来利润做出规划，制定目标利润。要实现目标利润，就需要了解影响目标利润的因素，分析这些因素变动对目标利润的影响程度，以便及时采取相应的措施，控制相关因素的影响。

从前述介绍的本量利关系式可以看出，影响目标利润的因素不外乎价格、业务量、变动成本、固定成本，进行目标利润影响因素分析，就是测算这些因素变动对目标利润的影响程度。

【例 3-8】 阳光公司生产和销售一种儿童玩具用的小型电机，预计年销售量 20 000 个，每个售价 9 元，单位变动成本 4 元，年固定成本 50 000 元。企业确定的目标利润为 60 000元，测算在现有条件下应采取哪些措施，以保证目标利润的实现。

(1) 单因素变动对实现目标利润的影响

单因素变动，是指假定其他条件不变，只改变一个因素，测算其对实现目标利润的影响程度。可以根据本量利关系的基本公式或贡献毛益方程式进行测算。本例中根据公式：利润＝单价×销售量—单位变动成本×销售量－固定成本，进行测算。

① 降低固定成本

$$60\,000=9\times 20\,000-4\times 20\,000-\text{固定成本}$$

固定成本＝40 000(元)

即，如果其他条件保持不变，固定成本必须从 50 000 元减低到 40 000 元，才能保证目标利润实现。

② 减低单位变动成本

$$60\,000=9\times 20\,000-\text{单位变动成本}\times 20\,000-50\,000$$

单位变动成本＝3.5(元)

即，如果其他条件保持不变，单位变动成本必须从 4 元减低到 3.5 元，才能保证目标利润实现。

③ 增加销售量

$$60\,000=9\times\text{销售量}-4\times\text{销售量}-50\,000$$

销售量＝22 000(个)

即，如果其他条件保持不变，销售量必须从 20 000 个提高到 22 000 个，才能保证目标利润实现。

④ 提高销售单价

$$60\,000=\text{单价}\times 20\,000-4\times 20\,000-50\,000$$

单价＝9.5(元)

即，如果其他条件保持不变，单位售价必须从 9 元提高到 9.5 元，才能保证目标利润实现。

(2) 多因素变动对实现目标利润的影响

以上逐一计算了各单项因素变动对实现目标利润的影响。但在实际工作中，各因素是相互关联，相互制约的，企业往往同时采取多种措施，以保证实现目标利润。

【例 3-9】 沿用例 3-8 中的资料。假设阳光公司有剩余的生产能力，可以提高生产和销售的数量。但是据销售部门测算，如果提高销售量，必须将销售价格降低 5%。现采用贡献毛益法测算，降价后实现目标利润所需要的销售量。

如果销售部门预测产品降价后，可以使销售量达到 24 176 件，生产部门也可以将产品及时生产出来，则目标利润就可以落实了。否则，还需要做进一步分析。

如果销售部门认为即使将销售价格降低 5%，也只能销售 23 000 件。企业还需要采取其他措施，如降低固定成本或变动成本。如果只考虑降低固定成本，根据贡献毛益公式，现测算需要将固定成本降低到：

$$固定成本=44\ 650(元)$$

也就是说，在降低 5%售价的同时，还需要将固定成本从 50 000 元降低到 44 650 元，才能保证目标利润的实现。如果企业管理部门认为，近年来经过多次压缩固定成本支出，固定成本的降低幅度已经非常有限，最多只能降低至 48 000 元，则还需要降低变动成本。

3.1.6 ABC 分析法

ABC 分析法（ABC-Analysis）是储存管理中常用的分析方法，也是经济工作中的一种基本工作和认识方法。ABC 分析的应用，在储存管理中比较容易地取得以下成效：

第一，压缩了总库存量；第二，释放了被占压的资金；第三，使库存结构合理化；第四，节约了管理力量。

3.1.6.1 ABC 分析的理论基础

社会上任何复杂事物，都存在着“关键的少数和一般的多数”这样一种规律。事物越是复杂，这一规律便越是显著。这个认识和辩证法中关于主要矛盾的认识是一致的。

例如：在社会结构上，少数人领导多数人；在一个集体中，少数人起左右局势的作用；在市场上，少数人进行大量购买；几百种商品中，少数商品是大量生产的；在销售活动中，少数销售人员销售量占绝大部分，成千上万种商品中少数几种取得大部分利润；在工厂方面，少数品种占生产量的大部分；成千上万种库存物资中，少数几种库存量占大部分，少数几种占用了大部分资金；在影响质量的许多原因中，少数几个原因带来大的损失；在成本方面，少数因素占成本的大部分；在研究机关中，少数科研人员取得大部分的研究成果；在人事方面，德、智、体诸方面都拔尖的只是少数。

可以做出这样归纳，一个系统中，少数事物具有决定性的影响。相反，其余的绝大部分事物不太有影响。很明显，如果将有限的力量主要（重点）用于解决这具有决定性影响的少数事物上，和将有限力量平均分摊在全部事物上。两者比较，当然是前者可以取得较好的成效，而后者成效较差。ABC 分析便是在这一思想的指导下，通过分析，将“关键的少数”找出来，并确定与之适应的管理方法，这便形成了要进行重点管理的 A 类事物。这就能够以“1倍的努力取得7～8倍的效果”。但是，ABC分析和哲学中抓主要矛盾的理论还是有一定区别的，主要区别在于，ABC分析用数量的研究方法来分析出“关键的少数”，这就使这种分析手段更容易排除假象而认识到事物本质，更容易排除主观随意性而客观地认识问题。由于采用了数量的研究方法，才使千百年来人们头脑中“主要、次要”“关键、一般”“纲、目”等认识转变成了具有较强科学性的现代管理方法。

3.1.6.2 ABC分析的一般步骤

此处仅以库存的ABC分析及重点管理方法为例。一般说来，企业的库存反映着企业的水平，调查企业的库存，可以大体搞清该企业的经营状况。虽然ABC分析法已经形成了企业中的基础管理方法，有广泛的适用性，但目前应用较广的，还是在库存分析中。ABC分析的一般步骤如下：

(1) 收集数据。按分析对象和分析内容，收集有关数据。例如，打算分析产品成本，则应收集产品成本因素、产品成本构成等方面的数据；打算分析针对某一系统搞价值工程，则应收集系统中各局部功能、各局部成本等数据。本例拟对库存物品的平均资金占用额进行分析，以了解哪些物品占用资金多，以便实行重点管理。应收集的数据为：每种库存物资的平均库存量、每种物资的单价等。

(2) 处理数据。对收集来的数据资料进行整理，按要求计算和汇总。本例以平均库存乘以单价，求算各种物品的平均资金占用额。

(3) 制作ABC分析表。ABC分析表栏目构成如下：第一栏物品名称；第二栏品目数累计，即每一种物品皆为一个品目数，品目数累计实际就是序号；第三栏品目数累计百分数，即累计品目数对总品目数的百分比；第四栏物品单价；第五栏平均库存；第六栏是第四栏单价乘以第五栏平均库存，为各种物品平均资金占用额；第七栏为平均资金占用额累计；第八栏平均资金占用额累计百分数；第九栏为分类结果。

(4) 根据ABC分析表确定分类。按ABC分析表，观察第三栏累计品目百分数和第八栏平均资金占用额累计百分数，将累计品目百分数为5%～15%而平均资金占用额累计百分数为60%～80%左右的前几个物品，确定为A类；将累计品目百分数为20%～30%，而平均资金占用额累计百分数也为20%～30%的物品，确定为B类；其余为C类，C类情况正和A类相反，其累计品目百分数为60%～80%，而平均资金占用额累计百分数仅为5%～15%。

(5) 绘出ABC分析图。以累计品目百分数为横坐标，以累计资金占用额百分数为纵坐标，按ABC分析表第三栏和第八栏所提供的数据，在坐标图上取点，并联结各点曲线，则绘成如图所示的ABC曲线。按ABC分析曲线对应的数据，按ABC分析表确定A，B，C三个类别的方法，在图上标明A，B，C三类，则制成ABC分析图。在管理时，如果认为ABC分析图直观性仍不强，也可绘成如图3-2所示的直方图。

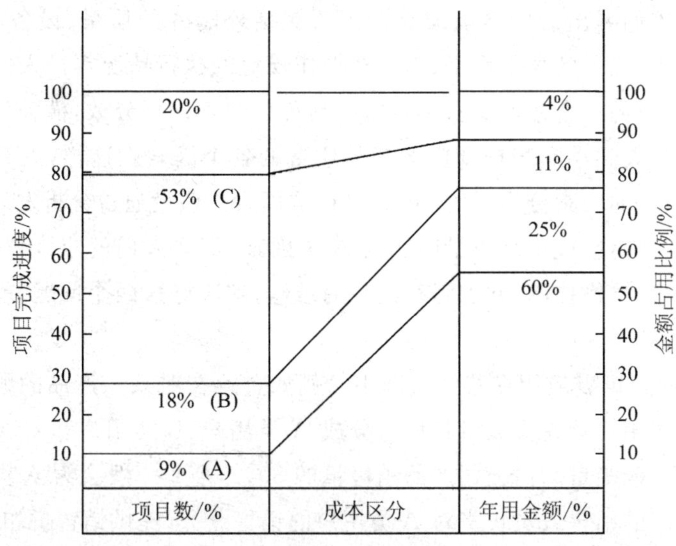

图 3-2 ABC 分析图

(6) 确定重点管理要求。ABC 分析的结果，只是理顺了复杂事物，搞清了各局部的地位，明确了重点。但是，ABC 分析主要目的更在于解决困难，它是一种解决困难的技巧，因此，在分析的基础上必须提出解决的办法，才真正达到 ABC 分析的目的。目前，许多企业为了应付验收检查，在形式上搞了 ABC 分析，虽对了解企业家底有一些作用，但并未真正掌握这种方法的精髓，未能将分析转化为效益。按 ABC 分析结果，再权衡管理力量与经济效果，对三类库存物品进行有区别的管理。

3.1.6.3 案例分析

人们以库存管理为例来说明 ABC 法的具体应用。如果人们打算对库存商品进行年销售额分析，那么：第一，收集各个品目商品的年销售量，商品单价等数据。第二，对原始数据进行整理并按要求进行计算，如计算销售额、品目数、累计品目数、累计品目百分数、累计销售额、累计销售额百分数等。第三，制作 ABC 分类表。在总品目数不太多的情况下，可以用大排队的方法将全部品目逐个列表。按销售额的大小，由高到低对所有品目顺序排列；将必要的原始数据和经过统计汇总的数据，如销售量、销售额、销售额百分数填入；计算累计品目数、累计品目百分数、累计销售额、累计销售额百分数；将累计销售额为 60％～80％的前若干品目定为 A 类；将销售额为 20％～30％左右的若干品目定为 B 类；将其余的品目定为 C 类。如果品目数很多，无法全部排列在表中或没有必要全部排列出来，可以采用分层的方法，即先按销售额进行分层，以减少品目栏内的项数，再根据分层的结果将关键的 A 类品目逐个列出来进行重点管理。第四，以累计品目百分数为横坐标，累计销售额百分数为纵坐标，根据 ABC 分析表中的相关数据，绘制 ABC 分析图，如图 3-2 所示。第五，根据 ABC 分析的结果，对 ABC 三类商品采取不同的管理策略。

ABC 分类法还可以应用到质量管理、成本管理和营销管理等管理的各个方面。

在质量管理中，人们可以利用 ABC 分析法分析影响产品质量的主要因素，采取相应的对策。例如，人们列出影响产品质量的因素包括外购件的质量、设备的状况、工艺设计、生产计划变更、工人的技术水平、工人对操作规程的执行情况等。人们以纵轴表示由于前几项因素造成的不合格产品占不合格产品总数的累计百分数，横轴按造成不合格产品数量的多少，从大到小顺序排列影响产品质量的各个因素。这样，人们就可以很容易地将影响产品质量的因素分为A类、B类和C类因素。假设通过分析发现外购件的质量和设备的维修状况是造成产品质量问题的A类因素，那么人们就应该采取相应措施，对外购件的采购过程严格控制，并加强对设备的维修，解决好这两个问题，就可以把质量不合格产品的数量减少80%。

ABC分析法还可以应用在营销管理中。例如企业在对某一产品的顾客进行分析和管理时，可以根据用户的购买数量将用户分成A类用户、B类用户和C类用户。由于A类用户数量较少，购买量却占公司产品销售量的80%，企业一般会为A类用户建立专门的档案，指派专门的销售人员负责对A类用户的销售业务，提供销售折扣，定期派人走访用户，采用直接销售的渠道方式。而对数量众多，但购买量很小、分布分散的C类用户则可以采取利用中间商，间接销售的渠道方式。

应当说明的是，应用ABC分析法，一般是将分析对象分成A，B，C类三类。但人们也可以根据分析对象重要性分布的特性和对象的数量的大小分成两类或三类以上。

3.2 综合分析方法

3.2.1 结构分析法

3.2.1.1 结构分析法概述

结构分析法也称比重分析法，这种方法就是计算某项经济指标各项组成部分占总体的比重，分析其内容构成的变化，从而区分主要矛盾和次要矛盾。从结构分析中，能够掌握事物的特点和变化趋势，如按构成流动资金的各个专案占流动资金的总额的比重确定流动资金的结构，然后将不同时期的资金结构相比较，观察构成变化与产品积压的情况，以及产销平衡定额情况，为进一步挖掘资金潜力之明了方向。

结构分析法是在统计分组的基础上，计算各组成部分所占比重，进而分析某一总体现象的内部结构特征、总体的性质、总体内部结构依时间推移而表现出的变化规律性的统计方法。结构分析法的基本表现形式，就是计算结构指标。其公式是：

结构指标(%)=(总体中某一部分/总体总量)×100%

结构指标就是总体各个部分占总体的比重，因此总体中各个部分的结构相对数之和，即等于100%。

通过结构分析可以认识总体构成的特征，如，2002年天津市国内生产总值中第一产业占4.1%，第二产业占48.8%，第三产业占47.1%；还可以揭示总体各个组成部分的变动趋势，研究总体结构变化过程，揭示总体由量变逐渐转化为质变的规律性，如，某地区近五年来高新技术产品占所有产品比重第一年为20%，第三年为32%，第五年为51%，表明产业结构重点在向高新技术产业转变；也可以揭示现象之间的依存关系，如研究商业企业中商品销售额与流通费用的依存关系，可将各商品销售额分组计算每个组相应的商品流通费用，例如，某市年销售额300万元以上的企业占15%，每万元商品销售额中的流通费为6.0元，而300万元以下的企业占85%，其每万元商品销售额中的流通费为8.5～11.2元，说明销售规模越大的企业流通费用越少。

在企业财务管理中，结构分析法是进行同一期间财务报表中不同项目间的比较与分析，主要是通过编制百分比报表进行分析，即将财务报表中的某一重要项目(如资产负债表中的资产总额或权益总额)的数据作为100%，然后将报表中其余项目额都以这一项目的百分比的形式作纵向排列，从而揭示出各项目的数据在公司财务中的意义。它反映该项目内各组成部分的比例关系，代表了企业某一方面的特征、属性或能力。结构百分比实际上是一种特殊形式的财务比率。它们同样排除了规模的影响，使不同比较对象建立起可比性，可以用于本企业历史比较、与其他企业比较和与预算比较。

3.2.1.2　结构分析法的步骤

结构分析法的一般步骤是：

(1) 确定报表中各项目占总额的比重或百分比，其计算公式是：

$$结构百分比(比重)=(部分/总体)\times 100\%$$

通常，利润表中的"总体"是"营业收入"，资产负债表中的"总体"是"总资产"。

(2) 通过各项目的比重，分析各项目在企业经营中的重要性。一般项目比重越大，说明其重要程度越高，对总体的影响越大。

(3) 将分析其各项目的比重与前期同项目比重对比，研究各项目的比重变动情况。也可以将本企业报告期项目比重与同类企业的可比项目进行对比，研究本企业与同类企业的不同之处，以及成绩和存在的问题。

【例3-10】 康辉公司2001年度资产负债表资料如表3-11所示：

表3-11　资产负债表

编制单位:康辉公司　　2001年12月31日　　万元

资产	期初数	期末数	负债及所有者权益	期初数	期末数
流动资产	8 684	6 791	流动负债	5 850	5 140
其中:应收账款	4 071	3 144	其中:应付账款	5 277	4 614
存货	3 025	2 178	长期负债	10 334	8 671
固定资产原值	12 667	11 789	负债合计	16 184	13 811
固定资产净值	8 013	6 663	所有者权益	6 780	6 013
无形及递延资产	1 613	1 244	其中:实收资本	6 000	6 000
资产总计	22 964	19 824	负债加所有者权益	22 964	19 824

要求：运用结构百分比法，对康辉公司的资产负债表进行结构变动分析。

解答：

资产负债表各项目结构比见表 3-12。

表 3-12　资产负债表

编制单位：康辉公司　　2001 年 12 月 31 日　　万元

资产	年末数	年初数	结构变动/%	负债及所有者权益	年末数	年初数	结构变动/%
流动资产	37.82	46.20	−8.38	流动负债	25.47	28.17	−2.69
其中：应收账款				其中：应付账款			
存货				长期负债	45	30.92	14.08
固定资产原值				负债合计	70.47	59.09	11.39
固定资产净值	34.89	45.33	−10.44	所有者权益	29.52	40.91	−11.39
无形及递延资产	27.29	8.46	18.83	其中：实收资本			
资产总计	100	100		负债及所有者权益	100	100	

总资产中长期资产增长幅度大于流动资产增长幅度，说明企业注重资产的营利性；总负债中长期负债的比重大于所有者权益所占的比重，说明企业改变了筹资结构，企业财务风险加大，应加以关注。

总之，康辉公司应对企业的资产结构和资本结构加以优化，确立风险意识，合理使用全部资产。

3.2.2　成本效益分析

3.2.2.1　成本效益分析的定义

成本效益分析是通过比较项目的全部成本和效益来评估项目价值的一种方法，成本效益分析作为一种经济决策方法，将成本费用分析法运用于政府部门的计划决策之中，以寻求在投资决策上如何以最小的成本获得最大的效益。常用于评估需要量化社会效益的公共事业项目的价值。

成本效益分析方法的概念首次出现在 19 世纪法国经济学家朱乐斯·帕帕特的著作中，被定义为“社会的改良”。其后，这一概念被意大利经济学家帕累托重新界定。到 1940 年，美国经济学家尼古拉斯·卡尔德和约翰·希克斯对前人的理论加以提炼，形成了成本效益分析的理论基础即卡尔德—希克斯准则。也就是在这一时期，成本效益分析开始渗透到政府活动中，如 1939 年美国的洪水控制法案和田纳西州泰里克大坝的预算。60 多年来，随着经济的发展，政府投资项目的增多，使得人们日益重视投资，重视项目支出的经济和社会效益。这就需要找到一种能够比较成本与效益关系的分析方法。以此为契机，成本效益分析在实践方面得到了迅速发展，被世界各国广泛采用。

3.2.2.2　成本效益分析的步骤

在开始成本效益分析前，了解成本现状十分重要。你需要权衡每一项投资的利弊。

如果可能的话，再权衡一下不投资会有什么影响。不要以为如果不投资成本就会变高。在许多情况下，虽然新投资可获得巨额利润，但是不投资的成本相对更小。

对一项投资进行成本效益分析的步骤如下：

(1) 确定购买新产品或一个商业机会中的成本；

(2) 确定额外收入的效益；

(3) 确定可节省的费用；

(4) 制订预期成本和预期收入的时间表；

(5) 评估难以量化的效益和成本。

前三个步骤十分简单明了。首先要确定与商业风险相关的一切成本——本年度主要的成本及下一年度的预计成本。额外收入也许是由于顾客数量的增加或现有顾客购买量的扩大。为了解这些收入的效益，一定要将与收入相关的新成本考虑在内，最后就可以考虑利润了。可节省费用显得简单一些，至少在某种意义上反映了利润的增加，可直接计入利润。

3.2.2.3 成本效益分析举例

某公司为了改善经营状况，打算购买一套商业智能软件，该公司可用成本效益分析来判断此举是否正确。

(1) 在成本方面有：软件的价格成本，雇用技术咨询人员安装和运行软件的成本，培训软件操作人员的成本。

(2) 在效益方面有：提高了的业务流程(导致年度经营总成本下降)，由于信息供给更为有效，公司决策更为科学(导致额外的现金流)，由于使用现代化软件，员工士气得到提升。

再假设一位大学毕业生面临出国、读研和工作，他该如何选择？

(1) 出国

① 成本分析：每年 20 万元的投入×2～3 年＝40 万～60 万元；2～3 年的海外生活，也许会对中国发展现状感应滞后。

② 效益分析：回国后拟有 10 万～15 万元年薪，但考虑对未来就业市场的风险预测，加权×60%；更独立；掌握更多高新科技和管理办法；会有更多海外关系。

(2) 读研

① 成本分析：每年 1 万～2 万元×2 年＝2 万～4 万元；经过两年的校园生活，可能在毕业时缺乏社会经验。

② 效益分析：比本科生每月多 1 000～2 000 元薪水；研究问题的能力提高，思路要比本科时更开阔些。

(3) 工作

① 成本分析：找工作阶段成本大概 3 000～4 000 元，但 3 年之内如果违约会损失 1 万～2 万元违约金；一般 3 年内会在一家公司任职；2 年后可能会遇到学历的限制。

② 效益分析：在别人出国或读研的两年内自己已经有了大概 5 万元储蓄；工作中能

学到很多实用的东西，办事能力提高；获得人际关系网络。

3.2.3 杜邦分析法

杜邦分析法是一种财务比率分解的方法，能有效反映影响企业获利能力的各种指标间的相互联系，对企业财务状况和经营成果做出合理的分析。企业的财务状况是一个完整的系统，内部各种因素都是相互依存相互作用的，任何一个因素的变动都会引起企业整体财务状况的改变。

杜邦分析法有助于企业管理层更加清晰地看到所有者资本收益率的决定因素，以及销售净利润率与总资产周转率、债务比率之间的相互关联关系，给管理层提供了一张明晰的考察公司资产管理效率和是否最大化股东投资回报的路线图。

杜邦分析法利用各个主要财务比率之间的内在联系，建立财务比率分析的综合模型，来综合地分析和评价企业财务状况和经营业绩的方法。采用杜邦分析图将有关分析指标按内在联系加以排列，从而直观地反映出企业的财务状况和经营成果的总体面貌。

3.2.3.1 杜邦分析图

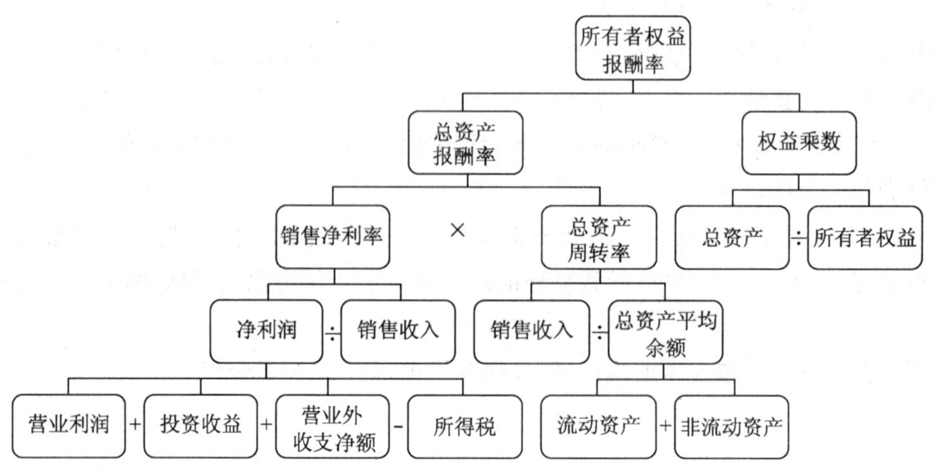

图 3-3　杜邦分析图

杜邦分析系统主要反映以下几种主要的财务比率关系：

（1）所有者权益报酬率与总资产报酬率及权益乘数之间的关系

$$所有者权益报酬率=总资产报酬率\times权益乘数$$

$$权益乘数=1\div(1-资产负债率)$$

（2）总资产报酬率与销售净利率及总资产周转率之间的关系

$$总资产报酬率=销售净利率\times总资产周转率$$

（3）销售净利率与净利润及销售收入之间的关系

$$销售净利率=净利润\div销售收入$$

（4）总资产周转率与销售收入及资产平均总额之间的关系

$$总资产周转率=销售收入\div资产平均总额$$

即

$$所有者权益报酬率=销售净利率\times总资产周转率\times权益乘数$$

这一等式被称为杜邦等式。杜邦系统将企业盈利指标、资金周转指标、资本结构指标联系在一起，之后，再将进行层层分解，这样就可以全面、系统地揭示出企业的财务状况以及系统内部各个因素之间的相互关系。

3.2.3.2　杜邦分析的特点

杜邦分析是对企业财务状况进行的综合分析。它通过几种主要的财务指标之间的关系，直观、明了地反映出企业的财务状况，从杜邦分析系统可以了解到下面的财务信息：

(1) 所有者权益报酬率

所有者权益报酬率是一个综合性极强、最有代表性的财务比率，它是杜邦系统的核心。企业财务管理的重要目标之一就是实现股东财富的最大化，所有者权益报酬率反映了股东投入资金的获利能力，这一比率反映了企业筹资、投资和生产运营等各方面经营活动的效率。所有者权益报酬率反映运用资产进行生产经营活动的效率如何，而权益乘数则主要反映了企业的筹资情况，即企业资金来源结构如何。

(2) 总资产报酬率

总资产报酬率是反映企业获利能力的一个重要财务比率，它揭示了企业生产经营活动的效率，综合性也极强。企业的销售收入、成本费用、资产结构、资产周转速度以及资金占用量等各种因素，都直接影响到总资产报酬率的高低。总资产报酬率是销售净利率与总资产周转率的乘积。因此，可以从企业的销售活动与资产管理两个方便来进行分析。

(3) 销售净利率

销售净利率从企业的销售方面看，销售净利率反映了企业净利率与销售收入之间的关系。一般来说，销售收入增加，企业的净利率也会随之增加，但是，要想提高销售净利率，必须一方面提高销售收入，另一方面降低各种成本费用，这样才能使净利润的增长高于销售收入的增长，从而使销售净利率得到提高。由此可见，提高销售净利率必须在以下两个方面下功夫：一是开拓市场，增加销售收入。在市场经济中，企业必须深入调查研究市场情况，了解市场的供需关系，在战略上，从长远的利益出发，努力开发新产品；在策略上，保证产品的质量，加强营销手段，努力提高市场占用率。这些都是企业面向市场的外在功夫。二是加强成本费用控制，降低耗费，增加利润。从杜邦系统中，可以分析企业的成本费用结构是否合理，以便发现企业在成本费用管理方面存在问题，为加强成本管理提供依据。企业想要在激烈的市场竞争中立于不败之地，不仅要在营销与产品质量上下功夫，还要尽可能降低产品的成本，这样才能增强产品在市场上的竞争力。同时，要严格控制企业的管理费用、财务费用等各种期间费用，降低耗费，增加利润。这里尤其要研究分析企业的利息费用与利润总额之间的关系，如果企业所承担的利息费用太多，就应当进一步分析企业的资金结构是否合理，负债比率是否过高，不合理的资金结构当然会影响到企业所有者的收益。

（4）企业资产

在企业资产方面，主要应该分析以下两个方面：其一分析企业的资产结构是否合理，即流动资产与非流动资产的比率是否合理。资产结构实际上反映了企业资产的流动性，它不仅关系企业的偿债能力，也会影响企业的获利能力。一般来说，如果企业流动资产中货币资金占的比重过大，就应当分析企业持有量是否合理，有无现金闲置现象，因为过量的现金会影响企业的获利能力；如果流动资产中的存货与应收账款过多，就会占用大量的资金，影响企业的资金周转。其二结合销售收入，分析企业的总资产周转情况。资产周转速度直接影响到企业的获利能力，如果企业资金周转过慢，就会占用大量资金，增加资金成本，减少企业的利润。资金周转情况的分析，不仅要分析企业总资产周转率，更要分析企业的存货周转率与应收账款周转率，并将其周转情况与资金占用情况结合分析。上述两方面的分析，可以发现企业资产管理方面存在的问题，以便加强管理，提高资产的利用效率。

总之，从杜邦分析系统可以看出，企业的获利能力涉及产生经营活动的方方面面。所有者权益报酬率与企业的筹资结构、销售规模、成本水平、资产管理等因素密切相关，这些因素构成一个完整的系统，系统内部各因素之间相互作用，只有协调好系统内部各个因素的关系，才能使所有者权益报酬率提高，从而实现股东财富最大化的理财目标。

3.2.3.3 用杜邦分析法分析某公司的财务状况

（1）公司简介

某公司成立于2001年10月，是深圳高新技术产业开发区天河科技园内从事专业通信软硬件产品研发、通信技术服务、计算机信息技术研究和计算机信息系统集成的民营高科技企业。多年来，公司已成功与中国移动、中国电信、中国联通等电信运营商，以及爱立信、诺基亚西门子、华为、中兴通讯、大唐等多家国内外知名通信设备厂商开展了广泛的合作。凭借着一支优良的技术队伍和丰富的管理经验，成绩斐然，目前业务遍及广东、广西、山东、河北、江苏、四川、湖北、安徽、内蒙古、新疆、甘肃、辽宁、黑龙江等国内多个省（市、自治区）及乌克兰、印度尼西亚、乌兹别克斯坦、孟加拉国等海外市场。经过多年的高速发展，该公司已成为中国移动深圳公司主要的信息技术和服务提供商之一，也是爱立信公司在华最大的综合技术服务合作伙伴之一。

（2）财务指标分析

该公司2011年净利润10 284.04万元，销售收入411 224.01万元，资产总额306 222.94万元，负债总额205 677.07万元，全部成本403 967.43万元；2012年净利润12 653.92万元，销售收入757 613.81万元，资产总额330 580.21万元，负债总额215 659.54万元，全部成本为736 747.24万元。根据以上资料计算得到该公司2011年、2012年财务比率，如表3-13所示：

表 3-13 2011—2012 年财务比率

年　度	所有者权益报酬率	权益乘数	资产负债率	总资产报酬率	销售净利率	总资产周转率
2011	0.097	3.049	0.672	0.032	0.025	1.470 7
2012	0.112	2.874	0.652	0.039	0.017	1.753 0

第一，对所有者权益报酬率的分析。

所有者权益报酬率是衡量企业利用资产获取利润能力的指标。所有者权益报酬率充分考虑了筹资方式对企业获利能力的影响，因此它所反映的获利能力是企业经营能力、财务决策和筹资方式等多种因素综合作用的结果。

该公司的所有者权益报酬率在2011年至2012年间出现了一定程度的好转，分别从2011年的0.097增加至2012年的0.112。企业的投资者在很大程度上依据这个指标来判断是否投资或是否转让股份，考察经营者业绩和决定股利分配政策。这些指标对公司的管理者也至关重要。公司经理们为改善财务决策而进行财务分析，他们可以将所有者权益报酬率进一步分解，以找到问题产生的原因，如表3-14所示。

表 3-14 所有者权益报酬率分析表

年度	所有者权益报酬率	权益乘数	总资产报酬率
2011	0.097	3.049	0.032
2012	0.112	2.874	0.039

通过分解可以明显地看出，该公司权益净利率的改变是由于资本结构（权益乘数）变动和资产利用效果（总资产报酬率）变动两方面共同作用的结果。而该公司总资产报酬率太低，显示出很差的资产利用效果。

第二，分解分析过程：

所有者权益报酬率＝总资产报酬率×权益乘数

2011年：0.097＝0.032×3.049

2012年：0.112＝0.039×2.874

经过分解表明，所有者权益报酬率的改变是由于资本结构的改变（权益乘数下降），同时资产利用和成本控制出现变动（总资产报酬率也有改变）。那么，我们继续对总资产报酬率进行分解：

总资产报酬率＝销售净利率×总资产周转率

2011年：0.032＝0.025×1.34

2012年：0.039＝0.017×2.29

经过分解可以看出，2012年的总资产报酬率有所提高，说明资产的利用得到了比较好的控制，显示出比前一年较好的效果，表明该公司利用其总资产获得销售收入的效率在增加。总资产周转率提高的同时销售净利率的减少阻碍了总资产报酬率的增加，接着对销售净利率进行分解：

销售净利率＝净利润÷销售收入

2011 年：0.025＝10 284.04÷411 224.01

2012 年：0.017＝12 653.92÷757 613.81

该公司 2012 年度大幅度提高了销售收入，但是净利润的提高幅度却很小，分析其原因在于成本费用增多。从表 3-13 可知：全部成本从 2011 年的 403 967.43 万元增加到 2012 年 736 747.24 万元，与销售收入的增加幅度大致相当。下面是对全部成本进行的分解：

全部成本＝制造成本＋销售费用＋管理费用＋财务费用

2011 年：403 967.43＝373 534.53＋10 203.05＋18 667.77＋1 562.08

2012 年：736 747.24＝684 559.91＋21 740.96＋25 718.20＋5 026.17

通过分解可以看出杜邦分析有效地解释了指标变动的原因和趋势，为采取应对措施指明了方向。

可见，导致所有者权益报酬率增加的主要原因是全部成本过大。也正是因为全部成本的大幅度提高导致了净利润提高幅度不大，而销售收入大幅度增加，就引起了销售净利率的减少，显示出该公司销售盈利能力的降低。资产净利率的提高当归功于总资产周转率的提高，销售净利率的减少却起到了阻碍的作用。

第三，权益乘数。

该公司下降的权益乘数，说明他们的资本结构在 2011 至 2012 年发生了变动。2012 年的权益乘数较 2011 年有所减少。权益乘数越小，企业负债程度越低，偿还财务能力越强，财务风险程度越低。这个指标同时也反映了财务杠杆对利润水平的影响。财务杠杆具有正反两方面的作用。在收益好的年度，它可以使股东获得的潜在的报酬下降。该公司的权益乘数一直处于 2～5 之间，也即负债率在 50％～80％，属于激进战略型企业。管理者应该准确把握公司所处的环境，准确预测利润，合理控制负债带来的风险。

（3）研究结论

通过杜邦分析，我们可以对公司总体财务状况有一定的了解。从 2011 年和 2012 年的数据上可以看出，所有者权益报酬率有所上升，说明公司投资带来的收益增加，自有资本获得收益的能力增强。相比于同行业的其他公司，公司这一指标仍存在继续提高的空间。公司可以通过扩大销售、改善经营结构、节约成本费用开支、合理配置资源，加速资金周转、优化资本结构等途径来提高所有者权益报酬率。

通过杜邦分解公式，我们看出，所有者权益报酬率可以分解为总资产报酬率和权益系数两个因素的乘积。总资产报酬率有所上升，说明公司运用全部资产的总体获利能力增强，公司资产的营运效益、投入产出水平有所提高。总资产报酬率由总资产周转率和销售净利率决定。公司的总资产周转率有大幅度的提高，表明公司总资产周转速度加快，资产利用效率提高不少。然而公司的销售净利率却是下滑的趋势，销售收入大幅度提高了，而净利润的提高却很少，这些都是公司全体成本费用增多的原因。所以公司要提高销售净利率，必须积极开拓市场，增加销售收入，更重要的要注意制造成本、销售费用、管理费用、财务费用等成本费用的控制。另一方面，公司的权益乘数下降，说明公司的资产负债率降低，公司的偿还能力增强了，同时也意味着公司利用财务杠杆的能力变弱了。但是公司还是应该把权益系数保持合适的水平，以免过高负债带来的过大的财务风险。

因此，该公司当前最为重要的就是要努力控制成本，同时要保持高总资产周转率。这样，可以使销售净利率有大的提高。

3.2.3.4 杜邦分析法在公司财务分析中的作用评价

(1) 杜邦分析法在公司财务分析中的作用

从杜邦体系可以看出公司盈利能力涉及公司经营活动的方方面面。所有者权益报酬率与资产结构、筹资结构、成本控制、费用支出、税金税率、资产管理等密切相关。这些因素构成一个系统，公司只有协调好系统的内各种因素之间的关系，才能使权益报酬率达到最大，从而实现企业经营的目的。杜邦分析体系提供的财务信息，较好地解释了公司指标变动的原因和趋势，这为管理者进一步采取具体措施指明了方向，而且还为决策者优化经营结构和理财结构，提高企业偿债能力和经营效益提供了基本思路。由于杜邦分析体系不是建立新的财务指标，而是对财务指标的分解。因此，它既可以通过所有者权益报酬率的分解来说明问题，也可以通过分解其他财务指标来说明问题。

(2) 用杜邦分析法进行公司财务分析的优势：

① 关注公司经营管理活动的整体性

公司的经营管理活动是以系统的方式存在，其中每一个环节的变动都会对整体状况产生影响。杜邦指标分析体系利用反映企业管理各方面状况的各种基础指标之间的有机联系，对企业的财务状况和经营成果进行综合分析：一方面，使公司管理者得以从整体的角度、全局的高度来综合评价企业经营管理状况；另一方面，也使公司管理者对单个指标的分析更具科学性。

② 对公司经营管理活动协调性的分析

杜邦指标分解体系在综合分析企业的财务状况和经营成果时，以系统理论为基础，用联系的观点来分析问题，关注系统结构对其整体效能的影响，突出体现了对基础财务指标之间协调性分析。例如，通过所有者权益报酬率来看总资产报酬率与资产负债率的协调，再通过总资产报酬率来看销售利润率与总资产周转率的协调等。这正是杜邦指标分析体系建立的重要依据，同时也体现了各种基础财务指标之间的静态协调状况。

③ 层次性清晰的多层次结构的指标体系

杜邦指标分解体系就是多层次结构的指标体系，具有清晰的层次性。杜邦分解图的最底层是以财务报表的报表原数为基础的绝对数指标层，往上经过中间指标层的计算和分析，最终达到综合评价指标层。这样，直观地体现了财务指标的分析过程，使指标之间的来龙去脉一目了然，加深了财务报表使用者对指标之间关系的理解，同时也提高了财务综合评价的科学性。另一方面，杜邦分析法通过对总评价指标所有者权益报酬率的层层分解剖析，来深入研究公司整体表现极其变化的深层次原因。通过这种自上而下的层层究因分析，寻找指标体系中的异常点，可以发现公司经营管理活动中存在问题的地方，进而使其成为值得进一步关注和调查的重点。

总而言之，杜邦分析法有利于我们更深入和全面地了解企业经营状况，并找到问题的所在，从而有针对性地采取措施，实现企业股东财富最大化的目标。

3.2.4 层次分析法

3.2.4.1 层次分析法的原理

层次分析法（The Analytic Hierarchy Process，AHP）是美国著名运筹学家 T. L. Satty 于 20 世纪 70 年代初提出的，Weber 等提出利用 AHP 算法进行供应商评估和选择。

AHP 算法是一种定性与定量相结合的决策分析方法。它是一种将决策者对复杂系统的决策思维过程模型化、数量化的过程。应用这种方法，决策者通过将复杂问题分解为若干层次和若干因素（见图 3-4），在各因素之间进行简单的比较和计算，就可以得出不同方案的权重，为最佳方案的选择提供依据。

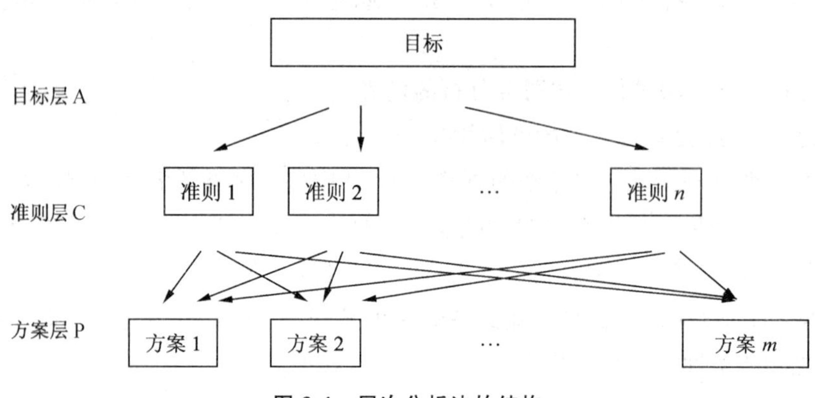

图 3-4 层次分析法的结构

层次分析法的基本原理是依据具有递阶结构的目标、子目标（准则）、约束条件、部门等来评价方案，采用两两比较的方法确定判断矩阵，然后把判断矩阵的最大特征值相对应的特征向量分量作为相应的系数，最后综合给出各方案的权重（优先程度）。

3.2.4.2 AHP 算法的步骤

AHP 算法的基本过程，大体可以分为如下六个基本步骤（见图 3-6）：

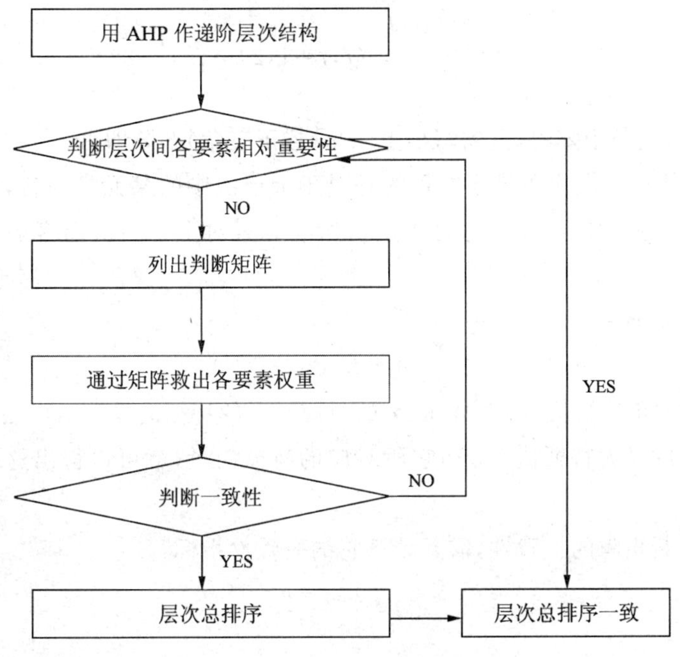

图 3-6 AHP 算法的基本步骤

(1) 明确问题。即弄清问题的范围,所包含的因素,各因素之间的关系等,以便尽量掌握充分的信息。

(2) 建立层次结构。在这一个步骤中,要求将问题所含的因素进行分组,把每一组作为一个层次,按照最高层(目标层)、若干中间层(准则层)及最低层(方案层)的形式排列起来。如果某一个元素与下一层的所有元素均有联系,则称这个元素与下一层次存在有完全层次的关系;如果某一个元素只与下一层的部分元素有联系,则称这个元素与下一层次存在有不完全层次关系。层次之间可以建立子层次,子层次从属于主层次中的某一个元素,它的元素与下一层的元素有联系,但不形成独立层次。

(3) 构造判断矩阵。这一个步骤是层次分析法的一个关键步骤。判断矩阵表示针对上一层次中的某元素而言,评定该层次中各有关元素相对重要性的状况。设有 n 个指标 $\{A_1, A_2, \cdots, A_n\}$,$a_{ij}$ 表示 A_i 相对于 A_j 的重要程度判断值。a_{ij} 一般取 1,3,5,7,9 等 5 个等级标度,其意义为:1 表示 A_i 与 A_j 同等重要;3 表示 A_i 较 A_j 重要一点;5 表示 A_i 较 A_j 重要得多;7 表示 A_i 较 A_j 更重要;9 表示 A_i 较 A_j 极端重要。而 2,4,6,8 表示相邻判断的中值,当 5 个等级不够用时,可以使用这几个数值。

以矩阵形式表示为判断矩阵 **A**:

$$\mathbf{A}=\begin{pmatrix} \dfrac{w_1}{w_1} & \cdots & \dfrac{w_1}{w_n} \\ \vdots & \ddots & \vdots \\ \dfrac{w_n}{w_1} & \cdots & \dfrac{w_n}{w_n} \end{pmatrix}$$

显然,对于任何判断矩阵都满足:

$$a_{ij}=\begin{cases}1;i=j\\ \dfrac{1}{a_{ij}};i\neq j\end{cases}(i,j=1,2,\cdots,n)$$

因此，在构造判断矩阵时，只需写出上三角(或下三角)部分即可。

(4) 层次单排序。层次单排序的目的是对于上层次中的某元素而言，确定本层次与之有联系的元素重要性的次序。它是本层次所有元素对上一层次而言的重要性排序的基础。

若取权重向量 $\boldsymbol{W}=[w_1,w_2,\cdots,w_n]^T$，则有：

$$\boldsymbol{AW}=\lambda\boldsymbol{W},$$

λ 是 $\boldsymbol{A}$ 的最大正特征值，那么 $\boldsymbol{W}$ 是 $\boldsymbol{A}$ 的对应于 λ 的特征向量。从而层次单排序转化为求解判断矩阵的最大特征值 λ_{max} 和它所对应的特征向量，就可以得出这一组指标的相对权重。

为了检验判断矩阵的一致性，需要计算它的一致性指标：

$$CI=\frac{\lambda_{max}-n}{n-1}$$

当 $CI=0$ 时，判断矩阵具有完全一致性；反之，CI 值愈大，则判断矩阵的一致性就愈差。

为了检验判断矩阵是否具有令人满意的一致性，则需要将 CI 与平均随机一致性指标 RI(见表 3-15)进行比较。一般而言，1 或 2 阶判断矩阵总是具有完全一致性的。对于 2 阶以上的判断矩阵，其一致性指标 CI 与同阶的平均随机一致性指标 RI 之比，称为判断矩阵的随机一致性比例，记为 CR。一般地，当

$$CR=\frac{CI}{RI}<0.10$$

时，就认为判断矩阵具有令人满意的一致性；否则，当 $CR\geqslant0.10$ 时，就需要调整判断矩阵，直到满意为止。

表 3-15　平均随机一致性指标 *RI*

阶数	1	2	3	4	5	6	7
RI	0	0	0.58	0.90	1.12	1.24	1.32
8	9	10	11	12	13	14	15
1.41	1.45	1.49	1.52	1.54	1.56	1.58	1.59

(5) 层次总排序。利用同一层次中所有层次单排序的结果，就可以计算针对上一层次而言的本层次所有元素的重要性权重值，这就称为层次总排序。层次总排序需要从上到下逐层顺序进行。对于最高层，其层次单排序就是其总排序。

若上一层次所有元素 $A_1,A_2,\cdots,A_m$ 的层次总排序已经完成，得到的权重值分别为 $a_1,a_2,\cdots,a_m$ 与 a_j 对应的本层次元素 $B_1,B_2,\cdots B_n$ 的层次单排序结构为$[b_1^j,b_2^j,\cdots,b_n^j]^T$，这里，当 B_i 与 A_j 无联系时，$b_i^j=0$。那么，得到的层次总排序如表 3-16 所示：

表 3-16 层次总排序表

层次	A_1	A_2	…	A_m	B 层次的总排序
	a_1	a_2	…	a_m	
B_1	b_1^1	b_1^2	…	b_1^m	$\sum_{j=1}^{m} a_j b_1^j$
B_2	b_2^1	b_2^2	…	b_2^m	$\sum_{j=1}^{m} a_j b_2^j$
⋮	⋮	⋮	⋮	⋮	
B_n	b_n^1	b_n^2	…	b_n^m	$\sum_{j=1}^{m} a_j b_n^j$

(6) 一致性检验。为了评价层次总排序的计算结果的一致性,类似于层次单排序,也需要进行一致性检验。

$$CI = \sum_{j=1}^{m} a_i CI_j \tag{3-1}$$

$$RI = \sum_{j=1}^{m} a_j RI_j \tag{3-2}$$

$$CR = \frac{CI}{RI} \tag{3-3}$$

CI 为层次总排序的一致性指标,CI_j 为与 a_j 对应的 B 层次中判断矩阵的一致性指标;RI 为层次总排序的随机一致性指标,RI_j 为与 a_j 对应的 B 层次中判断矩阵的随机一致性指标;CR 为层次总排序的随机一致性比例。同样,当 $CR<0.10$ 时,则认为层次总排序的计算结果具有令人满意的一致性;否则,就需要对本层次的各判断矩阵进行调整,从而使层次总排序其有令人满意的一致性。

3.2.4.3 AHP 算法在供应商评估中的应用

AHP 算法在确定指标权重的基础上,已经得到$[b_1,b_2,\cdots b_n]$$n$ 个 B 层次的总排序,设有 k 个供应商待评估,分别对 n 个指标,用 AHP 算法计算 k 个供应商的权重。在第 i 个指标下,对 k 个供应商用 AHP 算法得到的权重向量 $\boldsymbol{X}^T=[x_1^i,x_2^i,\cdots,x_j^i,\cdots,x_k^i]$。因此,$\boldsymbol{X}=[x_1^i,x_2^i,\cdots,x_j^i,\cdots,x_k^i]^T$。最后总评估分数 $\boldsymbol{Y}=[b_1,b_2,\cdots,b_n]\times[x_1^i,x_2^i,\cdots,x_j^i,\cdots,x_k^i]^T$。可以依据得到各个供应商总的评估分数,按照从大到小的顺序依次选择合适的供应商采购。

由于 AHP 算法让决策者对照相对重要性函数表,给出因素两两比较的重要性等级,因而可靠性高、误差小,不足之处是遇到因素众多、规模较大的问题时,该方法容易出现问题,如判断矩阵难以满足一致性要求,往往难于进一步对其分组。但是,它作为一种定性和定量相结合的工具,目前已在许多领域得到了广泛的应用。在本书中,层次分析法在供应商评估中的应用主要将在第 5 章的系统分析中给出。

3.2.5 SWOT 分析法

3.2.5.1 SWOT 模型的含义

优劣势分析主要是着眼于企业自身的实力及其与竞争对手的比较,而机会和威胁分

析将注意力放在外部环境的变化及对企业的可能影响上。在分析时，应把所有的内部因素（即优劣势）集中在一起，然后用外部的力量来对这些因素进行评估。

（1）机会与威胁分析（environmental opportunities and threats）

随着经济、社会、科技等诸多方面的迅速发展，特别是世界经济全球化、一体化过程的加快，全球信息网络的建立和消费需求的多样化，企业所处的环境更为开放和动荡。这种变化几乎对所有企业都产生了深刻的影响。正因为如此，环境分析成为一种日益重要的企业职能。

环境发展趋势分为两大类：一类表示环境威胁，另一类表示环境机会。环境威胁指的是环境中一种不利的发展趋势所形成的挑战，如果不采取果断的战略行为，这种不利趋势将导致公司的竞争地位受到削弱。环境机会就是对公司行为富有吸引力的领域，在这一领域中，该公司将拥有竞争优势。

对环境的分析也可以有不同的角度。比如，一种简明扼要的方法就是 PEST 分析，另外一种比较常见的方法就是波特五力分析。

（2）优势与劣势分析（Strengths and Weaknesses）

识别环境中有吸引力的机会是一回事，拥有在机会中成功所必需的竞争能力是另一回事。每个企业都要定期检查自己的优势与劣势，这可通过“企业经营管理检核表”的方式进行。企业或企业外的咨询机构都可利用这一格式检查企业的营销、财务、制造和组织能力。每一要素都要按照特强、稍强、中等、稍弱或特弱划分等级。

当两个企业处在同一市场中，或者说它们都有能力向同一顾客群体提供产品和服务时，如果其中一个企业有更高的盈利率或盈利潜力，那么，我们就认为这个企业比另外一个企业更具有竞争优势。换句话说，所谓竞争优势是指一个企业超越其竞争对手的能力，这种能力有助于实现企业的主要目标——盈利。但值得注意的是：竞争优势并不一定完全体现在较高的盈利率上，因为有时企业更希望增加市场份额，或者多奖励管理人员或雇员。

竞争优势可以指消费者眼中一个企业或它的产品有别于其竞争对手的任何优越的东西，它可以是产品线的宽度、产品的大小、质量、可靠性、适用性、风格和形象，以及服务的及时、态度的热情等。虽然竞争优势实际上指的是一个企业比其竞争对手有较强的综合优势，但是明确企业究竟在哪一个方面具有优势更有意义，因为只有这样，才可以扬长避短，或者以实击虚。

由于企业是一个整体，而且竞争性优势来源十分广泛，所以，在做优劣势分析时，必须从整个价值链的每个环节上将企业与竞争对手做详细的对比。如产品是否新颖，制造工艺是否复杂，销售渠道是否畅通，以及价格是否具有竞争性等。如果一个企业在某一方面或几个方面的优势正是该行业企业应具备的关键成功要素，那么，该企业的综合竞争优势也许就强一些。需要指出的是，衡量一个企业及其产品是否具有竞争优势，只能站在现有潜在用户角度上，而不是站在企业的角度上。

企业在维持竞争优势过程中，必须深刻认识自身的资源和能力，采取适当的措施。

因为一个企业一旦在某一方面具有了竞争优势，势必会引起竞争对手的注意。一般地说，企业经过一段时期的努力，建立起某种竞争优势；然后就处于维持这种竞争优势的态势，竞争对手开始逐渐做出反应；而后，如果竞争对手直接进攻企业的优势所在，或采取其他更为有力的策略，就会使这种优势受到削弱。

而影响企业竞争优势的持续时间，有三个关键因素：

(1) 建立这种优势要多长时间？

(2) 能够获得的优势有多大？

(3) 竞争对手做出有力反应需要多长时间？

如果企业分析清楚了这三个因素，就会明确自己在建立和维持竞争优势中的地位了。

显然，公司不应去纠正它的所有劣势，也不是对其优势不加利用。主要的问题是公司应研究它究竟是应只局限在已拥有优势的机会中，还是去获取和发展一些优势以找到更好的机会。有时，企业发展慢并非因为其各部门缺乏优势，而是因为它们不能很好地协调配合。例如有一家大电子公司，工程师们轻视销售员，视其为“不懂技术的工程师”；而推销人员则瞧不起服务部门的人员，视其为“不会做生意的推销员”。因此，评估内部各部门的工作关系作为一项内部审计工作是非常重要的。

波士顿咨询公司提出，能获胜的公司是取得公司内部优势的企业，而不仅仅是只抓住公司核心能力。每一公司必须管好某些基本程序，如新产品开发、原材料采购、对订单的销售引导、对客户订单的现金实现、顾客问题的解决时间等。每一程序都创造价值和需要内部部门协同工作。虽然每一部门都可以拥有一个核心能力，但如何管理这些优势能力开发仍是一个挑战。

3.2.5.3 SWOT分析模型的方法

在适应性分析过程中，企业高层管理人员应在确定内外部各种变量的基础上，采用杠杆效应、抑制性、脆弱性和问题性四个基本概念进行这一模式的分析。

(1) 杠杆效应(优势＋机会)。杠杆效应产生于内部优势与外部机会相互一致和适应时。在这种情形下，企业可以用自身内部优势撬起外部机会，使机会与优势充分结合发挥出来。然而，机会往往是稍瞬即逝的，因此企业必须敏锐地捕捉机会，把握时机，以寻求更大的发展。

(2) 抑制性(机会＋劣势)。抑制性意味着妨碍、阻止、影响与控制。当环境提供的机会与企业内部资源优势不相适合，或者不能相互重叠时，企业的优势再大也将得不到发挥。在这种情形下，企业就需要提供和追加某种资源，以促进内部资源劣势向优势方面转化，从而迎合或适应外部机会。

(3) 脆弱性(优势＋威胁)。脆弱性意味着优势的程度或强度的降低、减少。当环境状况对公司优势构成威胁时，优势得不到充分发挥，出现优势不优的脆弱局面。在这种情形下，企业必须克服威胁，以发挥优势。

(4) 问题性(劣势＋威胁)。当企业内部劣势与企业外部威胁相遇时，企业就面临着严峻挑战，如果处理不当，可能直接威胁到企业的生死存亡。

3.2.5.4 SWOT 分析步骤

(1) 确认当前的战略。

(2) 确认企业外部环境的变化（如波特五力模型或者 PEST 分析）。

(3) 根据企业资源组合情况，确认企业的关键能力和关键限制。

(4) 按照通用矩阵或类似的方式打分评价。

把识别出的所有优势分成两组，分的时候以两个原则为基础：它们是与行业中潜在的机会有关，还是与潜在的威胁有关。用同样的办法把所有的劣势分成两组，一组与机会有关，另一组与威胁有关。

(5) 将结果在 SWOT 分析图上定位。或者用 SWOT 分析表，将刚才的优势和劣势按机会和威胁分别填入表格。

(6) 进行战略分析。

3.2.6 主成分分析法

主成分分析（principal components analysis，PCA）又称主分量分析、主成分回归分析法，旨在利用降维的思想，把多指标转化为少数几个综合指标。

在统计学中，主成分分析是一种简化数据集的技术。它是一个线性变换，这个变换把数据变换到一个新的坐标系统中，使得任何数据投影的第一大方差在第一个坐标（称为第一主成分）上，第二大方差在第二个坐标（第二主成分）上，依次类推。主成分分析经常用减少数据集的维数，同时保持数据集对方差贡献最大的特征。这是通过保留低阶主成分，忽略高阶主成分做到的。这样低阶成分往往能够保留住数据的最重要方面。但是，这也不是一定的，要视具体应用而定。

3.2.6.1 主成分分析的基本思想

在实证问题研究中，为了全面、系统地分析问题，必须考虑众多影响因素。这些涉及的因素一般称为指标，在多元统计分析中也称为变量。因为每个变量都在不同程度上反映了所研究问题的某些信息，并且指标之间彼此有一定的相关性，因而所得的统计数据反映的信息在一定程度上有重叠。在用统计方法研究多变量问题时，变量太多会增加计算量和增加分析问题的复杂性，人们希望在进行定量分析的过程中，涉及的变量较少，得到的信息量较多。主成分分析正是适应这一要求产生的，是解决这类题的理想工具。

同样，在科普效果评估的过程中也存在着这样的问题。科普效果是很难具体量化的。在实际评估工作中，我们常常会选用几个有代表性的综合指标，采用打分的方法来进行评估，故综合指标的选取是个重点和难点。如上所述，主成分分析法正是解决这一问题的理想工具。因为评估所涉及的众多变量之间既然有一定的相关性，就必然存在着起支配作用的因素。根据这一点，通过对原始变量相关矩阵内部结构的关系研究，找出影响科普效果某一要素的几个综合指标，使综合指标为原来变量的线性拟合。这样，综合指标不仅保留了原始变量的主要信息，且彼此间不相关，又比原始变量具有某些更优越的性质，就使我们在研究复杂的科普效果评估问题时，容易抓住主要矛盾。上述想法可进一步概述为：设某科普效果评估要素涉及个指标，这指标构成的维随机向量为。对作正交变换，令其中为正交阵的各分量是不相关的，使得的各分量在某个评估要素中的作用容易解释，这就使得我们有可能从主分量中选择主要成分，削除对这一要素影响微弱的部分，通过对主分量的重点分析，达到对原始变量进行分析的目的。主分量的各分量是原始变量线性组合，不同的分量表示原始变量之间不同的影响关系。由于这些基本关系很可能与特定的作用过程相联系，主成分分析使我们能从错综复杂的科普评估要素的众多指标中，找出一些主要成分，以便有效地利用大量统计数据，进行科普效果评估分析，使我们在研究科普效果评估问题中，可能得到深层次的一些启发，把科普效果评估研究引向深入。

例如，在对科普产品开发和利用这一要素的评估中，涉及科普创作人数百万人、科普作品发行量百万人、科普产业化（科普示范基地数百万人）等多项指标。经过主成分分析计算，最后确定一个或几个主成分作为综合评价科普产品利用和开发的综合指标，变量数减少，并达到一定的可信度，就容易进行科普效果的评估。

3.2.6.2　主成分分析法的基本原理

主成分分析法是一种降维的统计方法，它借助于一个正交变换，将其分量相关的原随机向量转化成其分量不相关的新随机向量，这在代数上表现为将原随机向量的协方差阵变换成对角形阵，在几何上表现为将原坐标系变换成新的正交坐标系，使之指向样本点散布最开的 p 个正交方向，然后对多维变量系统进行降维处理，使之能以一个较高的精度转换成低维变量系统，再通过构造适当的价值函数，进一步把低维系统转化成一维系统。

3.2.6.3　主成分分析的主要作用

概括起来说，主成分分析主要由以下几个方面的作用。

(1) 主成分分析能降低所研究的数据空间的维数。即用研究 m 维的 Y 空间代替 p 维的 X 空间（$m<p$），而低维的 Y 空间代替高维的 x 空间所损失的信息很少。即：使只有一个主成分 Y_l（即 $m=1$）时，这个 Y_l 仍是使用全部 X 变量（p 个）得到的。例如要计算 Y_l 的均值也得使用全部 x 的均值。在所选的前 m 个主成分中，如果某个 X_i 的系数全部近似于零的话，就可以把这个 X_i 删除，这也是一种删除多余变量的方法。

(2) 有时可通过因子负荷 a_{ij} 的结论，弄清 X 变量间的某些关系。

(3) 多维数据的一种图形表示方法。当维数大于 3 时便不能画出几何图形，多元统计研究的问题大都多于 3 个变量。要把研究的问题用图形表示出来是不可能的。然而，经过主成分分析后，我们可以选取前两个主成分或其中某两个主成分，根据主成分的得分，画出 n 个样品在二维平面上的分布况，由图形可直观地看出各样品在主分量中的地位，进而还可以对样本进行分类处理，可以由图形发现远离大多数样本点的离群点。

(4) 由主成分分析法构造回归模型。即把各主成分作为新自变量代替原来自变量 $\boldsymbol{x}$ 做回归分析。

(5) 用主成分分析筛选回归变量。回归变量的选择有着重的实际意义，为了使模型本身易于做结构分析、控制和预报，好从原始变量所构成的子集合中选择最佳变量，构成最佳变量集合。用主成分分析筛选变量，可以用较少的计算量来选择量，获得选择最佳变量子集合的效果。

3.2.6.4 主成分分析法的计算步骤

(1) 原始指标数据的标准化采集 p 维随机向量 $\boldsymbol{x}=(x_1,x_2,\cdots,x_p)$，n 个样品 $\boldsymbol{x}_i=(x_{i1},x_{i2},\cdots,x_{ip})^{\mathrm{T}}$，$i=1,2,\cdots,n,n>p$，构造样本阵，对样本阵元进行如下标准化变换：

$$Z_{ij}=\frac{x_{ij}-\overline{x}_j}{s_j},i=1,2,\cdots,n;j=1,2,\cdots,p$$

其中 $\overline{x}_j=\frac{\sum\limits_{i=1}^{n}x_{ij}}{n},s_j^2=\frac{\sum\limits_{i=1}^{n}(x_{ij}-\overline{x}_j)^2}{n-1}$，得标准化阵 $\boldsymbol{Z}$。

(2) 对标准化阵 $\boldsymbol{Z}$ 求相关系数矩阵

$$\boldsymbol{R}=[r_{ij}]_p xp=\frac{\boldsymbol{Z}^{\mathrm{T}}\boldsymbol{Z}}{n-1}$$

其中，$r_{ij}=\frac{\sum z_{kj}\cdot z_{kj}}{n-1},i,j=1,2,\cdots,p$。

(3) 解样本相关矩阵 $\boldsymbol{R}$ 的特征方程 $|\boldsymbol{R}-\lambda\boldsymbol{I}_p|$ 得 p 个特征根，确定主成分。

按 $\frac{\sum\limits_{j=1}^{m}\lambda_j}{\sum\limits_{j=1}^{p}\lambda_j}\geqslant 0.85$ 确定 m 值，使信息的利用率达 85%以上，对每个 $\lambda_j,j=1,2,\cdots,m$，解方程组 $\boldsymbol{Rb}=\lambda_j\boldsymbol{b}$ 得单位特征向量 $\boldsymbol{b}_j^o$。

(4) 将标准化后的指标变量转换为主成分

$$U_{ij}=\boldsymbol{z}_i^{\mathrm{T}}\boldsymbol{b}_j^o,j=1,2,\cdots,m$$

U_1 称为第一主成分，U_2 称为第二主成分……，U_p 称为第 p 主成分。

(5) 对 m 个主成分进行综合评价

对 m 个主成分进行加权求和，即得最终评价值，权数为每个主成分的方差贡献率。

3.3 风险分析与预警方法

3.3.1 动态分析法

动态分析(dynamic analysis)，也称动态均衡分析(dynamic equilibrium analysis)。

在经济学中，动态分析是对经济变动的实际过程所进行的分析，其中包括分析有关变量在一定时间过程中的变动，这些经济变量在变动过程中的相互影响和彼此制约的关系，以及它们在每一个时点上变动的速率等。动态分析法的一个重要特点是考虑时间因素的影响，并把经济现象的变化当作一个连续的过程来看待。

经济学动态分析是在假定生产技术、要素禀赋、消费者偏好等因素随时间发生变化的情况下，考察经济活动的发展变化过程。应用动态分析方法的经济学称为动态经济学。其中著名的所谓动态分析有著名的蛛网理论和宏观经济增长与周期方面的理论。蛛网理论其实只能算是基于时期数的“亚动态分析”，而非基于物理时间变量的真正的动态分析。

3.3.1.1　动态分析与静态分析的区别

静态分析与动态分析是两种有着质的区别的分析方法，二者分析的前提不同，二者适用的条件不同，因此二者得出的结论常常不一致，甚至常常相反。必须记住的是：静态分析的结论是不能用动态资料来验证的，也是不能用动态资料来证伪的。

动态分析因为考虑各种经济变量随时间延伸而变化对整个经济体系的影响，因而难度较大，在微观经济学中，迄今占有重要地位的仍是静态分析和比较静态分析方法。在宏观经济学中，特别是在经济周期和经济增长研究中，动态分析方法占有重要的地位。

3.3.1.2　经济学的动态分析

经济现象进行静态分析是一种常用的研究方法，但在传统经济理论研究中，由于传统思维模式的黏滞性、固定性，带来经济问题研究在分析方法上的静态型。这种分析方法是一种形而上学的思维方式。自经济改革以来，我国经济研究在方法论上另一个突出变化就是，由静态型的传统思维模式向动态型的现代思维模式的转变，其具体表现就是动态分析方法的应用。

经济运行机制的研究是以往经济学研究中最为薄弱和最受忽视的环节。从所有制、交换和分配这三方面，静态地研究社会主义生产关系，到从经济运行机制的角度动态地探究社会主义生产关系，是经济理论的一大发展，从方法论角度看，也是传统研究的思维模式向现代研究的思维模式的变化。这种模式的具体变化是：从强调稳定、均衡转向对不稳定、非均衡的积极肯定，这实际上是一种研究观念的转变。而确立不稳定和非均衡基础上动态地求得稳定和均衡的世界观，正是研究经济机制方法论的必要前提，它必然促成传统研究思维模式向现代研究思维模式的过渡。传统的静态思维模式无法满足理论研究对其提出的更高要求，只有动态型的思维方式才能具体地、深入地探究社会主义的经济系统。

动态分析比较与水平分析比较法不同，它的基本点不是将企业报告期的分析数据直接与基期进行对比求出增减变动量和增减变动率，而是通过计算报表中各项目占部总体的比重或结构，反映报表中的项目与总体关系情况及其变动情况。即以资产负债表、利润表等财务报表中的某一关键项目为基数项目，以其金额作为100，再分别计算出其余项目的金额各占关键项目金额的百分比，这个百分比表示各项目的比重，通过这个比重对各项目作出判断和评价。这种仅有百分比而不表示金额的财务报表称为共同比财务报表，它是纵向分析的一种重要形式。资产负债表的共同比报表通常以资产总额为辅基数，利润表的共同比报表通常以主营业务收入总额为基数。现以某公司利润表中的2008年数据为例，编制共同比利润表，如表1-3所示。

共同比财务报表亦可用于几个会计期间的比较，为此而编制的财务报表称为比较共同比财务报表。它通过报表中各项项目所占百分比的比较，不仅可以看出其差异，而且通过数期比较，还可以看出它的变化趋势。

3.3.1.3 案例分析

以某公司2011年和2012年两年的数据为例，编制比较共同比利润表，如表3-17所示。

表3-17 某公司共同比利润率

2011年度

项 目	利润率/%
一、主营业务收入	100.00
减：主营业务成本	56.06
主营业务税金及附加	3.30
二、主营业务利润	40.64
加：其他业务利润	
减：营业费用	3.68
管理费用	3.48
财务费用	1.18
三、营业利润	32.29
加：投资收益	
营业处收入	2.27
减：营业外支出	0.45
四、利润总额	34.11
减：所得税	10.23
五、净利润	23.88

表3-18 某公司共同比利润表

项 目	2012年	2011年
一、主营业务收入	100.00%	100.00%
减：主营业务成本	56.06%	57.54%
主营业务税金及附加	3.30%	3.37%
二、主营业务利润	40.64%	39.09%
加：其他业务利润		
减：营业费用	3.68%	3.87%
管理费用	3.48%	4.24%
财务费用	1.18%	1.68%

续表

项　目	2012 年	2011 年
三、营业利润	32.29％	29.30％
加：投资收益		
营业处收入	2.31％	2.62％
减：营业外支出	0.45％	0.75％
四、利润总额	34.11％	31.17％
减：所得税	10.23％	9.35％
五、净利润	23.38％	21.82％

可以看出，该公司 2011 年的各项费用、成本项目的比重均略有降低，从而使税前利润和净利润有所上升。联系主营业务收入的绝对金额，主要是该公司 2011 年的收入额有较大增长的结果。

共同比财务报表分析的主要优点是便于对不同时期报表的相同项目进行比较，如果能对数期报表的相同项目作比较，可以观察到相同项目变动的一般趋势，有助于评价和预测。但无论是金额、百分比或共同比的比较，都只能做出初步分析和判断。

运用比较分析法时，要注意对比指标之间的可比性，这是用好比较分析法的必要条件，否则就不能正确地说明问题，甚至得出错误的结论。所谓对比指标之间的可比性是指相互比较的指标，必须在指标内容、计价基础、计算口径、时间长度等方面保持高度一致性。如果是企业之间进行同业指标比较，还要注意企业之间的可比性。

3.3.2 趋势分析法

3.3.2.1 趋势分析法概述

趋势分析是根据企业连续数期的财务报表，以第一年或另外选择某一年份为基础，计算每一期各项目对基期同一项日的趋势百分比，或算趋势比率及指数，形成一系列具有可比性的百分比或指数，以揭示各期财务状况和营业情况增减变化的性质及其趋向。

趋势分析法又叫比较分析法、水平分析法，它是通过对财务报表中各类相关数字资料，将两期或多期连续的相同指标或比率进行定基对比和环比对比，得出它们的增减变动方向、数额和幅度，以揭示企业财务状况、经营情况和现金流量变化趋势的一种分析方法。采用趋势分析法通常要编制比较会计报表。

趋势分析法的一般步骤是：

第一，计算趋势比率或指数。通常指数的计算有两种方法，一是定基指数，一是环比指数。定基指数就是各个时期的指数都是以某一固定时期为基期来计算的。环比指数财是各个时期的指数以前一期为基期来计算的。趋势分析法通常采用定基指数。

第二，根据指数计算结果。评价与判断企业各项指标变动趋势及其合理性。

第三，预测未来的发展趋势。根据企业以前各期的变动情况，研究其变动趋势或规律，从而可预测出企业未来发展变动情况。

3.3.2.2　趋势分析法应用

(1) 重要财务指标的比较

它是将不同时期财务报告中的相同指标或比率进行比较，直接观察其增减变动情况及变动幅度，考察其发展趋势，预测其发展前景。这种方式在统计学上称之为动态分析。它可以有两种方法来进行。

① 定基动态比率：即用某一时期的数值作为固定的基期指标数值，将其他的各期数值与其对比来分析。其计算公式为

定基动态比率＝分析期数值÷固定基期数值

【例 3-10】 假设某企业 2000 年的净利润为 100 万元，2001 年的净利润为 120 万元，2002 年的净利润为 150 万元，以 2000 年为固定基期，分析 2001 年、2002 年利润增长比率。则：

2001 年的定基动态比率＝120÷100＝120％

2002 年的定基动态比率＝150÷100＝150％

② 环比动态比率：它是以每一分析期的前期数值为基期数值而计算出来的动态比率，其计算公式为：

环比动态比率＝分析期数值÷前期数值

【例 3-11】 仍以上例资料举例，则各年环比动态比率：

2001 年的环比动态比率＝120÷100＝120％

2002 年的环比动态比率＝150÷120＝125％

(2) 会计报表的比较

会计报表的比较是将连续数期的会计报表金额并列起来，比较其相同指标的增减变动金额和幅度，据以判断企业财务状况和经营成果发展变化的一种方法。运用该方法进行比较分析时，最好是既计算有关指标增减变动的绝对值，又计算其增减变动的相对值。这样可以有效地避免分析结果的片面性。

【例 3-12】 甲企业利润表中反映 2000 年的净利润为 50 万元，2001 年的净利润为 100 万元，2002 年的净利润为 160 万元，运用趋势分析法分析企业各年效益。

通过绝对值分析：与 2000 年相比，2001 年的净利润增长了 100－50＝50(万元)；2002 年较 2001 年相比，净利润增长了 160－100＝60(万元)，说明 2002 年的效益增长好于 2001 年。

通过相对值分析：2001 年较 2000 年相比净利润增长率为：(100－50)÷50×100％＝100％；2002 年较 2001 年相比净利润增长率为：(160－100)÷100×100％＝60％。则说明 2002 年的效益增长明显不及 2001 年。

(3) 会计报表项目构成比较

这种方式是在会计报表比较的基础上发展而来的，它是以会计报表中的某个总体指

标为100%，计算出其各组成项目占该总体指标的百分比，从而来比较各个项目百分比的增减变动，以此来判断有关财务活动的变化趋势。这种方式较前两种更能准确地分析企业财务活动的发展趋势。它既可用于同一企业不同时期财务状况的纵向比较，又可用于不同企业之间的横向比较。同时，这种方法还能消除不同时期（不同企业）之间业务规模差异的影响，有利于分析企业的耗费和盈利水平，但计算较为复杂。

【例3-13】 甲企业是一家生产、销售电线和电阻等电器类产品的企业，经济实力比较雄厚，该企业下属有两个子公司，而且现在正在建立产业园区，经营状况良好。资产负债表纵向趋势分析见表3-19、损益表纵向趋势分析见表3-20、横向趋势分析见表3-21、比率趋势分析见表3-22。

表3-19　资产负债表纵向趋势分析表

会计报表项目	2003年		增减数		2004年
	数值	百分比/%	数值	百分比/%	
	①	②	③	④	⑤=④-②
流动资产	106 488 785.67	60.45	173 800 256.74	58.47	-1.98
长期资产	32 998 229.27	18.72	32 998 229.27	11.1	-7.62
固定资产净额	7 091 321.71	4.03	12 659 439.01	4.26	0.23
在建工程	29 591 310.92	16.8	77 770 843.95	26.17	9.37
长期待摊费用	—	—	—	—	—
无形及其他资产	—	—	—	—	—
待处理财产净损失	—	—	—	—	—
资产合计	176 169 647.57	100	297 228 768.97	100	—
流动负债	99 776 590.10	56.64	166 338 389.33	55.96	-0.68
长期负债	—	—	20 000 000.00	6.73	6.73
负债合计	99 776 590.10	56.64	186 338 389.33	62.69	6.05
实收资本	28 500 000.00	16.18	28 500 000.00	9.59	-6.59
其他权益	47 893 057.47	27.18	82 390 379.64	27.72	0.54
负债及权益合计	176 169 647.57	100	297 228 768.97	100	—

从表3-19我们可以看出，2004年资产负债结构比例与上年相比有所变动，其中长期资产比例由上年的18.73%下降为11.10%（数额不变），下降比例7.73%，该变动由公司资产总额的变动引起；在建工程比上年增长9.37%，主要是公司本年增大投入；流动负债本年占资产总额比例有所下降，但数额比上年大幅增加，因资产总额大幅增加，故比例未反应明显变动；长期负债2004年反应为2 000万元，2003年无，是当年新增；实收资本前后年度数额无变动，但比例下降6.59%，是资产总额大幅增加引起的。

表 3-20　损益表纵向趋势分析表

会计报表项目	2003 年		2004 年		增减数
	数值	百分比/%	数值	百分比/%	
	①	②	③	④	⑤=④-②
一、主营业务收入	195 034 612.06	100	268 651 583.31	100	—
减：折扣与折让	—		—		
主营业务收入净额	195 034 612.06		268 651 583.31		
减：主营业务成本	175 599 631.49	90.04	243 671 155.55	90.7	0.66
主营业务税金及附加	200 842.56	0.1	323 970.71	0.12	0.02
二、主营业务利润	19 234 138.01	9.86	24 656 457.05	9.18	−0.68
加：其他业务利润	247 892.95	0.13	1 818 666.00	0.68	0.55
减：营业费用	2 573 481.31	1.32	4 625 918.36	1.72	0.4
管理费用	7 094 779.50	3.64	7 382 867.47	2.75	−0.89
财务费用	1 636 916.56	0.84	2 085 737.27	0.78	−0.06
三、营业利润	8 176 853.59	4.19	12 380 599.95	4.61	0.42
加：投资收益	4 462 154.56	2.29	3 828 500.00	1.43	−0.86
补贴收入	784 195.00	0.4	802 000.00	0.3	−0.1
营业外收入	7 359.00		10 303.00		
减：营业外支出	88 000.84	0.05	2 159.95		−0.05
四、利润总额	13 342 561.31	6.83	17 019 243.00	6.34	−0.5
减：所得税	672 143.07	0.34	1 215 541.21	0.45	0.11
五、净利润	12 670 418.24	6.5	15 803 701.79	5.89	−0.62

表 3-20 总体无大变动，2004 年销售成本率与 2003 年基本持平，微升 0.67%；其他费用率增减比率均未超过 1%。

表 3-21　横向趋势分析表

会计报表项目	2003 年	2004 年	年度增长	年度比/%
	①	②	③=②-①	④=③/①
营业收入	195 034 612.06	268 651 583.31	73 616 971.25	37.75
营业成本	175 599 631.49	243 671 155.55	68 071 524.06	38.77
营业毛利	8 176 853.59	12 380 599.95	4 203 746.36	51.41
利润总额	13 342 561.31	17 019 243.00	3 676 681.69	27.56
净利润	12 670 418.24	15 803 701.79	3 133 283.55	24.73

续表

会计报表项目	2003 年	2004 年	年度增长	年度比/%
	①	②	③=②-①	④=③/①
存货	23 331 539.94	99 867 060.39	76 535 520.45	328.03
应收账款	10 269 245.61	27 385 269.22	17 116 023.61	166.67
速动资产	83 157 245.73	73 478 196.35	-9 679 049.38	-11.64
流动资产	106 488 785.67	173 800 256.74	67 311 471.07	63.21
流动资产净额	106 488 785.67	173 800 256.74	67 311 471.07	63.21
长期投资	32 998 229.27	32 998 229.27	—	0.00
固定资产	12 107 082.03	19 811 193.44	7 704 111.41	63.63
在建工程	29 591 310.92	77 770 843.95	48 179 533.03	162.82
长期待摊费用	—	—	—	0.00
资产总额	176 169 647.57	297 228 768.97	121 059 121.40	68.72
流动负债	99 776 590.10	166 338 389.33	66 561 799.23	66.71
负债总额	99 776 590.10	166 338 389.33	66 561 799.23	66.71
实收资本	28 500 000.00	28 500 000.00	—	0.00
净资产额	76 393 057.47	110 890 379.64	34 497 322.17	45.16

(4) 报表情况分析

对表 3-21 分析，发现 2004 年收入成本均比上年呈较大幅度增长，收入增长比例达到 37.75%，成本增长比例为 38.77%，高于收入增长比例，故毛利率比 2003 年略有下降，但比例不大；营业利润比 2003 年增加 420.37 万元，增长比例为 1.41%，主要在于销售毛利比上年增加 542.23 万元，其他业务利润增加 157.08 万元，同时期间费用相对增加 278.93万元；存货比上年呈大幅度增长，增长额 7 653.55 万元，增幅达 328.03%，购进数额增加，是积压的存货；应收账款比 2003 年增长 1 711.59 万元，增占幅度达 166.67%，大于收入增长幅度 37.75%，但增加金额 1 711.59 万元，远低于收入增加额 7 361.70 万元，反映账款回收速度有所加快；速动资产比上年减少 967.90 万元，降幅 11.64%，主要是流动资产的增加额小于存货的增加额，故速动资产额减少；流动资产比上年增加 6 731.15 万元，各项目均有不同程度变动，其中主要变动因素包括存货增加 7 653.55 万元，短期投资减少 3 500 万元，应收账款增加 1 711.59 万元等；固定资产比上年增加 770.41 万元，增幅 63.63%，是 2004 年新增加；在建工程比上年增加 4 817.95 万元，增幅 162.82 万元，主要是基建大规模投入；流动负债比上年增加 6 656.18 万元，主要变动因素包括应付账款大幅增加7 804.63万元、其他应付款增加 1 958.97 万元，同时短期借款减少 1 645 万元、应付票据减少 1 500 万元等；2004 年长期负债为借款 2 000 万元，2003 年没有；净资产比 2003 年增加 3 449.73 万元，系其他权益变化引起的。

表 3-22　比率趋势分析表

比率指标	计算公式	2003 年	2004 年	增减数
		①	②	③=②-①
偿债能力比率：				
1. 流动比率	流动资产/流动负债	1.07	1.04	-0.03
2. 速动比率	速动资产/流动负债	0.83	0.44	-0.39
财务杠杆比率：				
1. 负债比率	负债总额/资产总额×100%	56.64%	62.69%	6.05%
2. 资本对负债比率	资本额/负债总额×100%	28.56%	15.29%	-13.27%
3. 利息保障系数	（税前利润+利息支出）/利息支出	9.15%	9.16%	0.01%
经营效率比率：				
1. 存货周转率	销售成本/平均存货	5.68	3.96	-1.72
2. 应收账款周转率	赊销收入/平均应收账款	10.79	14.27	3.48
3. 总资产周转率	营业收入/平均总资产	1.22	1.13	-0.09
获利能力比率：				
1. 销售利润率	利润总额/营业收入×100%	6.84%	6.34%	-0.50%
2. 资产报酬率	净利润/平均净资产×100%	18.09%	16.88%	-1.21%
3. 总资产报酬率	净利润/平均总资产×100%	7.95%	6.68%	-1.27%

表 3-22 的分析如下，从偿债能力比率看，流动比率两年均为 1.05 左右，未达到标准值 2；速动比率 2003 年为 0.83，2004 年下降为 0.44，两年均未达到标准值 1，说明公司短期偿债能力较低；从财务杠杆比率看，资产负债率 2004 年比 2003 年上升 6.06%，达到 62.69%，负债比例较高，资产负债率 2004 年由 28.56% 下降为 15.29%，下降了 13.27%，反映资本对负债的偿债能力降低；利息保障倍数前后年度基本持平，无明显变化；从经营效率比例看，存货周转率比上年减少 1.73，说明周转速度有所变慢，应收账款周转率 2004 年增加为 14.27，增加了 3.48，反映回收加速，总资产周转率略有下降，微降 0.09，变化不大；从获利能力比率看，各指标均比 2003 年略有下降，但下降幅度不大，反映公司获利能力略有下降。

从资产负债表、利润表的趋势分析表中可以看出，该企业在 2003 年至 2004 年处于一种比较平稳的趋势。该公司的短期偿债能力较低，这要求公司的管理人员筹集资金应急还债，不然企业信用就会受到损害；而且财务风险也加大，资金结构需要调整。存货周转率低，表明企业销售能力不强，营运能力不高，说明企业的资产运作能力需要提高。企业要扩大产品销售数量，增强销售能力，在原材料购进、生产过程中的投入、产品的销售、现金回收等方面做到协调和衔接。获利能力比较强，市场竞争力强，投入产出水平高。总的来说比较正常的。

3.3.3　线性规划分析法

3.3.3.1　线性规划分析法概述

人们在生活、生产、管理等各项经济活动中都会遇到一个问题，即什么是最好的决策、最佳的方案。例如，消费者在总收入一定的情况下，如何购买商品使得消费者的效用最大；总成本固定后，怎样安排生产要素的投入使总产量最大；工厂在各原材料固定的情况下，如何最佳地使用原材料使得利润最大等等，这类问题都可以用线性规划理论与方法来分析和求解。线性规划是数学规划与运筹学的一个分支，是运筹学中最常用的一种方法。线性规划所处理的问题是怎样以最佳的方式在各项经济活动中分配有限的资源，以便最充分地发挥资源的效能去获取最佳经济效益。

线性规划就是拟定活动计划以便达到一个最优结果，即在所有可行的备选方案中如何选取最佳方案以达到规定目标。线性规划方法不仅广泛应用于企业、部门、地区及整个国民经济，而且它为经济理论提供了一个很好的数量分析方法。本书将从线性规划的对偶理论、线性规划与影子价格等方面来阐述线性规划理论与方法及其在经济活动分析中的应用。

3.3.3.2　线性规划的数学模型及经济含义

采用线性规划，常用来研究两类问题：即在某项经济活动中，一是要求获得最大利润；二是使总成本降到最小值，它们是同一活动中的两类不同的数学模型。这两类最优化模型具有内在的联系，在数学上可以用一对互为对偶的线性规划来表示。若假设某个制造厂利用 m 种原料生产 n 种产品，设

b_i＝第 i 种原料的数量($i=1,2,\cdots,m$)

c_j＝第 j 种产品的单价($j=1,2,\cdots,n$)

a_{ij}＝制造单位的第 j 种产品所需第 i 种原料的数量($i=1,2,\cdots,m;j=1,2,\cdots,n$)

x_j＝第 j 种产品的数量($j=1,2,\cdots,n$)

于是利用原料 $\boldsymbol{b}=(b_1,b_2,\cdots,b_m)^T$ 进行生产获最大收益的优化模型为

$$(P)=\begin{cases}\max\sum\limits_{j=1}^{n}c_jx_j\\ \sum\limits_{j=1}^{n}a_{ij}x_j\leqslant b_i(i=1,2,\cdots,m)\\ x_j\geqslant 0(j=1,2,\cdots,n)\end{cases}$$

线性规划(P)的对偶规划为

$$(D)=\begin{cases}\max\sum\limits_{j=1}^{n}u_jb_j\\ \sum\limits_{j=1}^{n}u_ia_{ij}\geqslant c_j(j=1,2,\cdots,n)\\ u_i\geqslant 0(i=1,2,\cdots,m)\end{cases}$$

对于线性规划(P)其最优值(最大收益)与原料 $\boldsymbol{b}=(b_1,b_2\cdots,b_m)^{\mathrm{T}}$ 有关，只有在原料

给定的条件下，我们才能制定出一套最优的生产安排方案，使得总利益达到最大。所以最大收益应试原料的函数，即 $\max\sum_{c_j x_j} F(b, b_2 \cdots, b_m)$。

由线性规划"对偶定理"，若原线性规划存在最优解 $\bar{\boldsymbol{x}} = (\bar{x}_1, \bar{x}_2, \cdots, \bar{x}_n)^{\mathrm{T}}$，则对偶线性规划也存在最优解 $\bar{\boldsymbol{u}} = (\bar{u}_1, \bar{u}_2, \cdots, \bar{u}_n)^T$，并且满足：

$$\max\sum_{j=1}^{n} c_j x_j = \min\sum_{j=1}^{n} u_j b_i。$$

由上面的分析可以看出对偶线性规划有着重要的经济意义：若原线性规划(P)是求解资源的最优配置问题，则其对偶规划(D)是求解资源的使用价值，对偶问题的最优解 $\bar{\boldsymbol{u}}$ 给出了各种资源最优配置的经济估价，这种估价不是资源的市场价格，而是根据资源在生产中做出的贡献而作的估价。这种估价可以指导人们合理地分配与使用有限资源，以取得最大的经济效益。经济学家通常把对资源的这种经济估价称为影子价格。影子价格是经济学中的一个重要概念，亦称为"预测价格""最优计划价格"和"机会成本"等，由上面的推导可知

$$F(b, b_2 \cdots, b_m) = \max\sum_{j=1}^{n} c_j x_j = \min\sum_{j=1}^{n} u_i b_i$$

则
$$F(b, b_2 \cdots, b_{i-1} b_{i+1} b_{i+1}, \cdots, b_m) - F(b, b_2 \cdots, b_{i-1} b_i b_{i+1}, \cdots, b_m)$$
$$= \frac{\partial F(b, b_2 \cdots, b_m)}{\partial b_i}$$
$$= \bar{u}_i (i = 1, 2, \cdots, m)$$

因此，影子价格是一种边际价格。

由 $\frac{\partial F(b, b_2 \cdots, b_m)}{\partial b_i} = \bar{u}_i$ 可知，影子价格 $\bar{u}_i$ 是第 i 种资源对最大收益的边际贡献，其大小反映了该种资源对总目标值的影响程度。若增加或减少第 i 种资源一个单位的投入，企业总目标值增加或损失的数值为 $\bar{u}_i$。

影子价格同时反映了资源的稀缺程度，结合线性规划的"松紧定理"可进一步对企业的经济活动进行分析。由"松紧定理"知，若某个资源影子价格 $\bar{u}_i > 0$，则对应的约束方程 $\sum_{j=1}^{n} a_{ij} x_j = b_i$ 成立，说明该资源在经济活动中没有剩余，是短缺资源，影子价格越大，其稀缺程度越高；若某资源在此经济活动中有剩余，供大于求，即约束方程 $\sum_{j=1}^{n} a_{ij} x_j < b_i$ 成立，则对应的影子价格 $\bar{u}_i = 0$。

影子价格不是资源的市场价格，而是生产活动中体现出来的资源的使用价值。由"松紧定理"知，若某产品的销售价小于按影子价格计算所消耗的资源价值，即 $\sum_{j=1}^{m} \bar{u}_i a_{ij} x_j = b_i > c_j$，则该产品在最优方案中必有 $\bar{x}_j = 0$，说明该产品不能投产；若能投产的产品，在最优方案中有 $\bar{x}_j > 0$，则该产品的售价等于按影子价格计算所消耗的资源价值，即 $\sum_{i=1}^{m} \bar{u}_i a_{ij} = c_j$，

因此有时也称线性规划中的影子价格为企业内部做决策，且企业不亏不盈时的原料的内部价格。

3.3.3.3 线性规划在经济活动分析中的应用

线性规划在经济活动分析中有着重要的应用，特别是线性规划对偶理论的经济意义——影子价格在企业活动分析中的重要作用，现举例说明。

甲厂生产 A_1，A_2，A_3 三种产品，需要使用的原材料、劳动力、设备使用时数、电均是有限的，各种产品对有限资源的单位消耗系数 a_{ij} 及产品的单位利润 c_j 见表 3-22。

表 3-22 各种产品对有限资源的单位消耗系数 a_{ij} 及产品的单位利润 c_j

单位消耗	A_1	A_2	A_3	资源限量
原材料/吨	1	2	4	100
劳动力/人	1	1	2	88
设备/时数	3	1	2	180
电/千瓦	2	2	1	213
单位利润/万	4	2	3	

设 x_1，x_2，x_3 为三种产品的产量，甲厂总利润最大的线性规划模型为

$$\max f=4x_1+2x_2+3x_3$$

$$\text{s.t.}\begin{cases}x_1+2x_2+4x_3\leqslant 100\\ x_1+x_2+2x_3\leqslant 88\\ 3x_1+x_2+2x_3\leqslant 180\\ 2x_1+2x_2+x_3\leqslant 213\end{cases}$$

$$x_j\geqslant 0(j=1,2,3)$$

由单纯形法求解(P)可同时给出两个信息，一个是原问题(P)的最优解，另一个是对偶问题的最优解即各种资源的影子价格。

得到原问题(P)的最优解(52,24,0)，即产品 A_1，A_2 生产 52 和 24 单位，产品 A_3 不投产，最大利润为 256 万元，四种资源即原材料、劳动力、设备使用时数、电的影子价格分别为 0.4，0，1.2，0。

(1) 应用影子价格合理利用资源

根据影子价格判断某种资源的作用及其短缺程度，促使企业充分挖掘内部潜力，达到资源的合理利用。这里，甲厂劳动力的影子价格为 0，说明劳动力在资源的最优分配方案中有剩余，即再增加劳动力总利润不变，因此甲厂的决策者可考虑裁员或安排剩余劳动力到其他岗位，从而为企业降低成本，同时也为其他部门提供剩余劳动力。

另外甲厂的原材料、设备是稀缺资源，而设备的影子价格为 112 元，它是四种资源中影子价格最大的，这说明设备最紧缺，应首先考虑增加设备，这样工厂的总利润就会增加。

企业需增(减)某些资源的投量时，若目标 f 为总利润，应首先考虑增加(减少)影子价格高(低)的资源。部门之间调配资源时，应将资源由影子价格较低的部门调向较

高的部门。

从上面的分析可知，系统决策者应用本方法可以对系统内各部门的资源利用情况进行评价，对现有的资源配置方案进行调整，直至达到最优。这样，既可使有限的人、财、物资源从效益低的部门流向效益高的部门，从而提高系统整体的经济效益，又可促使部门自身提高劳动生产率、降低资源消耗、使自己的现有资源得到充分利用，从而产生最大的经济效益。

（2）应用影子价格分析技术创新对总利润的影响

采用先进技术改进工艺可提高资源利用率降低成本，若工艺改进后使原材料的消耗减少了10%，则由前面计算得到的数据，该厂的总利润将增加4万元。

（3）应用影子价格合理选购原材料

许多企业往往根据市场需求和产品的订货量购买原材料，安排生产。此时可根据各资源总量计算出的最优生产方案及影子价格来制定采购方案。若乙厂是甲厂的协作厂家，甲厂所需原材料由乙厂提供，两厂在协商原材料的价格时，应在乙厂生产原材料的单位成本与甲厂原材料的影子价格之间考虑，才能使双方都能获利，否则若高于甲厂原材料的影子价格甲厂将不买乙厂的原材料而改选他家，若低于生产原材料的单位成本乙厂会亏损。假设乙厂生产原材料的单位成本为0.3万元，因甲厂原材料的影子价格是0.4万元，所以原材料的价格定在0.3万元～0.4万元双方均可接受。影子价格与资源成本之差越大者，增加其资源，利润增加越多。

（4）应用影子价格决策投资项目

由前面的分析我们已经得出设备是甲厂最紧缺的资源，所以应考虑扩大生产规模，增添新设备。选择投资项目的依据就是影子价格，应优先选择影子价格大的项目，才能尽可能快的见到成效，收回投资。若甲厂计划投资5万元购买设备，市场上有两种生产设备可供选择，设A设备的价格是B设备的两倍，根据影子价格甲厂做出的分析见表3-23。

表3-23　应用影子价格决策投资项目

设备类型	购买设备数/台	每小时工作时数/小时	日总设备能力/小时	设备影子价格/元	日增加收益/元
A	2	12	24	35/12	35/12×24=70
B	4	12	48	7/12	7/12×48=28

由此表看出，投资A设备每日可增加收益70元，5万元的投资只用714天就可收回，而投资B设备需1 786天才能收回。

（5）应用影子价格制订新产品开发方案

企业开发新产品，应分析新产品未来的经济效益，利用影子价格判断其是否可以投产。根据"松紧定理"中不宜投产原则，按影子价格计算新产品的单位消耗资源值：$\sum_{i=1}^{m} \bar{u_i} a_{ij}$ 与新产品单价 c_j 相比较，只有 $\sum_{i=1}^{m} \bar{u}_i a_{ij} \geqslant c_j$，投产新产品才能使企业效益增加。若 $\geqslant c_j$，则新产品不能投产。例如甲厂开发的新产品 A_4 的单位消耗为 $(4,1,2,1)^T$，由影子价格计算出新产品 A_4 的单位消耗资源值为 $\sum_{i=1}^{m}\bar{u}_i a_{ij}=4$ 万元，小于新产品 A_4 的单价6万元，可以投产。若新产品不宜投产，可考虑降低消耗或提高产品定价。

从上面的实例分析可以看出，根据线性规划对偶理论的影子价格，配置资源调整市场价格，可以影响有关企业生产的扩大或缩小，影响产品结构和投资方向的变化，从而使社会生产趋向合理。

3.3.4　数值分析

数值分析(numerical analysis)是研究分析用计算机求解数学计算问题的数值计算方法及其理论的学科，是数学的一个分支，它以数字计算机求解数学问题的理论和方法为研究对象。

3.3.4.1　数值分析的定义

数值分析的目的在于设计及分析一些计算的方式，可针对一些问题得到近似但够精确的结果。以下是一些会用利用数值分析处理的问题：

数值天气预报中会用到许多先进的数值分析方法。

计算太空船的轨迹需要求出常微分方程的数值解。

汽车公司会利用电脑模拟汽车撞击来提升汽车受到撞击时的安全性。电脑的模拟会需要求出偏微分方程的数值解。

对冲基金会利用各种数值分析的工具来计算股票的市值及其变异程度。

航空公司会利用复杂的最佳化算法决定票价、飞机、人员分配及用油量。此领域也称为作业研究。

保险公司会利用数值软件进行精算分析。

3.3.4.2　数值分析一研究领域

(1) 函数求值

数值分析中最简单的问题就是求出函数在某一特定数值下的值。最直接的方法是将数值代入函数中计算，不过有时此方式的效率不佳。像针对多项式函数的求值，较有效率的方式是秦九韶算法，可以减少乘法及加法的次数。若是使用浮点数，很重要的是估计及控制舍入误差。

(2) 内插法、外推法、曲线拟合及回归

内插法求解以下的问题：有一未知函数在一些特定位置下的值，求未知函数在已知数值的点之间某一点的值。

外推法类似内插法，但需要知道数值的点是在其他已知数值点的范围以外。一般而言，外推法的误差会大于内插法。

曲线拟合是在已知一些数据的条件下，找到一条曲线完全符合现有的数据，数据可能是一些特定位置及其对应的值，也可能是其他资料，例如角度或曲率等。

回归分析类似曲线拟合，也是根据一些特定位置及其对应的值，要找到对应曲线。但回归分析考虑到数据可能有误差，因此所得的曲线不需要和数据完全符合。一般会使用最小方差法来进行回归分析。

（3）求解方程及方程组

另一个常见的问题是求特定方程式的解。首先会依方程式是否线性来区分。

此领域许多的研究都和求解线性方程组有关。直接法是线性方程组的系数以矩阵来表示，再利用矩阵分解的方式求解，这些方法包括高斯消去法、*lu* 分解，对于对称矩阵（或埃尔米特矩阵）及正定矩阵可以用乔莱斯基分解，非方阵的矩阵则可以用 *QR* 分解。迭代法包括有雅可比法、高斯-塞德迭代法、逐次超松弛法（*SOR*）及共轭梯度法，一般会用在大型的线性方程组中。

求根算法是要解一非线性方程，其名称是因为函数的根就是使其值为零的点。若函数本身可微且其导数是已知的，可以用牛顿法求解，其他的方法包括二分法、割线法等。线性化则是另一种求解非线性方程的方法。

（4）求解特征值或奇异值问题

许多重要的问题可以用奇异值分解或特征分解来表示。例如有些图像压缩算法就是以奇异值分解为基础的。统计学中对应的工具称为主成分分析。

（5）最优化

最优化问题的目的是要找到使特定目标函数有最大值（或最小值）的点，一般而言这个点需符合一些约束。

依目标函数及约束条件的不同，最佳化又可以再细分：例如线性规划处理目标函数及约束条件均为线性的情形，常用单纯形法来求解。若目标函数及约束条件其中有一项为非线性，就是非线性规划的范围。

有约束条件的问题可以利用拉格朗日乘数转换为没有约束条件的问题。

（6）积分计算

数值积分的目的是在求一定积分的值。一般常用牛顿-寇次公式，包括辛普森积分法、高斯求积等。上述方式是利用分治法来处理积分问题，也就是将大范围的积分切割成许多小范围的积分，再进行计算。不过在高维度时，上述做法可能会因为要做许多的计算而变得不实用（也就是维数之咒所描述的情形），此时可以采用蒙地卡罗方法或半蒙地卡罗方法。（可参照蒙地卡罗积分，或是适用于高维度的稀疏网格法。）

（7）微分方程

数值分析也会用近似的方式计算微分方程的解，包括常微分方程及偏微分方程。

常微分方程往往会使用迭代法，已知曲线的一点，设法算出其斜率，找到下一点，再推出下一点的资料。欧拉方法是其中最简单的方式，较常使用的是龙格-库塔法。

偏微分方程的数值分析解法一般都会先将问题离散化，转换成有限元素的次空间。可以透过有限元素法、有限差分法及有限体积法，这些方法可将偏微分方程转换为代数方程，但其理论论证往往和泛函分析的定理有关。另一种偏微分方程的数值分析解法则是利用离散傅立叶变换或快速傅立叶变换。

4 企业经济效益分析——市场分析

4.1 市场动态均衡分析

市场动态分析是企业短期决策的基础依据，企业为了能够充分适应市场，就应当充分了解市场动态，做好市场动态分析和调查报告，及时制定生产、销售策略，提升企业竞争能力。在分析中引入时间因素（在实际的生产过程中，生产总是一个周期接着一个周期、周而复始地进行的）来考查均衡状态的变动过程，及考查从一种均衡到另一种均衡的过程，则称为动态均衡分析。

4.1.1 蛛网理论

蛛网理论是用动态分析的方法考查某些商品的市场价格和数量在长期中表现出来的周期性的循环变动，以及这种变动的最终均衡状态与初始均衡之间的关系的理论。

古典经济学理论认为，如果供给量和价格的均衡被打破，经过竞争，均衡状态会自动恢复。蛛网理论却证明，按照古典经济学静态下完全竞争的假设，均衡一旦被打破，经济系统并不一定自动恢复均衡。这种根据的假设是：

(1) 完全竞争，每个生产者都认为当前的市场价格会继续下去，自己改变生产计划不会影响市场；

(2) 价格由供给量决定，供给量由上期的市场价格决定；

(3) 生产的商品不是耐用商品。

这些假设表明，蛛网理论主要用于分析农产品。

蛛网理论的模型如图 4-1 所示。图中 P,Q,D,S 分别是价格、产量、需求函数和供给函数，t 为时间。根据上述模型，第一时期的价格 P_1 由供给量 Q_1 来决定；生产者按这个价格来决定他们在第二时期的产量 Q_2。Q_2 又决定了第二时期的价格 P_2。第三时期的产量 Q_3，由第二时期的价格 P_2 来决定，依此类推。由于需求弹性、供给弹性不同，价格和供给量的变化可分三种情况：

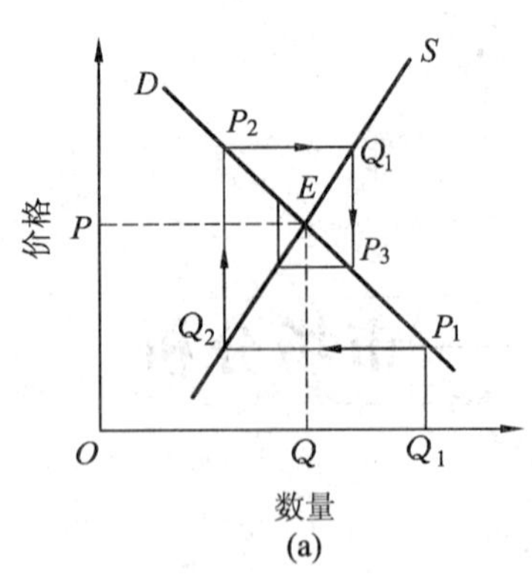

(a)

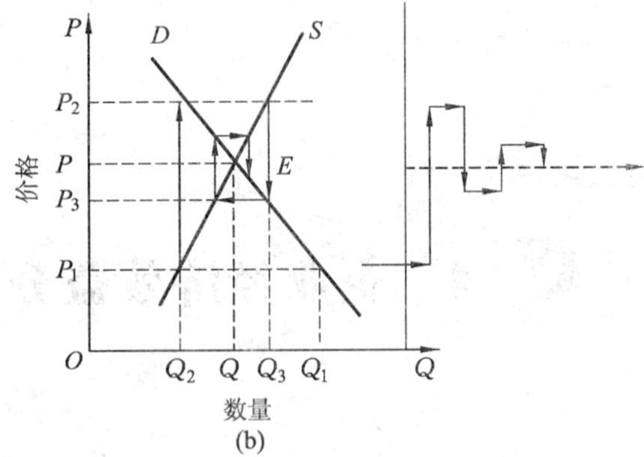

(b)

图 4-1　收敛型蛛网

（1）供给弹性小于需求弹性（即价格变动对供给量的影响小于对需求量的影响）时。当市场由于受到干扰偏离原有的均衡状态以后，实际价格和产量会围绕均衡水平上下波动，但波动幅度越来越小，最后会恢复到原来的均衡点，如图 4-1 所示。供给弹性小于需求弹性为"蛛网稳定条件"，蛛网向内收缩，称"收敛型蛛网"。

假定在第一期由于某些外在因素的干扰，实际产量由均衡水平 Q，提升到 Q_1，根据需求曲线，生产者为了出售全部 Q_1，接受消费者愿意支付较低的价格 P_1，于是，价格下降为 P_1。根据第一期较低的价格水平 P_1，按照供给曲线，生产者将第二期的产量降低为 Q_2。

在第二期，消费者为了购买全部的 Q_2，愿意支付较高的价格 P_2，于是，实际价格上升为 P_2。根据第二期较高的价格水平 P_2，生产者将第三期的产量提高为 Q_3。

在第三期，生产者为了出售全部的 Q_3，接受消费者愿意支付较低的价格 P_3，于是，实际价格又下降为 P_3。根据第三期的较低的价格水平 P_3，生产者又将第四期的产量降低到 Q_4。如此，循环下去，实际产量和实际价格的波动幅度越来越小，最后回复到均衡点。

（2）供给弹性大于需求弹性（即价格对供给量的影响大于对需求量的影响）。当市场由于受到外力的干扰偏离原有的均衡状态以后，实际价格和产量上下波动的幅度会越来越大，偏离均衡点越来越远，如图 4-2 所示。供给弹性大于需求弹性为"蛛网不稳定条件"，蛛网为"发散型蛛网"。

假定在第一期由于某些外在因素的干扰，实际产量由均衡水平 Q，提升到 Q_1，根据需求曲线，生产者为了出售全部 Q_1，接受消费者愿意支付较低的价格 P_1，于是，价格下降为 P_1。根据第一期较低的价格水平 P_1，按照供给曲线，生产者将第二期的产量降低为 Q_2。

在第二期，消费者为了购买全部的 Q_2，愿意支付较高的价格 P_2，于是，实际价格上升为 P_2。根据第二期较高的价格水平 P_2，生产者将第三期的产量提高为 Q_3。

在第三期，生产者为了出售全部的 Q_3，接受消费者愿意支付较低的价格 P_3，于是，实际价格又下降为 P_3。根据第三期的较低的价格水平 P_3，生产者又将第四期的产量降低到 Q_4。如此循环下去，实际产量和实际价格上下波动的幅度越来越大，偏离均衡产量和价格越来越远。

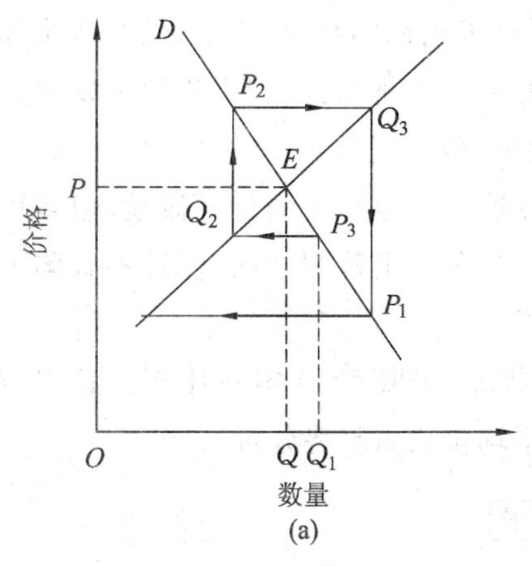

(a)

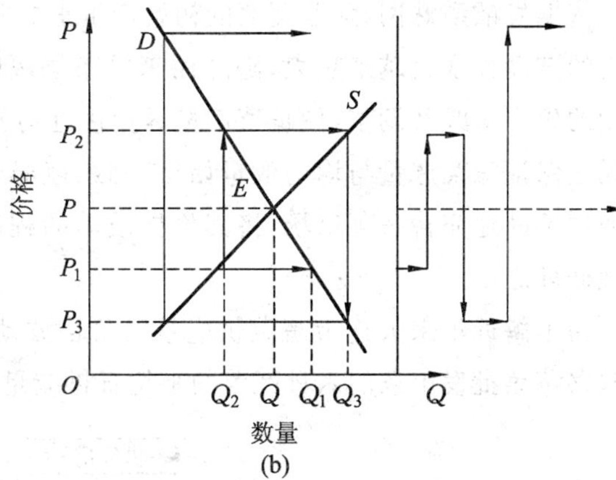

(b)

图 4-2 发散型蛛网

(3) 供给弹性等于需求弹性。当市场受到外力的干扰偏离原有的均衡状态以后,实际产量和实际价格始终按同一幅度围绕均衡点上下波动,实际产量和实际价格始终按同一幅度围绕均衡点上下波动,既不进一步偏离均衡点,也不逐步趋向均衡点,如图 4-3 所示。供给弹性与需求弹性相等为"蛛网中立条件",蛛网为"封闭型蛛网"。

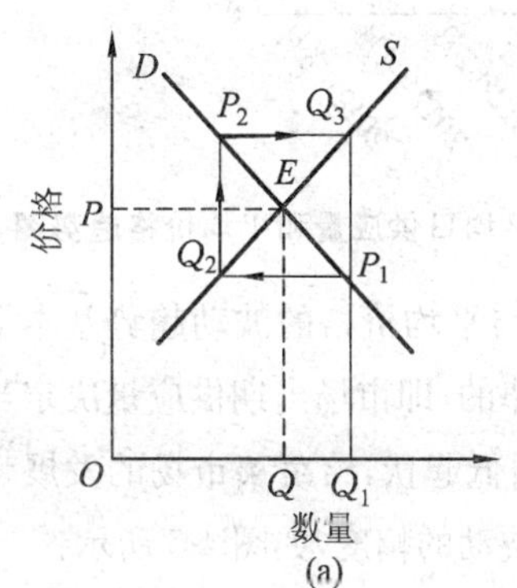

(a)

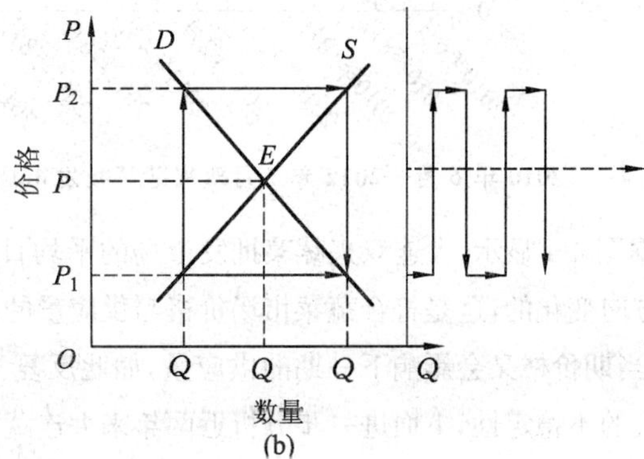

(b)

图 4-3 封闭型蛛网

另一方面,蛛网理论也是一个简单的和有缺陷的模型。这是因为,根据模型的分析,造成产量和价格变动的主要原因是:生产者总是根据上一期的价格来决定下一期的产量,这样,上一期的价格同时也就是生产者对下一期的预期价格。而事实上,在每一期,生产者只能按照本期的市场价格来出售由预期价格(即上一期价格)所决定的产量。这种实际价格和预期价格的不吻合,造成了产量和价格的波动。

4.1.2 蛛网理论的应用

蛛网理论旨在说明在市场机制的自发调节的情况下,农产品市场经常发生蛛网型波动,从而影响农业生产的稳定性。在现实生活中,农产品广泛存在着发散型蛛网波动的现象。为消除或减轻农产品在市场上经常出现的这种蛛网型波动的现象,一般有两种方法:

(1) 由政府运用支持价格或限制价格之类经济政策对市场进行干预;

(2) 利用市场本身的调节作用机制进行调节,即运用期货市场来进行调节。

依据发散型蛛网，除非蔬菜的初始产量正好等于供求均衡的数量，否则，供给数量和价格的波动程度会越来越大，随之而来的市场风险也会越来越大。虽然，我们可以通过长期的生产实践及调整，使蔬菜产量尽量接近均衡数量，但市场是不断发展和变化的，我们无法保证蔬菜产量与均衡数量始终一致，就必然会带来一定程度的价格波动，但是可以通过不断地完善蔬菜市场，将其价格波动的程度控制在一定范围之内，使其不致陷入恶性循环之中。

为了解近年来大连市蔬菜供应量及价格波动的状况，选取 2010 年 6 月至 2012 年 7 月双兴蔬菜批发市场的六种蔬菜的平均日供应量和平均价格做趋势分析。

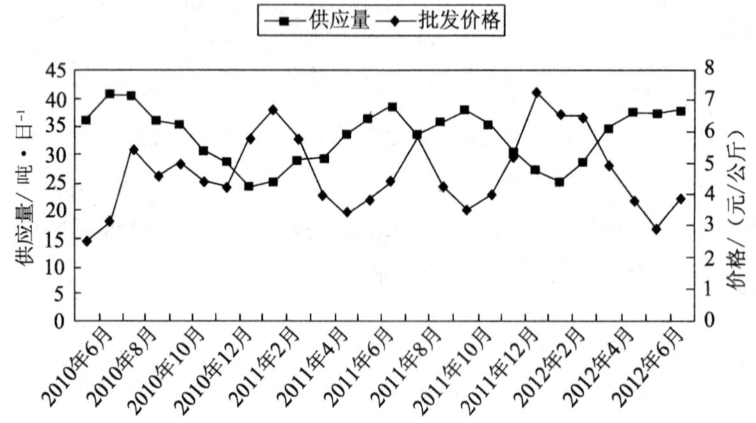

图 4-4　2010 年 6 月—2012 年 7 月双兴蔬菜批发市场的蔬菜平均日供应量和平均价格趋势图

据图 4-4 显示，大连双兴蔬菜批发市场的平均日供应量与平均价格的波动趋势基本上是呈反方向变化的，这是符合蔬菜市场价格与供应量的波动规律的，即市场当期供应量决定当期价格，当期价格又会影响下一期的供应量，如此反复。菜价高低起伏，给蔬菜市场的发展带来了极大的不稳定性，下面进一步分析近两年来大连蔬菜价格波动的幅度，如图 4-5 所示：

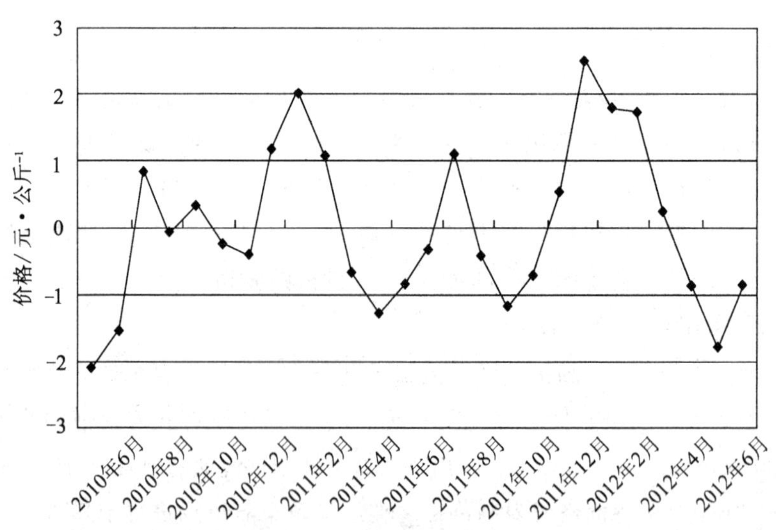

图 4-5　2010 年 6 月—2012 年 7 月双兴蔬菜批发市场的蔬菜平均价格波动幅度图

据图 4-5 显示，大连市近两年来的平均蔬菜价格进入了一个循环波动的状态，而且波动的幅度也呈逐渐增大之势，显然是呈发散型蛛网逐步扩散的。由此可见，虽然大连主要依靠外调蔬菜供应，但其蔬菜市场的供给弹性也是远大于需求弹性的，是符合蛛网理论的假设条件的。因此，大连蔬菜市场的性质也决定了其供应量和价格会不断地偏离均衡状态，呈发散性状态扩散。

4.2 市场供求影响因素分析

4.2.1 市场需求因素分析

消费者在某个特定价格上愿意且有能力购买的产品或服务的数量称为需求量，市场需求量则是所有销售者对某种给定产品或服务的需求。

影响消费者对某种商品需求量变化的因素，既有经济的，又有非经济的，主要有：

(1) 商品价格。对于一般商品而言，商品的市场价格越高，消费者对它的需求量就越少；反之，需求量则下降。

(2) 消费者收入。消费者可用于支出的收入会影响其购买商品的意愿和能力。大部分商品的需求量随收入的增加而增加，但也有些商品的需求量在收入增加时会减少。例如，随着收入的增加，消费者可能会较少的购买方便面或饼干，而购买更多新鲜的面包或主食。

(3) 消费者偏好。随着社会生活水平的提高，已经社会交往范围的扩大，消费者偏好会发生变化，从而进一步影响商品的市场需求量。例如，当今越来越多的消费者意识到健康饮食的重要性，导致油炸食品的需求量下降，蔬菜、谷类食品的需求量上升。当然，广告宣传也对消费者产生了一定的影响。商品的某一阶段的销量可能因更换代言的明星，而发生变化。

(4) 相关商品的价格。对于某种商品，即使它自身的价格不发生变化，其相关商品的价格发售变化，也会导致消费者对该商品的需求量发生变化。商品相关关系包括两种：一种是替代关系，即其中一种商品被购买得越多，另一种商品被购买得越少。例如，牛肉与羊肉、htc 手机与三星手机之间就属于这种关系。另一种是互补关系，即其中一种被购买得越多，另一种也会被购买得更多。例如，影碟机与光盘、笔记本与移动硬盘之间具有互补关系。

(5) 人口数量与人口特征。人口数量的增加会使市场商品的需求量增加。人口特征指年龄、种族和性别方面的特征。随着人口特征的变化，特定商品的需求量也会发生变化，这时因为不同类别的消费者往往对商品有着不同的偏好。

(6) 预期未来价格。消费者不仅选择购买什么样的商品，还选择什么时候购买这些商品。如果足够多的消费者预测某商品三个月后的价格会下降，那么该商品现阶段的需求量会减少，因为消费者会推迟购买，等待预期的降价。反之，该商品的需求量则会增加,因为消费者提前购买了该商品,避开预期的涨价。

(7) 政府的消费政策。政府会通过政策促进或抑制消费,从而增加或减少商品的需求量。例如,政府开征房产税、提高贷款利率等都抑制消费者购房。

4.2.2 市场供给因素分析

企业愿意且有能力在某个给定的价格供给产品或服务的数量称为供给量。同理市场供给量是指所有企业提供某种产品或服务的数量。

引起商品供给量变动的因素也包括经济的和非经济的,主要有：

(1) 商品价格。一般而言,商品价格越高,企业对它的供给数量就越多；反之,供给量就越少。

(2) 生产要素价格。生产要素的价格变动,会是商品的生产成本发生变化。例如,激光打印机的部件——激光扫描仪的价格上涨,生产打印机的成本就会增加,这样可获得的利润就下降了,则该打印机的供给量将会减少。

(3) 技术变革。一般技术变革是企业用给定数量的投入生产给定水平的产出能力的积极变革。当发生积极变革时,企业的生产成本下降,利润增加,从而企业会增加供给量。

(4) 替代品价格。企业通常会选择所要生产什么样的产品或服务。例如,如果触屏手机的价格上升,生产触屏手机就会获得更多的利润,则企业会选择将部分产能从按键手机转向触屏手机。

(5) 预期未来价格。类似的,如果企业预期某商品未来的价格会上升,它就会有减少现在的供给量而增加将来供给量的动机。

(6) 市场上企业的数量。市场上企业的数量也会改变供给。当新企业进入市场时,市场的供给量会增加；而当现有企业退出市场时,市场供给量则会下降。

(7) 政府政策。若政府采用鼓励投资和生产的政策,就会刺激生产,增加市场供给量；反之,则会抑制生产,减少供给。

4.2.3 案例分析

4.2.3.1 内生因素对住宅需求的影响

(1) 住宅价格对住宅需求的影响

就住宅价格与住宅需求之间的关系而言,简单来说,在其他条件不变的情况下,住宅价格对住宅需求的影响是价格上升,需求下降；价格下降需求上升。需求与价格的变化呈反向运动。这与一般的商品的需求和价格之间的关系没有什么根本的区别。但由于住宅属于生活必需品,又是价值高不流动商品,再变现较难,故住宅价格比较缺乏弹性,价格的变动对需求的拉动不是太大。西方学者对住宅价格弹性的研究表明：住宅价格弹性系数在－1.2～－0.61。中国目前尚无学者对住宅需求价格弹性做专门研究。在现实生活中,住宅价格变化的同时与住宅需求相关的其他因素也在变化,有时会出现住宅价格上升需求也出现上升的情况。从表 4-1 中的数据中,可以看出全国城市住宅价格的变化对住宅需求的影响。在表 4-1 中,住宅价格从 1999 年的 1 857 元/平方米上升到 2003

年的 2 197 元/平方米，而住宅的需求增量从 1999 年的 11 879.93 万平方米逐年增加到 2003 年的28 502.47 万平方米。销售面积由 2001 年的 19 938.75 万平方米增至 2003 年的 28 502.47 万平方米，增幅达 42.8%，而价格总体来说缓慢上升。这个说明我国住宅市场还存在很大的需求。

表 4-1　1999—2003 年全国城市住宅市场需求的主要相关因素数据

年份	人均 GDP/元	城市人口/万人	人均可支配收入/元・人$^{-1}$	城乡居民储备余额/亿元	销售价格/元・平方米$^{-1}$	销售面积/万平方米	平均利率/%	城镇居民家庭人均居住消费开支/元
1999	6 551	43 748	5 854.00	59 621.8	1 857	11 879.93	3.02	453.99
2000	7 086	45 844	6 279.98	64 332.4	1 948	16 570.3	2.25	500.49
2001	7 651	48 064	6 859.58	73 762.4	2 017	19 938.75	2.25	547.96
2002	8 184	50 212	7 702.80	86 927.6	2 092	23 702.31	2.07	624.36
2003	9 030	52 376	8 472.20	103 617.7	2 197	28 502.47	1.98	256.45

(2) 家庭收入水平和财富对住宅需求的影响

住宅作为一种高档耐用的消费品，从所有者、经营者过渡，转让给消费者，以实现其价值，在很大程度上受到居民收入水平的制约。因为住宅商品的消费主要是以家庭为单位进行的，故而一般是随着以家庭收入和财富为单位来研究，而不以个人收入为单位来研究。但家庭收入和财富的增加幅度是可以用城市人均可支配收入的增加来考察，反映了居民的购买力水平。在其他条件不变的情况下，城市居民的家庭收入的变化与住宅需求成正向关系，即收入的增加，购买力相应增强，对住宅的需求也随之增加；反之，收入的减少，对住宅的需求也减少。收入影响住宅需求有两条基本渠道，一是收入影响家庭在住宅上持续不断地支付现金的能力，通过现金支付的承受力来影响住宅需求；二是收入影响家庭成员一生财富积累的预期，通过财富积累的预期来影响对住宅的需求。这两个渠道对住宅需求的影响是不一样的，影响的大小要看哪一个渠道占支配地位。收入的不断增加造成家庭财富的积累，财富的积累表现为家庭支付能力的提高从而影响住宅需求。经验证明，住宅需求的财富(或固定收入)弹性系数约等于 1，即家庭财富增减一个百分比，住宅需求同样增减一个百分比。

(3) 居民消费结构对住宅需求的影响

居民消费结构对住宅需求的影响主要表现在居民的收入中究竟拿出多的比重花费在住房消费上，这个比重将直接影响到住房商品化以后的租售购买力。城镇居民人均每年消费性支出体现了消费者的消费结构，表现在居民的收入中究竟拿出多大的比重花费在住房消费上，这个比重将直接影响到住房商品化以后的租赁购买力。按国家惯例，当恩格尔系数在 40%～50%的小康型消费结构时，居民用于住宅消费的开支约占生活费开支的 15%。我国住房制度改革之前，房屋租金极低，居民居住消费支出与生活费支出的比重只有 2%～3%，这种低租金制，它会扭曲住宅合理的租、售关系，不利于居民对住宅商品需求的形成。

(4) 家庭规模和城市人口的变化对住宅需求的影响

① 城市人口的变化

住宅是生活必需品,人口的增加必然带来住宅需求的增长。同时,城市人口的自然变动、机械变动和社会变动都会直接影响住宅需求。城市人口的不断增长、城镇化水平的不断提高、城市间的流动人口的增加都会对住宅需求有着极大的拉动作用。特别是在居住水平较低,对住宅的需求还处于基本需求阶段的经济不发达的国家和地区,人口因素对住宅需求的影响非常特出。反映人口数量的相对指标是人口密度,人口密度从两方面影响住宅价格：一方面,人口密度提高有可能刺激商业、服务业等产业的发展,从而影响了住宅价格的提高；另一方面,人口密度过高造成时候环境恶化,有可能降低住宅价格。图 4-6 中可以直观地看出,我国的人口增长曲线与居住水平曲线都是呈现同方向平滑上升趋势。

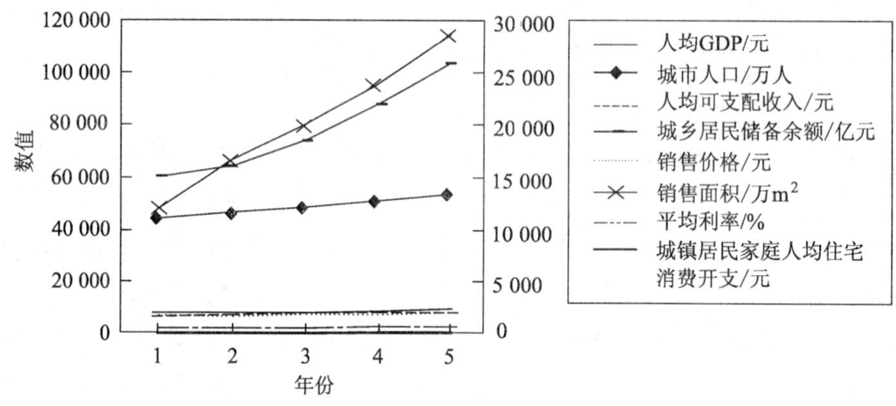

图 4-6　全国城市居民住宅水平及主要相关因素关系图

② 家庭规模的变化

住宅是以家庭为单位居住的,家庭规模的变化也必然会影响住宅需求的变化。即使城市人口总量不变,家庭结构的小型化也会造成住宅户数的增加,从而影响住宅需求。家庭规模变化对住宅需求影响较大,它是指居住在一个建筑单元内的人口数。家庭规模减小,在静态的情况下,如果人口总数不变,则相应的对住宅单元总量的需求会增加。具体关系为：

$$N=\frac{P}{G}$$

其中,N 为所需住宅单元的数目户；P 为人口总数；G 为住户规模。

目前在中国,年轻人成家后,一般都单独居住,在一定程度上增加了对住宅的需求。以长春市 2003 年的城市人口为 310 万代入,计算得出表 4-2。从表 4-2 可以看出,当住户规模从 4.5 人/户降至 2.8 人/户时(2003 年上海市家庭规模为 2.8 人/户),住宅单元的需要数量将增加 66.67%。根据长春市 2003 年度的一份住宅市场调研分析统计结果显示,2003 年长春市住户规模平均为 3.27 人/户,如果住户规模降至 2.8 人/户,则所需住宅单位数目将增加16.81%以上。

表4-2 以长春市为例家庭规模与住宅单元数目的关系

住户规模/人·户$^{-1}$	住宅单元数目/万个	增加百分比/%
4.5	68.889	
4	77.5	12.5
3.5	88.571	28.57
3.27	94.801	37.61
3	103.333	50
2.8	110.714	66.67

(5) 需求者心理对住宅需求的影响

它对需求者购买行为产生重要影响，在购买的时机、购买的类型和购买的方位很大程度上受消费者心理影响，因而了解需求者的购买心理变化是提高住宅有效需求的重要手段。我国正处于经济快速发展阶段，居民对住房的数量和质量的需求也不断提高，住宅市场正处在一个消费意识转型及市场供应多元化的磨合期，此时消费者心理在选购上起着很重要的作用。

(6) 需求者对未来的预期

需求者对投资行为或消费行为，从根本上说，是受其现实的或潜在的需要决定的，同时这种需求又受到外部环境的刺激，外部环境会影响现实的支付能力是否即刻实现。一般来说，对消费性需求和投资性需求来说，他们更关心近期投入的最小化，而非远期收益的最大化。需求者对价格变化的预期是影响现实市场需求量的重要因素。在住宅市场上，常常出现这样的情况，在住房价格下跌时，即使跌幅很大，如果需求者预期还会下跌，则他们会持币待购，迟迟不肯入市；当住房价格上涨时，若消费者预期还会上涨，即使价格偏高，也可能形成现实的住房需求。这种情况在住宅投机需求方面表现得更为明显。

4.2.3.2 外生因素对住宅需求的影响分析

(1) 经济发展的速度和水平对住宅需求的影响

城市的住宅需求的关键是城市居民的支付能力，而支付能力的大小取决于居民的收入和收入分配政策以及政府的补助能力。居民收入水平的普遍提高以及政府补助能力增加又依赖于经济发展的速度和水平。经济高速增长和水平的不断提高，必然带来居民收入的提高、家庭财富的增多和支付能力的增强以及政府财政收入的增加、政府提供补助能力的增强，从而带动住宅需求的增长。经济的高速增长和水平的不断提高还会带来城市商务活动的增强流动人口的增加和城市化水平的提高，这也会带动住宅需求的增长。从表4-1和图4-6中可以看出，经济发展因素对我国住宅需求影响显著。从1999年到2003年，我国人均GDP从6 551元/人增长到9 030元/人，增加了37.8%，而同时期住宅需求年增量从11 879.93万平方米增加到28 502.47万平方米，增长了1.4倍；住宅需求曲线和人均GDP的曲线呈现同向平滑上升趋势。

（2）城市化进程

城市化是当今重要的社会、经济现象之一，改革开放以来，我国的城市化进程十分迅速。城市化一词有四个含义：城市中心对农村腹地影响的传播过程；全社会人口逐步接受城市文化的进程；人口集中的过程，包括集中点的增加和每个集中点的扩大；城市人口占全社会人口比例提高的过程。城市化的结果是越来越多的农民离开土地，来到城镇，人口向城市日益集中，依靠住宅市场解决住房的人也日益增多，客观上增加了对住宅的需求；城市化还改变了人们的价值观念，使越来越多的农村人口接受了城市生活方式，投身到住宅市场中来，从而扩大了住宅市场，增加了对住宅的需求。笔者曾对城市化进程对住宅业发展做过分析，研究表明，经济发达的地区城市化进程对住宅需求的影响程度比经济欠发到地区更大。也就是说，当经济发展到一定水平时，城市化水平更突显其对住宅市场影响的重要性。这也是符合实际的，城市化水平不仅仅体现了人口由农村到城市的人口移动，它还包含了人们文化背景、生活理念，消费需求和结构的转变，因此随着经济的发展城市化水平的提高促进住宅业的健康、多元化的发展。

（3）利率的变化对住宅需求的影响

利率对投机性需求的制约较大，按照凯恩斯主义经济学的分析，投资需求取决于资本边际效率与利息率的差额，如果资本边际效率越大于利息率，经营者就越愿意投资；相反，资本边际效率与利息率越接近，经营者的投资需求就越小。住宅的生产性需求和投资性需求一般可以看作一种投资行为，因而利率升高，对住宅需求有抑制作用，利率降低，对住宅需求有促进作用。利率对住宅消费性需求的影响作用一般分为两种情形：一是对开发商贷款利息率的高低变化，导致住宅商品价格的变化，从而影响其需求水平；二是居民个人住房贷款利率的变化，会直接影响消费者的支付能力，从而影响其需求水平。

一般来讲，在短期内利率的变化对住宅的价格和住宅需求有直接影响。利率上升时，住宅开发商的筹资成本会上升，住宅的开发成本也随之上升，住宅的价格也会上升；同时利率上升，住宅购买者住宅按揭贷款的利息会增加，购买者的支出也就增加，在居民及家庭收入和财富不变的情况下，社会对住宅购买力就会降低，住宅的需求就会随之降低。反之，亦如此。由此可见，在短期内利率的变化对住宅需求的影响是反方向。但在中长期内利息的变化对住宅需求的影响，一般倾向认为较为微弱，甚至认为，利率变动后，潜在的住宅需求可以保持不变。利率变动的原因实际上是对通货膨胀的预期，当通货膨胀的预期提高时，利率虽然会上升，但居民对自己的收入的增加和家庭财富的增值预期也提高了，这种收入增长和家庭财富增值同利率的上升相比可能是同比例的，因而不会加重居民对住宅需求的负担，故可维持住宅需求不变。反之亦然。

（4）政府的住房政策对住宅需求的影响

政府的住宅政策是影响住宅需求的重大因素。政府的住房政策可能是行政性的也可能是经济手段或两者结合的，主要有房屋政策和土地政策以及金融政策等。当政府的住房政策有利于居民得到住宅时，住宅需求就会增长；当政府住房政策紧缩时，住宅需求就会下降。比如：政府对低收入者进行住房补助或建设廉租房出租、降低住宅建设期间和交易税费、放宽购买住宅的贷款担保条件或进行贴息等，都会降低进入的门槛，从而刺激和扩大住宅需求。但政府的政策对住宅需求的影响是不能量化的。

影响住宅市场供给的主要因素有：

(1) 土地价格

土地价格是住宅成本的重要组成部分，据测算，我国目前土地费用约占商品房价格的20%。土地价格的提高对土地所有者来说意味着收益的增加，因而会增加土地的供给，但这种增加是有限的。土地价格的提高对住宅开发商来说意味着成本的上升，面对这种局面，开发商--般会采取两种可供选择的对策：一种对策是向空间拓展以提高房屋容积率，促使单位建筑面积所含的地价比重下降，消化地价成本的上涨，从而有利于增加房产供给；另一种对策是缩小生产规模和放慢开发进度，当地价上涨的因素难以消化时，开发商的收益水平受到影响，同样的资金能够运作的规模也会相应减少，从而会引起住宅供给的减少。

撇开其他因素不论，住宅土地价格对于住宅供给有反向关系。住宅土地的价格越高，则住宅供给越少；反之，住宅土地价格越低，则住宅供给越多。其原因是，住宅土地价格构成了住宅成本和价格的主要部分，对开发者的销售和盈亏构成了直接的制约因素。开发者要计算土地价格对于住宅销售和盈亏的正负影响，从而对住宅开发做出取舍或调整，最后影响住宅的供给。住宅土地价格对住宅供给的反向关系主要反映在趋势上。在短期内，如在一两年中，这种负相关关系体现不会明显，因为，一两年中的住宅供给是由一两年以前的土地供给影响的。

(2) 土地供给状况

无弹性的土地自然供给在一定程度上制约着各种住宅商品的供给量，土地资源的自然分布也会影响住宅商品的供给量。不同住宅商品(普通住宅、经济适用房、别墅等)的供给量还受土地的总体规划、城市规划、国家政策的制约。

(3) 住宅建筑成本和各项费用

住宅建筑成本主要包括建筑安装的人工费用和建筑材料、设备和管理的投入。各项费用主要有咨询调研费、勘察设计费、市政配套费、公建配套费、中介代理费、人防费、行政事业收费等。在其他一切因素不变的时候，这些成本、费用的升降会增加或减少开发者利益，从而影响供给。住宅建筑成本和各项费用对于住宅供给有反向关系。当建筑成本和费用上升时，住宅供给可能减少；当建筑成本和费用下降时，住宅供给可能增加。同土地相比，建筑成本和费用的变化对住宅供给的影响会迅速地表现出来。因为，建筑成本和费用的变化直接影响当前住宅单位建筑面积的投资额，从而影响可建造总面积的多少。这种影响是即时的、直接的，当然，也可以影响长远。

(4) 投资数量

投资数量同住宅供给总量是典型的正向关系，当投资数量上升时，住宅供给量也上升；当投资数量下降时，住宅供给量也下降。这无论在中国的计划经济年代还是改革以后的社会主义市场经济年代都是一样的，仅仅是投资实物产出的不同。

（5）开发商对未来的预期

这种预期包括对国民经济发展形势、通货膨胀的预期，对住宅价格、住宅需求的预期，对国家住宅税收政策、产业政策的预期等。由于住宅生产周期长，对未来的预期就显得十分必要。开发商对未来预期的核心问题是预期的盈利水平即投资回报率，如果预期的投资回报率高，开发商一般会增加住宅投资，从而增加住宅供给；如果预期的回报率低，开发商一般会缩小规模或放慢开发进度，从而会减少住宅供给。对未来的预期是一件复杂而又难度较大的工作，需要经营者掌握众多的经济信息，进行科学的综合分析，得出正确结论。

（6）科学技术和生产力水平

土地的自然供给是无弹性的，但土地的经济供给是有弹性的，土地经济供给的弹性要受经济实力和科学技术水平的制约。因此，先进的科学技术可以间接提高住宅商品的供给量。相反，技术落后，生产力水平低下也可能间接的减少住宅供给量，造成土地资源的浪费。

（7）利率对住宅供给的影响

无论怎样富有的开发商，都不会全额自费开发一个项目。一是因为房产开发投资数额过于庞大，二是开发周期长，投资难以马上回收，于是贷款开发成为惯例。一个项目所需投资往往有60%～80%依靠贷款，自有资金仅作为流动资金使用。因此，资金利率的变化，会增加或减少投资的成本和费用，增加或减少住宅开发的经营难度，对住宅投资构成直接的制约。这对于中高档商品住宅的投资更是如此。撇开其他因素不论，投资利率变化对住宅供给有反向关系。当投资的资金利率上升时，住宅供给量可能下降；当利率下降时，住宅供给量可能上升。投资利率的变化对于住宅供给的这种负相关关系，在不同的时间上有不同的表现。

在短期内，利率的变化，不可能大幅度影响已开工的住宅投资，也不可能实质性地影响即期住宅市场的供给。这是由住宅开发投资的技术原因和合约原因决定的。住宅的开发，从土地取得到施工，要经历许多环节，在前期早已投入大量资金（尤其是土地资金）。一旦土地资金投入或建筑施工开始以后，利率发生变化，而修改投资决策是较为困难和被动的。另外，住宅施工到一定阶段以后可以预售和计划分配、已经订出合约或落实计划分配数。由于利率的变化，再来改变合约或计划也不可能。但利率稳定之后，投资者经过仔细计算利率对于投资的利害得失以后，会减少或增加对于新开发住宅的投资数量，从而减少和增加对于住宅的供给。

4.3 市场结构分析

市场结构只消费者的消费结构，消费结构是经济结构的重要组成部分，反映人们的消费水平、消费质量和消费需求的满足状况。市场消费结构影响决定企业产生生产销售。合理的消费结构及消费机构的优化和升级不仅反映消费层次和质量的提高，而且为建立合理的产业结构和产品结构提供了重要的根据。在基于熟悉市场结构下安排企业产品生产、销售，从而实现经济效益目标的前提。

4.3.1 消费结构的含义

从理论上讲，消费结构是指一定时期消费者所消费的各种消费资料（包括物质资料和劳务）之间的比例关系。比如，居民家庭总消费额中，食品、服装、住房、水电、燃料、交通、教育及文化娱乐等各项支出所占份额而构成的比例状态，就是家庭消费结构。

在商品经济条件下，由于消费资料采取了实物和价值形式，因而消费结构就具有实物和价值两种形式。实物形式的消费结构是指人们在消费中，消费了什么样的消费资料（包括劳务）及其各自的数量及其比例关系，是消费结构最基本、最原始的形式。价值形式的消费结构，是以货币表示的人们在消费过程中消费的各种不同类型消费资料（包括劳务）的比例关系，在现实生活中具体表现为各项生活支出。消费结构这两种形式是密切联系的。一般说来，实物消费结构决定价值形式的消费结构；价值形式的消费结构反映（或比较近似地反映）实物消费结构（这一点有些类似政治经济学中“资本有机构成”的概念），但二者也存在一定的差异。价值形式的消费结构并不一定能非常准确地反映实物消费结构。这是因为：（1）实物消费结构中包含着人们自给性产品和劳务的消费，而这些产品和劳务通常不以价值形式来反映。（2）消费品的价格要受市场价格波动的影响，同样数量的实物在不同时期、不同地区表现为数量不等的货币支出。尽管如此，在存在商品生产和货币关系的条件下，研究价值形式的消费结构是极其重要的，因为它可以计量各种不同类型的消费资料和劳务的消费比重和支出结构，从而有利于组织消费品的生产和市场流通，有利于实现国民经济的实物与价值的平衡。因此，研究消费结构，不仅要以实物形式而且要从价值形式去考察。

消费结构有宏观消费结构与微观消费结构之分。宏观消费结构也称社会消费结构，是从整个社会（比如一个国家）考察的居民消费结构。微观消费结构也称家庭消费结构，是从单个家庭和个人或单位着眼考察的消费结构。微观消费结构是基本的，它是宏观消费结构的基础。

4.3.2 消费结构的分类

消费结构根据研究角度不同，可以从不同的角度进行分类。

（1）按照消费的内容划分

消费资料可以分为吃、穿、住、用、行、劳务等，还可把吃、穿、用等进一步细分。例如，吃的内部，可细分为主食、副食，还可列出具体的食品，如水果、蔬菜、肉、蛋、禽、奶等；在穿的内部，可细分为化纤织品、棉织品、毛织品等；在用的内部，可细分为一般日用品、文化用品、保健用品、高档耐用消费品等。

（2）按照消费需要的层次划分

消费资料可以分为生存资料、享受资料和发展资料。生存资料一般是指维持劳动力简单再生产、保持劳动者体力、脑力以及抚育子女所必需的生活资料；享受资料是满足人们享受需要的生活资料，它能满足人们舒适、快乐的需要，使人们感到舒适、安逸，对人的身心健康有重要的作用；发展资料是发展人们体力和智力所需要的生活资料。

(3) 按消费品存在的形式划分

消费资料可分为实物消费和劳务消费两种。实物消费是有形产品的消费，劳务消费一般是通过活动方式提供的消费服务。劳务消费，是人们生活消费的一个重要组成部分。人们基本生活需要的满足，享受、发展需要的满足都离不开劳务消费。随着社会经济的发展，劳务消费在人们生活消费中的地位越来越重要。

在统计年鉴中，居民家庭消费支出分为8项：① 食品，含粮食、副食品、糖、烟、酒及其他食品；② 衣着，含服装、衣着材料、鞋袜帽及其他、衣着加工费等；③ 家庭设备用品及服务，含耐用消费品、家具及家庭服务等；④ 医疗保健，含医疗器具、保健用品、医药费等；⑤ 交通和通讯，含交通费、电话费、邮费等；⑥ 文化教育娱乐用品与服务，即文教娱乐服务，含教育费、文化娱乐费等；⑦ 居住，含住房、水电燃料费等；⑧ 杂项商品及服务，含个人消费、其他商品、其他服务费等。

4.3.3 居民消费结构指标及其相关计算公式

在前面所述的消费分类的基础上，可以计算居民消费结构指标。居民消费结构指标即一定时期内居民家庭或个人生活消费中，各类（或各项）消费支出占全部消费支出的比重。其计算公式为：

$$\text{居民消费结构指标}=\frac{\text{各类(或各项)消费支出}}{\text{全部消费支出}}\times 100\% \tag{4-1}$$

消费结构变动度用来考察平均每年消费结构变动的程度，一般用期末各类消费占总消费额的百分比减去期初同类消费占总消费额的百分比，将相减之差的绝对值相加即获得一定时期的结构变动值，将结构变动值除以考察期年数，即为平均每年结构变动度。式(4-2)是消费结构变动度的计算公式，式(4-3)是各项消费对结构变动度的贡献率的计算公式。

$$\text{消费结构变动度}=\frac{\sum|\text{期末某类消费占总消费的百分比}-\text{期初某类消费占总消费的百分比}|}{\text{考察期年数}} \tag{4-2}$$

$$\text{各项消费对结构变动度的贡献率}(\%)=\frac{\text{各类项目消费的结构变动度}}{\text{总结构变动度}}\times 100\% \tag{4-3}$$

4.3.4 消费结构研究中常见的指标

(1) 恩格尔系数及其应用

在居民消费结构的计算中，食品支出占全部生活消费支出的比重，称为恩格尔系数(Engle's coefficent)，用公式表示为：

$$\text{恩格尔系数}=\frac{\text{食品支出}}{\text{全部生活消费支出}}\times 100\% \tag{4-4}$$

而美国经济学家萨缪尔森在《经济学》一书中，对恩格尔定律作了深入的论证，提出了与恩格尔系数不同的萨氏恩格尔系数。

$$\text{萨式恩格尔系数}(\%)=\frac{\text{食品支出}}{\text{全部支出}}\times 100\% \tag{4-5}$$

式中，全部支出＝消费支出＋储蓄。

萨氏恩格尔系数与恩氏恩格尔系数有一定区别：前者所考察的是食品支出与总支出的关系，反映的规律是食品支出在全部开支中所占比重的变化规律；而后者所考察的食品支出与消费支出的关系，反映的是消费结构的比例关系及变化规律。萨氏恩格尔系数之所以把储蓄纳入进来，目的在于提醒人们在研究消费时，注意储蓄对消费的影响。我们选取恩式恩格尔系数为研究对象。

恩格尔系数揭示了居民食品消费结构与收入之间的定量关系，在我国消费研究领域被广泛地运用。作为衡量消费结构变化的基本定律，恩格尔定律在我国基本适用，主要表现在我国城镇居民收入明显增加，消费支出逐年增多，生活水平显著提高，恩格尔系数的总趋势稳步下降。国际粮农组织提出，根据恩格尔系数可以划分贫困与富裕（39％以下为富裕，40％～49％为小康，50％～59％为温饱，60％以上为贫困）。在恩格尔定律应用时应考虑城市化因素、商品化因素、“加工过的食物”所占比例、“在外就餐”的比例、食物构成中动物成分比重等情况的影响。

（2）“新恩格尔系数”及其应用

信息化指数法最早是由日本经济学家小松畸清介提出的，他从生产和生活的信息功能方面选取信息量、信息装备率、通信主体水平、信息系数四个方面来反映社会信息化发展水平。信息系数从定义上指个人消费支出中用于购买信息产品和信息服务支出所占的比重。如同恩格尔系数可反映国民的消费水平，这个指标可反映国民的信息化程度，同时也可从另一个侧面反映国民的消费水平。程岩建议将“信息系数”明确界定为“信息消费系数”，而不包含别的消费，具体用“城镇家庭个人消费中除衣食住外杂费的比率和农村家庭个人消费中除衣食住外杂费的比率”两项指标。这样一来，信息消费系数表达式为：

$$\text{信息消费系数}(\%)=\frac{\text{与信息有关的消费}}{\text{个人消费}}\times 100\%$$

该系数与广为人知的恩格尔系数有相似之处，现已被形象地称为“新恩格尔系数”。刚好和恩格尔系数相反，信息（消费）系数越高，个人的信息消费能力越强。具体说来，信息消费是指直接或间接以信息产品和信息服务为对象的消费活动。狭义的信息消费以净信息产品和信息服务为消费对象，广义的信息消费还包括信息含量相当大的产品和服务的消费。根据尹世杰的论述，我们取医疗保健、交通与通讯、文化教育娱乐用品与服务等信息消费含量高的三项分类消费作为广义消费项目，则信息消费系数采取三项广义信息消费之和与个人消费之比的定义。

4.3.5 消费结构的影响因素分析

（1）微观层面影响消费结构的因素

微观消费结构是从单个家庭或个人的角度考察消费结构的。其目的在于说明不同家庭的消费结构的差异。它是宏观消费结构分析的基础。

① 家庭(或个人)收入水平

收入水平是制约家庭或个人消费结构的基本因素之一。收入水平的高低意味着购买力的大小,因而影响消费结构。收入水平对消费结构的影响集中表现在消费需求层次上。随着购买力的提高,消费需求层次也会提高,由此必然导致消费结构向较高层次跃迁。这种跃迁体现了消费水平的提高和消费结构的升级。比如,随着家庭或个人收入水平的提高,在吃的方面,由吃饱向吃好转变;在穿的方面,由单调向多样化转变;在用的方面,由一般日用品向高档耐用品转变;在住的方面,由满足基本住的需要向居住舒适化方面转变等。

② 家庭(或个人)目标及家庭类型

"家庭文明"论者(主要代表人物有希尔、温德尔·贝尔、小安德森等)认为,家庭文明是消费决策的重要依据,而家庭目标在家庭文明中占有重要地位。每个家庭的目标不同,其消费结构就会有差异。此外,在"以家庭为中心""以事业为中心""以消费为中心"三类家庭中,消费结构也不相同。第一类家庭比较重视对孩子的教育支出;第二类家庭用于作为家庭地位象征的社交活动的支出所占的比重较大;第三类家庭重视与生活享受有关的商品和劳务的支出,比如各种奢侈性商品、外出旅游的支出等。

③ 家庭消费支出功能

用家庭消费支出功能来说明家庭消费结构的特征及变化,是20世纪60年代以来西方消费经济学研究的一种新观点。这种观点认为,家庭通常有三种功能,即繁殖功能、经济功能和社会功能。家庭的功能要通过它的消费支出来实现,相应地,家庭消费支出可以分为三类,第一类是必需的生活费用,包括最低限度的衣食等支出;第二类是继续维持家庭存在的经营费用,包括教育子女、娱乐和休息等支出;第三类是有关家庭社交方面的支出。

④ 家庭生命周期所处的阶段与家庭规模

"家庭生命周期"理论认为,一个家庭从建立到消亡经过若干阶段,每一个阶段具有不同的家庭生活特征,从而具有不同的消费结构。其中,在家庭生命周期的不同阶段耐用消费品支出、医疗支出、教育支出、住宅支出,以及旅游支出的变化,更能反映出消费结构的变化。

随着工业化的发展,家庭规模越来越小。家庭的小型化对家庭消费结构变化有着重要影响,这种影响表现在耐用消费品购买和食品消费上,还表现在耐用消费品购买和劳务消费之间的替代关系上。

⑤ 家庭(或个人)的投资

在家庭支出中,有些支出既可以被看作"消费",又可以被看作"投资",比如,购买各种有价证券、保险、教育的支出和某些耐用消费品的支出,这些支出是家庭为了价值增值进行的投资。上述关于微观消费结构影响因素的分析,主要借鉴了西方消费经济学的有关理论。分析背景主要是西方发达国家家庭的支出状况,但对我国微观消费结构分析同样具有现实意义。

(2) 宏观层面影响消费结构的因素

宏观消费结构是从总体的角度对消费者的支出状况进行的考察。通过比较分析宏观消费结构的影响因素，我们可以说明不同国家的消费结构差异。

① 消费水平

受经济水平制约的消费水平，是一国消费结构的最基本因素。从根本上说，消费结构是消费水平的反映，同时消费水平、消费结构又是一国经济发展水平和经济增长所处阶段的反映。消费水平对消费结构的影响表现在四方面：A. 随着消费水平的提高，食品支出比重逐步下降；B. 随着消费水平的提高，耐用消费品支出比重有所上升；C. 随着消费水平的提高，住房、医疗、交通通信支出有所上升；D. 随着消费水平的提高，劳务支出的比重有所提高。

② 市场环境因素

市场环境因素主要表现在：A. 福利制度对消费结构有很大影响，收入大致相同的国家，凡是有政府补贴的消费支出项目，其支出比重相对较低；B. 价格体系的调整，会影响消费支出结构；C. 消费品市场状况对消费结构也有影响，主要表现在两方面：一是某些消费品的短缺会在一定时间内、一定程度上影响消费支出。二是某些新兴消费品的出现会在一定程度上刺激消费需求，从而使这类消费品的支出下降过程放慢。D. 金融市场状况对消费结构的影响，主要表现在消费储蓄结构上。

③ 经济制度因素

经济制度因素的影响主要表现在：A. 价格制度；B. 产权制度；C. 投融资制度；D. 劳动就业制度；E. 收入分配制度；F. 社会保障制度等方面。不同的经济制度形成不同的消费结构，而制度的变迁会带来消费结构的演变。

④ 社会因素

社会因素的影响主要表现在：A. 人口年龄结构，在家庭生命周期的各个阶段，不同年龄的消费者具有不同的消费需求。如老年人用于医疗保健费支出比较多。B. 社会消费习惯，它形成一国传统文化特有的消费习俗、习惯及观念。如中国人的传统习惯多属节俭型，日常开支计划性较强，在可能的条件下总希望多一点积蓄，以备将来为子女、自身养老或未来其他事项进行购买。而美国人则习惯挣了钱就花掉，很少积蓄。C. 消费示范效应在高度信息化的现代社会对消费结构的影响也是非常明显的。如发达国家的消费结构对发展中国家的影响就十分明显。消费示范效应有利于带动消费结构向高层次的跃升的演进，但也会诱发消费中的攀比心理，引发忽视消费约束条件的冲动消费和盲目消费，从而导致浪费社会资源和不利于资源合理配置的消费和消费结构。

4.4 市场占有率分析

4.4.1 市场占有率的变化分析

市场占有率是指某企业某种产品在某时期的销售量或销售额与市场上该产品在该时期的全部销售量或销售额之比。市场占有率可以指整个行业的占有率，可以是某行业细分市场的占有率，可以是特定地理区域的市场占有率，还可以是过去、现在或未来的占有率其计算公式：

$$市场占有率(\%)=\frac{本企业某产品某时期销售量(额)}{市场上同类产品该时期总销售量(额)}\times 100\%$$

这是一个由销售量(额)指标演化出来的相对指标，它反映了企业在市场竞争中的地位，是市场分析中一个非常重要的指标。

如果无法取得市场同类产品总销售量的全面统计资料，可以采取下列估算方法近似地反映企业的市场占有率：(1) 生产企业的市场占有率，可用企业某种产品的产量占同类产品全部产量的比率来间接反映；(2) 商业批发企业的市场占有率，可用本企业的收购量占该企业全部产量或商品量的比率来间接反映；(3) 选择有代表性的若干零售企业，以本企业产品在这些零售企业中的销售量占同类产品销售量的比例来间接反映；(4) 对一定数目的消费者或用户进行抽样调查，以他们购买本企业产品数量占其购买产品总量的比率来间接反映。

市场占有率的高低反映了企业该产品在市场上竞争实力的大小。一般来说，其数量界限有三个数值，即上限目标值、一般值、下限目标值，企业的市场占有率如果达到上限目标值，企业就处于相对垄断的地位；下限目标值是企业占有率也达到的最低水平，如果企业的市场占有率低于最低水平，即使占有率居于第一位，其市场地位也是不稳定的；大多数企业的市场占有率通常在上下目标值之间。

分析市场占有率的变化可以计算市场扩大或缩小情况的指标。这个指标是本期市场占有率与上期占有率之比，用来分析企业市场地位的上升或下降趋势。

$$市场变化率(\%)=\frac{本期市场占有率}{上期市场占有率}\times 100\%$$

分析市场占有率的变化，还可以使用统计图直接描述其曲线趋势。一般来说，市场占有率的变化有五种类型：(1) 占有率渐次增加；(2) 曲线形上下波动，渐次下降；(3) 在上下反复中略增；(4) 平平发展，上下不明显；(5) 中途下跌。

对企业来说，可以将本企业市场占有率的历史数据与行业市场占有率结合起来分析。在市场调查的基础上，根据以往占有率的高低，参考行业市场占有率的范围，确定本企业市场占有率变化的中心线及高低控制线，即变化区间。这里，高低控制线是市场占有率围绕中心线上下变化的标准差。

在市场占有率控制的基础上，可以进一步分析企业市场地位的变化状况。如果企业的市场占有率超过最高控制线，通常表明该企业产品畅销，有竞争力；如果企业的市场占有率低于低控制线或长期处于中心线偏下的位置，则表明该公司产品滞销，或者出现新的竞争对手，或是新的市场需求动向，需要企业及时采取新的对策。

4.4.2 市场占有率的比较分析

对于市场占有率指标，不仅应该将它与本企业的其他指标进行相关分析，而且应该将它与有关企业的指标进行对比分析。计算本企业市场占有率与同行业最大市场占有率的比值，可以发现本企业在市场发展中的差距。将本企业的市场占有率与竞争企业分地区品种进行对比分析，有助于查明企业落后的原因和努力的方向。将本企业的产品在市场销售动态图中的位置及其移动倾向与竞争企业相比较，可以分析本企业的产品结构，明确企业在产品开发经营战略中存在的问题。

将本企业的产品在市场销售动态图中的位置及其移动倾向与竞争企业相比较，可以分析本企业的产品结构，明确企业在产品开发经营战略中存在的问题。将本企业的市场占有率指标与有关企业的指标进行对比分析，可以帮助企业确定自身在市场发展中的位置和努力的方向。例如波士顿咨询集团法，也叫波士顿矩阵，就是市场占有率相对分析的应用。通过计算本企业的市场占有率与同行业最大市场占有率的比值，以及本企业销售增长率，分别作为纵坐标和横坐标，将坐标系分为四个区间，最终来描述企业各种产品的地位、特点、前景，便于企业制订相应的对策，如图 4-7 所示。

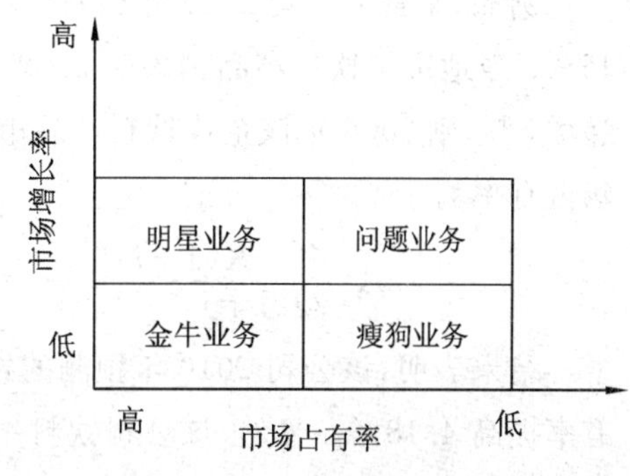

图 4-7　波士顿矩阵

(1) 高增长/低竞争地位的“问题业务”。这类业务通常处于最差的现金流量状态。一方面，新创业的市场增长率高，企业需要大量的投资支持其生产经营活动；另一方面，其相对份额地位低，能够生成的资金很少。因此，企业在对于“问题业务”的进一步投资上需要进行分析，判断使其转移到“明星业务”所需要的投资量分析其未来盈利，研究是否值得投资等问题。

(2) 高增长/强竞争地位的“明星业务”。这类业务处于迅速增长的市场，具有无限大的市场份额。在企业的全部业务当中，“明星业务”在增长和获利上有着极好的长期机会，但它们是企业资源的主要消费者，需要大量的投资，为保护或扩展“明星业务”在增长的市场中占主导地位，企业应在短期内优先供给它们所需的资源，支持它们继续发展。

(3) 低增长/强竞争地位的“金牛业务”，这类业务处于成熟的低速增长的市场之中，市场地位有利，盈利率高，本身不需要投资，反而能为企业提供大量资金，用以支持其他业务的发展。

(4) 低增长/弱竞争地位的“瘦狗业务”。这类业务处于饱和的市场当中，竞争激烈，可获得的利润很低，不能成为企业资金的来源。如果这类经营业务还能自我维持，则应该缩小经营范围，加强内部管理。如果这类业务已经彻底失败，企业应及早采取措施清理业务或退出经营。波士顿矩阵指出了每个经营业务竞争中的地位，使企业了解它的作用或任务，从而有选择和集中地运用企业有限的资金；将企业不同的经营业务综合到一个矩阵中，具有简单明了的效果。

4.4.3　市场占有率的趋势分析

由于市场商品需求的结构和需求量不断发生变化，企业产品的市场占有率也会不断地发生变化，而企业销售额的增长往往不会同步。为了给制订计划和经营决策提供比较可靠的依据，企业需要随时掌握并预测市场占有率的变动趋势，其计算公式为：

$$A=\frac{K(1+i)^n}{Q(1+j)^n\times 100\%}$$

其中，A 为某企业若干年后的市场占有率预测值，K 为某企业某年商品销售额，Q 为当地市场商品销售额，i 为企业商品销售额年平均递增率，j 为当地市场销售额年平均递增率。

例如，某食品公司2008年饮料产品销售额180万元，最近几年每年销售额平均递增15%；当地市场饮料产品销售额2008年为860万元，根据近几年的资料推算，平均每年递增5%，则2008年该企业饮料产品市场占有率为180/860×100%=20.93，两年后的市场占有率为

$$A=\frac{K(1+i)^n}{Q(1+j)^n\times 100\%}=\frac{180\times(1+15\%)^2}{860\times(1+5\%)^2\times 100\%}=25.11\%$$

结果表明，该公司2010年预测的饮料产品市场占有率为25.11%，比2008年市场占有率提高4.18%。显然，该公司饮料产品市场占有率提高了，该企业经营日益扩展。

另一方面，市场上出售的同类商品，由于质量不同、花色不同、价格不同或包装不同而有不同的品牌和规格，同时消费者由于多种原因的影响也会发生购买兴趣转移，因而就出现了同类商品中不同品牌、不同规格商品市场占有率的相互转移。企业为了对产品种类或经营方向做出决策，需要分析各种商品之间或不同规格、不同品牌之间不断转移的市场占有率。

市场占有率转移的具体分析方法，可直接采用市场预测中的马尔可夫法进行。若已知马尔可夫链的一步转移概率矩阵和初始分布，就可得到绝对分布。假设初始市场占有率为 $\boldsymbol{S}(0)=(s1(0),s2(0)\ldots\ sN(0))$，转移概率矩阵为 $\boldsymbol{P}$，则 m 个周期后的市场占有率为：

$$\boldsymbol{S}(m)=\boldsymbol{S}(0)\boldsymbol{P}m=\boldsymbol{S}(m-1)\boldsymbol{P}$$

假设以汽车销售市场为例，在国内销售市场上，通过统计分析得到，2004年该产品总共销售207.46万辆，其中国内生产的销售为197.16万辆，进口产品的销量为10.3万辆，可以得到国产产品的市场占有率为95%，进口产品市场占有率为5.0%，也可得到系统初始状态：$\boldsymbol{S}(2004)=[0.950,0.050]$。

通过市场调查和综合各种因素进行分析，预计国产产品每天要失去8%左右的市场占有率。同时，考虑到在今后的几年里，随着国内对该行业的重视程度逐步提高，金融政策的不断改善，国内产品的生产质量和服务质量的日益提高，销售网络的构建，以及低成本劳动力资源优势等使国内生产厂家也有可能从国外企业所占有的市场中抢占2%左右的市场占有率。根据上述分析，可进一步得到转移概率矩阵：

$$\boldsymbol{P}=\begin{bmatrix}0.92 & 0.08\\0.02 & 0.98\end{bmatrix}$$

依据系统的初始状态和一步转移矩阵，预测2005年、2006年的国内产品和进口产品的市场占有率：

$$\boldsymbol{S}(2005)=\boldsymbol{S}(2004)\boldsymbol{P}=[0.95,\ 0.050]\begin{bmatrix}0.92 & 0.08\\0.02 & 0.98\end{bmatrix}=[0.875,\ 0.125]$$

$$\boldsymbol{S}(2006)=\boldsymbol{S}(2005)\boldsymbol{P}=[0.875,\ 0.125]\begin{bmatrix}0.92 & 0.08\\0.02 & 0.98\end{bmatrix}=[0.808,\ 0.193]$$

两年后，应根据市场的变化情况重新测定转移概率，看其是否发生变化，在实际应用中，因市场变化会导致转移概率矩阵发生一些变化。在这里，假设这一转移概率在几年之内基本不会发生变化(忽略政策性因素导致的突变)，预计到 2010 年时，系统所处的状态为：

$$\boldsymbol{S}(2010)=\boldsymbol{S}(2006)\boldsymbol{P}^4=[0.808,\ 0.193]\begin{bmatrix}0.92 & 0.08\\0.02 & 0.98\end{bmatrix}^4=[0.599,\ 0.401]$$

如果这一转移趋势一直不停地进行，可以计算马尔可夫链达到平衡时国内产品和进口产品的市场占有率。设平衡状态时国内、进口产品的市场占有率分别为 m，$1-m$，则

$$[m,\ 1-m]\begin{bmatrix}0.92 & 0.08\\0.02 & 0.98\end{bmatrix}=[m,\ 1-m]$$

可解得 $m=0.2$，$1-m=0.8$。

可见，如果就目前的形势继续发展下去，到 2010 年时，国内产品和进口产品的市场份额就基本上是各占一半了，如果再继续下去，国内产品的市场份额就会下降。因此需要找出产生这种现象的根本原因，即为什么进口产品能够取代国内产品的市场份额，从而采取有针对性的措施提高产品在市场上的竞争力，提高产品的市场占有率。

4.4.4 提高市场占有率的策略分析

提高市场占有率，即设法保持原有顾客，应尽量争取其他顾客，但其所需费用较高。如果接近于平稳状态时，一般不必花费竞争费用，所以既要注意市场平稳状态的分析，又要注意市场占有率的长期趋势的分析。提高市场占有率的策略和措施一般有以下几种：

(1) 扩大宣传。主要采取广告方式，通过大众媒体向公众宣传商品特征和顾客所能得到的利益，激起消费者的注意和兴趣。

(2) 扩大销售。除联系现有顾客外，积极地寻找潜在顾客，开拓市场。如向顾客提供必要的服务等。

(3) 改进商品包装。便于顾客携带，增加商品种类、规格、花色，便于顾客挑选，激发顾客购买兴趣。

(4) 开展促销活动。如展销、分期付款等。

(5) 调整经营策略。根据市场变化，针对现有情况调整销售策略，如批量优待、调整价格、市场渗透、提高产品性能、扩大产品用途、降低产品成本等，以保持和扩大市场占有率。

4.5 市场价值分析

中国股票市场自成立起，国家股和国有法人股作为非流通股不能上市流通，形成了非流通股与流通股并存的股权分置局面，非流通股与流通股同股“不同权、不同价、不同利”的股权分置问题长期以来成为中国股市发展的严重障碍。2005 年 5 月开始实施的股权分置改革是中国股市的一场结构性变革。在股权分置时期，由于非流通股不受股票交易市场价格变动的影响，上市公司追求的目标是利润最大化和净资产的不断增值。股权分置改革完成后，上市公司的市值表现与大股东的经济利益密切相关，非流通股与流通股股东的利益趋向一致，上市公司追求的目标转变为公司价值最大化，上市公司的角色定位也从过去偏向于大股东的再融资工具转变为全体股东创造价值和管理价值的平台。在此背景下产生了市值管理的管理理念。

市值管理是上市公司从稳定和提升市值出发，通过公司的战略规划、经营管理和投资者关系管理，将公司创造价值、实现价值和经营价值的活动有机地联系起来，促使股价充分反映公司内在价值，并努力实现以内在价值为支撑的市值最大化的管理活动。市值管理实际上是股权分置改革的一种深化。股权分置改革作为一项市场制度的重大改革，将不可避免地给市场带来影响，并涉及市场各方利益的调整，自然也会引发不同利益群体之间的博弈。伴随着股权分置改革的顺利推进，股权分置改革的制度效应，加上中国经济的高速增长以及人民币长期升值的推动，中国股市在 2006 年和 2007 年获得了空前繁荣，上市公司的市值得到了巨大的增长，这为上市公司实行市值管理提供了契机。2005 年 9 月，国务院国资委明确提出，要将市值纳入国资控股上市公司的考核体系。2005 年 11 月，证监会主席尚福林提出，要研究制定关于将股票市值纳入国有企业经营绩效考核体系的相关规定。

随着非流通股逐步解禁上市，中国股市的规模、容量和质量不断提高，上市公司的管理重心逐步从盈余管理转变为市值管理，上市公司的财务管理目标也逐步向公司价值最大化转变，以公司价值为基础、以创造价值为核心、以价值最大化为目标的市值管理理念正在为越来越多的企业家和管理者所接受，追求公司价值最大化、建立以市值管理为中心的企业管理模式已成为上市公司管理理论与管理实践发展的主流方向之一。在此背景下，树立市值管理理念、研究市值管理方法、建立市值管理模式、实施市值管理战略是中国上市公司的必然选择。

4.5.1 文献综述

4.5.1.1 关于市值管理的概念

施光耀首次提出了市值管理这一理念，他认为：“股改完成后，上市公司需要从股东、股价和股本三个方面进行市值管理，以促进公司市值的持续和稳健的增长。”中国上市公司市值管理研究中心认为：“市值管理就是上市公司基于公司市值信号，综合运用多种科学与合规的价值经营方法和手段，以达到公司价值创造最大化、价值实现最优化的战略管理行为。”朱陵川认为：“市值管理是上市公司从稳定和提升公司市值出发，通过建立一种长效机制，提升自身估值水平，致力于追求公司价值最大化，为股东创造价值，上市公司的一切经营行为，无论是投资、融资及股利政策等等，都紧紧围绕追求长期、持续、健康的市值最大化这一核心目标来完成。”

4.5.1.2 关于市值分析管理的模式

刘星等认为：“由于我国上市公司计算利润中存在的问题以及由净利润和经营现金净流量之间的缺口而导致 EVA 指标适用性上存在缺陷，需要对其核算项目进行适当修正，以增强 EVA 指标在衡量我国上市公司价值创造中的可操作性和适用性”。孙孝立认为：“市值管理本质上是由政策驱动上市公司发动的一场‘革命’，这场‘革命’将颠覆资本市场中公司与投资者之间被选择和选择的关系，进而深刻影响到整个资本市场的势力均衡和传统的投资理念。”刘国芳等认为：“上市公司的内在价值是上市公司市值的基础，上市公司的市值是上市公司内在价值的外在表现，代表着股东财富的大小。股权分置改革完成以后，上市公司不仅要追求股东价值最大化，还要进行投资者关系管理，使上市公司内在价值与市场表现相吻合。”唐现杰和温旭伟认为：“在后股权分置时代，对上市公司的绩效评价应建立以市场价值为核心的绩效评价体系，该体系由上市公司价值面、证券市场技术面和投资性行为面三方面组成。”朱陵川认为：“对于坚持长期真实价值最大化的上市公司来说，实施价值管理需要加强投资者关系管理，要吸引和建立一个认同自身经营哲学和价值理念的股东群，并且向股票市场明确传达公司价值取向信号。”边智群和杨耀峰认为：“市值管理是上市公司的一种生存方式和成长机制，上市公司要进行有效的市值管理，需要做到：成立市值管理的专职机构，建立起市值管理的常态机制；科学制定股权激励机制，充分发挥股权激励的正效应；广泛开展资本市场营销，实现公司价值的有效传播；充分利用资本运作手段，进行有效的购并重组。”刘国芳认为：“股权分置改革完成以后，上市公司需要采用不同于西方价值管理的方法来实行市值管理，不仅要追求股东价值最大化，还要进行投资者关系管理，使上市公司内在价值与市场表现相吻合。价值管理主要致力于价值创造，而市值管理不仅要致力于价值创造，还要致力于价值实现。”巴曙松和矫静认为：“从上市公司内在价值角度进行市值管理，可以大致归结为主业发展和公司管理；上市公司除了要进行内在价值管理外，还必须进行投资者关系管理。因此，上市公司寻求市值的提升，可以从主业溢价、管理溢价和投资者偏好溢价三个维度进行。”伍华林认为：“要实现科学有效的市值管理，需要注重信息披露，进一步完善公司治理结构，具备持续稳定的成长能力和较高的盈利水平。这就要求上市公司既要关注企业短期盈利表现，还要关注企业持续盈利能力；既要关注财富指标，还要关注核心竞争力的培育；既要关注产品经营，还要关注资本经营。这些都需要构建科学有序的市值管理体系。”上海荣正投资咨询有限公司就股权激励对公司市值的影响所做的实证研究认为：“实施股权激励能促进管理层、上市公司、股东利益的一致性，同时有助于公司治理结构、管理水平进一步改善和提高，对于公司市值有明显的积极作用。”

既有文献主要在以下几点达成了共识：一是中国上市公司的市值管理不同于西方的

价值管理，需要运用不同于西方价值管理的模式和方法；二是上市公司市值管理的关键和核心是价值创造，但需要以价值经营为手段，努力实现市场价值的最大化；三是在价值创造评估方面运用EVA模型要根据中国上市公司实际情况做出适当改进。

4.5.1.3 市值分析管理与价值管理

价值管理，又称基于价值的管理(value-based management)，是20世纪80年代在美国企业界出现、后经麦肯锡顾问公司提倡和推广的一种新型管理理念，是以企业价值最大化观念为先导，以价值创造和价值评估为基础，融预期、计量、控制、激励于一体的综合管理模式。与传统的企业管理模式关注企业的利润最大化、股东权益最大化不同，这种新的企业管理模式突出了企业价值在企业管理理念中的核心地位，立足于企业整体价值的提升。

市值管理是在中国股市逐步实现股份全流通的特殊背景下产生的，是西方价值管理理论在中国股市的发展和延伸。市值管理不仅强调企业价值的创造和提升，追求价值最大化目标，还关注企业价值在市场中实现的过程。

市值管理与价值管理是两个紧密相关，又各有侧重的概念。二者相同之处有两点：一是基本目标相同，均以增进现金流、提升企业价值为目标；二是核心内容相同，均以价值创造为核心内容，依据价值增长规律，探索价值创造的运行模式和管理技术。二者不同之处主要有四点：一是具体目标不同，价值管理以内在价值最大化为目标，市值管理以市值最大化为目标；二是侧重点不同，价值管理强调价值创造，市值管理强调价值实现；三是对市场环境的要求不同，价值管理从企业微观层面通过价值创造提升企业价值，不考虑企业内在价值在资本市场上的反映，无论资本市场是否有效，企业均可以实施价值管理，但市值管理仅适于弱式有效或次强式有效的市场环境中；四是对企业性质的要求不同，价值管理适用于任何企业，市值管理只适用于上市公司。

4.5.2 构建市场价值分析管理框架

市值管理是对内在价值和市场价值的综合管理，市值管理的关键在于——必须着眼于上市公司内在价值的重构与创造，实现内在价值的组织机制的保障。离开内在价值的创造，即使实现了较大的市值，从长远来看也是无益的。此外，上市公司还必须实现与资本市场的对接和良性互动，主要体现在投资者关系管理上。因此，市值管理需要三个相互关联的环节：一是确定公司内部和外部的关键价值创造驱动要素，以实现内在价值创造最大化；二是评估和判断内在价值与市场价值之间的关系，并分析差距的形成原因，以改进价值经营手段；三是通过投资者关系管理使内在价值得到资本市场的认同，即实现市场价值与内在价值的吻合。只有实现这三个环节的紧密结合和良性循环，上市公司的市值管理才能取得实效。本书的研究正是基于这样的分析，从市值管理的三大环节——价值创造、价值经营、价值实现——出发，构建中国上市公司市值管理的研究框架。

4.5.2.1 价值创造驱动要素分析

企业的经营活动是从战略规划开始的，并将之与具体行动相结合，从而创造出企业价值。这些行动包括财务活动、组织管理活动、营销活动,以及与外部沟通的活动等。企业在追求价值创造最大化的同时,还需要满足顾客、员工、政府、社区等相关利益主体的共同价值需求,即公司价值最大化的目标是一个多方利益协调并最终达到价值总和最大化的过程,这就要求上市公司从价值管理的角度重新评估公司战略,将公司战略的制订放在能为公司创造价值的关键要素上来,并重新设计和组织企业的管理方法和管理程序,以实现关键价值创造驱动要素的最优化。

对于价值创造驱动要素的分析可以借助平衡计分卡这一战略分析工具,理由是:平衡计分卡绩效评价指标的定义是“在战略目标下达到价值驱动要素的平衡”,其“平衡”属性为提高价值评估指标体系的一致性和精确性提供了实现途径。本文从财务管理、公司治理、客户关系管理、投资者关系管理四个方面提出了价值创造的关键驱动要素(如图4-9所示)。

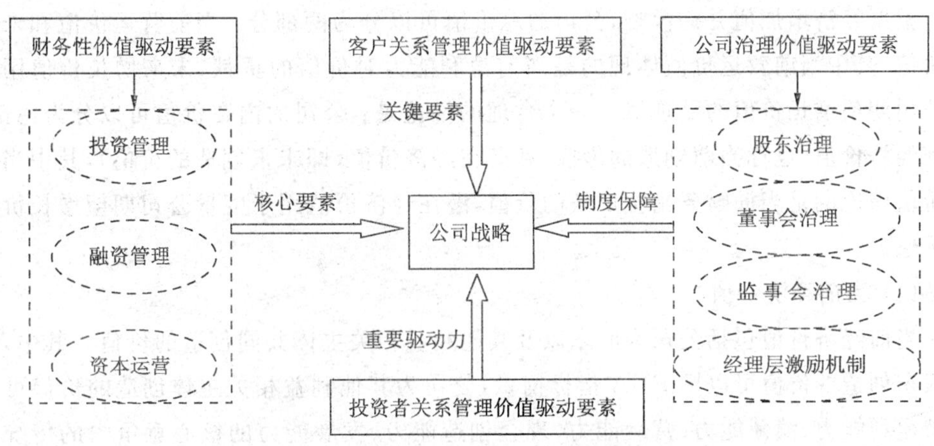

图 4-9　价值创造驱动要素与公司战略的关系

(1) 财务性价值创造驱动要素

上市公司的财务管理活动通过价值形式,将公司的一切物质条件、经营过程和经营成果合理地加以规划和控制,达到公司效益不断提高、公司价值不断增值的目的。因此,财务性价值创造驱动要素是公司战略管理的核心要素,上市公司需要有效地整合公司战略与融资管理、投资管理、资本运营等财务管理活动的内在联系,充分关注财务性价值驱动要素的培育和强化。

(2) 公司治理价值创造驱动要素

公司战略管理的过程包括两个方面:战略规划和战略实施。战略规划决定着公司的发展方向,战略实施是通过组织结构、管理控制、人力资源、企业文化等来实现的。无论在战略规划还是战略实施过程中,公司治理机制都发挥着监督和控制的作用,为战略管理活动提供了一种运行基础和制度保障,并通过绩效评估、薪酬规划等手段促使企业不断创造出新的价值。因此,公司战略与公司治理是分不开的。

(3) 客户关系管理价值创造驱动要素

在现代买方市场条件下,客户是上市公司最宝贵的稀缺资源,是决定上市公司生存和发展的关键因素。上市公司需要一套先进的管理思想和技术手段，通过将人力资源、业务流程与专业技术有效的整合，使公司以更低的成本、更高的效率满足客户的需求，公司全部经营战略和发展战略的确立以及战略的实施都要充分重视与客户的关系管理，以客户为中心，不断为客户创造出更高的价值，才能提高市场占有率，从而实现价值最大化目标。因此，处理好与客户的关系是公司战略管理中必不可少的环节。

（4）投资者关系管理价值创造驱动要素

上市公司的投资者是上市公司发展的重要驱动力，保护投资者权益是上市公司战略管理的目标。公司每一项重大战略决策能够及时充分地与投资者沟通，并得到投资者的理解和支持，将有助于公司战略的实现，从而有助于公司创造的价值被资本市场所认同。因此，处理好与投资者的关系是公司战略管理中的关键环节。

4.5.2.2 价值创造及内在经济价值

根据经济增加值并购模型，公司的总市值可以分为两部分：当前营运价值和未来增长价值，其中当前营运价值体现的是当前盈利能力对价值的贡献，未来增长价值用于度量公司期望增长价值的贴现值。一个合理的推论是：公司的内在价值可以分为两部分：当前经济价值（也称当前创造的价值）和潜在经济价值（即未来创造的价值），其中当前经济价值体现的是当前财务指标反映的价值，潜在经济价值用于度量公司期望增长价值的贴现值。

（1）当前经济价值

当前经济价值包括公司为股东以及其他利益相关主体共同创造的价值。其中，公司为股东创造的价值可以用 EVA 指标衡量，公司为其他利益相关主体创造的价值可以用反映盈利能力、偿债能力、营运能力、现金创造能力、发展能力的核心竞争力的传统财务指标衡量。

（2）潜在经济价值

公司未来创造的价值不仅由当前的价值创造能力决定，还受这种价值创造能力的可持续增长潜力的制约，可持续增长潜力的影响因素有：宏观政策、创新能力、人力资源、竞争战略、运营效率、产品质量、市场占有率、顾客满意度、投资者关系管理、公司治理机制、企业文化等。前述关键性价值创造驱动要素形成的要素体系实质上是公司价值经营的关键环节和核心内容，其运作能力反映了公司的价值经营能力（从而可将该要素体系称为“价值经营系统”），同时也恰巧反映了公司价值创造的可持续增长潜力。因此，公司的潜在经济价值可以用“价值经营系统”的运作能力来衡量。

（3）内在经济价值

公司价值评估应立足于企业的价值创造（即“当前经济价值”），并将企业的价值经营能力（即“潜在经济价值”）纳入价值评估系统中，才能充分揭示企业的内在经济价值。但是，由于对当前经济价值和潜在经济价值的评估方法和口径不同，不能将二者简单地加总作为内在经济价值，而应将当前经济价值和潜在经济价值作为自变量，内在经济价值作为因变量，采用一定的方法确定内在经济价值。

4.5.2.3　价值实现

由于在非充分有效的市场环境中，上市公司的市场价值往往不能反映其真实价值，因此对于处于新兴市场环境中的中国上市公司而言，实施市值管理的重要内容之一是判断股权分置改革完成后中国股市的有效性，然后在此基础上判断上市公司的市场价值与其内在价值是否背离以及背离的程度，并深入分析市场价值与内在价值相背离的原因，采取相应措施以提高上市公司市场价值与内在价值的匹配程度，从而提高上市公司市值管理水平。

基于上述分析，中国上市公司市值管理包括三大环节——价值创造、价值经营、价值实现，其中价值创造环节产生的公司价值为“当前经济价值”，价值经营环节产生的公司价值为“潜在经济价值”，当前经济价值与潜在经济价值共同反映了上市公司的内在价值；价值实现环节是在股市有效性检验的基础上，通过对上市公司市场价值与内在价值的相关性分析，衡量上市公司市场价值与内在价值的匹配程度，运用投资者关系管理、资本运营等价值实现手段使市场价值与内在价值相吻合。由此，可以构建中国上市公司市值管理的框架。

4.5.3　提高企业市场价值的建议

在股权分置改革完成后，中国股市逐步实现股份全流通的市场环境中，上市公司应树立市值管理理念，实施市值管理战略，形成以公司价值最大化为目标、以价值创造为核心、以价值经营为手段的管理模式，从利益相关者的角度出发制定公司战略，努力挖掘影响价值创造的关键驱动要素，不断提高财务决策水平、完善公司治理结构、加强客户关系管理，致力于关键性价值创造驱动要素的共同发展，实现价值创造的协同效应，并不断提高投资者关系管理水平以保证价值创造在资本市场得到充分体现，从而长期提升公司价值。

(1) 充分运用资本运作手段，不断提高财务决策水平

市值管理的目标是实现市值与内在价值的匹配，包括对市值和内在价值的管理，但不是对市价的管理，不是操纵股价，而是通过资本运作不断提高公司的市场价值。上市公司要合理把握产业经营和资本经营的关系，充分运用整体上市、资产分拆、并购重组、定向增发、大股东增持与减持、发放股票股利、转增股本、股票回购等资本运营的手段提高公司盈利能力，增加公司价值。具体来讲，当公司股价走高时，上市公司可以公司股份作为支付手段适时进行兼并收购或进行不良资产的剥离；当市场对公司某项业务单元过度看好时，可以分拆转让，以获取较高的溢价；当股票交易进入低迷期时，为防止恶意收购，可以实施股份回购。上市公司只有从投资者的利益出发，恰当地在资本市场中进行运作，不断地将市值溢价通过市场转化为股东财富，市值管理水平才能不断地提高。随着全流通局面的形成和市场监管效率的提高，股价的财务信息含量将不断提高，它不仅包含有关公司以往盈利能力等方面的信息，还包括未来盈利潜力、时间分布和不确定性等方面的财务信息。与此相适应，上市公司必须不断提高财务决策水平，在投资项目选择、融资方式、流动资产管理、股利政策等财务管理活动中进行动态的协调，强调规模、盈

利、风险三者的均衡，确保公司的可持续发展。

(2) 切实完善公司治理结构，提升股票的管理溢价

上市公司治理水平影响公司的管理水平和战略执行能力，影响投资者对公司的信心，从而直接影响公司对社会资本的吸纳能力。清晰透明的公司治理结构既有利于提高公司内在价值，又有利于提升公司股票溢价能力。从我国的现实来看，尽管全流通带来的外部并购压力已成为上市公司改进公司治理的推动力量，但新制度环境也给上市公司治理带来了新的矛盾。股权分置改革解决的问题主要是同股同权，还需要对代理关系及其链条进行调整改造，如市场接管机制失灵、高管激励约束机制缺陷、股权的逐渐分散化等。要真正解决上述问题，需要上市公司对内部治理结构调整有新的思维、新的措施。

(3) 加强客户关系管理，实现客户价值增值

客户关系管理工作主要包括：一是遵循以公司价值最大化为目标、以市场为导向、以客户为中心、以服务为根本的经营指导思想；二是建立客户数据库。客户数据库应包括客户的经营状况、管理水平、财务状况、信用状况等；三是实施差异化服务营销策略。包括根据客户所处的行业、区域及自身状况，对客户进行需求分析，提供量身定做的产品组合和综合服务方案，协调、优化内部资源，提高产品或服务质量，在提升客户价值的同时提升客户忠诚度，对客户信息不间断地收集、整理和分析，挖掘潜在客户的潜在需求，争取更大的市场份额。

(4) 加强投资者关系管理，使市值充分反映公司内在价值

投资者关系管理是上市公司市值管理的重要工作。上市公司应有效地开展投资者关系管理，加强与投资者的沟通，不断为投资者创造价值，不断向投资者传递价值，不断获取投资者的认同和支持，从而为上市公司建立起一条长效、动态的资本补充渠道，同时也为上市公司提升市值提供了一条有效的途径。投资者关系管理工作包括：围绕公司经营发展战略进一步完善和改进投资者关系管理体系，建立高效的投资者关系管理团队，保障投资者及时、准确、平等的获取信息的权利；拓宽与投资者的沟通渠道，传递资本市场压力，把握资本市场需求，培育有利于公司健康发展的投资者文化；把握股权投资者与债权投资者对公司的不同偏好，针对不同类型投资者进行有针对性的沟通，构建一个与公司业务发展战略和价值取向一致的目标投资者群，形成股票、债券市场评价与公司业务发展之间的良性互动。

5 企业经济效益分析——生产分析

工业企业产品销售数量的变动由产、销两方面的原因所造成。只有企业生产的产品在保证产量、品种、质量的基础上，才能扩大销售，完成或超额完成利润指标，取得最佳的经济效益。因此，生产分析是经济效益分析中重要的一环。通过本年生产与上年(或计划)生产的对比分析，查找增减变动的原因，总结经验，克服缺点，改善生产经营管理，并且采用现代管理的科学方法，分析企业生产水平，进一步提高产品的产量，合理安排产品的品种，正确制订产品的质量指标，可以挖掘提高企业经济效益的潜力。

5.1 生产决策分析

5.1.1 亏损产品是否停止经营的决策分析

按照传统观念，多品种企业停止亏损产品的经营，哪怕把这部分经营能力闲置起来，也可以增加企业的利润。其实不然，亏损产品只要还能提供正的创利额，就能为增加企业利润做出贡献。停止这种产品的经营会减少这部分创利额，并因此而减少相等数额的利润.

例如，某企业经营甲、乙、丙三种产品，其中丙产品是亏损产品。为了简化计算分析，假定没有工商税。按全部成本法计算损益的情况见表 5-1。

表 5-1 按全部成本法计算损益

元

产品	销售收入	成本	利润
甲产品	600	560	40
乙产品	1 000	820	180
丙产品	400	420	−20
合计	2 000	1 800	200

正确的决策分析要求将成本分解为变动成本和固定成本两部分(见表 5-2)。然后，

按变动成本法计算丙产品停止经营前后的损益如表 5-3 和表 5-4。

表 5-2　成本分解

元

产品	变动成本	固定成本	成本
甲产品	320	240	560
乙产品	420	400	820
丙产品	260	160	420
合计	1 000	800	1 800

表 5-3　按变动成本法计算损益——丙产品停止经营前

元

产品	销售收入	变动成本	创利额	固定成本	利润
甲产品	600	320	280	240	40
乙产品	1 000	420	580	400	180
丙产品	400	260	140	160	－20
合计	2 000	1 000	1 000	800	200

表 5-4　按变动成本法计算损益——丙产品停止经营后

元

产品	销售收入	变动成本	创利额	固定成本	利润
甲产品	600	320	280	240	40
乙产品	1 000	420	580	400	180
合计	1600	740	860	800	60

注：固定成本按销售收入比例摊分

由表 5-3、表 5-4 可见，丙产品尚能提供 140 元正的创利额，由于负担不了分配给它的 160 元固定成本才亏损 20 元的。如果停止其经营，企业的固定成本并不会因此而减少，这势必加重甲、乙两种产品负担的固定成本，使甲、乙两种产品的利润大为下降，甚至甲产品也变成了亏损产品。由于损失了丙产品的 140 元创利额，企业的创利额就会减少相同的数额，由 1 000 元下降为 860 元，以致企业的利润也减少相同的数额，由 200 元下降为 60 元。

如果继续按照传统的分析方法进行决策，再停止亏损的甲产品的经营，那么剩下唯一的乙产品也将发生亏损(见表 5-5)。

表 5-5　按变动成本法计算损益——甲、丙产品停止经营后　　元

产品	销售收入	变动成本	创利额	固定成本	利润
乙产品	1 000	420	580	800	－220

如果再按传统的分析方法进行决策，那么好端端的一个企业只能关门大吉。当然，这是十分荒谬的。

按变动成本法来分析，就不会停止甲、丙两种产品的经营。只要其他条件许可，大力发展亏损的丙产品的经营，反而可以使它扭亏为盈，并使企业的利润大为增加。如果将丙产品的销售收入由40元提高为900元，情况就会大为改观(见表5-6)。

表5-6 按变动成本法计算损益——扩大丙产品经营后

元

产品	销售收入	变动成本	创利额	固定成本	利润
甲产品	600	320	280	192	88
乙产品	1 000	420	580	320	260
丙产品	900	585	315	288	27
合计	2 500	1 325	1 175	800	375

注：丙产品的变动成本率为65%

丙产品扩产后虽然利润不多，只有27元，但其创利额却由140元增加到315元，增加了175，因此使企业的创利额和利润都增加了相同的数额，利润上升了87.5%(即$\frac{375-200}{200}$)。另一方面，由于丙产品负担了更多的固定成本，使甲、乙两种产品的利润随着固定成本负担的减轻而大为上升。

可见，只有在亏损产品提供负的创利额时，才应该结合其他情况考虑是否要停止其经营的问题。

5.1.2 增加何种新产品决策分析

这里要介绍的是，利用现有剩余生产能力，或利用淘汰过时的老产品多出来的生产能力，投产哪种或哪几种新产品的决策分析方法。至于通过投资扩大生产能力以发展新产品的决策，则属于长期决策范围，不在这里介绍。

有几种新产品可供选择，而每种新产品的生产都不需要增加专属固定成本时，提供创利额最多的方案就是最好的方案。

例如，某公司原来只生产甲产品，现有乙、丙两种新产品可以生产，但剩余生产能力有限，只允许将其中之一投入生产，公司的固定成本为500元，并不因为上新产品而需要增加，各种新老产品的有关资料见表5-7。

表5-7 新老产品资料

元

产品	产品数量(件)	售价	单位变动成本
甲产品	200	5	2
乙产品	100	10	5.40
丙产品	500	3	2

这时，只需分别算出这两种新产品能够提供的创利额（见表 5-8）加以比较，便可以做出抉择。

表 5-8　新产品创利额比较

元

产品	可产销数量	售价	单位变动成本	单位创利额	创利额
乙产品	100	10	5.40	4.60	460
丙产品	500	3	2	1	500

从计算表明，丙产品的创利额比乙产品多 40 元（500 元－460 元＝40 元）。可见，丙产品优于乙产品。

这种决策分析的正确性，可以用下列表 5-9 和表 5-10 计算两个方案的公司利润的方法加以证明。

表 5-9　甲、乙组合

元

产品	销售收入	变动成本	创利额	固定成本	利润
甲产品	1 000	400	600		—
乙产品	1 000	540	460		—
合计	2 000	940	1 060	500	560

表 5-10　甲、丙组合

元

产品	销售收入	变动成本	创利额	固定成本	利润
甲产品	1 000	400	600		—
丙产品	1 500	1 000	500		—
合计	2 500	1 400	1 100	500	600

比较这两个方案的公司利润，可以证明上丙产品比上乙产品多提供公司利润 40 元（600 元－560 元），丙产品优于乙产品。

错误的分析方法是分别计算各种新产品提供的利润，加以比较，并据以制定决策。要计算产品利润就需要在分配固定成本的基础上计算产品的全部成本。在本例中，假定按销售收入分配固定成本，则

$$乙产品应负担的固定成本=\frac{固定成本}{销售收入总额}\times 乙产品销售收入$$

$$=\frac{500}{2\ 000}\times 1\ 000=250(元)$$

$$丙产品应负担的固定成本=\frac{固定成本}{销售收入总额}\times 丙产品销售收入$$

$$=\frac{500}{2\ 500}\times 1\ 500=300(\text{元})$$

这时,两种新产品的利润可以计算如下:

乙产品利润=销售收入-(变动成本+固定成本)
=1 000-(540+250)
=210(元)

丙产品利润=销售收入-(变动成本+固定成本)
=1 500-(1 000+300)
=200(元)

比较这两种新产品的利润,会错误地认为乙产品优于丙产品。可见,在分配固定成本的基础上计算产品利润并不科学。这种方法不仅使分析工作复杂化,而且容易使管理当局做出错误的决策。造成这种错觉的根源在于固定成本的分配,所以应把固定成本(不包括专属固定成本)排斥在考虑范围之外。

如果将不同的新产品投入生产会发生不同的专属固定成本,决策分析时就应该将各种新产品的创利额分别减去各自的专属固定成本,得出各自的产品剩余创利额,这时,产品剩余创利额才是评价方案优劣的标准。

5.1.3 是否扩大销售的决策分析

企业经常会遇到是否应该提高固定成本以扩大产销量的决策问题,损益平衡分析能为此提供可靠的决策依据。

例如,去年销售额为 200 元,营利率为 60%,固定成本为 60 元;如果固定成本提高 18 元,今年销售额可以达到 250 元,明年可望达到 300 元。根据这些资料,可以计算如下:

去年利润=200×60%-60=60 元

今年利润=250×60%-(60+18)=72 元

明年利润=300×60%-(60+18)=102 元

可见,只要产品的销路稳定,增加一些固定成本扩大经营,对企业是有利的。

5.2 生产过程分析

5.2.1 关于自制还是外购零件的分析

进行这种决策时,除了要考虑保证质量和及时供应之外,还应考虑成本的高低。如果由自制改为外购而剩余生产能力不能利用,正确的决策分析方法应该是将外购时增加的成本(包括买价、运输费、装卸费等)同自制时增加的成本(即单位变动成本)相比,择其低者。固定成本不会因自制或外购而有所不同,所以在决策时不必加以考虑。当包括单位固定成本在内的单位成本高于外购成本时就选择外购的方案,是错误的。

如果自制时要负担一些专属固定成本,而外购时价格又因不同的采购数量而异,则需要计算成本平衡点，以便弄清楚自制成本较低的需要量范围和外购成本较低的需要量范围。现举例说明之。

某公司需用某种零件，自制时将增加专属固定成本，外购时价格因订购数量不同而有别，有关的成本和价格如下：

自制专属固定成本为 300 元

自制单位变动成本为 4 元/件

400 件以内的外购价格为 5.5 元/件

超过 400 件的外购价格为 4.5 元/件

现根据上述资料作图(见图 5-1)。

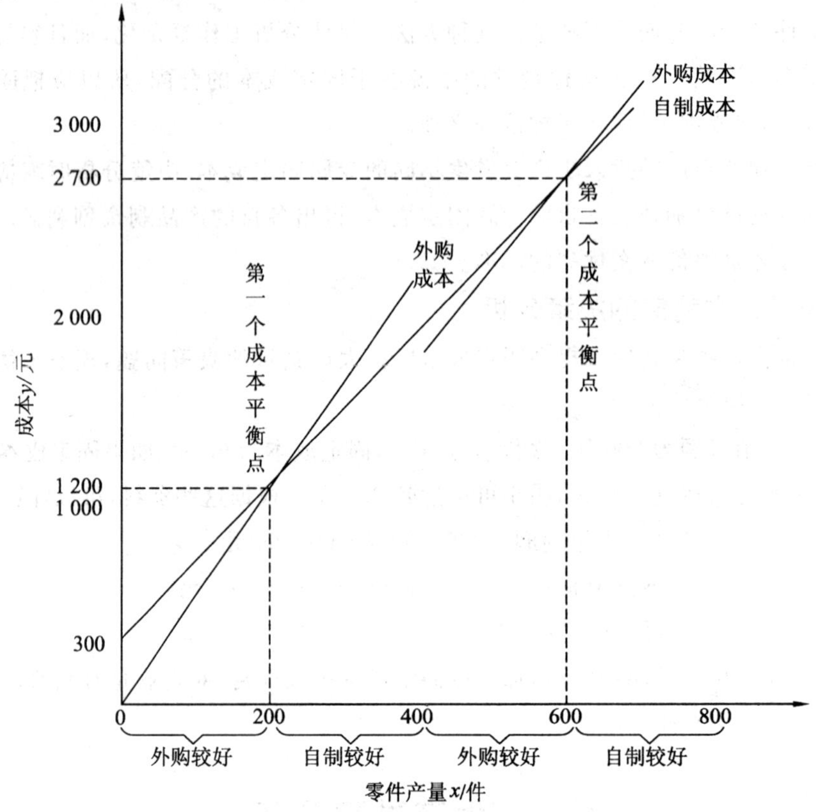

图 5-1　自制还是外购零件的分析

从图 5-1 中可以看到，在这种情况下出现了两个成本分界点 X_1 和 X_2。它们的计算方法如下：

第一个成本平衡点 $300+4X_1=5.5X_1$

$X_1=200$(件)

第二个成本平衡点 $300+4X_2=4.5X_2$

$X_2=600$(件)

由此可见，当这种零件的需要量低于 20 件，或在 400～600 件，外购成本较低。如果需要量在 200～400 件，或超过 600 件时，应该自制。

5.2.2 工艺方案抉择分析

同一种产品或零件有时可以按不同的工艺方案加工生产，采用某种工艺方案时，固定成本较高，单位变动成本较低；采用另一个工艺方案时，则固定成本较低而单位变动成本较高。前已述及，单位固定成本是与产量成反比的，因此产量较大时采用前一种工艺方案成本低，产量较小时采用后一种工艺方案成本较低。于是，必须先求出划分这种产量大小的标准，即成本平衡点，才能根据计划产量抉择生产工艺方案。当然，在分析时不必考虑那些对各方案相同的固定成本，如管理人员工资、折旧费、办公费、差旅费等，只需考虑对各方案不同的那些专属固定成本，如消耗性材料、工具准备费、设备调整准备费等。

例如，某公司生产中需用一种零件，生产这种零件共有 A，B，C 三个不同的工艺方案，它们的成本资料见表 5-11。

表 5-11 成本资料

方案	专属固定成本	单位变动成本
A	600	5
B	200	7
C	150	8

根据资料，可以绘制图 5-2：

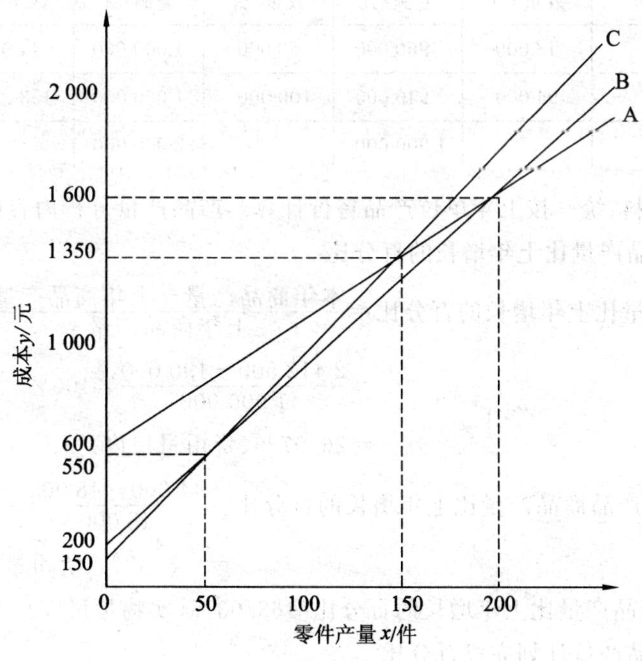

图 5-2 工艺方案抉择分析

图中三个成本平衡点 X_{BC}，X_{AC}，X_{AB} 可以计算如下：

$200+7X_{BC}=150+8X_{BC}$　　　$X_{BC}=50$(件)

$600+5X_{AC}=150+8X_{AC}$　　　$X_{AC}=150$(件)

$600+5X_{AB}=200+7X_{AB}$　　　$X_{AB}=200$(件)

可见，当这种零件的计划产量不足 50 件时，以 C 方案为好；在 150 件至 200 件之间时，B 方案成本最低；超过 200 件时，A 方案为最优方案。如果 B 方案所需设备已安排其他重要生产任务，那么计划产量 150 件以下时，应该采纳 C 方案，在 150 件以上时，应该采纳 A 方案。

5.3　产品产量及品种分析

5.3.1　产品产量分析

产品的产量指标一般有三种不同的尺度：(1) 实物量尺度；(2)货币量尺度(价值尺度)；(3) 劳动量尺度。分析产品产量时应以货币量尺度为主，结合实物量尺度或劳动量尺度来表示。特别是加算总和时必须用货币量尺度。

根据企业某年资料，补充内容如表 5-12：

表 5-12　企业某年产品计划产量和实际产量

产品	上年售价/元·件$^{-1}$	上年实际产量		本年计划产量		本年实际产量	
		数量/件	金额/元	数量/件	金额/元	数量/件	金额/元
甲	20	48 000	960 000	50 000	1 000 000	44 000	880 000
乙	10	94 000	940 000	100 000	1 000 000	153 250	1 532 500
合计			1 900 000		2 000 000		2 412 500

根据上述资料，统一按上年单位产品售价计算。产品产量分析内容如下：

(1) 本年商品产量比上年增长的百分比

$$本年商品产量比上年增长的百分比=\frac{本年商品产量-上年商品产量}{上年商品产量}\times 100\%$$

$$=\frac{2\ 412\ 500-190\ 000}{1\ 900\ 000}\times 100\%$$

$$=26.97\%(货币量尺度)$$

其中：① 甲产品商品产量比上年增长的百分比$=\frac{44\ 000-48\ 000}{48\ 000}\times 100\%$

$$=-8.33\%(货币量尺度)$$

② 乙产品商品产量比上年增长的百分比=63.03%(实物量尺度)

(2) 本年商品产量计划完成百分比

$$本年商品产量计划完成百分比=\frac{本年实际商品产量}{本年计划商品产量}\times 100\%$$

$$=\frac{2\ 412\ 500}{2\ 000\ 000}\times 100\%$$

$$=120.625\%(\text{货币量尺度})$$

甲产品、乙产品商品产量计划完成百分比计算公式同上。

(3) 商品销售系数

产品产量分析还要进一步研究商品生产量能否满足当年的商品销售量，以了解产销的平衡情况。

在上年商品产量与销售量相等的情况下，如果今年的商品销售量比上年增长的百分比大于(或小于)商品产量的增长幅度，则表示产销量并不一致。这就需要用商品销售系数指标来分析。已知上年和本年销售量分别为 1 900 000 和 2 462 500。

① $\text{上年销售系数}=\frac{\text{上年商品销售量}}{\text{上年商品生产量}}=\frac{1\ 900\ 000}{1\ 900\ 000}=1$

② $\text{本年销售系数}=\frac{\text{本年商品销售量}}{\text{本年商品生产量}}=\frac{2\ 462\ 500}{1\ 900\ 000}=1.020\ 7$

本年销售系数大于 1，说明动用了库存。

进一步查找产量比上年增长的原因，一般应从下列四方面进行：

第一，设备数量和设备利用率变动对产量的影响—与劳动工具有关的因素变动对产量的影响。

第二，劳动人数和劳动生产率变动对产量的影响—与劳动力有关的因素变动对产量的影响。

第三，材料数量和收得率(或材料利用率)变动对产量的影响—与劳动对象有关的因素变动对产量的影响。

第四，生产均衡性、成套性对产量的影响。

卜面分别从上述四个方面分析产量变化的原因。

(1) 设备数量和设备利用率变动对产量的影响

增加生产设备数量，改善生产设备的管理，提高生产设备利用率，都能提高产品产量，节约资金，提高企业经济效益，这些都是企业挖潜的方向。一般可根据需要分别采用三因素或四因素两种分析方法计算。

根据表 5-13 的资料，作四因素分析如下：

表 5-13 企业上年度和本年度的生产能力比较

项目	上年度	本年度	说　明
设备台数	20	25	
日历台时	175 200	219 000	上年：按三班计算 20(台)×365(天)×8(小时/天)×3(班/天)
			本年：按三班计算 25(台)×365(天)×8(小时/天)×3(班/天)
制度台时	94 860	114 750	上年：按平均 1.937 5 班计算 20×306×8×1.937 5
			本年：按平均 1.875 班计算 25×306×8×1.875

续表

项目	上年度	本年度	说　明
作业台时	90 117	103 275	上年：停工时间按5%计算 94 860×(1－5%) 本年：按实际统计计量
单位台时产量	10	12	
设备产量	901 170	1 239 300	

设备产量由日历台时数、日历台时制度利用率、制度台时作业利用率、单位台时产量等四个因素组成。

$$因此，设备产量＝日历台时数\times\frac{制度台时数}{日历台时数}\times\frac{作业台时数}{制度台时数}\times单件台时产量$$

$$上年设备产量＝175\ 200\times\frac{948\ 600}{1\ 752\ 000}\times\frac{90\ 117}{948\ 600}\times10＝901\ 170(件)$$

$$本年设备产量＝219\ 000\times\frac{114\ 750}{219\ 000}\times\frac{103\ 275}{114\ 750}\times12＝1\ 239\ 300(件)$$

本年设备产量比上年的增长数＝1 239 300－901 170＝338 130(件)

变动因素分析：

$$日历台时因素：(219\ 000-175\ 200)\times\frac{948\ 600}{1\ 752\ 000}\times0.95\times10＝225\ 292.5$$

$$日历台时制度利用率因素：219\ 000\times\left(\frac{114\ 750}{219\ 000}-\frac{948\ 600}{1\ 752\ 000}\right)\times0.95\times10＝-36\ 337.5$$

$$制度台时作业利用率因素：219\ 000\times\frac{114\ 750}{219\ 000}\times(0.9-0.95)\times10＝-57\ 375$$

单位时间产量因素：219 000×0.524×0.9×(12－10)＝206 550

合计 338 130(件)。

企业的日历台时和制度台时利用率两个因素可合并为设备利用率一个因素，这就成为三因素分析。四因素分析要比三因素更细致。

(2) 劳动人数和劳动生产率变动对产量的影响

$$全员劳动生产率＝\frac{总产值}{全员平均人数}\times100\%$$

$$工人实物劳动生产率＝\frac{某种产品的实物产量或产值或超额工时}{生产某种产品的工人人数}$$

举例如表 5-14：

表 5-14

项　目	上年实际	本年计划	本年实际
总产值/元	1 900 000	2 000 000	2 412 500
全员平均人数/人	200	210	220
全员劳动生产率/元·人$^{-1}$	9 500	9 524	10 966

续表

项　目	上年实际	本年计划	本年实际
乙产品产量/件	94 000	100 000	153 250
生产乙产品的工人人数/人	100	110	120
工人实物劳动生产率/件·人$^{-1}$	940	909	1 277

本年实际工业总产值比上年实际提高 2 412 500－1 900 000＝5 125 000(元)

其中，工人人数因素：(220－200)×9 500＝190 000(元)

劳动生产率因素：220×(10 966－9 500)＝322 520(元)

(3) 材料的数量和收得率的变动对产量的影响

计算公式：产量＝材料×收得率

例如，某种蔬菜制成罐头食品，其资料如表 5-15 所示：

表 5-15　蔬菜制成罐头食品的相关数据

	上年	本年
原料/公斤	5 000	6 000
制成产品/公斤	3 000	4 000
收得率/%	60%	66.67%

本年实际比上年实际产品产量的增长数＝4 000－3 000＝1 000(公斤)

其中：① 由于原料增加而增加的产量为(6 000－5 000)×60%＝600(公斤)

② 由于收得率增加而增加的产量为 6 000×(66.67%－60%)＝400(公斤)

上列属简单生产，收得率十分清楚，可立即体现出企业经济效益是良好的。

但实际上有些企业生产步骤较多，各生产步骤在月末都存在一定数量的在产品，投入的材料与产出的产品之间的关系复杂，无简单方法可以得出收得率。因此，要运用“投入产出法”分析投入生产的消耗与产出的生产成果之间的平衡关系，以评价企业生产的经济效益。

投入产出法举例：

首先编制上年(或计划)的投入产出综合平衡表(见表 5-16)：

表 5-16　投入产出综合平衡表

		投　入			商品产量	产出合计
		烧结车间	炼铁车间	炼钢车间		
产出	烧结车间	24 000	96 000			120 000
	炼铁车间		6 000	30 000	12 000	48 000
	炼钢车间			7 500	30 000	37 500
投入合计		24 000	102 000	37 500	42 000	205 500

计算消耗系数表如表 5-17：

表 5-17　消耗系数表

	烧结车间	炼铁车间	炼钢车间
烧结车间	0.2	2	
炼铁车间		0.125	0.8
炼钢车间			0.2

注：消耗系数(投入产出系数)$=\dfrac{\text{每一车间投入的生产消耗合计数}}{\text{该车间产出的生产成果合计数}}$

烧结车间消耗系数$=\dfrac{24\ 000}{120\ 000}=0.2$

列出它们之间的关系式(矩阵)如下：

$\boldsymbol{A}$=消耗系数矩阵，$\boldsymbol{X}$=产出向量，$\boldsymbol{C}$=商品产品向量，$\boldsymbol{I}$=单位矩阵。

由$(\boldsymbol{I}-\boldsymbol{A})\boldsymbol{X}=\boldsymbol{C}$ 得出 $\boldsymbol{X}=\dfrac{1}{\boldsymbol{I}-\boldsymbol{A}}\boldsymbol{C}$ 即 $\boldsymbol{X}=(\boldsymbol{I}-\boldsymbol{A})^{-1}\boldsymbol{C}$

上述$(\boldsymbol{I}-\boldsymbol{A})$矩阵为

$$\begin{bmatrix}1&0&0\\0&1&0\\0&0&1\end{bmatrix}-\begin{bmatrix}0.2&2&0\\0&0.125&0.8\\0&0&0.2\end{bmatrix}=\begin{bmatrix}0.8&-2&0\\0&0.875&-0.8\\0&0&0.8\end{bmatrix}$$

并且由此可以得到，$(\boldsymbol{I}-\boldsymbol{A})^{-1}$为

$$\begin{bmatrix}\frac{5}{4}&\frac{20}{7}&\frac{20}{7}\\0&\frac{8}{7}&\frac{8}{7}\\0&0&\frac{5}{4}\end{bmatrix}$$

解出$(\boldsymbol{I}-\boldsymbol{A})$和$(\boldsymbol{I}-\boldsymbol{A})^{-1}$后，即可用来作应有量和实有量的比较。

例如，本年度各车间产出合计，烧结车间为 200 000 吨，炼铁车间为 80 000 吨，炼钢车间为 70 000 吨。按$(\boldsymbol{I}-\boldsymbol{A})\boldsymbol{X}=\boldsymbol{C}$ 计算：

$$\begin{bmatrix}0.8&-2&0\\0&0.875&-0.8\\0&0&0.8\end{bmatrix}\begin{bmatrix}200\ 000\\80\ 000\\70\ 000\end{bmatrix}=\begin{bmatrix}0\\14\ 000\\56\ 000\end{bmatrix}$$

本年应有的商品产量为：铁 14 000 吨，钢 56 000 吨。

相反，如仅有本年实际商品产量数据，铁 14 000 吨，钢 56 000 吨，按 $\boldsymbol{X}=(\boldsymbol{I}-\boldsymbol{A})^{-1}\boldsymbol{C}$ 计算：

$$\begin{bmatrix} \frac{5}{4} & \frac{20}{7} & \frac{20}{7} \\ 0 & \frac{8}{7} & \frac{8}{7} \\ 0 & 0 & \frac{5}{4} \end{bmatrix} \begin{bmatrix} 0 \\ 14\,000 \\ 56\,000 \end{bmatrix} = \begin{bmatrix} 200\,000 \\ 80\,000 \\ 70\,000 \end{bmatrix}$$

本年各车间应有产出量为：烧结车间 200 000 吨，炼铁车间 80 000 吨，炼钢车间 70 000吨。

(4) 生产均衡性和成套性对产量的影响

生产均衡和成套的分析，要按不抵补原则计算均衡率来考查。所谓不抵补原则，就是将超过计划部分剔除，不允许将超额部分用于抵补不足的原则。

例如，某厂每周计划与实际产量资料如表 5-18：

表 5-18　某厂每周计划与实际产量

项　目	周一	周二	周三	周四	周五	周六	周日	合计
计划产量/公斤	100	100	100	100	100	100	100	700
实际产量/公斤	95	112	114	98	120	110	93	742
完成计划的百分比/%	95	112	114	98	120	110	93	742

$$生产均衡率 = \frac{\sum 一定时间内每日商品产量完成百分比(不包括超额部分即不抵补原则)}{日期}$$

$$= \frac{(95+100+100+98+100+100+98)\times 100\%}{7} = \frac{686\%}{7} = 98\%$$

也可以用数理统计方法计算生产均衡率，根据上述资料先列表计算，如表 5-19：

表 5-19　计算生产均衡率

日期	实际产量 $\overline{X}$	与平均产量的离差 $X-\overline{X}$	$(X-\overline{X})^2$
星期一	95	−11	121
星期二	112	6	36
星期三	114	8	64
星期四	98	−8	64
星期五	120	14	196
星期六	110	4	16
星期日	93	−13	169
合计	742	0	666

设 X 表示每日产量，$\overline{X}$ 无表示平均产量，σ 表示标准差，μ 表示离散度：

$$\overline{X} = \frac{742}{7} = 106(公斤)$$

$$\sigma=\sqrt{\frac{\sum(X-\overline{X}2)}{n}}=\sqrt{\frac{666}{7}}=9.75$$

$$\mu=\frac{\sigma}{\overline{X}}\times 100\%=\frac{9.75}{106}\times 100\%=9.2\%$$

$$均衡率=1-\mu=1-9.2\%=90.8\%$$

这种方法计算的结果比前一种方法更为准确。

$$生产均衡率=\frac{\sum 一定时期完成计划产量的零件种数}{日期计划规定生产的零件种数}\times 100\%$$

生产成套率的计算方法同生产均衡率。

5.3.2 产品品种分析

产品品种分析要计算计划品种完成率和品种计划完成程度，公式如下：

$$产品品种计划完成率=\frac{完成计划产量的品种数}{计划规定生产的品种数}\times 100\%$$

$$产品品种计划完成程度=\frac{各种产品完成计划产量百分比之和(不包括超产部分)}{计划品种数}\times 100\%$$

上列分析，应联系品种的销售情况，根据党的方针、政策及上级批准的计划和社会主义国家人民的需要进行分析评价。

除了分析品种计划完成情况以外，还要用逐次测试法或线性规划图解法来合理安排产品品种，挖掘潜力，使品种结构合理化，争取更好的经济效益。

现补充企业有关数据和资料如表 5-20：

表 5-20 甲、乙产品的相关数据和资料

产品	单位产品边际贡献	单位产品加工工时	A 车间	B 车间	最大销售量/件
甲产品	8		3.8	1.95	100 000
乙产品	3.77		0.8	2.96	200 000
生产能力			300 000 小时	600 000 小时	

逐次测试法：

(1) 假定先安排甲产品的生产，A 车间生产能力 300 000 小时，单位产品加工工时 3.8小时，300 000 小时÷3.8 小时/件=78 947(件)，而 B 车间甲产品单位加工时为 1.95 小时，因此，78 947 件×1.95(小时/件)=153 947(小时)

第一方案：

产品	A 车间生产能力 300 000 小时	B 车间生产能力 600 000 小时	利润
甲产品 78 947 件	300 000 小时	153 947 小时	78 947×8=631 576 元
剩余生产能力	0	446 053 小时	

第一方案中 B 车间剩余生产能力计 446 053 小时，浪费颇大，不宜采用。

其次，优先安排乙产品的生产，乙产品最大销售量为件，而 200 000 件的加工工时都不超过 A，B 车间的生产能力，有剩余设备能力再安排甲产品的生产。

第二方案：

产　品	A 车间（生产能力 300 000 小时）	B 车间（生产能力 600 000 小时）	利　润
乙产品 200 000 件	160 000 小时	592 000 小时	200 000×3.77＝754 000 元
甲产品 4 102 件	15 588 小时	8 000 小时	4 102×8＝32 816 元
剩余生产能力	124 412 小时	0	合计 786 816 元

上述第二方案中，B 车间甲产品可有 8 000 小时剩余，每件甲产品在 B 车间需 1.95 小时，因此，8 000÷1.95≈4 102，安排甲产品生产 4 102 件。计算步骤如下：

比较第一、第二方案，第二方案利润较高，但还有剩余生产能力。因此，设法在第二方案的基础上，减少一些乙产品的生产产量，调换增加一些甲产品的生产产量，使剩余生产能力缩小到最低限度。具体做法如下：

以第二方案为基础，在 B 车间里生产每件乙产品时可掉成生产 1.518 件甲产品(因为在 B 车间内，甲 1.95 小时，乙 2.96 小时，2.96/1.95≈1.518(件))计算利润：1.518×8>1×3.77，因此，“乙”调换为“甲”有利。然后在 A 车间里生产 1.518 件甲产品需 1.518×3.8＝5.768 4(小时)，生产一件乙产品只需 0.8 小时，需多消耗 5.768 4－0.8＝4.968 4(小时)，而 A 车间的剩余生产能力有 124 412 小时，所以，可减少乙产品 124 412÷4.968 4≈25 040 件，同时也就可以增产 25 040×1.518≈38 010(件)甲产品。甲产品由 4 102 件变为生产 4 102＋38 010＝42 112(件)，而乙产品由 200 000 件变为生产 200 000－25 040＝174 960(件)。

第三方案：

产　品	A 车间（生产能力 300 000 小时）	B 车间（生产能力 600000 小时）	利　润
乙产品 174 960 件	139 970 小时	517 882 小时	174 960×3.77＝659 599
甲产品 42 112 件	160 030 小时	82 118 小时	42 112×8＝336 896
合计	300 000 小时	600 000 小时	996 495

第三方案剩余生产能力每个车间均为 0 小时，而且利润又最大，因此，这一方案经济效益最佳。

5.4　生产条件分析

5.4.1　是否提高机械化、自动化程度的分析

先进技术之是否应该用于生产，应以是否能提高经济效果为转移。提高机械化、自动化程度能节省人工和材料的耗费，降低单位变动成本，但必将增加固定资产使用费(折

旧费、维修费、保险费等)，提高固定成本。因此，不加分析地认为机械化、自动化程度越高越好的观点是片面的。运用损益平衡分析有助于正确地做出是否应该提高机械化、自动化程度的决策。

例如，某产品售价为5元，原来实行机械化生产时单位变动成本为2元，固定成本为60元；如果改为半自动化生产，单位变动成本可以降低为1.5元。但固定成本将上升到84元。

在这种决策中最需要的是这两个方案的成本平衡点，即两个方泉总成本相等时的业务量。其计算方法如下：

$$\text{成本平衡点销售量}=\frac{\text{固定成本上升额}}{\text{单位变动成本降低额}}$$

$$=\frac{84-60}{2-1.5}=48\text{ 件}$$

可见，产销数量超过48件时，半自动化生产的损益平衡点提高了，风险有所增加，但总成本较低，利润较多；小于48件时，还不如维持原来的机械化生产为好。对于此类涉及长期投资的问题，还应考虑时间价值因素，才能做出最优决策。

5.4.2 产品质量分析

产品质量分析可从两方面进行：一类是改进合格品质量所费成本与提高售价或售价不变而扩大销售量之间的关系分析；另一类是减少废品，增加合格品或提高等级品率的分析。

第一类改进合格品的质量以后，可能出现两种不同情况，一种是提高售价，销售量可能保持原水平或稍有下降；另一种是售价不变而扩大销售量。这两种情况，都必须找到一个理想的均衡点，使质量成本与增加销售收入或扩大销售量所获利润之间的经济效益最佳。举例如表5-21：

表5-21 N产品的相关数据

N产品售价	销售数量/件	销售收入/元	单位成本/元·件$^{-1}$	销售成本/元	销售利润/元
1元	97	97	2.58	250.33	−153.33
5元	85	425	3.48	295.67	129.33
10元	70	700	6.53	475.33	224.67
15元	55	825	17.62	969.00	−144.00

销售收入$R(x)=ax^2+bx+c$，销售线一元二次方程

$$\begin{cases}a+b+c=97\\25a+5b+c=425\\100a+10b+c=700\end{cases}$$

解得$a=-3$，$b=100$，$c=0$，所以

$$R(x)=-3x^2+100x \tag{5-1}$$

销售成本$c(x)=ax3+bx2+cx+d$，成本线一元三次方程

$$\begin{cases} a+b+c+d=250.337 \\ 125a+25b+5c+d=295.67 \\ 1\,000a+100b+10c+d=467.33 \\ 3\,375a+225b+15c+d=969.00 \end{cases}$$

解得 $a=\frac{1}{3}, b=-3, c=19, d=234$，所以

$$c(x)=\frac{1}{3}x^3-3x^2+19x+234 \tag{5-2}$$

式(5-1)和式(5-2)分别对 x 求导，得

$$R'(x)=100-6x \tag{5-3}$$

$$C'(x)=x^2-6x+19 \tag{5-4}$$

令式(5-3)等于式(5-4)，即 $100-6x=x^2-6x+19$，解得 $x=9$。

将 $x=9$ 分别代入 $R(x)$，$c(x)$ 中得到：

销售收入

$$R(x)=(-3)\times 92+100\times 9=657(\text{元})$$

销售成本

$$c(x)=\frac{9^3}{3}-3\times 9^2+19\times 9+234=405(\text{元})$$

销售利润

$$R(x)-c(x)=657-405=252(\text{元})$$

再次将 $x=8$ 代入后，连同前面数据，如表 5-22 所示：

表 5-22　N 产品的新数据

N 产品售价	销售数量/件	销售收入/元	单位成本/元·件$^{-1}$	销售成本/元	销售利润/元
1 元	97	97	2.58	250.33	－153.33
5 元	85	425	3.48	295.67	129.33
8 元	76	603	4.80	364.66	238.34
9 元	73	657	5.55	405.00	252
10 元	70	700	6.53	475.33	224.67
15 元	55	825	17.62	969.00	－144.00

从表 5-20 中证明和得出，单位产品售价在 9 元时，为提高质量的理想点，销售收入与销售成本相距最大，销售利润最高，经济效益最佳。

第二类是提高等级品率和合格率。举例如表 5-23：

表 5-23　T 产品的等级和售价

T 产品等级	售价/元	系数	上年			本年实际		
			产量/件	换算成一等品产量/件	总价/元	产量/件	换算成一等品产量/件	总价/元
一等	20	1	1 500	1 500	30 000	2 080	2 080	41 600
二等	16	0.8	900	720	14 400	1 400	1 120	22 400
三等	14	0.7	600	420	8 400	520	364	7 280
合计			3 000	2 640	52 800	4 000	3 564	71 280

计算公式如下：

$$\text{某等级品率}=\frac{\text{某等级品产量}}{\text{合格品产量}}$$

	上　　年	本　　年
一等品率	$\frac{1\,500}{3\,000}\times100\%=50\%$	$\frac{2\,080}{4\,000}\times100\%=52\%$
二等品率	$\frac{900}{3\,000}\times100\%=30\%$	$\frac{1\,405}{4\,000}\times100\%=35\%$
三等品率	$\frac{600}{3\,000}\times100\%=20\%$	$\frac{520}{4\,000}\times100\%=13\%$

$$\text{平均等级}\doteq\frac{\sum(\text{级别}\times\text{产量})}{\text{合格品产量}}$$

$$\text{上年平均等级}=\frac{1\times1\,500+2\times900+3\times600}{3\,000}=1.7$$

$$\text{本年平均等级}=\frac{1\times2\,080+2\times1\,400+3\times520}{4\,000}=1.61$$

$$\text{等级系数}=\frac{\text{合格品换算成一等品产量之和}}{\text{合格品产量}}$$

$$\text{上年等级系数}=\frac{2\,640}{3\,000}=0.88$$

$$\text{本年等级系数}=\frac{3\,564}{4\,000}=0.891$$

$$\text{平均价格}=\frac{\text{总价}}{\text{合格品产量}}$$

$$\text{上年平均价格}=\frac{52\,800}{3\,000}=17.60$$

$$\text{本年平均价格}=\frac{71\,280}{4\,000}=17.82$$

由于等级提高而增加的利润＝本年实际产量×(本年平均价格－上年平均价格)

＝4 000×(17.82－17.60)

＝880(元)

说明 T 产品等级品率本年比上年有所提高，经济效益更好。

至于合格品率分析，计算较为简单，因此不再举例。

6 企业经济效益分析——成本分析

6.1 成本预测分析

6.1.1 成本预测的概念及其作用

预测，是人们根据已知信息，运用科学的方法来预计、推测事物未来发展趋势和可能结果的一种分析行为。一项有用的预测应具备两个特点：一是能减少有关问题不确定因素，达到一定的目的；二是根据预测所作出的决策能带来比花在预测本身上的费用更大的收益。预测的理论依据是被研究对象的发展趋势具有一定的规律性，只要人们能够认识和掌握这种规律性，就可以事先对研究对象在未来的发展变化进行科学的估计。

将预测理论与方法运用于成本管理领域，就是成本预测，它是企业经济预测的重要组成部分。所谓成本预测，就是在科学的理论指导下，根据成本特性和大量的经济信息资料，分析影响成本的各种因素及其程度，掌握成本的变化趋势与规律，选择恰当的预测方法，对成本的未来发展趋势或状况进行估计，为企业的决策、计划服务，以提高生产经营综合经济效益的一种会计预测。

成本预测既是企业成本管理工作的起点，也是成本控制成败的关键。成本预测的作用可归纳如下：

（1）成本预测是进行成本决策和编制成本计划的基础

成本预测是成本管理的首要环节。成本管理一般包括成本预测、成本决策、成本计划、成本控制、成本核算、成本分析、成本考核等环节。成本预测和成本决策是不可分割的，成本计划则是成本决策的具体化。预测是为决策服务的，它是决策的前提。预测可以提供一定条件下生产经营各方面未来可能实现的数据；而决策则以预测的数据为基础，通过分析比较，权衡利害得失，从中选取最优方案。在一定意义上，可以认为决策是预测的结果。通过成本预测，可以为成本决策和计划提供科学的数据和资料，使其建立在客观实际的基础上，克服成本决策的片面性和局限性，从而使其具有更高的科学性，最终达到提高经济效益的目的。

（2）成本预测有利于加强成本管理和降低产品成本

成本预测的基本目标是：揭示生产耗费的发展趋势，挖掘降低成本的潜力，为确定目标成本提供科学依据，指明缩减耗费、降低成本的方向，为达到目标成本选择最佳的途径。因此，做好成本预测工作，可以帮助企业选择成本最低、经济效益最高的产品，充分发挥企业优势；可以在制造产品的各种技术经济方案中，选择最优方案，提高经济效益；可以在成本形成过程中，针对薄弱环节，加强成本管理，克服盲目性，提高预见性；可以把生产经营过程中可能发生的浪费消灭于发生之前，制止于过程之中，纠正于发生之后，形成一个良性循环。

6.1.2 成本预测的内容

成本预测涉及宏观经济和微观经济两个方面的内容，但通常人们谈到成本预测时，仅指微观经济方面的内容（就企业成本会计而言），即企业成本预测的内容。在这个前提下，成本预测的内容主要包括：一是产品结构和生产工艺的设计或改造的成本预测，如对新产品设计试制、老产品更新改制、新技术和新工艺的采用、原有技术工艺的改造等业务活动的成本预测；二是生产过程中的成本计划制定和实施阶段的成本预测，如在编制成本计划阶段，预测目标成本及在产销量、价格、品种、质量等变化条件下的总成本水平和成本变化的趋势，在生产预测的基础上，通过其中的成本预测，从而揭示前一阶段成本计划的执行过程和完成的程度及单位产品成本水平的变化趋势等。

由于产品结构和生产工艺设计或改造通常与投资项目成本决策同时进行，所以成本预测一般是以生产过程中的成本计划制定和实施阶段的产品成本预测为主。

6.1.3 成本预测的原则

成本预测是一个涉及企业生产经营管理活动中各个方面的复杂的动态过程，会受到许多不受人们控制和不确定因素的影响，因此在进行成本预测时，除选择恰当的成本预测方法外，还应遵循以下几个原则：

（1）系统性原则

进行预测时，应把预测对象看成一个系统，观察系统内外各种因素的相互影响和联系，从中寻找本质联系，进而找到预测对象的必然发展趋势。成本预测也不例外，在进行产品成本预测时，必须充分考虑企业生产经营过程中各方面的因素，分析评判这些因素的内在联系及其与成本的关系，并对它们的变动趋势及性质做出合理的分析和取舍，从而为建立合理、实用的成本预测模型提供依据。

（2）时间性原则

预测时期的长短，对预测结果的精确度影响很大。成本预测可以是短期的（月、季）、中期的（年），也可以是长期的（三年、五年等）。月度、季度预测一般只是对成本的完成情况进行估计，不要求全面考虑降低成本的措施；长期预测，通常只是指出方向，不要求十分具体；只有年度预测不仅要预计完成情况，还要全面地考虑降低成本的各种措施；因此，应根据成本预测的时间范围，选择恰当的成本预测方法。在实践中，一般对较短时期的成本预测，采用较为简单的预测模型，考虑的因素也可以相应少些；而对于较长时期的成本预测，则应采用较为复杂的预测模型和多种预测方法，考虑的因素也应多些。

(3) 相关性原则

预测结果的准确与否在很大程度上取决于所选择的因素与产品成本之间的相关性程度。在实务中，当成本与某几个主要影响因素有较为明显的因果关系时，一般采用因果关系模型；当成本受到众多复杂因素影响，而且有些因素是不可控或不明确的时候，则应采用时间关系模型；当各个生产经营环节的成本耗费与生产成果之间保持一定数量关系时，则可采用结构关系模型。

(4) 客观性原则

成本预测结果的正确与否，关键取决于所依据的会计、统计资料是否完整、准确。若输入的信息不完整、不真实，即使成本预测方法完美无缺，其预测结果也绝对不可靠。因此，在进行成本预测之前，必须广泛收集客观、准确的成本资料，并给予认真的审查和处理，尽可能排除会计、统计资料中那些偶然因素对成本的影响，保证资料具有连续性、全面性和一般性，以真实反映成本变化的规律。

(5) 适应性原则

成本预测是为成本决策和计划服务的，不能为预测而预测，必须正确认识成本预测的效果。应该知道，成本预测具有一定的局限性，这是因为：第一，影响产品成本的许多因素，往往受到外部各种条件变化的制约，带有一定的随机性，加上人们对未来事物认识的局限或者资料不全面等原因，以致预测的结果在往不能与实际发生的结果相吻合。第二，数学模型对于经济活动的定量描述，只是一种理论上的抽象概括；通过模型计算出预测结果也只反映了包含在模型之中的那些主要因素对成本的影响，对一些次要因素则没有考虑进去，所以预测结果不可能完全准确。第三，预测结果具有可变性，当客观条件变化时，预测本身也要不断修订。为此，根据预测结果所做的决策，必须留有余地，以适应客观条件的变化；在实务上，必须十分重视成本管理人员长期积累的实践经验，结合一系列定性预测方法，对定量预测结果给予合理的修正，从而使预测结果尽可能与未来成本发展趋势相一致。

6.1.4 成本预测的程序

成本预测过程包括数据的输入、处理和输出三个环节。输入包括与成本预测目标有关的数据、洞察力、假定条件等。处理是指采用预测所用的方法和技术对数据进行加工。输出是指预测结果。

要完成成本预测，还必须遵循一定的程序，一般包括下列六个步骤。

(1) 确定预测对象和目标

预测对象是预测所针对的具体问题，即预测什么；预测目标即预测所要达到的目的，即为什么预测。只有预测对象清晰、预测目标明确，才能有目的地收集资料、选择恰当的预测方法、规定预测的期限，从而使预测结果符合未来的成本变化趋势。

(2) 收集和分析资料

有效地收集和分析资料是进行成功预测的基础。一般说来，成本预测数据资料的来源主要有三种，即现存的会计统计记录、原始数据和已公开发表的数据(如国家统计局公布的统计数据)。对于收集到的各种资料，必须进行分析，“去粗取精，去伪存真，由此及彼，由表及里”。

(3) 提出假设，建立数学模型

数学模型是用数学方程式表示的预测对象(在此指成本)与各个影响因素或相关事件之间数量依存关系的公式。根据经过分析整理的资料，研究成本变化的规律，建立相应的成本预测的数学模型。数学模型是对客观事物发展变化的情况的高度概括和抽象化，均具有一定的假设性。这是因为把事物过去的发展模式延续到未来，其中总会有一定幅度的误差和一定概率的不可实现性，这将导致预测结果与实际结果不相符合，因而需要不断检验和修正。

(4) 选择预测方法，进行预测

选择恰当的成本预测方法，确定有关的数值代入数学模型中求得成本预测值。值得注意的是，不应把某个预测方法当成是对某一个预测问题的最终解法，因为每一种预测方法可能适用于某几种预测问题，同时某一个预测问题又可能适用几种预测方法。这就产生了预测方法的选择与配合问题。应根据企业的实际情况和管理要求选择适当的成本预测方法。

(5) 分析预测误差，检验假设

每项预测结果有必要与实际结果进行比较，以发现和确定误差大小。所有预测报告都应当定期地不断地用最新的数据资料去复核，检验所作假设是否可靠。若发现重大误差，假设不可靠，就应变更假设，完善数学模型，改进预测方法。即使某种预测方法已被确认为较完善，预测不会有较大的误差，也应不断检验其原有预测结果是否与实际的发展相符合，发现不符时，应及时修正，以求精确。若检验表明误差很小，假设成立，则可进行下一步。

(6) 修正预测结果

由于假设的存在，建立数学模型时往往要舍弃一些影响因素或事件，因此要运用定性预测方法对定量预测结果进行修正，以保证预测目标顺利实现。另外，由于预测本身需要一定时间，在此期间，若内部和外部的影响因素发生了改变或发生了不同于过去的对成本具有重大影响的事件，就必须据以调整已有的预测结果。在实际工作中，还有些企业对用不同预测方法得出的成本预测结果进行概率评价，以鉴定成本预测的准确程度，以便选择最佳预测方案，这实际也是一种修正预测结果的方法。

6.1.5 成本预测的方法及其运用

选择适当的成本预测方法是成本预测的基本程序之一，成本预测的具体方法有很多，可归纳为定性预测法和定量预测法两大类。

(1) 成本的定性预测方法

成本的定性预测，是成本管理人员根据实践经验和专业知识，通过调查研究，利用已有资料，对成本的发展趋势及可能达到的水平，经过逻辑思维所做的合理分析和推断。

由于定性预测主要依靠管理人员的素质和判断能力，因而这种方法必须建立在对企业成本耗费历史资料、现状及影响因素深入了解的基础之上。常用的定性预测法有调查研究判断法和分析判断法两种。

① 调查研究判断法

调查研究判断法是依靠专家来预测成本的方法，所以也称专家预测法。采用这种方法，一般要事先向专家提供成本信息资料，由专家经过研究分析，根据自己的知识和经验，对未来成本发展趋势作出个人的判断；然后再综合分析各专家的意见，形成预测的结论。预测结果的准确性，取决于被调查专家的代表性和广泛性，取决于专家知识和经验的广度和深度。这里所说的专家，一般是指会计师、工程师、经济师等，因为他们有较高的学识水平和丰富的实践经验。

调查研究判断法有以下几种主要应用方式。

A. 个人判断法

个人判断法，是企业向各专家分别提供历史成本信息资料，并提出问题，由各专家分别独立地做出成本预测的判断，然后由企业归纳整理，并进行统计处理(如加权平均)，得出预测结论的一种成本预测方法。个人判断的优点是能够最大限度地利用个人能力，由于专家的判断是分别做出的，所以不受权威影响，意见较客观；缺点是受专家个人的知识水平和资料数量的限制，难免带有片面性。

B. 座谈会法

座谈会法亦称会议判断法，就是把所有专家召集在一起开会预测成本的方法。先向各专家提供有关成本信息资料，专家可以各抒己见，最后把各专家的意见归纳起来，进行综合分析和判断，形成预测结果。会议判断法的优点在于专家之间可以互相启发，充分讨论，信息量大，考虑因素全面，所得预测结果较为准确；缺点是容易受领导、权威或多数人意见的影响，忽视“小人物”或少数人的正确意见，或会议准备不周全，使座谈会成为走过场。

C. 德尔菲法

德尔菲法也称函询调查法或往复预测法，是20世纪40年代由号称是美国“思想库”的兰德公司首创并发展起来的一种定性预测方法。这种方法的具体做法是采用函询调查的方式，将预测问题以调查表形式递交给专家，请他们给出书面答复，然后将收回的调查表进行综合、整理和归类，并匿名反馈给各个专家，再次征求意见。如此经过多次反复，直到取得各专家对预测问题的一致意见后，得出预测结果。这种方法的优点是消除了专家会聚在一起时易受个性、情感等方面的影响的问题；缺点是这种方法难以判断专家们意见的准确程度，其可靠性不够，并且时间难以把握。

② 分析判断法

分析判断法亦称因素测算法，是通过分析研究与成本变动有关的各项技术经济因素、发展前景和准备采取的相应措施的影响，根据几个有关经济指标之间的内在联系，由一个或几个因素的变动来测算所要预测指标数值的方法，如利用有关资料测算可比产品成本降低额，就是用此法进行预测的。这种方法主要适用于编制成本计划以前的试算工作，通常用于对成本降低幅度的预测，主要是预测可比产品成本的降低率和降低额。这是因为可比产品具有较为完整的历史资料，有条件在上年成本的基础之上，预计技术经济指标的变动率，并按技术经济指标与成本降低率之间的关系，对成本降低指标进行预测。该方法是在上年全年预计平均单位成本的基础上，通过分析研究与成本变动有关的各项技术经济因素、发展前景和准备采取的相应措施，据此预测产品成本降低幅度的方法。预测时，可按成本各项目分别计算由于计划年度实现所制定的各项技术组织措施，使产量增加、材料消耗定额降低、劳动生产率提高、制造费用和废品损失减少等形成的节约额，进而确定可比产品成本的降低幅度。其具体方法步骤如下：

第一步：收集和分析历史成本资料，以及计划期的各项生产技术计划资料，据此测算影响计划年度产品成本的技术经济指标的增长率。

第二步：计算按上年月平均单位成本计算的计划年度产品总成本中各成本项目的比重。其计算公式为：

$$\text{产品成本中某成本项目的比重}=\frac{\sum(\text{上年产品月平均单位成本中某成本项目费用}\times\text{该产品计划年度月计划产量})}{\sum(\text{上年产品月平均单位成本}\times\text{该产品计划年度月计划产量})}\times 100\%$$

第三步：计算影响计划年度产品成本的各因素变动所形成的成本降低率和降低额。各因素变动所形成的成本降低额计算公式为：

$$\text{某因素变动所形成的降低额}=\text{该因素变动形成的降低率}\times\text{按上年平均单位成本计算的计划年度总成本}$$

第四步：测算出计划年度产品成本降低率和降低额。综上所述，将各项目增减变动所形成的降低率和降低额进行汇总，即为计划年度产品成本降低幅度的预测结果。据此与成本降低目标比较，若达不到目标要求，就要进一步挖掘潜力，采取措施，以保证目标实现。

【例 6-1】 某企业上年度生产甲产品，本年度计划继续生产，预计成本降低率目标为8%。按上年度平均单位成本计算的计划年度总成本为 8 000 万元，产品成本中各项目的比例为：

直接材料费	65.5%
直接人工费	13%
制造费用	20.5%
其中：变动费用	13%
废品损失	1%
合计	100%

根据成本降低目标，经分析初步预测计划年度有关技术经济指标将有如下变动：

计划年度产量增加	25%

原材料消耗定额降低　　　　6%

原材料价格平均降低　　　　5%

生产工人劳动生产率提高　　22%

生产工人平均工资增加　　　12%

制造费用中变动费用增加　　23%

废品损失减少　　　　　　　30%

依据上述资料测算计划年度产品成本降低率和降低额的结果见表 6-1。

表 6-1　可比产品成本降低程度预测表

项目		各成本项目降低率/%	各成本项目变动影响成本降低率/%	各成本项目变动影响成本降低额/元
直接材料		$1-(1-6\%)\times(1-5\%)=10.7\%$	$10.7\%\times65.5\%=7.009\%$	$7.009\%\times 80\,000\,000=5\,607\,200$
直接人工		$1-\frac{1+12\%}{1+22\%}=8.20\%$	$8.20\%\times 13\%=1.066\%$	$1.066\%\times80\,000\,000=852\,800$
制造费用	固定费用	$1-\frac{1}{1+25\%}=20\%$	$20\%\times7.5\%=1.5\%$	$1.5\%\times80\,000\,000=1\,200\,000$
	变动费用	$1-\frac{1+25\%}{1+25\%}=0\%$	$0\%\times13\%=0\%$	$0\%\times80\,000\,000=0$
	废品损失	30%	$30\%\times1\%=0.3\%$	$0.3\%\times80\,000\,000=240\,000$
产品成本降低幅度			9.875%	7 900 000

预测表明，成本降低率为 9.875%，降低额为 7 900 000 元，已经达到成本降低 8%的目标。

有人认为，由于分析判断法可以测算出具体数值，所以应归属于定量预测法，其实这是一种误解，因为在采用此方法预测时，所依据的经济指标并非实际数据，它们仍然需要依靠管理人员的经验去作判断和估计，然后再按指标间的内在联系进行测算，因而这种方法实质上仍属于定性预测方法。

(2) 成本的定量预测方法

成本的定量预测，是利用历史成本会计统计资料及成本与影响因素之间的数量关系，通过建立一定的数学模型来计算未来成本的可能结果的成本预测方法。进行成本预测时采用的数学模型，通常有以下三种类型：

第一种是因果关系模型。

成本预测的因果关系模型即以成本为因变量(y)，以影响成本的因素为自变量(x)而建立的函数关系式，其形式一般为 $y=f(x)$。利用收集的统计资料对函数关系式 $y=f(x)$的参数进行估计并检验，从而得到与统计资料发展趋势大致相符的成本预测结果。因果关系模型所采用的典型方法是回归分析法。回归分析法根据自变量或预测对象不同，又可分为一元线性回归模型、多元线性回归模型及非线性回归模型。

因果关系模型的优点是，在模型适当、数据准确的前提下，预测结果一般较为理想。但这种方法的模型建立比较复杂，而且数据稍有变动，就需对参数进行修改，这使其对经济活动的变化的反应较为迟钝，而且缺乏延续能力，使其在实际应用中受到一定的限制。

第二种是时间关系模型。

成本预测的时间关系模型即以成本为因变量(y)，以时间为自变量(t)而建立函数关系式，或直接利用收集的成本时间序列资料，借以描述成本依时间发展而变化的趋势，并通过趋势的外推预测成本未来发展的模型，其形式一般是 $y=f(t)$。

按照对影响预测对象的各因素的处理方式不同，时间关系预测模型分为确定型和随机型两大类。常用的确定型时间关系预测模型有移动平均模型、趋势外推模型及自回归模型。

利用时间关系模型得到的预测结果虽然较为粗略，但由于这种模型只需使用预测对象自身的序时记录，建立模型的计算过程简便，模型本身不因数据的变更而改变，反映经济活动的变化较为敏感且有自行延续的特性，因而在实际应用中受到普遍的重视。

第三种是结构关系模型。

成本预测的结构关系模型即建立影响成本的各种因素之间的某种比例关系，通过因素之间相互依存的结构比例变化，预测成本的数值，常用的这种模型为投入产出分析模型。

成本预测的定量分析法涉及的具体方法很多，这里只对几种较为常见的方法进行介绍。

① 高低点法

企业产品成本与业务量(一般为产销量)的关系，可用如下数学模型来表示：$y=a\times bx$，这就是常用的一元线性模型，其中：y 表示产品总成本，x 表示产品产量，a 表示固定成本总额，b 表示单位变动成本。在这个模型中，只要求出常数 a 和系数(斜率)b 的数值，就可用这个直线方程式预测某一产量 x 下的总成本 y。

高低点法是一种非常简单的成本预测方法，它只是选择相关范围内的成本动因观察值的最高点和最低点，计算出 a 和 b 的值，从而确定连接这两点的直线 $y=a\times bx$，并根据计划产量测算出计划年度总成本的成本预测方法。高低点法适用于产品成本变动趋势比较稳定的情况，而对于成本波动比较大的企业则不适用。

在选择成本历史资料时，还应注意时期性，不要过长或过短，通常以最近 3～8 年的资料为宜。这是因为当今社会的经济形势发展十分迅速，变化大。如若选择相隔时间较长的资料就会因时期过长而失去可比性，过短则不能反映出成本变动的趋势。此外，对于历史资料中由于特殊原因而发生的某些金额较大的偶然性成本数据，在引用时应予以剔除。用下面的例题来说明高低点法的应用。

【例 6-2】 某企业 2000—2005 年的机器工作时间和间接人工工资的资料见表 6-2，要求利用高低点法预测 2006 年的间接人工成本。

表 6-2 某企业 2000—2005 年机器小时及间接人工成本

年份	成本动因：机器小时	间接人工成本/元
2000	160	12 200
2001	130	10 000
2002	125	9 600
2003	145	11 000
2004	100	86 00
2005	150	12 000

间接人工单位变动成本：

$$b=\frac{\text{最高点成本}-\text{最低点成本}}{\text{最高点产量}-\text{最低点产量}}=\frac{12\ 200-8\ 600}{160-100}=60(\text{元})$$

间接人工固定成本：

$$a=y-bx=12\ 200-160\times60=2\ 600(\text{元})$$

或
$$a=y-bx=8\ 600-100\times60=2\ 600(\text{元})$$

预测 2006 年的间接人工成本，假设 2006 年的机器工时为 155 小时，则 2006 年间接人工成本预测值为：

$$y=2\ 600+60\times155\ =11\ 900(\text{元})$$

② 回归分析法

回归分析法是统计学中常用的一种线性模型，用于计量一个或多个自变量变动一个单位时导致因变量发生变动的平均值，包括一元线性回归模型和多元线性回归模型。一元线性回归模型是最简单的线性回归模型，用于估计一个自变量和因变量之间的关系，其模型 $y=a+bx$；用于估计多个自变量和因变量之间关系的模型是多元线性回归模型，其模型为 $y=a+b_1\times1+b_2\times2+\cdots+b_nx_n$。下面以简单的一元线性回归模型为例说明回归分析法在成本预测中的应用。

简单线性回归模型中的参数 a 和 b 可以采用最小二乘法进行估计，其中：

$$a=\frac{\sum y-b\sum x}{n}=\bar{y}-b\bar{x}$$

$$b=\frac{n\sum xy-\sum x\sum y}{n\sum x^2-\left(\sum x\right)^2} \tag{6-1}$$

式(6-1)中，$\bar{x}$ 和 $\bar{y}$ 分别是 x 和 y 的算术平均值。

【例 6-3】 某企业 2003 年制造费用与直接人工工时资料如表 6-3 所示。

表 6-3 某企业 2003 年制造费用与直接人工工时资料表

月份	直接人工 x/小时	制造费用 y/元	xy	x^2
1	130	2 750	357 500	16 900
2	100	2 700	270 000	10 000

续表

月份	直接人工 x/小时	制造费用 y/元	xy	x^2
3	60	2 100	126 000	3 600
4	70	2 300	161 000	4 900
5	50	1 890	94 500	2 500
6	90	2 400	216 000	8 100
7	105	2 710	284 550	11 025
8	85	2 370	201 450	7 225
9	95	2 600	247 000	9 025
10	110	2 500	27 500	12 100
11	140	3 100	434 000	196 000
12	80	2 350	188 000	4 006
合计	1 115	29 770	2 855 000	111 375

将表 6-3 中资料代入上面的最小二乘法公式得：

$$b=\frac{12\times 2\ 855\ 000-1\ 115\times 29\ 770}{12\times 111\ 375-1\ 115^2}=11.43(\text{元})$$

$$a=\frac{29\ 770-11.43\times 1\ 115}{12}=1\ 418.8(\text{元})$$

所建立的直接人工成本预测模型为：

$$y=1\ 418.8+11.43x$$

③ 本量利分析法

本量利分析法，即 CVP 预测法，是依据成本(C)、预计产销量(V)和目标利润(P)之间的关系原理预测目标成本的方法。采用这种方法必须先掌握产品的总固定成本、单位变动成本和目标利润，然后再根据目标销售量计算目标成本。其计算公式如下：

$$\text{目标销售量}=\frac{\text{总固定成本}+\text{目标利润}}{\text{单位售价}-\text{单位变动成本}}$$

$$\text{目标总成本}=\text{目标销售量}\times\text{单位售价}-\text{目标利润}$$

上面的公式可以变形为：

$$\text{目标单位变动成本}=\text{销售单价}-\frac{\text{总固定成本}+\text{目标利润}}{\text{计划销售量}}$$

$$\text{目标固定成本总额}=(\text{销售单价}-\text{单位变动成本})\times\text{计划销售量}-\text{目标利润}$$

【例 6-4】 某企业生产某种产品的总固定成本为 24 000 元，目标利润为 12 000 元，产品的销售单价为 30 元，单位变动成本为 24 元，则

$$\text{目标销售量}=\frac{24\ 000+12\ 000}{30-24}=6\ 000(\text{件})$$

$$\text{目标总成本}=6\ 000\times 30-12\ 000=168\ 000(\text{元})$$

$$\text{单位产品目标成本}=168\ 000\div 6\ 000=28(\text{元})$$

若销售单价不变，计划销售量为 5 000 件，要求达到的目标利润为 16 000 元，在固定成本总额不变的条件下，单位变动成本为：

$$目标单位变动成本=30-\frac{24\,000+16\,000}{5\,000}=22(元)$$

可见和原有的成本相比，单位变动成本应下降 2 元，如果单位变动成本最多只能下降 1.6 元，则目标固定成本应为：

$$目标固定成本=(30-22.4)\times 5\,000-16\,000=22\,000(元)$$

可见在这种情况下固定成本必须比原来降低 2 000 元。

因此，运用本量利分析法可以预测实现目标利润所要求达到的总成本及单位成本，以及有关数据发生变更后，进行固定成本变更、单位变动成本变更以及目标利润变更的预测。

④ 时间序列法

时间序列，就是观察或记录到的一组按时间顺序排列起来的数据，运用时间序列法预测成本，就是根据积累的成本序时历史资料，分析有关指标过去的发展过程及其规律。并假设这种规律在未来仍然起作用，据此预测成本在将来一定时期的数值。这里我们主要介绍其中的五种具体方法。

A. 移动平均法

移动平均法是通过计算以往若干时期成本的移动平均数，作为对未来成本的预测数。它是将统计资料按时间顺序划分为若干个数据点相等的组，并依次向前平行移动一个数据，计算各组的算术平均数，并组成新的时间序列进行预测。

移动平均法假定预测值与较近期的观察值关系较大，因此它在处理历史资料时不像简单平均法那样进行一次平均，而是顺序地重叠分组（一般按三期或五期），求出该组的平均值。通过逐步向前移动，用近期数据替换远期数据，用新的平均值替代原有的平均值，从而反映实际增减趋势。设 x_t 为 t 时刻的成本数据，M_t 为 t 时刻的简单移动平均数，n 为每组数据的个数（一般为 3 或 5），则移动平均法的计算公式为：

$$M_t=\frac{x_t+x_{t-1}+\cdots+x_{t-n+1}}{n}=M_{t-1}+\frac{x_t-x_{t-n}}{n} \tag{6-2}$$

【例 6-5】 某企业生产某产品，2004 年各月单位成本资料及按 $n=5$ 时计算的各期移动平均数如表 6-4 所示。

表 6-4 产品单位成本移动平均值

月份	时间(t)	单位成本(x_t)	五期移动平均值(M_t)	变动趋势	三期趋势移动平均数
1	1	75			
2	2	85			
3	3	88			
4	4	92			

续表

月份	时间(t)	单位成本(x_t)	五期移动平均值(M_t)	变动趋势	三期趋势移动平均数
5	5	95	87		
6	6	88	89.6	+2.6	
7	7	87	90	+0.4	
8	8	90	90.4	+0.4	+1.33
9	9	85	89	−1.4	−0.2
10	10	90	88	−1	−0.67
11	11	87	87.8	−0.2	−0.87
12	12	94	89.2	+1.4	+0.07

从表 6-4 中的计算结果可以看出，按五期移动平均计算的 11 月份的数 $M_{11}=87.8$ 元作为 12 月份的预测值，12 月份的实际值为 94 元，偏差为 6.2 元。这种偏差一方面是由于每组数据的个数 n 的多少引起的，另一方面是由于数据变动趋势的影响造成的。

一般来说 n 的取值越大，移动平均数对远期的干扰因素的反应越弱，对数据变化的敏感性也越差，预测值越平稳；反之，n 的取值越小，预测值对近期的敏感性越强，但修匀能力下降，估计值误差较大。另外数据序列存在非趋势变动时，也会影响最后的预测值。因此，为了使预测更加准确，一般采用计算移动平均数 M_t 的增减量移动平均值，以尽量消除非趋势变动的影响。这时，可以使用下面的预测公式：

预测值＝最后一期移动平均数＋变动趋势调整数

＝最后一期移动平均数＋趋势移动平均数×时间滞后期

根据这个公式，例 6-5 中的 12 月份的成本预测值可以计算为：

12 月份预测值＝87.8＋(−0.87)＝86.93(元)

B. 指数平滑法

指数平滑法也称指数修匀法，它是通过导入平滑系数对本期实际成本和本期的预测成本进行加权平均，并将其作为下期的预测成本。其计算公式为：

$$M_{t+1}=ax_{t-1}+(1-a)M_t \quad (0\leqslant a\leqslant 1) \tag{6-3}$$

式(6-3)中，M_{t+1} 为下期预测值，M_t 从为本期预测值，x_{t-1} 为上期实际数，a 为平滑系数。a 越小，则下期的预测数就越接近于本期的预测数；反之，a 越大，则下期的预测数就越接近于本期的实际数。在实际运用时，一般采用试误法。选用不同的 a 值进行试算，选用预测误差最小的 a 值。

指数平滑法属于持续性的预测方法，其优点在于在进行连续预测时，只需要贮存最低限度的数据，只要有了本期实际数据和预测值，就可以计算下期的预测值。

【例 6-6】 沿用表 6-4 的资料，假设 $a=0.2$，6 月份以后各月的单位成本预测值见表 6-5。

表 6-5 6 月以后各月的单位成本预测计算表

t	X_t	Ax_{t-1}	$(1-a)M_t$	M_{t+1}
6	88			90
7	87	0.2×88=17.6	0.8×90=72	89.6
8	90	0.2×87=17.4	0.8×89.6=71.7	89.1
9	85	0.2×90=18	0.8×89.1=71.3	89.3
10	90	0.2×85=17	0.8×89.3=71.4	88.4
11	87	0.2×90=18	0.8×88.4=70.7	88.7
12	94	0.2×87=17.4	0.8×88.7=71	88.4
1		0.2×94=18.8	0.8×88.4=70.7	89.5

采用指数平滑法进行成本预测，所需的资料不多，计算也比较简单，并且通过导入平滑系数加权，可以适当消除偶然因素的影响。但是平滑系数的选择是人们的主观行为，具有很大的主观性。选择不同的平滑系数就会得到不同的预测结果，因此，为保证预测的准确，在选择平滑系数时应十分谨慎。

C. 加权平均法

加权平均法适用于企业的成本资料比较完整、详细并且已经确切知道固定成本总额和单位变动成本的情况。在这种情况下可以利用加权平均法预测成本。其公式为

$$y=\frac{\sum af}{\sum f}+\frac{\sum bf}{\sum f}x \tag{6-4}$$

式(6-4)中：y 为总成本预测值；a 为固定成本总额；b 为单位变动成本；f 为权数；x 为计划产量。

【例 6-7】 某企业从 2003 年到 2005 年的平均总成本和规定的权数如表 6-6 所示。

表 6-6 某企业 2003—2005 年的平均总成本和规定的权数表

元

年份	权数(f)	固定成本总额(a)	单位变动成本(b)
2003	1	48 000	30
2004	3	50 000	35
2005	2		27
合计	6	143 000	92

预计该企业 2006 年的产量为 20 000 件，则 2006 年预计产品总成本为：

$$y=\frac{48\,000\times1+50\,000\times3+45\,000\times2}{6}+\frac{30\times1+35\times3+27\times2}{6}\times20\,000=678\,000(\text{元})$$

D. 投入—产出法

投入—产出法是由美国经济学家瓦西里·列昂惕夫于 20 世纪 30 年代提出的，是根

据矩阵代数原理建立的一种投入—产出关系模型，是用于研究国民经济体系中各部门物资投入和产出之间相互关系的一种平衡分析方法。由于企业投入原材料，经过加工产出半成品和产成品，也存在“投入”和“产出”的关系，因而也可以利用投入—产出模型来预测成本。采用该法首先应分析企业生产中投入—产出的平衡对应关系，建制投入—产出表。然后，分析各阶段产品之间的生产技术联系，将各阶段的“投入”数除以该阶段的“产出”总量，得到单位产品的消耗定额，以该消耗定倾作为消耗系数，反映企业各阶段产品消耗以前阶段产品的水平。该消耗系数越大，说明需要以前阶段的产品越多，所以它是平衡企业生产、衡最先进性的重要指标。最后，可根据预计的消耗系数、产品的计划产量，利用矩阵解法，即可预计生产消耗总量和产品成本。

E. 简单平均法

简单平均法，即对若干期成本的历史数据求平均数，用以作为未来产品成本的预测值的成本预测方法。该方法下设 $x_1, x_2, x_3, \cdots, x_n$ 为以往 n 期的产品成本数，其算术平均值为：

$$\overline{x}=\frac{x_1+x_2+x_3+\cdots+x_n}{n}$$

由于经济活动是复杂多变的，上述各种成本预测方法并不是孤立存在的，在成本预测的过程中，往往需要将其中的两种或几种结合应用，才有可能作出较为符合成本发展规律的预测；尤其应强调的是，定性方法和定量方法并不是相互排斥的，而是可以相互补充的，要注意把二者正确地结合起来使用。

6.2 成本黏性分析

6.2.1 成本黏性的特性

成本黏性具有普遍性。成本黏性产生的前提是企业生产经营的下降，如果企业生产经营始终保持平稳，没有变化，就不会存在成本黏性的问题。然而，企业受到内部与外部诸多因素的制约和影响，宏观经济的萧条，行业整体走势低迷，上下游行业受挫，或者是一些突发、偶发事件等不可抗因素等，都会对企业的生产经营造成或大或小的影响。每一家企业在发展过程中，都会难免遇到挫折，生产经营情况有所波动是正常的，也是平常的，生产销售的下降更是难免的。此时，企业原本的经营资源多于所需，重新配置经营资源的过程中会发生成本，因而产生成本黏性。因此，成本黏性是普遍存在的。

成本黏性具有反转性。企业在连续生产经营过程中，成本黏性在以后的会计期间会出现反转，随着时间跨度的增加，成本黏性会减小。这是由于随着时间的推移，管理者可获得信息在增多，信息的质量也在提高，能够帮助管理者更加透彻地分析收入下滑的原因和趋势，对是否降低成本、缩减现有规模做出正确的决策，所以成本黏性变小。另外，管理者调整企业资源配置本来就是一个循序渐进的过程，不可能一步到位，管理者需要一定的时间将自己的决策落到实处。因此，随着时间跨度的增加，成本黏性也会逐渐减小。

成本黏性具有反向性，即成本黏性与作业量的下降速度成反比。经营者希望公司能够平稳发展，公司的营业收入和营业成本平稳变化。当作业量小幅下降时，管理者压力相对较小，一方面为厂保证自己的薪酬维持稳定，另一方面为了自己控制的资源不会减少，此时管理者更倾向于保持现状，因而成本黏性相对较大。然而，当企业的作业量大幅下降时，收入与利润也随之大幅下降，企业所有者的利益也随之受到影响，管理者面临的来自企业所有者施加的压力会很大，迫于这种压力，他们会及时采取各种措施来降低成本，保持有利水平，因而此时成本黏性相对较小。

6.2.2 成本黏性的控制

(1) 优化外部环境

① 加强国家经济的宏观调控

宏观经济是整体，微观经济是个体，微观经济是宏观经济的具体体现，只有宏观经济平稳发展，微观经济才能平稳发展。因此，只有宏观层面上的国家经济发展良好，微观层面上的企业才能发展良好；只有企业发展良好，才能顺利地进行企业管理，有效节省成本，降低成本黏性。加强宏观经济调控，能够保证国民经济的平稳有效运行，此时，社会资源才能够被合理分配，也能够最大限度的得到利用。合理分配社会资源，提高社会资源的使用效率，最大限度地减少社会资源的浪费，就是宏观层面上的成本管理目标，也是企业减少成本黏性的首要基础。

② 建立完善的、充分竞争的市场经济体制

在当今时代，只有建立完善的、充分竞争的市场经济体制，才能够保证企业制度的有效运行。在公平、公正、公开的竞争环境与氛围下，企业能够脱去束缚、积极大胆的发展，优秀的管理者不必受到其他不公平因素的干扰，可以通过自身的努力将企业发展壮大，企业通过自身真实的实力相互竞争，社会资源的配置不会受到其他因素的影响，企业利润能够真实地反映管理者的能力与经营成果。

在完善的、充分竞争的市场经济体制下，企业的财务报表可以直接、全面、充分、真实地展现企业的生产经营成果与财务管理状况，企业的财务报表也可以间接的体现企业管理者对企业付出的努力，说明管理者的管理水平与管理成果。企业的所有者通过企业财务报表上的财务数据，例如利润总额、资产总额、净资产等数据，就难以掌握管理者的管理情况，从而对经营管理者的经营管理行为进行更加有效的监控。完善充分竞争的市场经济体制能够有效解决企业所有者与企业经营管理者的信息不对称问题。

解决了信息不对称的问题之后，企业管理者迫于所有者的监管压力，就会以企业的利益最大化为己任，认真管理企业成本，降低成本黏性。

③ 建立完善的职业经理人市场

在完善的职业经理人市场中，经理经过高水平的学习与培训，具有文化程度高、业务能力强、职业素养水平高的优势。而大多数传统企业的管理者均由家族成员担任，很多管理者上任并不是由于其有高超的经营管理水平，而是因为其与企业所有者的血缘关系，导致管理者良莠不齐，业务水平与职业素质高低不一，严重影响了企业的成本管理水平。完善的职业经理人市场给大多数传统企业提供了大量的选择空间，企业的所有者可以雇佣知识水平与业务技能一流的职业经理人对企业进行管理，有助于提高企业成本的管理水平，减小成本黏性。

另一方面，完善的职业经理人市场就意味着有大量人才，有大量人才的地方就意味着有竞争存在。经理人通过竞争上岗，这表明经理人市场存在潜在的替代者，无形中，经理人的压力增加了。倘若经理人在管理企业的过程中表现差强人意，得不到企业所有者的认可，那么经理人就有被解雇的风险。不仅如此，一旦经理人由于企业的经营管理不善被企业所有者辞退，那么经理人的职业声誉也会受到影响，市场会对其做出不利的判断，经理人再次获得其他企业所有者的认可也变得颇有难度。在这种强大的竞争压力下，经理人不得不选择尽心尽力地为企业服务，努力提高企业的经营管理水平，有利于企业资源配置的高效进行，从而提高企业成本的管理水平，减小成本黏性。

（2）加强内部管理

① 合理安排企业资源配置

企业资源配置的合理与否直接关系到企业成本的管理水平。如果企业的资源配置高于企业实际生产的需求，那么多余的资源配置无法得到利用，不仅占用了有限的资本，同时还会发生一些必要的维护费用，无形中造成人力、物力、财力的浪费，增加了企业生产运营的成本。如果企业的资源配置无法满足企业的实际生产需求，尽管从表面上看每一分钱都花的物有所值，但是由于资源配置的匮乏严重影响企业订单的完成效率，从根本上限制了企业的发展壮大，损害了企业的利益，也间接损害了所有者的利益。

作为企业的管理者，应该合理安排企业的资源配置，使企业的产能利用率保持在合理的水平上。当然，管理者必须要用发展的眼光对的企业进行管理，不能只看眼前，而要根据实际情况为企业制订长期的、合理的产销计划，并且要时刻对行业动态保持警惕，高度关注企业生产经营状况，随时对企业规划进行调整。

② 实行“零库存”管理

“零库存”是指企业存货的数量很低，甚至可以为“零”，企业几乎没有库存。“零库存”的出现源于20世纪六七十年代，日本丰田汽车公司实行“准时制”生产，根据产品的需求量进行生产，也就是说，企业根据下游客户对产品的品种、规格、质量、数量、时间、地点等要求进行生产，保证产品完工之后及时送达客户指定的地点，时间不早也不晚，数量不多也不少，从而保证企业不存在或者是尽量少的存在库存商品。与此同时，企业对上游客户的要求也是相同的，指定上游客户根据企业对原材料的要求在合适的时间送到合适的地点，到达之后即刻开始对原材料进行加工生产，保证企业不存在多余的暂时不需要的原材料。除了日本丰田汽车公司之外，许多国内外知名的企业都实行了“零库存”管理，例如美的集团、戴尔公司、海尔集团、宝洁公司、沃尔玛等。

企业实行“零库存”管理可以较大程度地节省成本，例如仓库的建设成本、仓库的维修、维护费用及存货的保管费用、维护费用、搬运费用等。"零库存"管理不仅可以为企业节省成本，而且还能有效减少存货对企业资金的占用，加快企业资金的周转速度，企业一可以利用这些资金扩大生产规模，加速企业发展。与此同时，"零库存"还能降低企业存货由于行业走势波动、产品更新换代、产品滞销等导致的价格风险。

除了有效提高企业对成本的管理水平之外，"零库存"管理还能有效降低企业的成本黏性。企业"零库存"管理就意味着管理者将会根据下游客户对企业产品的需求量制定资源配置计划。当下游客户下订单之后，管理者根据订单的数量要求向上游客户采购相应数量的原材料，再进行生产。在这种管理模式下，企业就能在很大程度上降低资源配置超出产量需要的可能性，成本黏性也会大大降低。

由于受到上游客户供应的不确定性影响、下游客户需求的不确定影响及生产连续性等不可抗因素或是突发事件的影响，"零库存"管理是永远不可能真正实现的，企业的库存量也不可能真正为零。但是，企业对于"零库存"永恒的追求却能够为企业带来良好的收益，能够有效地降低企业的成本支出水平，减少成本黏性。

③ 加强企业管理者的素质培养

除了所有权与经营权分离造成的代理成本之外，企业管理者的专业知识水平与职业道德修养也是造成企业成本管理不善的重要因素。多数中小型民营企业以及部分大型民营企业的管理者是由企业创始人或是其家族成员担任的。作为企业创始人，行业经验丰富，人脉广阔，可能对行业动态有敏锐的洞察力，也可能有过硬的生产技术。然而，就我国目前国情而言，大多数企业的创始人都是早年弃学从商，在摸爬滚打中成长，文化程度较低，没有系统地进行知识的学习，尤其是没有对企业管理进行过培训。这类企业管理者通常是根据自己多年生产经营积累的经验对企业进行管理，缺乏系统科学的知识，缺少企业管理应有的专业技能。

至于其余通过家族血缘关系登上管理层的企业管理者，他们的管理技能也可能较低。这类型的管理者，接触行业的时间短，而且基本都是"空降"至管理层，对于企业基层的生产经营缺乏最基础的认识与了解。他们并不是通过竞争得到企业管理者的职务，而是因为与企业的家族关系成为管理者，因此，他们的文化知识水平与管理能力都相对有限。

企业管理者的管理能力是企业管理水平好坏的关键要素。就我国目前国情而言，加强企业管理者的素质培养刻不容缓。一方面，企业可以引进素质高能力强的专业经理人对企业进行管理。另一方面，企业也可以对自身现有的管理者进行培训。为企业管理者设计一系列全面系统的管理课程，从管理技能与职业素养方面对管理者进行全方位的提高，可以有效提高企业的管理水平，从而降低成本黏性。

④ 建立合理的企业管理者薪酬制度

企业管理者对于企业的成本管理水平起着决定性的作用，如果我们想要提高企业的成本管理水平，降低企业的成本黏性，就需要慎重考虑企业管理者的激励方法，也就是企业管理者的薪酬制度。由于企业经营权与所有权的分离，导致企业管理者的利益与企业所有者的利益有所冲突，也就是说，企业管理者为了使自身利益最大化，很可能会牺牲所有者的利益。为了避免企业管理者与所有者的利益目标不一致导致所有者的利益受到损害该为管理者制定出合理的薪酬制度，与所有者的利益目标相似或者一致。将管理者的利益与企业的利益联系在一起，企业应使管理者从这个角度来看，股权激励是一种很好的激励方法。所有者可以将企业的一小部分股权给予管理者作为薪酬，并且规定在5年或10年或一定时间内不允许出售该股权。管理者为了让自己占有的股份获取更高的收益，就会尽心竭力为企业服务，缩减成本，增加收入，让企业的利润增长，股票价值也会相应上涨。对于规模较小、尚未上市的企业，所有者可以制订成本计划，通过管理者的计划完成情况发放奖金，激励管理者对成本进行管理，节约成本，减小成本黏性。

⑤ 建立健全的企业内部治理结构

从原则上讲，企业管理者的职责是执行董事会的决定。然而，就我国目前国情而言，董事会多数成员均由企业管理者担任，再加上企业管理者与董事会的信息不对称性，以及管理者拥有的丰富的专业知识与管理技能，董事会很可能受到管理者的较大影响，失去董事会应有的独立性，成为管理者的傀儡组织。

笔者认为，应该从企业外部聘请独立董事担任企业的董事成员，这些独立董事不仅要有过硬的专业知识与职业素养，最重要的是还要保持自身的独立性，不应与企业管理者有任何利益关系或是亲属关系。另外，企业还应设立监事会，对董事会的运行及管理者的行为进行监督。

6.3 全部产品成本分析

6.3.1 全部产品成本分析的方法论思想

全部产品成本分析是指将全部产品本年实际总成本与按本年实际产量调整的计划总成本进行比较，计算出全部产品总成本降低额和总成本降低率，借以分析全部产品成本的升降情况。由于全部产品计划总成本是按各种产品的计划产量与计划单位成本的乘积加总而得的，与本年实际总成本的比较基础不一致。为了排除产品产量因素的影响，需要单纯考核成本水平的变动对成本降低情况的影响，所以先要按实际产量调整计算计划总成本。

全部产品包括可比产品与不可比产品。可比产品既有上年的成本资料，也有计划的成本资料；而不可比产品只有计划的成本资料，没有上年的成本资料。因此，全部产品成本分析只能用实际成本与计划成本进行比较分析。

6.3.2 全部产品成本分析的具体方法

全部产品成本分析的基本资料，可借助于企业内部成本报表中的商品产品报表及其成本计划表的有关资料整理而成。具体分析可按产品品别分析和按成本项目分析两方面进行。

（1）按产品品别分析全部产品成本

按产品品别分析全部产品成本计划完成情况时，直接利用实际商品产品成本报表。通过按产品品别进行全部产品成本分析，不仅能说明全部产品成本计划执行情况，而且反映了各种产品成本完成计划的情况。按产品品别进行成本分析所编制的全部产品成本分析表的一般格式如表 6-7 所示。

表 6-7 全部产品成本分析表

产品名称	① 实际产量按计划成本计算总成本（＝计划单位成本×实际产量）	② 实际产量按实际成本计算总成本（＝实际单位成本×实际产量）	③ 实际比计划降低额（元）（③＝②－①）	④ 实际比计划降低率（④＝③÷①）
可比产品 产品 A 产品 B				
不可比产品 产品 C				
全部产品				

（2）按成本项目分析全部产品成本

按产品品别进行成本分析，虽然能了解各种产品成本的升降情况（即哪些产品成本上升，哪些产品成本下降），但是究竟哪些成本项目超支、哪些成本项目节约还不清楚，因而有必要将全部商品产品成本分成本项目进行分析。

通过按成本项目进行的成本分析，可以确定全部商品产品实际成本与计划成本的差异，主要是由于哪些成本项目变动的结果，从而可以有重点地研究成本变动的原因，以便企业可以有的放矢地改善日常的成本管理工作。

当然，因为有的企业没有现成的按成本项目反映的资料，所以在采用该方法时需要重新编制成本资料。为了消除产量因素的影响，在编制按成本项目反映的成本分析资料时，同样需要把产量固定在本年实际水平。按产品成本项目进行成本分析。编制全部产品成本分析表的一般格式如表 6-8 所示。

表 6-8 全部产品成本分析表（按成本项目）

成本项目	① 实际产量按计划成本计算（＝某项目计划单位成本×实际产量）	② 实际产量按实际成本计算（＝某项目实际单位成本×实际产量）	③ 实际比计划降低额（元）（③＝②－①）	④ 实际比计划降低率（④＝③÷①）
直接材料				
直接人工				
制造费用				
合计				

（3）按成本性态构成进行分析

这种分析是将全部产品成本，按其习性划分为变动成本和固定成本，然后确定其变动成本和固定成本的降低额和降低率。分析时，同样要根据全部产品成本表的资料和有关资料，来编制全部产品成本分析表，如表 6-9 所示。在具体分析时，还需要进一步分析变动成本各项目中产生降低和超支的原因及固定制造费用超支的原因。

表 6-9　全部产品成本分析表

成本项目	全部产品成本		降低指标	
	计划	实际	降低额	降低率/%
变动成本：				
直接材料				
直接人工				
变动制造费用				
固定成本：				
固定制造费用				
制造成本				

6.4　可比产品成本分析

6.4.1　可比产品成本降低任务及其完成情况的计算

（1）可比产品成本降低任务指标

可比产品成本降低任务有两项：可比产品成本降低额指标和可比产品成本降低率指标。它是在编制成本计划时确定的。该指标主要反映企业本年计划成本与上年成本的差异。其计算公式如下。

$$\text{可比产品成本计划降低额} = \sum \text{计划产量} \times (\text{上年实际单位成本} - \text{本年计划单位成本})$$

$$\text{可比产品成本计划降低率} = \frac{\text{可比产品成本计划降低额}}{\sum(\text{计划产量} \times \text{上年实际单位成本})} \times 100\%$$

企业制定可比产品成本降低任务指标，可通过编制“可比产品成本降低任务计算表”进行，如表 6-10 所示。

表 6-10　可比产品成本降低任务计算表

产品名称	① 计划产量	单位成本		总成本		成本降低指标	
		② 上年实际	③ 本年计划	④ 按上年成本计算（④＝①×②）	⑤ 按计划成本计算（⑤＝①×③）	⑥ 降低额（⑥＝④－⑤）	⑦ 降低率（⑦＝⑥÷④×100%）
产品 A							
产品 B							
合计							

(2) 可比产品成本实际降低指标

可比产品成本实际完成情况的指标也有两个：可比产品成本实际降低额指标和降低率指标。它们必须通过实际核算资料了确定。该两项指标主要反映企业本年实际成本与上年实际成本的差异。其计算公式如下。

$$可比产品成本实际降低额 = \sum 实际产量 \times (上年实际单位成本 - 本年实际单位成本)$$

$$可比产品成本实际降低率 = \frac{可比产品成本实际降低额}{\sum (实际产量 \times 上年实际单位成本)} \times 100\%$$

企业计算可比产品成本实际完成情况，可通过编制“可比产品成本实际完成情况计算表”进行，如表 6-11 所示。

表 6-11　可比产品成本实际完成情况计算表

产品名称	① 实际产量	单位成本			总成本		
		② 上年实际	③ 本年计划	④ 本年实际	⑤ 按上年成本计算(⑤=①×②)	⑥ 按计划成本计算(⑥=①×③)	⑦ 按实际成本计算(⑦=①×④)
产品 A							
产品 B							
合计							

在表 6-11 的基础上，可得到可比产品实际成本降低额和可比产品实际成本降低率两个指标，其计算过程如下。

可比产品实际成本降低额＝⑤－⑦

可比产品实际成本降低率＝(②－④)÷②×100%

＝(⑤－⑦)÷⑤×100%

(3) 可比产品成本降低任务完成情况

可比产品成本降低任务完成情况，是指可比产品成本实际降低指标与其计划降低指标比较所形成的差异，包括超计划降低额和超计划降低率。其计算公式如下。

超计划降低额＝实际降低额－计划降低额

超计划降低率＝实际降低率－计划降低率

6.4.2　可比产品成本降低任务完成情况的原因分析

通过可比产品成本的实际完成情况与计划降低任务的差异计算，可以发现可比产品成本降低任务是否完成。在此基础上，还应进一步分析产生差异的原因，区分有利因素和不利因素、主观因素和客观因素，挖掘降低成本的潜力。

(1) 影响可比产品成本的因素

从前面的计算分析，不难得到如下综合计算公式。

$$可比产品成本降低额 = [\sum (产量 \times 上年单位成本)] \times 可比产品成本降低率$$

$$= [\sum (产量 \times 上年单位成本)] \times [\sum (产品结构 \times 个别产品成本降低率)] \quad (6\text{-}5)$$

由式(6-5)可看出，影响可比产品成本的因素有3个：产品产量、产品结构和个别产品成本降低率(单位产品成本)。

这三个因素都会影响可比产品成本降低额指标。可是其中影响可比产品成本降低率的因素，只有产品结构和单位产品成本(个别产品成本降低率)两个因素，产品产量并不影响可比产品成本降低率。值得注意的是，所谓产品结构是指各种产品的产量占全部产品产量的比重。可是因为各种不同产品的实物不能简单相加，所以在分析可比产品成本时，应将各种产品的产量及总产量以货币价值反映出来，即借助于上年单位成本这个货币量指标来进行计算。这样，产品结构就是指各种产品的产量(按上年单位成本计算的成本)占总产量(按上年单位成本计算的总成本)的比重。其计算公式为：

$$\text{某产品结构} = \frac{\text{某产品产量} \times \text{该产品上年单位成本}}{\sum(\text{各产品产量} \times \text{各产品上年单位成本})} \times 100\%$$

另外需要注意的是，根据所采用的产量是计划产量还是实际产量，所计算出来的产品结构，也有计划结构和实际结构之分。相应地，可比产品成本降低额也可以有计划降低额和实际降低额之分。

(2) 各因素变动对可比产品成本降低任务的影响

① 产量变动对可比产品成本降低额的影响

产量因素对可比产品成本降低额的影响是指在假设产品结构和单位产品成本不变时，单纯产品产量变动对可比产品成本的影响。当产品结构和单位成本不变时，产量变动会引起可比产品成本降低额同比例的变动，而不影响可比产品成本降低率。相关计算公式为：

$$\begin{array}{c}\text{产量变动对可比产品}\\\text{成本降低额的影响}\end{array} = \{\sum[(\text{实际产量} - \text{计划产量}) \times \text{上年单位成本}]\} \times \text{可比产品成本计划降低率}$$

或

$$\begin{array}{c}\text{产量变动影响的可比}\\\text{产品成本降低额}\end{array} = \text{可比产品成本计划降低额} \times (\text{综合产量完成率} - 1)$$

其中

$$\text{综合产量完成率} = \frac{\sum(\text{实际产量} \times \text{上半年单位成本})}{\sum(\text{计划产量} \times \text{上半年单位成本})}$$

② 产品结构变动对可比产品成本降低额的影响。

其相关计算公式为：

$$\begin{array}{c}\text{产品结构变动影响的}\\\text{可比产品成本降低额}\end{array} = \{\sum[\text{实际产量} \times (\text{上年单位成本} - \text{计划单位成本})]\} - \text{可比产品成本计划降低额} \times \text{综合产量完成率}$$

$$\begin{array}{c}\text{产品结构变动影响的}\\\text{可比产品成本降低额}\end{array} = \sum(\text{实际结构} - \text{计划结构}) \times [\text{个别产品成本计划降低率}] \times [\sum(\text{实际产量} \times \text{上年单位成本})]$$

③ 产品结构变动对可比产品成本降低率的影响

其相关计算公式为

$$\text{产品结构变动对可比产品成本降低率的影响}=\frac{\text{产品结构变动影响的可比产品成本降低额}}{\sum(\text{实际产量}\times\text{上年单位产品成本})}\times 100\%$$

④ 单位成本变动对可比产品成本降低额的影响

其相关计算公式为

$$\text{单位成本变动影响的可比产品成本降低额}=\sum \text{实际产量}\times(\text{计划单位成本}-\text{实际单位成本})$$

或

$$\text{单位成本变动影响的可比产品成本降低额}=\sum(\text{实际产量}\times\text{计划单位成本})-\sum(\text{实际产量}\times\text{实际单位成本})$$

⑤ 单位成本变动对可比产品成本降低率的影响

其相关计算公式为

$$\text{单位成本变动影响的可比产品成本降低率}=\frac{\text{单位成本变动影响的可比产品成本降低额}}{\sum(\text{实际产量}\times\text{上年单位产品成本})}\times 100\%$$

【例 6-8】 某企业 2010 年的可比产成本相关资料如表 6-12 和表 6-13 所示。

表 6-12 可比产品成本降低任务表

元

产品名称	单位成本			总成本		成本降低指标	
	① 计划产量/件	② 上年实际	③ 本年计划	④ 按上年成本计算（④=①×②）	⑤ 按计划成本计算（⑤=①×③）	⑥ 降低额（⑥=④−⑤）	⑦ 降低率（⑦=⑥÷④×100%）
产品甲	300	50	45	15 000	13 500	1 500	10%
产品乙	400	75	70	30 000	28 000	2 000	6.67%
合计	—	—	—	45 000	41 500	3 500	7.78%

表 6-13 可比产品成本实际完成情况表

元

产品名称	单位成本				总成本		
	① 计划产量/件	② 上年实际	③ 本年计划	④ 本年实际	⑤ 按上年成本计算（⑤=①×②）	⑥ 按计划成本计算（⑥=①×③）	⑦ 按实际成本计算（⑦=①×④）
产品甲	400	50	45	40	20 000	18 000	16 000
产品乙	550	75	70	72	41 250	38 500	39 600
合计	—	—	—	—	61 250	56 500	55 600

要求：

(1) 计算甲、乙产品的实际成本降低率和可比产品总成本降低率；

(2) 计算可比产品成本降低任务完成情况；

(3) 计算并分析可比产品成本降低任务完成情况的具体原因。

解答；

(1) 甲产品实际成本降低率=(50－40)150×100％=20％

乙产品实际成本降低率=(75－72)－75×100％=4％

可比产品总成本实际降低额=61 250－55 600=5 650(元)

可比产品总成本实际降低率=5 650÷61 250×100=9.22 ％

(2) 可比产品成本降低任务完成情况如下。

超计划降低额=5 650－3 500=2 150(元)

超计划降低率=9.22％－7.78％=1.44％

(3) 可比产品成本降低任务完成情况的原因分析。

① 产量因素变动的影响分析。

$$\text{产量变动影响的可比产品成本降低额} = \{\sum[(\text{实际产量}-\text{计划产量})\times\text{上年单位成本}]\}\times\text{可比产品成本计划降低率} = (61\,250-45\,000)\times 7.78\% = 1\,264(\text{元})$$

或　综合产量完成率=61 250÷45 000×100％=136.11％

$$\text{产量变动影响的可比产品成本降低额}=\text{可比产品成本计划降低额}\times(\text{综合产量完成率}-1)$$

$$=3\,500\times(136.11\%-1)=1\,264(\text{元})$$

② 产品结构因素变动的影响分析。

甲产品计划结构=(300×50)÷(300×50＋400×75)×100％=33.33％

乙产品计划结构=(400×75)÷(300×50＋400×75)×100％=66.67％

甲产品实际结构=(400×50)÷(400×50＋550×75)×100％=32.65％

乙产品实际结构=(550×75)÷(400×50＋550×75)×100％=67.35％

其实，在前面计算可比产品成本降低率时也可用成本结构来计算(如下)。

可比产品成本计划降低率=33.33％×10％＋66.67％×6.67％=7.78％

可比产品成本实际降低率=32.65％×2 000＋67.35％×4％=9.22％

产品结构变动影响的可比产品成本降低额 $=[\sum(\text{实际结构}-\text{计划结构})\times$ 个别产品成本计划降低率$]\times\sum(\text{实际产量}\times\text{上年单位成本})=[(32.5\%-33.33\%)\times 10\%+(67.35-66.67\%)\times 6.7\%]\times 61\,250=-14(\text{元})$

$$\text{产品结构变动对可比产品成本降低率的影响}=\frac{\text{产品结构变动影响的可比产品成本降低额}}{\sum(\text{实际产量}\times\text{上年单位产品成本})}\times 100\%$$

$$=\frac{-14}{61\,250}\times 100\%=-0.023\%$$

③ 单位成本因素变动的影响分析

$$\text{单位产品变动影响的可比产品成本降低额}=\sum(\text{实际产量}\times\text{计划单位成本})-\sum(\text{实际产量}\times\text{实际单位成本})$$

$$=56\,500-55\,600=900(\text{元})$$

汇总计算结果

$$1\,264-14+900=2\,150(\text{元})$$

$$-0.023\%+1.47\%=1.447\%$$

与1.44%的总比率相差0.007%是由于小数点误差导致的。

分析结果表明以下几点：

① 由于综合产品产量完成率达136.11%，超计划完成36.11%，使可比产品成本降低额增加了1 264元。不仅综合产量而且每种产品的产量都超过了计划。若销路不成问题，产量超额完成不仅可以使可比产品成本降低额增加，而且会引起利润总额增加。

② 由于产品结构变动使得可比产品成本降低额减少了14元，可比产品成本降低率下降了0.023%。根据前而计算出的结构指标可看出，甲产品由计划结构33.33%下降到实际结构32.65%，乙产品由计划结构66.67%上升到67.35%。由于甲产品的计划成本降低率10%大于乙产品的计划成本降低率6.67%。也就是说，企业成本降低率高的产品比重下降，而成本降低率低的产品比重上升，从而使得可比产品成本降低额和降低率产生了不利影响。产品结构的这种变动可能存在问题，应结合各产品的具体市场情况来分析。

③ 由于企业单位产品成本变动，使可比产品成本降低额增加了900元，可比产品成本降低率提高了约1.47%，这是一种有利的变动，但其中也存在问题。甲产品单位成本实际比计划节约了5元，但乙产品单位成本实际比计划上升了2元。因此，企业应进一步分析乙产品单位成本上升的具体原因，以采取改进措施。

6.5 产品单位成本分析

在工业企业产品成本分析中，除了要对全部商品产品成本进行分析外，还要各种商品产品的单位成本进行分析。通过对产品单位成本进行分析，可以确定该产品的设计、生产工艺和消耗定额等因素的变化对产品成本的影响。同时，也只有在对产品单位成本进行分析以后，才能确切了解商品产品脱离计划的具体原因，从而正确地评价企业的成本管理工作，具体地制订出进一步降低成本的措施。但是，应注意的是工业企业的产品种类较多，在进行产品单位成本分析时应将重点放在主要产品上。只有这样，才能抓住关键，在成本降低方面取得更好的效果。

单位成本完成情况的分析是根据“产品单位成本表”上的有关数据资料及其他有关资料，首先，分析单位成本实际数与基准数的差异，确定单位成本是升高了还是降低了，升降幅度是多少；然后再按成本项目分别进行比较分析，考察每个项目的升降情况；最后，可针对某些主要项目的升降情况，作进一步深入的分析，查明引起项目成本降低的原因。

6.5.1 产品单位成本的比较分析

在进行产品单位成本分析时，一般先从产品成本总的方面来研究单位成本的实际数比上期、比计划、比历史先进水平的升降情况，然后着重对主要产品按成本项目进行分析，研究其变动情况，查明成本升降的原因。具体分析结果见表 6-14。

表 6-14 丙产品单位成本分析表

成本项目	计划成本/元	实际成本/元	节约(－)或超支(＋)	
			金额/元	百分比/%
直接材料	252	275	＋23	＋9.13
直接工资	63	48	－15	－23.8
制造费用	105	102	－3	－2.86
合计	420	425	＋5	＋1.19

上述计算表明：丙产品每件实际成本比计划提高 5 元，提高幅度为 1.19%，其单位成本升高的主要原因是材料费用上升，每件达 23 元，上升幅度为 9.13%；而直接工资费用、制造费用比计划下降，节约幅度较大。至于这些项目超支、节约的具体原因是什么，则应对成本项目作具体的分析。

6.5.2 产品单位成本主要项目分析

(1) 直接材料项目分析

直接材料费用一般在产品成本中占有很大比重。材料费用的节约是成本降低的主要方面，所以应对材料费用项目进行进一步分析。在进行材料成本项目分析时，首先将各种主要材料的实际成本与计划成本相比较，查明哪种材料或哪几种材料超降较大；其次分析材料费用超降的原因。材料费用取决于材料消耗量和材料单价两个因素，其关系如下所示：

直接材料费用＝材料消耗量×材料单价

在上述公式的基础上可以用差额计算法进行分析。

材料消耗量变动的影响：

(材料实际耗用量－材料计划耗用量)×材料计划单价

材料价格变动的影响：

(材料实际价格－材料计划价格)×材料实际耗用量

以丙产品资料为例，其材料消耗量与材料单价的计划和实际资料如表 6-15 所示。

表 6-15 丙产品直接材料消耗计划与实际对比

项　目	材料消耗量/千克	材料单价/元	直接材料费用/元
计划数	100	2.52	252
实际数	110	2.5	275
直接材料费用差异			＋23

从表 6-15 中可以看出：本月丙产品单位成本中的直接材料费用实际比计划超支 23 元。其超支的原因是材料消耗量与材料单价变动对材料费用的影响。即：

材料消耗数量变动的影响：

(110－100)×2.52＝＋25.2(元)

材料单价变动的影响：

(2.5－2.52)×110＝－2.2(元)

两因素影响程度合计：

＋25.2－2.2＝＋23(元)

通过上述计算可知，丙产品直接材料费用超支较大的主要原因，是由于材料消耗量超支(由 100 千克上升为 110 千克)，使材料费用超支 25.2 元；由于材料单价降低(由 2.52元下降为 2.5 元)，使材料费用节约了 2.2 元，两者相抵，净超支 23 元。由此可见，应加强对丙产品材料消耗量的控制，寻求降低材料消耗量的有效途径。

(2) 直接工资项目的分析

直接工资项目的分析应结合工资制度来进行。在计件工资制度下，其变动主要是由计件单价变动引起的，应查明该种产品计件单价变动的原因。在计时工资制度下，单位产品成本中的直接工资费用是根据单位产品所耗工时数和每小时的工资费用分配计入的，可比照直接材料费用采用差额计算法进行分析，其计算公式如下：

直接工资费用＝单位产品生产工时×小时工资费用

在上述公式的基础上可以用差额计算法进行分析。

单位产品工时变动的影响：

(单位产品实际工时－单位产品计划工时)×计划小时工资费用

单位产品小时工资费用变动的影响：

(实际小时工资费用－计划小时工资费用)×单位产品实际工时

以丙产品为例，其单位产品工时与直接工资费用的计划和实际资料如表 6-16 所示。

表 6-16　丙产品直接工资计划与实际对比

项　目	单位产品所耗工时/小时	小时工资费用/元	直接工资费用/元
计划数	10	6.3	63
实际数	8	6	48
直接工资费用差异			－15

从表 6-16 中可以看出：本月丙产品单位成本中的直接工资费用实际比计划节约 15 元。其节约的原因是单位产品所耗工时与小时工资费用变动对工资费用的影响。

单位产品所耗工时变动的影响：

(8－10)×6.3＝12.6(元)

小时工资费用变动的影响：

(6－6.3)×8＝2.4(元)

两因素影响程度合计：

12.6－2.4＝15(元)

通过上述计算可知，丙产品直接工资费用节约，一是由于单位产品所耗工时减少（由10工时降低为8工时），使工资费用节约12.6元；二是小时工资费用降低（由6.3元下降为6元），使工资费用节约了2.4元，两者相加，净节约15元。由此可见，单位产品所耗工时下降是工资费用节约的主要原因。

（3）制造费用项目的分析

制造费用一般是间接计入费用，产品成本中的制造费用一般是根据生产工时等分配标准分配计入的。因此，产品单位成本中的制造费用的分析，通常与计时工资制度下直接工资费用的分析相类似，即先分析单位产品所耗工时变动和小时制造费用变动两因素对制造费用变动的影响，然后查明这两个因素变动的具体原因。其计算公式如下：

制造费用＝单位产品生产工时×小时制造费用

在上述公式的基础上可以用差额计算法进行分析。

单位产品工时变动的影响：

（单位产品实际工时－单位产品计划工时）×计划小时制造费用

单位产品小时制造费用变动的影响：

（实际小时制造费用－计划小时制造费用）×单位产品实际工时

以丙产品资料为例，其单位产品工时与制造费用的计划和实际资料如表6-17所示。

表6-17　丙产品制造费用计划与实际对比

项　目	单位产品所耗工时/小时	小时制造费用/元	制造费用/元
计划数	10	10.5	105
实际数	8	12.75	102
制造费用差异			－3

从表6-17中可以看出：本月丙产品单位成本中的制造费用实际比计划节约3元。其节约的原因是单位产品所耗工时与小时制造费用变动对制造费用的影响。

单位产品所耗工时变动的影响：

（8－10）×10.5＝－21（元）

小时制造费用变动的影响：

（12.75－10.5）×8＝＋18（元）

两因素影响程度合计：

－21＋18＝－3（元）

通过上述计算可知，丙产品制造费用节约的主要原因，是由于单位产品所耗工时减少（由10工时降低为8工时），使制造费用节约21元；但由于小时制造费用上升（由10.5元上升为12.75元），使制造费用超支了18元，两者相加，净节约3元。由此可见，企业应重点对丙产品制造费用超支进行具体分析，查明超支的原因，寻求降低制造费用的有效途径。

6.6　产品成本变动影响因素分析

影响产品成本变动的基本因素有两类：一类是来自企业外部的因素，另一类是来自企业内部的因素。外部因素属于市场经济的因素，内部因素属于企业经营管理的因素。这两类因素在一定条件下是相互制约的，而在一定条件下又是相互促进的。因此，在进行成本分析时，应注意对影响产品成本变动的因素加以区分，只有这样才有利于划清责任，考核效益，评价质量，挖掘潜力。

6.6.1　影响产品成本变动的外部因素

（1）企业所处的地理位置和资源条件

企业所处的地理位置和资源条件是影响产品成本水平的一项外部因素。由于企业距离原材料、燃料和动力的供应地点远近不同，企业距离产品销售的市场远近不同，因而其购入价格、运输费、保险费、包装费等就有所不同，这些必然影响材料采购成本和产品销售成本。由于气候条件的不同，也会影响企业的资产结构和生产工艺，进而影响企业的费用水平。对于采掘工业和农产品加工工业来说，企业所处的自然资源条件也是影响成本水平的一项重要因素。

（2）企业的生产经营规模和技术装备水平

企业生产经营规模的大小，产品结构、技术结构、企业组织结构是否合理，也会决定和影响企业的成本水平。一般来说，随着企业生产规模的扩大，就会相对降低单位产品成本中的固定费用，从而降低单位产品成本水平。同时，为进一步降低产品成本，提高企业生产的经济效益，还应为采取更先进的产品设计和工艺创造有利的条件。对于同样规模的企业来说，由于其技术装备水平和由此决定的机械化、自动化程度的不同，因而其成本水平也会有所不同。

（3）企业专业化和协作的水平

企业进行专业化生产，与其他企业协作与联合，有利于高新技术的采用，有利于先进的专用设备及加工工艺的推广和应用。专业化与协作的结果会简化企业生产管理工作，提高企业产品质量和劳动生产率，最终降低企业的产品成本。因此，企业按专业化、协作与联合经营的原则组织工业生产是实现资源优化配置、发展规模经济的唯一出路。

此外，产品市场需求的变动、生产资料市场价格的变动、国家的产业政策、国民经济的增长速度、宏观调控目标、固定资产投资规模、货币供应量与信贷规模、流通体制、社会保障体制，以及宏观管理体制的改革、宏观决策的正确与否等，都会对企业成本的变化产生直接或间接的影响。

分清以上影响产品成本变动的外部因素，有利于正确地考核和评价企业的成本管理工作，并努力采取各种措施，以适应客观经济条件的变化，达到降低产品成本的目的。但是外部因素不属于企业成本分析的重点，企业成本分析的重点是对内部因素的分析。

6.6.2 影响产品成本变动的内部因素

（1）劳动生产率水平的高低

劳动生产率水平的高低，既受市场供求的影响，又受企业经营管理好坏的影响。提高劳动生产率不仅可以降低单位产品成本中的计时工资费用和固定费用，而且还可以连带地促进对固定资产、原材料、动力利用的改善，进而降低单位产品成本中的物化劳动消耗。随着科学技术的进步，先进的科学技术工艺和装备的广泛采用，必将大幅度地提高劳动生产率，从而降低产品成本。因此，企业应从实际出发，综合考虑市场需求，具体分析劳动生产率水平高低对产品成本的影响。

（2）材料、燃料和动力的利用效果

由于材料、燃料和动力的消耗在企业产品成本中占有较大的比重。降低单位产品的材料、燃料和动力的消耗，提高其利用效果，就能达到降低产品成本的目的。因此，材料、燃料和动力的利用效果是影响产品成本升降的一项重要的内部因素。

（3）生产设备的利用效果

提高生产设备的利用率，改善其对工时的利用情况，就能在一定时间内促进原材料加工量和产品产量，从而相对降低单位产品成本中的固定资产折旧费、维修费、计时工资和制造费用等。因此，生产设备的利用效果，也是影响产品成本的一项重要的内部因素。

（4）产品质量水平

产品质量水平常用合格率、返修率和废品率等指标反映。提高产品的合格率，降低其返修率和废品率，就意味着提高了产品的质量水平。而产品质量水平的提高，必然使产品的修复费用、废品损失和停工损失及不合格品的降价损失、三包损失与索赔损失等减少，从而使有效产品的产量增加，降低产品成本。因此，产品质量水平的高低，也是影响产品成本的主要内部因素之一。

（5）工资水平与制造费用水平

在产品产量一定的情况下，工资总额越高，制造费用越大，单位产品成本就会越高。因此，严格控制工资总额、提高工时利用率、合理简化生产部门管理机构并控制相关费用，就能控制产品成本并使之逐步降低。此外，企业经营管理水平，经营决策的正确与否，材料、燃料和动力的管理体制，产品开发与科研工作的进展，信息网络的建设情况，职工人员的素质等，均对企业产品成本水平有着直接或间接的影响。

7 企业经济效益分析——财务分析

7.1 偿债能力分析

企业偿债能力是指企业对各种到期债务偿付的能力。如果到期不能偿付债务,则表示企业偿债能力不足,财务状况不佳。因此,财务分析首先要对企业偿债能力进行分析。偿债能力分为短期偿债能力和长期偿债能力,其评价指标也各有侧重。

7.1.1 短期偿债能力的分析及主要评价指标

短期偿债能力是指企业偿还短期债务的能力。短期债务又称流动负债。企业的流动资产是短期内可变现的资产,是偿还流动负债的基础。因此,衡量一个企业的短期偿债能力,主要是对流动资产和流动负债的分析,流动资产大于流动负债,说明企业具有短期偿债能力;反之,偿债能力不足。流动资产越多,偿债能力越强。

分析短期偿债能力的主要指标有流动比率、速动比率和现金比率等。

(1) 流动比率

流动比率是流动资产与流动负债之比。即企业用以偿付每元流动负债所具有的流动资产额。它是衡量企业短期偿债能力的常用比率。其计算公式为:

$$流动比率=\frac{流动资产}{流动负债}$$

例如:某企业某年 12 月 31 日流动资产总额为 180 万元,流动负债总额为 100 万元。其流动比率为:

$$\frac{180}{100}=1.8$$

评价流动比率的标准,一般以 2∶1 左右较好。流动比率过高,虽然表示企业资产的流动性较强,有足够的资产变现来偿还债务,但并不说明有足够的现金可以还债,也可能存在存货积压、应收账款增多等情况,因此还要结合现金流量进行分析。如果现金过多,则说明企业资金过多地滞留在流动资产形态上,未能参加生产经营运转;流动比率过低则说明企业资金不足,偿债能力低下。在运用这一指标时,要因行业而异,同时还要结合资产结构、周转及现金流量情况进分析。如果周转性差，则评价标准还可适当降低。

(2) 速动比率

速动比率是企业速动资产与流动负债之比。即企业用以偿付每元流动负债所具有的速动资产额。这是衡量企业近期偿债能力的比率，又称酸性测验比率。其计算公式为：

$$速动比率=\frac{速动资产}{流动负债}$$

速动资产是企业在较短时间内能变为现金的流动资金，但不包括存货，因此存货是要通过销售经应收款项后才能变现，其流动性相对较差。所以，速动资产变现能力强，具有较强的偿债能力。

例如：某企业某年12月31日流动资产总额180万元，存货为75万元。其速动比率为：

$$\frac{105}{100}=1.05$$

对速动比率的评价，一般是1∶1，表示企业有较好的偿债能力。比率过高，资金往往可能滞留在应收款项形态上；而比率过低，则又表示支付能力不足，运用这个指标时，也要因行业而异。

(3) 现金比率

现金比率是现金类资产对流动负债的比率。现金类资金包括货币资金与短期投资。它是衡量企业即时偿债能力的比率。其计算公式为：

$$现金比率=\frac{现金+短期债券}{流动负债}$$

现金比率越高，说明现金类资产在流动资产中所占比例越大，企业应急能力也就越强，具有较强的举债能力。但是，闲置过多的现金也是不科学的。现金比率过低，说明现金类资产在流动资产中所占比例越小，应急能力也就越差。一般认为，评价现金比率的标准以适度为好。

(4) 营运资金

营运资金是指企业流动资产超过流动负债的那部分资金，是企业用以维持日常经营正常运行所需要的资金，即企业在生产经营过程中使用流动资产的净额。它是衡量企业短期偿债能力的绝对数指标。其计算公式为：

$$营运资金=流动资产-流动负债$$

仍以某企业资料为例：

$$营运资金=180-100=80(万元)$$

企业的营运资金表现为正数，说明企业具有较大的举债潜力；企业营运资金表示为负数，即没有营运资金，则表示企业无力归还短期债务，存在较大的还债风险。但这并不意味着企业营运资金越多越好。营运资金过多说明企业没有利用外来资金扩大经营规模，失去获取更多利润的机会。一般认为，对营运资金的评价标准以占流动资产一半为宜,即营运资金与流动负债持平。

7.1.2 长期偿债能力的分析及其主要评价指标

长期偿债能力是指企业偿还长期债务的能力。衡量企业长期偿债能力主要是看企业资金结构是否合理、稳定及企业长期盈利能力的大小。因此长期偿债能力分析的主要指标有:资产负债率、产权比率、已获利息倍数等指标。

(1) 资产负债率

资产负债率亦称负债比率或杠杆比率。这是企业负债总额与资产总额之比,即每元资产所承担负债的数额。它是衡量在清算时保护债权人利益的程度。其计算公式为:

$$资产负债率=\frac{负债总额}{资产总额}$$

例如:某企业的负债总额为100万元,资产总额为180万元,其负债总额对资产总额的比率为:

$$\frac{100}{180}=0.56$$

这个指标反映了在企业总资产中债权人所提供的比重。因此比率越大,说明在企业总资产中由债权人提供的部分越多,企业负债就多,再举债就困难。如此比率较小,说明在企业总资产中由债权人提供的部分越少,企业财力较强,债权保障程度较高。但也反映了企业利用债权人提供资金进行生产经营从而增强获利能力的机会不够。因此,评价这个指标的标准,一般以50%左右为宜。

(2) 产权比率

产权比率又称负债权益比率,是企业负债总额与所有者权益之比。它反映债权人提供的资本与所有者提供的资本的相对关系,说明了企业的财务结构与债权人投入资本受所有者权益的保障程度。其计算公式为:

$$产权比率=\frac{负债总额}{所有者权益}$$

例如:某企业某年长期负债为75万元,所有者权益为60万元,其产权比率为:

$$\frac{75}{60}=1.25$$

产权比率越低,表示企业的长期偿债能力越强,债权人就越有安全感;反之,比率越高,企业长期偿债能力越弱,债权人就不安全。这个指标的评价标准,一般应小于1。此例中看出该企业借款比重较大,债权人受所有者权益保障程度较低。

(3) 已获利息倍数

已获利息倍数是企业在一定时期内税息前利润与利息之比。它是衡量企业偿付借款利息的承担能力和保证程度,同时也反映了债权人投资的风险程度。其计算公式为:

$$已获利息倍数=\frac{利润总额+利息}{利息}$$

(利息=计入费用的利息+计入固定资产的利息)

例如:某企业某年利润总额为8万元,利息为2万元,其已获利息倍数为:

$$\frac{8+2}{5}=5$$

对这个指标的评价标准，要看行业水平或企业历史水平，一般按利润较低的水平评价。这个指标的倍数越高，说明企业承担利息的能力越强。如果倍数小于1，则表示企业的获利能力无法承担举债经营的利息支出。此例中说明该企业已获利息保障程度为5倍。假如，行业水平或企业历史水平为6倍，则该企业弥补利息费用的安全程度则降低，债权人的投资风险相应增大。

除以上几个反映企业长期偿债能力的指标外，还有反映债权安全程度的“有形净值债务率”；反映长期资产来自长期负债程度的“长期资产与长期负债比率”；反映固定资产来自长期负债的程度及企业潜在抵押借债能力的“固定资产与长期负债比率”；反映所有者权益用于固定资产程度的“自有资金固定率”；反映长期负债转化为流动负债偿债能力的“长期负责与营运资金比率”；反映固定资产与长期资金平衡性的“固定长期适合率”，以及反映企业运用负债经营对增加企业收益的“财务杠杆系数”等，也都是评价长期偿债能力的指标。

7.2 营运能力分析

营运能力是指企业经营的效率高低，即资金周转的速度快慢及其有效性。营运能力的分析评价指标主要有：流动资产周转率、存货周转率、应收账款周转率等。

7.2.1 流动资产周转率(次数)

企业的经营效率一般用流动资产周转率来表示其速度的快慢及利用效率。

流动资产周转率(次数)是销售收入与流动资产之比，是指在一定时期内流动资产可以周转的次数。其计算公式为：

$$\text{流动资产周转率(次数)}=\frac{\text{销售收入}}{\text{平均流动资产}}$$

这个指标的周转次数越多，说明周转速度越快，利用效率越高。

分析评价企业流动资产周转速度还可用流动资产周转期，它是指流动资产周转一次需要的时间。其计算公式为：

$$\text{流动资产周转期}=\frac{\text{平均流动资产}}{\text{日销售收入}}\text{或}\frac{360\text{天}}{\text{周转次数}}$$

这个指标表明流动资产周转一次的天数。天数越少，说明速度越快，利用效果越好。

例如，某企业某年销售收入为1 800万元，平均流动资产为450万元，其流动资产周转次数和天数为：

$$\text{流动资产周转率(次数)}=\frac{1\,800}{450}=4\text{(次)}$$

$$\text{流动资产周转期(天数)}=\frac{450}{1\,800\div360}=90\text{(天)}$$

使用这个指标时，对平均流动资产的计算一般为(期初＋期末)÷2，企业内部使用时，应按月、按旬平均计算。

7.2.2 存货周转率

在分析流动资产周转率、了解企业流动资产总的周转速度的基础上，要进一步分析流动资产中个别项目的周转速度，可以增强对企业经营效率的分析程度。特别是其中存货周转率尤为重要，因为存货在流动资产中占有极大的比重。

存货周转率是衡量企业销售能力及存货管理水平的综合性指标。它是销售成本与平均存货之比。其计算公式为：

$$存货周转率(次数)=\frac{销售成本}{平均存货}$$

同流动资产周转率一样，存货周转率越高，表示存货周转速度越快，利用效率越高。

分析存货周转速度也可以用存货周转期来表示。存货周转期的计算公式为：

$$存货周转期=\frac{平均存货}{日销售成本}或=\frac{360天}{存货周转率}$$

存货周转期越短，存货周转速度越快，利用效率也就越高。

虽然评价存货周转速度快慢取决于周转次数和周转天数的多少，即周转次数越多，周转天数越少，存货的周转速度就越快，但不等于周转次数越多越好，周转天数越少越好。因为出现这种情况，可能是存货太少或库存经常不足所致。这样就会导致商品脱销，丧失销售机会。因此，对存货周转的评价应注意两点：一是要注意存货的结构，有否存在积压、滞销的存货；二是要注意其他企业和行业水平。

在使用和计算存货周转率指标时也要注意两点：一是对存货的计价方法(加权平均法、移动加权平均法、先进先出法、后进先出法、个别计价法)在一个年度内，必须保持一致，只能用一种计价方法，不能更换，否则会导致掩盖成本的真相。

此外，工业企业的存货包括原材料、在产品和产成品三个部分，也可以分别加以计算。其计算公式为：

$$原材料周转率=\frac{耗用原材料成本}{平均原材料存货}$$

$$在产品周转率=\frac{制造成本}{平均在产品存货}$$

$$产成品周转率=\frac{产品销售成本}{平均产成品存货}$$

7.2.3 应收账款周转率

应收账款是企业流动资产除存货外另一重要项目。应收账款周转率是赊销收入与平均应收账款之比。它是衡量企业应收账款周转速度及管理效率的指标。其计算公式为：

$$应收账款周转率(次数)=\frac{赊销收入净额}{平均应收账款}$$

一般来说，应收账款周转率越高，表明收回货款速度越快，资产流动性越强，可以减少和避免坏账损失。在使用和计算这个指标时应注意以下几点：

(1) 应收账款应为扣除坏账准备后的净值。

(2) 平均应收账款以(期初+期末)÷2 进行计算。

(3) 销售收入以赊销净收入计算，但在一般报表分析时或与其他单位比较时，可按总销售收入计算。

此外，还可以用应收账款回笼期指标来评价应收账款的周转速度。其计算公式如下：

$$\text{应收账款回笼期}=\frac{\text{平均应收账款}}{\text{平均日赊销收入}}\text{或}=\frac{360}{\text{应收账款周转率}}$$

应收账款回笼期也是表明应收账款平均变现速度的指标。它反映收回应收账款所用的时间。回笼期越短，说明收回货款的速度越快，资产流动性越强；反之，回笼期越长，说明收回货款速度越慢，收款情况越差，产生坏账可能性越大。

例如：某企业某年商品赊销净额为 36 000 元，平均应收账款余额为 7 200 元。其周转速度如下：

$$\text{应收账款周转率}=\frac{36\ 000}{7\ 200}=5(\text{次})$$

$$\text{应收账款回笼期}=\frac{7\ 200}{100}=72(\text{次})$$

分析营运能力的指标，除上述主要指标外还有总资产周转率、营运资金周转率、固定资产周转率等。

7.2.4 总资产周转率

总资产周转率是企业销售净额与资产总额之比，它是衡量资产投资规模与销售水平之间的配比情况，其计算公式为：

$$\text{总资产周转率}=\frac{\text{销售收入净额}}{\text{资产总额}}$$

运用总资产周转率分析评价资产使用效率时，还要结合销售利润率一起分析。对资产总额中的固定资产应按净值与原值分别计算分析。总资产周转率越高，说明企业资产投资的效益越好。

例如：某企业 2014 年销售收入净额为 450 万元，资产总额为 150 万元。其资产周转率为：

$$\frac{450}{150}=3(\text{次})$$

7.2.5 营运资金周转率

营运资金周转率是企业销售收入净额与营运资金之比，用来说明企业拥有的每元营运资金能创造多少销售收入。其计算公式为：

$$\text{营运资金周转率}=\frac{\text{销售收入净额}}{\text{平均劳动资金}}$$

评价营运资金周转率指标的要求是，比值越高，周转效率越高。运用和计算这个指标的平均营运资金，亦以(期初+期末)÷2进行计算。

例如：某企业某年销售收入净额300万元，平均流动资产95万元，流动负债65万元。因此，其营运资金95－65＝30(万元)。其营运资金周转率为：

$$\frac{300}{30}=10(\text{元})$$

此例说明该企业营运资金每元可得销售收入10元。以此数与自身纵向比较，或横向与其他企业先进水平比较，即可评价其周转速度。

7.2.6 固定资产周转率

固定资产周转率是企业销售收入净额与固定资产净值之比。它是衡量企业固定资产周转情况的指标。其计算公式为：

$$\text{固定资产周转率}=\frac{\text{销售收入净额}}{\text{平均固定资产净值}}$$

评价这个指标的标准一般是周转率越高，固定资产的利用效率越高，闲置的固定资产越少。

运用和计算固定资产周转率时要注意用固定资产净值即原值减去累计折旧以后的余额。另外，在利用这一指标进行比较时，一般适宜于自身纵向比较，如果与其他企业横向比较，则要注意两个企业的折旧方法是否一致。

7.3 盈利能力分析

盈利能力是企业获取利润的能力。它是衡量企业经营效果的重要指标。分析企业盈利能力，可以从各个不同角度进行。常用的指标有总资产报酬率、股东权益收益率、社会贡献率、社会积累率、销售利润率等。

7.3.1 总资产报酬率

总资产报酬率是以投资报酬为基础来分析评价企业获利能力，是指企业投资报酬与投资总额之间的比率关系。企业的投资报酬是指企业支付的利息和缴纳所得税之前的利润之和；投资总额即当期平均资产总额。它是评价企业通过投资以取得报偿的能力。其计算公式为：

$$\text{总资产报酬率}=\frac{\text{税前利润}+\text{利息支出}}{\text{平均资产总额}}$$

对总资产报酬率的评价，一般是越高越好，它表明企业获利能力强，运用全部资产所获得的经济效益高。

为了正确计算总资产报酬率，对资产总额及利润的数据，也可作适当调整。如资产总额可根据资产负债表中的资产总额剔除一些不能为本期带来效益的资产，如积压滞销的存货、闲置的固定资产、在建工程等；对利润的计算可按未扣除所得税以前的收益计算；固定资产应按净值计算。

例如：某企业某年税前利润为 25 万元，利息支出为 5 万元，年平均资产总额为 200 万元。其总资产报酬率为：

$$\frac{25+5}{200}=0.15$$

对总资产报酬率的评价，其比值越高，说明资产盈利能力越强，资产的利用效益越好。在运用这个指标时，一般可作自身的纵向比较，也可与同行业、先进水平进行横向比较。

7.3.2 股东权益收益率

资本收益率是企业税后净利润与股东权益之比，它是衡量投资者的获利能力与企业管理水平的综合指标。其计算公式为：

$$股东权益收益率=\frac{利润净额}{股东权益总额}$$

例如：某企业 2002 年股东权益总额 150 万元，净利润为 18 万元；2001 年股东权益总额 140 万元，净利润为 15.4 万元，比较资本收益率情况如下：

$$2001\text{ 年股东权益收益率}=\frac{15.4}{140}=0.11$$

$$2002\text{ 年股东权益收益率}=\frac{18}{150}=0.12$$

该企业股东权益收益率 2002 年比 2001 年提高 0.01，说明股东权益效益提高了。

7.3.3 社会贡献率

社会贡献率是企业为社会所做的贡献与全部资产之比，它是衡量企业全部资产为国家、为社会所创造价值的能力。社会贡献总额包括工资(含奖金、津贴等工资性支出)、劳保、退休统筹及其他福利支出、利息支出净额、应缴各类税金及净利润等。其计算公式为：

$$社会贡献率=\frac{社会贡献总额}{平均资产总额}$$

这个指标比值越高，说明为国家、为社会所做的贡献越大；反之，就小。

7.3.4 社会积累率

社会积累率是上缴财政与社会贡献之比，它是衡量社会贡献总额中上缴财政各种税收所占的比例。其计算公式为：

$$社会积累率=\frac{上缴财政总额}{社会贡献总额}$$

7.3.5 销售利润率

销售利润率是企业利润与销售额之间的比例，它是以营业收入为基础分析评价企业获利能力，反映销售收入的收益水平指标，是指每元销售额所获得的利润，一般来说，销售利润率越高，企业获利能力越强，销售收入的收益水平越高。其计算公式为：

$$销售利润率=\frac{利润额}{销售收入}$$

分析企业收入的收益水平，一般使用销售利润率；如果企业投资收益或营业外收支过大时，则要使用营业利润率，如果企业其他业务利润过大时，则要使用主营业务利润率。其计算公式为：

$$营业利润率=\frac{营业利润}{销售收入}$$

分析企业获利能力，首先要看其销售毛利的实现情况，因为它是企业最基本的利润。分析销售毛利的指标是毛利率，是销售收入减去销售成本后的差额与销售收入的比率。其计算公式为：

$$毛利率=\frac{销售毛利}{销售收入}$$

例如：某企业某年有关损益资料如表7-1，要求计算销售利润率、主营业务利润率、毛利率、营业利润率。

表7-1　某企业损益表

项　目	全年累计数/万元
销售收入	410
减：营业成本	270
销售毛利	140
减：销售费用	22
管理费用	29
财务费用	6
销售税金及附加	7
主营业务利润	76
加：其他业务利润	6
营业利润	82
加：投资收益	8
营业外收入	3
减：营业外支出	1
利润总额	92
减：应缴所得税	30.36
利润净额	61.64

根据资料，可计算该企业：

$$毛利率=\frac{140}{410}=0.3415$$

$$主营业务利润率=\frac{76}{410}=0.1854$$

$$营业利润率=\frac{82}{410}=0.20$$

$$销售利润率=\frac{61.64}{410}=0.1503$$

7.3.6 成本毛利率

成本毛利率是销售收入减销售成本后的差额与销售成本的比率，它反映企业成本支出的经济效益。其计算公式为：

$$成本毛利率=\frac{销售毛利}{销售成本}$$

在上例中，成本毛利率$=\frac{140}{270}=0.5185$。

7.3.7 资产利润率

资产利润率是企业利润与平均资产总额之比，表明每元资产所获取的利润。它是评价资产盈利能力的综合指标。其计算公式为：

$$资产利润率=\frac{利润}{平均资产总额}$$

这一综合指标由销售利润率和资产周转率两个指标组成。其因素分解为：

$$\begin{aligned}资产利润率&=\frac{利润}{平均资产总额}\\&=\frac{利润}{销售收入}\times\frac{销售收入}{平均资产总额}\\&=销售利润率\times资产周转率\end{aligned}$$

以上公式表明，资产利润率越高，则销售利润率越高，资金周转亦快。因此，要提高资产利润率，不仅要提高销售利润水平，而且要提高资产使用效率，从而有效地提高企业获利能力。

7.4 发展能力分析

企业发展能力是企业在生存的基础上，扩大规模、壮大实力的潜在能力。企业的规模和实力，是企业价值的核心内容，表明了企业未来潜在的获利能力。因此，企业的资本实力和潜在的获利能力，是衡量和评价企业持续稳定发展的实质内容，包括企业销售增长能力，资产增长能力和资本扩张能力三方面。

7.4.1 销售增长能力分析

企业的生命力在于它能不断地创新，以独特的产品和服务取得收入。销售（营业）收入是企业获利的源泉。一个企业只有保持销售的稳定增长，才能不断地增加收入，提高盈利能力。只有扩大收入，增加利润，才能将蛋糕越做越大，为进一步占领市场，开发新产品，进行技术改造提供资金来源，促进企业的进一步发展。源源不断的销售（营业）收入，是企业生存的基础和发展的条件。因此，销售增长指标是评价企业发展状况和发展能力的重要指标。该指标主要包括销售（营业）增长率和三年销售（营业）收入平均增长率。

（1）销售（营业）增长率

销售（营业）增长率是指企业本年销售（营业）收入增长额同上年销售（营业）收入总额的比率，表明了短期内销售（营业）收入的增减变动情况。其计算公式为：

销售(营业)增长率＝本年销售(营业)收入增长额÷上年销售(营业)收入总额×100%

其中:

本年销售(营业)收入增长额＝本年销售(营业)收入总额－上年销售(营业)收入总额

销售(营业)增长率反映了本期销售(营业)收入的相对变动,主要用于衡量短期内企业经营状况、市场占有能力和企业销售业务拓展的能力。若该比率大于零,表明企业本年销售收入有所增长,比率越大,说明增长速度越快,市场前景越好,企业近期获利能力越强。若该比率小于零,表明企业销售萎缩,市场份额降低,或是产品不适销对路,或是售后服务欠佳,或是已被竞争产品替代。只有不断地创新,开发新产品,提升服务质量,企业才能立足市场,获得高收入和高利润。

销售(营业)增长率仅仅反映近期销售(营业)收入的实际变动,分析时应结合企业历年的销售(营业)水平、企业市场占有情况、行业未来发展及其他影响企业发展的潜在因素进行前瞻性预测。同时,在分析过程中要确定比较的标准,应分别与同类企业和同行业平均水平进行比较。

销售增长率直接将本年销售(营业)收入与上年实际比较,会受到基数的影响。由于一些偶然性因素的存在,如自然灾害、生产事故等,可能导致上年或本年销售(营业)收入异常,造成销售收入增长率偏高或偏低,这样,如果上年销售(营业)收入特别小,即使本年销售(营业)收入出现较小的增长,也会出现较大的差额,使销售增长率不能反映正常的变动,不利于进行比较。比如,某企业上年销售收入为 20 万元,而本年销售收入为 100 万元,则销售增长率为(100－20)÷20＝400%,显然,这一数据出现异常,不能据此认为企业具有很强的发展能力。

(2) 三年销售(营业)收入平均增长率

由于上述原因,销售(营业)增长率可能受到销售(营业)收入短期波动对指标产生的影响。为了消除偶然性因素的影响,并反映销售(营业)收入的长期变动趋势,可计算连续三年销售(营业)收入平均增长幅度。

三年销售(营业)收入平均增长率表明企业销售(营业)收入连续三年的增长情况,反映了企业销售增长的长期趋势和稳定程度。其计算公式为:

$$\text{三年销售(营业)收入平均增长率}=\left(\sqrt[3]{\frac{\text{年末销售(营业)收入总额}}{\text{三年前年末销售(营业)收入总额}}}-1\right)\times 100\%$$

其中,三年前年末销售(营业)收入总额是指三年前的销售收入,如本年度是 2002 年,则三年前年末销售(营业)收入总额是指 1999 年企业的销售收入(下同)。

该指标反映了企业销售增长的长期趋势和稳定程度,较好地体现了企业的发展状况和发展能力。该指标反映企业销售(营业)收入连续三年的增长情况,避免了某些年份因受偶然性因素影响而使销售(营业)收入异常,导致对企业发展能力的错误判断。

7.4.2 资产增长能力分析

资产是企业生产经营活动的物质条件,是企业用以取得收入的资源,是获取收入和利润的物质基础,也是企业偿还债务的保障。资产构筑了企业的经营规模,而规模的扩大表明企业兴旺发达。通常情况下，发展能力强的企业都能保证资产的稳定增长，因此，资产的增长可用以表明企业的发展状况和发展能力，也是实现企业价值的重要手段。评价企业资产增长状况的指标主要有三种：

(1) 总资产增长率

总资产增长率是企业本年总资产增长额同年初资产总额的比率，它可以衡量企业本期资产规模的增长情况，评价企业经营规模上的扩张程度。其计算公式为：

$$总资产增长率=本年总资产增长额\div 年初资产总额\times 100\%$$

其中：

$$本年总资产增长额=资产总额年末数-资产总额年初数$$

该指标是从企业资产总量扩张方面衡量企业的发展能力，表明企业规模增长水平对企业发展后劲的影响。该指标大于零，说明企业本年度资产增加了，生产经营规模扩大了，该指标越高，表明企业一个经营周期内资产经营规模扩张的速度越快，获得规模效益的能力越强。在实务中，应注意资产规模扩张中质与量的关系，以及企业后续发展的能力，避免盲目扩张。

(2) 三年平均总资产增长率

资产增长率也受资产短期波动因素的影响，同样，也可计算连续三年的平均资产增长率，以反映企业较长时期内的资产增长情况，避免因偶然性因素影响造成资产异常变动。其计算公式为：

$$三年平均总资产增长率=\left[\sqrt[3]{\frac{年末资产总额}{三年前末资产总额}}-1\right]\times 100\%$$

三年平均总资产增长率是反映企业发展能力的一个重要指标，指标值大于零，反映企业资产呈现增长趋势，有能力不断扩大生产规模，有较强的发展潜力。指标值越大，资产增长速度越快，发展性越强。但应注意避免盲目性。

分析企业资产增长现状和趋势时，应注意比较标准的可比性。其一，注意分析不同企业的资产使用效率。资产使用效率不同，资产增长率也会不同，往往低效率的企业需要更大幅度地扩大资产规模，这并不意味着其发展能力强。其二，不同企业的发展策略也会影响资产增长率。外向增长型(新建扩建)的企业资产增长率较高，而内部优化型(改建)的企业资产增长率较低。

企业资产增长率在运用时有一定的缺陷：由于受会计处理方法的限制，一方面，资产总额反映的只是资产的取得成本，并不是总资产的现时价值；另一方面，资产总额没有反映企业全部资产的价值，企业的很多重要资产如无形资产、人力资产无法在报表中体现。使得无法反映企业真正的资产增长情况。

(3) 固定资产成新率

固定资产成新率是企业当期平均固定资产净值同平均固定资产原值的比率。该指标反映了企业所拥有的固定资产的新旧程度，体现了企业固定资产更新的快慢和持续发展的能力。其计算公式为：

$$固定资产成新率=平均固定资产净值\div 平均固定资产原值\times 100\%$$

其中：

平均固定资产净值＝(年初固定资产净值＋年末固定资产净值)÷2

平均固定资产原值＝(年初固定资产原值＋年末固定资产原值)÷2

该指标越高，表明企业固定资产较新，技术性能较好，可以继续为企业服务较长的时间，对扩大再生产的准备较充分，发展的可能性较大。反之，指标值越小，表明企业设备陈旧，技术性能落后，已成为企业发展的羁绊。

应用该指标分析固定资产新旧程度时，应注意剔除企业应提未提折旧对房屋、机器设备等固定资产真实状况的影响。同时，也应注意不同企业之间的可比性，不同的折旧方法、不同的生产经营周期都会影响不同企业固定资产成新率的比较。如加速折旧法下的固定资产成新率小于平均年限法下的固定资产成新率；处于发展期的企业与处于衰退期的企业也会有不同的固定资产成新率。

7.4.3 资本扩张能力分析

资本是企业的家底，是企业的净资产，它可为企业实现规模经营提供资金来源。企业实收资本的扩张既可来源于外部资金的加入，也可来源于留存收益的增长。外部资金的加入表明企业获得了新的资本，具备了进一步发展的能力；而留存收益的增长反映了企业通过自身生产经营活动，使企业净资产的规模不断扩大，表明了企业进一步发展的能力和后劲。

(1) 资本积累率

资本积累率是本年所有者权益增加额同年初所有者权益余额的比率，是企业当年所有者权益总的增长率。该指标反映企业所有者权益在当年的变动水平，体现了企业的资本积累情况，是企业发展强盛的标志，也是企业扩大再生产的来源，展示了企业的发展潜力，是评价企业发展潜力的重要指标。

资本积累率＝本年所有者权益增加额÷所有者权益年初余额×100%

其中：

本年所有者权益增加额＝所有者权益年末余额－所有者权益年初余额

资本积累率反映了投资者投入企业资本的保全性和增长性，该指标越高，表明企业资本积累越多。资本保全性越强，应付风险、持续发展的能力越强。该指标如为负值，表明企业资本受到侵蚀，所有者利益受到侵害。

(2) 资产保值增值率

资本保值增值率是企业年末所有者权益比年初所有者权益增值保值情况，用以反映投入资本的完整性和保值性。其计算公式为：

$$资本保值增值率=\frac{年末所有者权益}{年初所有者权益}$$

对这个指标的评价是：比值大于1表示增值；比值等于1表示保值；比值小于1则表示减值。一般情况下该指标要大于1，若小于1就说明企业资本流失，应查明原因，予以改进。

(3) 三年平均资本增长率

表明企业资本连续三年的积累情况，体现企业发展水平和发展趋势。其计算公式为：

$$三年平均资本增长率=\left[\sqrt[3]{\frac{年末所有者权益总额}{三年前年末所有者权益总额}}-1\right]\times 100\%$$

该指标能够反映企业资本增值的历史发展状况，以及企业稳步发展的趋势，该指标越高，表明企业的所有者权益得到的保障程度越高，企业可以长期使用的资金越充裕，抗风险和保持连续发展的能力就越强。

(4) 股利增长率

股利增长率是反映上市公司发展能力的重要指标。股利是股份公司向股东分配的利润，我国股份公司分派股利的形式包括现金股利和股票股利，每股股利的高低既取决于公司的股利政策，也取决于公司获利能力的强弱。在其他条件(如股利发放率)不变的情况下，企业盈利水平提高，向股东分派的利润也越高。股利提高在一定程度上传递了公司创造未来现金能力增强的信息，从而导致股票价格上升，预示企业良好的发展前景。

股利增长率是指本年股利增长额与上年股利的比率。该指标反映企业短期内股利发放的增长幅度。其计算公式为：

$$股利增长率=本年每股股利增长额\div 上年每股股利\times 100\%$$

其中：

$$本年每股股利增长额=本年每股股利-上年每股股利$$

该指标大于零，表明本年度发放股利较上年有所增长，比率越高，说明企业股票价值越高，在一定程度上表明企业近期获利能力增强，发展前景看好。该指标小于零，则表明企业本年度发放股利较上年有所下降，企业股票价值随之下降，近期企业获利能力较差，影响企业资本的扩张。

(5) 三年平均股利增长率

如前所述，销售收入会受一些偶然性因素的影响，而这种影响当然也会波及当期利润，从而影响本期股利的发放，为了避免短期实际派发的股利受特殊因素的影响，反映每股股利增长趋势，可以计算连续三年股利平均增长率，该指标表明企业每股股利连续三年的增长情况，体现企业的发展潜力。其计算公式为：

$$三年平均股利增长率=\left[\sqrt[3]{\frac{本年每股股利}{三年前每股股利}}-1\right]\times 100\%$$

利润是企业积累和发展的基础，该指标越高，表明企业积累越多，可持续发展能力越强，发展的潜力越大。该指标能够反映企业的利润增长趋势和效益稳定程度，较好地体现企业发展状况和发展能力，避免因少数年份不正常而对企业发展能力的错误判断。

7.5 杜邦分析

杜邦公司是一个历史悠久的美国化学公司，该公司创立并率先倡导使用了一种能全面、准确、客观地揭示企业的实际财务状况和经营情况的“致命武器”，就是杜邦财务分析体系，简称杜邦体系，又称杜邦分析法。该方法是利用各主要财务比率间的内在联系而建立的一套财务分析指标体系，借以综合、系统地分析和评价企业财务状况及其经济效益的一种方法。

杜邦分析法是一种对财务比率进行分解的方法，并不是另外建立新的财务指标。该方法的关键是建立完整的、连贯的财务比率体系，并确定总指标即所谓龙头指标，然后运用指标分解的办法建立起各个指标之间的相互联系。最后通过数据的替代，确定各从属指标变动对总指标的影响。杜邦财务分析体系以投资者最关心的、综合性最强的财务比率——股东权益报酬率为龙头，以总资产报酬率为核心，围绕这两个财务比率进行层层分解，让分解后的各个指标彼此发生关联，构成一个系统，让人们能直观地了解企业财务状况的全貌，即哪些因素影响了投资者的获利能力，企业是否实行了非常有效的投资政策，是否非常有效地使用债务；还可以分析利润的来源，资产的使用效率以及影响利润率、资产周转率、资产负债率和收益率的原因。

7.5.1 杜邦模型指标体系

杜邦模型最显著的特点，是将若干个用以评价企业经营效率和财务状况的比率按其内在联系有机地结合起来，形成一个完整的指标体系，并最终通过所有者权益收益率来进行综合反映。

在杜邦模型指标体系中，包含以下几种主要的指标关系：

$$\text{所有者权益收益率}=\text{总资产收益率}\times\text{所有者权益乘数}$$

即
$$\frac{\text{净利润}}{\text{所有者权益}}=\frac{\text{净利润}}{\text{资产总额}}\times\frac{\text{资产总额}}{\text{所有者权益}}$$

$$\text{总资产收益率}=\text{销售利润率}\times\text{总资产周转率}$$

即
$$\frac{\text{净利润}}{\text{资产总额}}=\frac{\text{净利润}}{\text{销售收入}}\times\frac{\text{销售收入}}{\text{资产总额}}$$

上述指标关系说明，对企业至关重要的所有者权益收益率是由以下三个因素构成：

$$\text{所有者权益收益率}=\text{销售利润率}\times\text{总资产周转率}\times\text{所有者权益乘数}$$

由此可知，决定所有者权益收益率高低的因素取决于销售利润率、总资产周转率和所有者权益乘数这三个方面。经过这样的分解，就把所有者权益收益率这样一项综合性指标发生升降变化的原因具体化了，这比单用一项综合性指标更能说明问题。

为了深入分析所有者权益收益率变化的原因，还可对销售利润率与总资产周转率作进一步的分解。

（1）销售利润率的分解：

$$\text{税后净利润}=\text{销售收入}-\text{成本总额}$$

$$\text{成本总额}=\text{销售成本}+\text{期间费用}+\text{税金}+\text{其他支出}$$

其中：
$$\text{税金}=\text{销售税金}+\text{所得税}$$

$$\text{其他支出}=-(\text{其他业务利润}+\text{投资净收益}+\text{营业外收支净额})$$

（2）总资产周转率的分解：

$$\text{总资产}=\text{流动资产}+\text{长期资产}$$

其中：

流动资产＝货币资金＋有价证券＋应收及预付款＋存货＋其他流动资产（待摊费用、待处理流动资产损失、一年内到期的长期投资等）

长期资产＝长期投资＋固定资产＋无形资产＋递延及其他资产

现举例说明杜邦分析法的运用。设某企业货币资金为 67 300 元，有价证券为 15 000 元，应收及预付款为 19 000 元，存货为 121 940 元，其他流动资产为 4 850 元，长期投资为 52 200 元，固定资产为 889 900 元，无形资产为 67 000 元，递延及其他资产为 13 400 元，销售收入为 3 677 000 元，销售成本为 3 077 000 元，期间费用为 343 300 元，税金为 209 531元，其他支出为－154 300 元，所有者权益为 836 490 元。则

（1）所有者权益收益率$=\frac{201\ 469}{1\ 250\ 590}\times\frac{1\ 250\ 590}{836\ 490}=16.11\%\times 1.495$。

（2）总资产收益率$=\frac{201\ 469}{3\ 677\ 000}\times\frac{3\ 677\ 000}{1\ 250\ 590}=5.48\%\times 2.94$。

（3）税后净利＝3 677 000－3 475 531＝201 469(元)。

（4）成本总额＝3 077 000＋343 300＋209 531＋(－154 300)＝3 475 531(元)。

（5）总资产＝228 090＋1 022 500＝1 250 590(元)。

（6）流动资产＝67 300＋15 000＋19 000＋121 940＋4 850＝228 090(元)。

（7）长期资产＝52 200＋88 900＋67 000＋13 400＝1 022 500(元)。

根据上述指标的分解，利用各财务指标间相互的关系，可绘制成杜邦分析图，如图 7-1 所示。

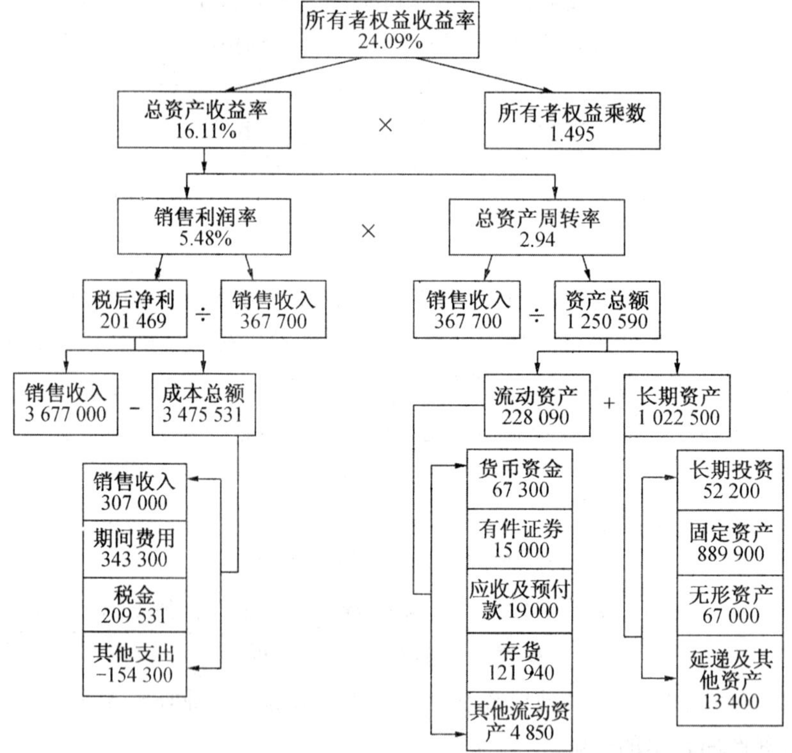

图 7-1 杜邦分析图

7.5.2 杜邦分析和评价

从杜邦分析图上，可以了解到以下财务信息。

第一，所有者权益收益率是一个综合性最强的财务比率，是杜邦分析系统中的核心。这一指标的高低，反映了投资者净资产获利能力的强弱。因此，所有者、经营者都十分关心这一财务指标。从杜邦分析图中可以看出，所有者权益收益率不仅取决于总资产收益率，还取决于所有者权益的结构比例。所以它是企业资产使用效率与企业融资状况的综合体现。

第二，总资产收益率也是一个重要的财务比率，它是销售利润率和总资产周转率的乘积，综合性也较强。销售利润率反映了销售收入与其利润的关系，要提高销售利润率，必须既增加销售收入，又努力降低各项成本。要提高总资产周转率，则一方面要增加销售收入，另一方面应降低资金的占用。由此可见，总资产收益率是销售成果与资产管理的综合体现。

第三，销售利润率反映企业利润与销售收入的关系，它的高低取决于销售收入与成本总额的高低。要想提高销售利润率，一是要扩大销售收入，二是降低成本费用。扩大销售收入具有重要意义，它既有利于提高销售利润率，又可提高总资产周转率，而降低成本费用，是提高销售利润率的另一重要因素。

第四，利用杜邦分析图，可以研究企业成本费用的结构是否合理，从而加强成本控制。为了详细了解企业成本费用的发生情况，在具体列示成本总额时，还可根据重要性原则，将那些影响较大的费用单独列示（如利息费用等）以便为寻求降低成本的途径提供依据。

第五，影响资产周转率的一个重要因素是资产总额。它由流动资产与长期资产组成。它们的结构合理与否将直接影响资产的周转速度。一般来说，流动资产直接体现企业的偿债能力和变现能力，而长期资产则体现了企业的经营规模、发展潜力。两者之间有一个合理的比率关系。如果发现某项资产比重过大，以至于影响资金周转，就应深入分析原因，例如企业持有的货币资金超过业务需要，就会影响企业的盈利能力；如果企业占有过多的存货和应收账款，则既会影响获利能力，又会影响偿债能力。因此，还应进步分析各项资产的占有数额和周转速度。

第六，所有者权益乘数反映所有者权益同企业总资产的关系。如果企业总资产的需求量不变，适度开展负债经营，相对减少所有者权益所占的份额，就可使此项财务比率提高。因此，企业既要合理使用全部资产，又要妥善安排资本结构，这样才能有效地提高所有者权益收益率。

通过杜邦分析体系自上而下和自下而上的分析，可以看到权益报酬率与企业的资金来源结构、销售状况、成本费用控制、资产管理密切相关，各种因素相互制约、相互影响，构成一个有机系统。杜邦分析体系提供的上述财务信息，较好地解释了指标变动的原因和趋势，这为进一步采取具体措施指明了方向，而且还为决策者优化经营结构和理财结构，提高企业偿债能力和经营效益提供了基本思路。即，要提高权益报酬率的根本途径在于扩大销售，改善经营结构，节约成本费用开支，优化资源配置，加速资金周转，优化资本结构等。在具体应用杜邦分析法时，可进行纵向比较（即与以前年度对比）和横向比较

(即与本行业平均指标或同类企业对比)；同时应注意这一方法不是另外建立新的财务指标，它是一种对财务比率进行分解的方法。因此，它既可通过权益报酬率的分解来说明问题，也可通过分解其他财务指标(如总资产报酬率)来说明问题。总之，杜邦分析法和其他财务分析方法一样，关键不在于指标的计算而在于对指标的理解和运用。

7.5.3 杜邦分析法的发展

杜邦财务分析体系自产生以来在实践中得到广泛应用与好评。随着经济与环境的发展、变化和人们对企业目标认识的进一步升华，许多人对杜邦财务分析体系进行了变形、补充，使其不断完善与发展。美国哈佛大学教授帕利普等在其所著的《企业分析与评价》一书中，将财务分析体系(本书将其称为帕利普财务分析体系)界定如下：

(1) 可持续增长比率$=$净资产收益率$\times\left(1-\dfrac{\text{支付现金股利}}{\text{净利润}}\right)$

(2) 净资产收益率$=\dfrac{\text{净利润}}{\text{净资产}}=\dfrac{\text{净利润}}{\text{销售收入}}\times\dfrac{\text{销售收入}}{\text{总资产}}\times\dfrac{\text{总资产}}{\text{净资产}}$

$=$销售利润率$\times$总资产固转率$\times$财务杠杆作用

(3) 与销售利润率相关的指标有：销售收入成本率、销售毛利率、销售收入期间费用率、销售收入研发费用率、销售净利润率、销售收入非营业损失率、销售息税前利润率、销售税费率等。

(4) 与总资产周转率相关的指标有：流动资产周转率、营运资金周转率、固定资产周转率、应收账款周转率、应付账款周转率、存货周转率等。

(5) 与财务杠杆作用相关的指标有：流动比率、速动比率、现金比率、负债对权益比率、负债与资本比率、负债与资产比率、以收入为基础的利息保障倍数、以现金流量为基础的利息保障倍数等。

帕利普财务分析体系也可用图 7-2 表示。

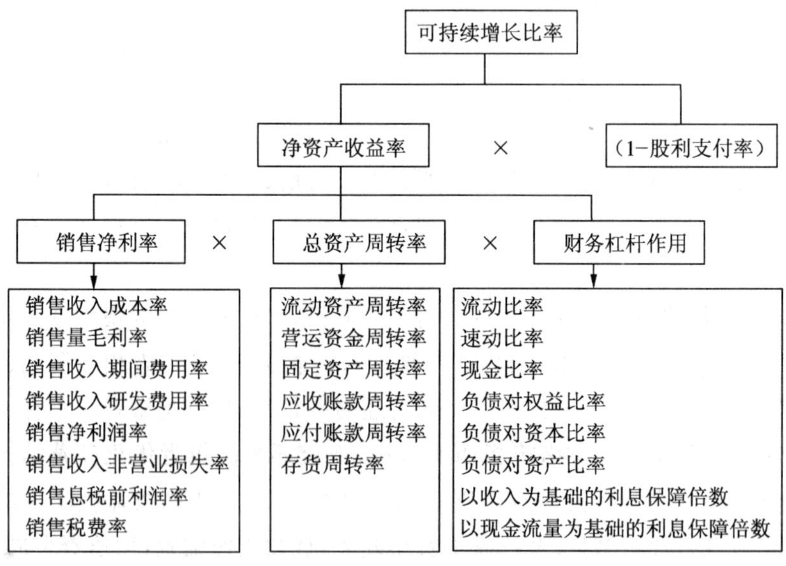

图 7-2 帕利普财务分析体系

8　企业经济效益分析——绩效分析

8.1　成本中心的绩效分析

8.1.1　成本中心概述

8.1.1.1　成本中心的含义

一个责任中心，如果不形成或者不考核其收入，而着重考核其所发生的成本和费用，这类中心称为成本中心。成本中心往往是没有收入的。例如，一个生产车间，它的产品或半成品并不由自己出售，因而没有销售职能，没有货币收入。有的成本中心可能有少量收入，但不成为主要的考核内容。例如，生产车间可能会取得少量外协加工收入，但这不是它的主要职能，不是考核车间的主要内容。一个成本中心可以由若干个更小的成本中心组成。例如，一个分厂是成本中心，由几个车间组成，而每个车间还可以划分为若干个工段，这些工段是更小的成本中心。任何发生成本费用的责任领域，都可以确定为成本中心。大的成本中心可能是一个分公司，小的成本中心可能是 台卡车和两个司机组成的单位。成本中心的职责，是用一定的成本费用去完成规定的具体任务。

8.1.1.2　成本中心的分类

成本中心有两种类型：标准成本中心和费用中心。标准成本中心，必须是所生产的产品稳定而明确，并且已经知道单位产品所需要的投入量的责任中心。通常，标准成本中心的典型代表是制造业工厂、车间、工段、班组等。在生产制造活动中，每个产品都可以有明确的直接材料、直接人工和间接制造费用的数量标准和价格标准。实际上，任何一种重复性的活动都可以建立标准成本中心，只要这种活动能够计量产出的实际数量，并且能够说明投入与产出之间可望达到的函数关系。因此，各种行业都可能建立标准成本中心。费用中心，适用于那些产出物不能用财务指标来衡量，或者投入和产出之间没有密切关系的单位。这些单位包括一般行政管理部门，如会计、人事、劳资、计划等；研究开发部门，如设备改造、新产品研制等；某些销售部门，如广告、宣传、仓储等。一般行政管理部门的产出难以度量，研究开发和销售活动的投入量与产出量之间没有密切的联系。对于费用中心，唯一可以准确计量的是实际费用，但无法通过投入和产出比较来评价其效果和效率，从而限制无效费用的支出，因而称为“无限制的费用中心”。

8.1.1.3 成本中心的特点

成本中心具有只考虑成本费用、只对可控成本承担责任、只对责任成本进行考核和控制的特点。其中，可控成本具备三个条件，即可以预计、可以计量和可以控制。

8.1.2 成本中心的绩效考核指标

8.1.2.1 标准成本中心的考核指标

一般说来，标准成本中心的考核指标，是既定产品质量和数量条件下的标准成本。标准成本中心不需要做出价格决策、产量决策或产品结构决策，这些决策由上级管理部门做出或授权给销货单位做出。标准成本中心的设备和技术决策，通常由职能管理部门做出，而不是由成本中心的管理人员自己决定。因此，标准成本中心不对生产能力的利用程度负责，而只对既定产量的投入量承担责任。如果采用全额成本法，成本中心不对闲置能量的差异负责，但对于固定成本的其他差异要承担责任。值得强调的是，如果标准成本中心的产品没有达到规定的质量，或没有按计划生产，则会对其他单位产生不利影响。因此，标准成本中心必须按规定的质量、时间标准和计划产量来进行生产。这个要求是硬性的，很少有伸缩余地。完不成上述要求，成本中心要受到批评甚至惩罚。过高的产量、提前产出造成积压、超产以后销售不出去，同样会给企业带来损失，也应视为未按计划进行生产。

8.1.2.2 费用中心的考核指标

确定费用中心的考核指标是一件困难的工作。由于缺少度量其产出的标准，且投入和产出之间的关系不密切，因而运用传统的财务技术来评估这些中心的业绩非常困难。费用中心的业绩涉及预算、工作质量和服务水平。工作质量和服务水平的量化很困难，并且与费用支出关系密切。这正是费用中心与标准成本中心的主要差别。标准成本中心的产品质量和数量有良好的量化方法，如果能以低于预算水平的实际成本生产出相同的产品，则说明该中心业绩良好。而对于费用中心则不然，一个费用中心的支出没有超过预算，可能该中心的工作质量和服务水平低于计划的要求。通常，使用费用预算来评价费用中心的成本控制业绩。由于很难依据费用中心的工作质量和服务水平来确定预算数额，因而一个解决办法是考察同行业类似职能的支出水平。例如，有的公司根据销售收入的一定百分比来制定研究开发费用预算。尽管很难解释为什么研究开发费与销售额具有某种因果关系，但是百分比法还是使人们能够在同行业之间进行比较。另外一个解决办法是零基预算法，即详尽分析支出的必要性及其取得的效果，确定预算标准。还有许多企业依据历史经验来编制费用预算。这种方法虽然简单，但缺点也十分明显。管理人员为在将来获得较多的预算，倾向于把能花的钱全部花掉。越是勤俭度日的管理人员，越容易面临严峻的预算压力。预算的有利差异只能说明比过去少花了钱，既不表明达到了应有的节约程度，也不说明成本控制取得了应有的效果。因此，依据历史实际费用数额来编制预算并不是个好办法。从根本上说，费用中心预算水平的决定有赖于了解情况的专业人员的判断。上级主管人员应信任费用中心的经理,并与他们密切配合,通过协商确定适当的预算水平。在考核预算完成情况时,要利用有经验的专业人员对该费用中心的工作质量和服务水平做出有根据的判断,这样才能对费用中心的控制业绩做出客观评价。

8.1.3 责任成本及其计算

8.1.3.1 责任成本的含义

责任成本是以具体的责任单位(部门、单位或个人)为对象,以其承担的责任为范围所归集的成本,也就是特定责任中心的全部可控成本。可控成本是指在特定时期内,特定责任中心能够直接控制其发生的成本。其对称概念是不可控成本。可控成本总是针对特定责任中心来说的。一项成本,对某个责任中心来说是可控的,对另外的责任中心则是不可控的。例如,耗用材料的进货成本,采购部门可以控制,使用材料的生产单位则不能控制。有些成本,对于下级单位来说是不可控的,而对于上级单位来说则是可控的。例如,车间主任不能控制自己的工资,而其上级则可以控制。区分可控成本和不可控成本,还要考虑成本发生的时间范围。一般说来,消耗或支付的当期成本是可控的,一旦消耗或支付就不再可控。有些成本是以前决策的结果,如折旧费、租赁费等,在添置设备和签订租约时曾经是可控的,而使用设备或执行契约时已无法控制。从整个企业的空间范围和很长的时间范围来观察,所有成本都是人的某种决策或行为的结果,都是可控的。但是,对于特定的人或时间来说,则有些是可控的,有些是不可控的。

可控成本与直接成本、变动成本是不同的概念。直接成本和间接成本的划分依据是成本的可追溯性,可追溯到个别产品或部门的成本是直接成本。由几个产品或部门共同引起的成本是间接成本。对生产的基层单位来说,大多数直接材料和直接人工是可控制的,但也有部分是不可控的。例如,工长的工资可能是直接成本,但工长无法改变自己的工资,对他来说该成本是不可控的。最基层单位无法控制大多数的间接成本,但有一部分是可控的。例如,机物料的消耗可能是间接计入产品的,但机器操作工却可以控制它。变动成本和固定成本的划分依据是成本依产量的变动性。随产量正比例变动的成本,称为变动成本。在一定幅度内不随产量变动而基本上保持不变的成本,称为固定成本。对生产单位来说,大多数变动成本是可控的,但也有部分不可控。例如,按产量和实际成本分摊的工艺装备费是变动成本,但使用工装的生产车间未必能控制其成本的多少,因为产量是上级的指令,其实际成本是制造工装的辅助车间控制的。固定成本和不可控成本也不能等同,与产量无关的广告费、科研开发费、教育培训费等酌量性固定成本都是可控的。

8.1.3.2 责任成本的计算

责任成本计算、变动成本计算和完全成本计算,是三种不同的成本计算方法。它们的主要区别是:(1) 核算的目的不同:计算产品的完全成本是为了按会计准则确定存货成本和期间损益;计算产品的变动成本是为了经营决策;计算产品的责任成本是为了评价成本控制业绩。(2) 成本计算对象不同:变动成本计算和完全成本计算以产品为成本计算的对象；责任成本计算以责任中心为成本计算的对象。(3) 成本的范围不同：完全成本计算的范围是制造成本，包括直接材料、直接人工和全部制造费用；变动成本计算的范围是变动成本，包括直接材料、直接人工和变动制造费用，有时还包括变动的管理费用；责任成本计算的范围是各责任中心的可控成本。(4) 共同费用在成本对象间分摊的原则不同：完全成本计算按受益原则归集和分摊费用，谁受益谁承担，要分摊全部的间接制造费用；变动成本计算只分摊变动成本，不分摊固定成本；责任成本法按可控原则把成本归属于不同责任中心，谁能控制谁负责，不仅可控的变动间接费要分配给责任中心，可控的固定间接费也要分配给责任中心。责任成本法是介于完全成本法和变动成本法之间的一种成本方法，有人称之为"局部吸收成本法"或"变动成本和吸收成本法结合的成本方法"。

计算责任成本的关键是判别每一项成本费用支出的责任归属。

(1) 判别成本费用支出责任归属的原则

通常，可以按以下原则确定责任中心的可控成本：第一，假如某责任中心通过自己的行动能有效地影响一项成本的数额，那么该中心就要对这项成本负责。第二，假如某责任中心有权决定是否使用某种资产或劳务，它就应对这些资产或劳务的成本负责。第三，某管理人员虽然不直接决定某项成本，但是上级要求他参与有关事项，从而他对该项成本的支出施加了重要影响，则他对该成本也要承担责任。

(2) 制造费用的归属和分摊方法

将发生的直接材料和人工费用归属于不同的责任中心通常比较容易，而制造费用的归属则比较困难。为此，需要仔细研究各项消耗和责任中心的因果关系，采用不同的分配方法。一般是依次按下述五个步骤来处理：第一，直接计入责任中心。将可以直接判别责任归属的费用项目直接列入应负责的成本中心。例如，机物料消耗、低值易耗品的领用等，在发生时可判别耗用的成本中心，不需要采用其他标准进行分配。第二，按责任基础分配。对不能直接归属于个别责任中心的费用，优先采用责任基础分配。有些费用虽然不能直接归属于特定成本中心，但它们的数额受成本中心的控制，能找到合理依据来分配，如动力费、维修费等。如果成本中心能自己控制使用量，则可以根据其用量来分配。分配时要使用固定的内部结算价格，防止供应部门的责任向使用部门转嫁。第三，按受益基础分配。有些费用不是专门属于某个责任中心的，也不宜用责任基础分配，但与各中心的受益多少有关，可按受益基础分配。第四，归入某一个特定的责任中心。有些费用既不能用责任基础分配，也不能用受益基础分配，则考虑有无可能将其归属于一个特定的责任中心。例如，车间的运输费用和试验检验费用难以分配到生产班组，不如建立专门的成本中心，由其控制此项成本，不向各班组分配。第五，不能归属于任何责任中心的固定成本不进行分摊。例如，车间厂房的折旧是以前决策的结果，短期内无法改变，可暂时不加控制，作为不可控费用。

8.1.4 成本差异分析

成本差异是指实际成本与标准成本之间的差额。实际成本超过标准成本所形成的差异叫作不利差异、逆差或超支；实际成本低于标准成本形成的差异，叫作有利差异、顺差或节约。成本差异分析的主要目的在于查出差异产生的原因，以便及时采取措施提高效率，降低生产成本，并为成本考核和奖惩提供依据。成本差异包括直接材料成本差异、直接人工成本差异和制造费用差异三部分。成本差异由数量差异和价格差异构成，在计算和分析成本差异时，应按直接材料、直接人工和制造费用三部分差异分别分解为数量差异和价格差异。计算方法则采用差额计算法或连环替代法。

8.1.4.1 直接材料成本差异的计算和分析

直接材料成本差异，指一定产品产量的直接材料实际成本与标准成本之间的差额。计算公式如下：

直接材料成本差异＝(实际价格×实际用量)－(标准价格×标准用量)

上式中的标准用量，根据下述公式计算：

标准用量＝实际产量×材料耗用标准

直接材料成本差异，由材料价格差异和材料用量差异(数量)两部分构成。可用下列公式表示：

直接材料成本差异＝直接材料价格差异＋直接材料用量差异

(1) 直接材料价格差异，是指材料实际价格(单价)与标准价格的差额形成的材料价格差异。计算公式如下：

直接材料价格差异＝(实际价格×实际用量)－(标准价格×实际用量)
＝(实际价格－标准价格)×实际用量

直接材料价格差异，一般来说，应由采购部门负责。因为产生材料价格差异的原因主要是材料购买价格的高低和采购费用的高低，采购部门是可以控制的。但是，影响材料价格的因素是多方面的，如市场供求关系变化而引起的价格变动、临时需要紧急采购价格升高、改变运输方式采购费用变动、替代材料的使用和材料质量变化引起的价格变动等。因为这些因素超出了采购部门的控制范围，所以不应由采购部门负责，而应具体分析确定负责部门。

(2) 直接材料用量差异，是指材料实际耗用量与标准耗用量之间的差额形成的材料成本差异。计算公式如下：

直接材料用量差异＝(标准价格×实际用量)－(标准价格×标准用量)
＝(实际用量－标准用量)×标准价格

直接材料用量差异，一般说来，应由控制用料的生产部门负责。因为在正常情况下，生产产品耗用材料数量的多少、加工过程中材料损耗的大小，主要取决于生产人员的技术熟练程度、是否注意合理用料、是否遵守操作规程等，生产部门是可以合理控制的。但是，影响材料耗用量的因素也是多方面的，如产品设计和工艺改变、材料质量和规格变化、材料不符号要求而大材小用等原因引起耗用量的变化。因为这些因素生产部门不能控制，所以不应由生产部门负责，而应由造成这些情况的有关部门负责。

8.1.4.2 直接人工成本差异的计算和分析

直接人工成本差异，是指一定产品产量的直接人工实际成本与标准成本之间的差额。计算公式如下：

直接人工成本差异＝(实际工资率×实际工时)－(标准工资率×标准工时)
＝实际工资－标准工资

上式中标准工时计算如下：

标准工时＝实际产量×工时标准

直接人工成本差异，由直接人工工资率差异(直接人工价格差异)和直接人工效率差异(直接人工用量差异)两部分构成。计算公式如下：

直接人工成本差异＝直接人工工资率差异＋直接人工效率差异

(1) 直接人工工资率差异，是指直接人工的实际工资率与标准工资率的差额形成的人工成本差异。计算公式如下：

直接人工工资率差异＝(实际工资率×实际工时)－(标准工资率×实际工时)
＝(实际工资率－标准工资率)×实际工时

直接人工工资率差异一般应由劳动人事部门负责，因为产生工资率差异的主要原因有工资调整、工资等级变化、奖金和津贴的变动、出勤率变化和对工人安排使用变化等，这些因素除出勤率可由生产部门控制外，其他因素均有劳动人事部门负责管理。

(2) 直接人工效率差异，是指直接人工实际工作时数与标准工作时数的差额形成的人工成本差异。计算公式如下：

直接人工效率差异＝(标准工资率×实际工时)－(标准工资率×标准工时)
＝(实际工时－标准工时)×标准工资率

直接人工效率差异基本上应由生产部门负责，因为产生人工效率差异的主要原因有工人的技术熟练程度和责任心、加工设备的完好程度、作业计划安排是否周密、工作环境是否良好和动力供应情况等，这些因素均由生产部门控制、管理。但如因材料质量不好而影响生产效率，从而产生人工效率差异，则应由供应部门负责。

8.1.4.3 制造费用差异的计算和分析

制造费用包括变动制造费用和固定制造费用两部分，所以制造费用差异也分为变动制造费用差异和固定制造费用差异两部分计算和分析。

(1) 变动制造费用差异的计算和分析

变动制造费用差异，是指一定产品产量的实际变动制造费用与标准变动制造费用之间的差异。计算公式如下：

变动制造费用差异＝(实际分配率×实际工时)－(标准分配率×标准工时)
＝实际变动制造费用－标准变动制造费用

变动制造费用差异，由变动制造费用分配率差异(开支差异)和变动制造费用效率差异(工时耗用差异)两部分构成。计算公式如下：

变动制造费用差异＝变动制造费用开支差异＋变动制造费用效率差异

① 变动制造费用开支差异，是指变动制造费用实际分配率与标准分配率之间的差额形成的变动制造费用差异，类似直接材料价格差异和直接人工工资率差异。计算公式如下：

变动制造费用开支差异＝(实际分配率×实际工时)－(标准分配率×实际工时)

＝(实际分配率－标准分配率)×实际工时

② 变动制造费用效率差异，是指产品实际工作时数与标准工作时数之间的差额形成的变动制造费用差异，类似于直接材料用量(数量)差异和直接人工效率差异。计算公式如下：

变动制造费用效率差异＝(标准分配率×实际工时)－(标准分配率×标准工时)

＝(实际工时－标准工时)×标准分配率

变动制造费用是个综合性费用项目，其差异产生的原因应结合构成变动费用的具体明细项目进行分析。在实际工作中，变动制造费用开支差异通常根据变动制造费用预算的明细项目与实际发生数进行对比分析，找出差异产生的原因及责任归属；变动制造费用效率差异产生的原因是产品制造过程中的工时利用效率，因此，应结合人工效率差异进行分析，找出具体因素，采取措施提高工时利用效率。

(2) 固定制造费用差异的计算和分析

固定制造费用差异，是指一定时期实际固定制造费用与标准固定制造费用之间的差额。计算公式如下：

固定制造费用差异＝(实际分配率×实际工时)－(标准分配率×标准工时)

＝实际固定制造费用－标准固定制造费用

固定制造费用差异的构成有两种：一是由固定制造费用开支差异、能量差异和效率差异三部分构成；一是由固定制造费用开支差异和能量差异两部分构成，即把能量差异和效率差异合并为能量差异。通常采用前一种。计算公式如下：

固定制造费用差异＝固定制造费用开支差异＋固定制造费用能量差异＋固定制造费用效率差异

① 固定制造费用开支差异，是指实际固定制造费用与预算固定制造费用之间的差额形成的固定制造费用差异。计算公式如下：

固定制造费用开支差异＝(实际分配率×实际工时)－(标准分配率×预算工时)

＝实际固定制造费用－预算固定制造费用

② 固定制造费用能量差异，是指实际工时的预算固定制造费用与预算工时的预算固定费用之间的差额形成的固定制造费用差异。计算公式如下：

固定制造费用能量差异＝(标准分配率×预算工时)－(标准分配率×实际工时)

＝标准分配率×(预算工时－实际工时)

＝预算固定制造费用－(标准分配率×实际工时)

③ 固定制造费用效率差异，是指实际工时的标准固定制造费用与标准工时的标准固定制造费用之间的差额形成的固定制造费用差异。计算公式如下：

固定制造费用效率差异＝(标准分配率×实际工时)－(标准分配率×标准工时)

＝标准分配率×(实际工时－标准工时)

固定制造费用也是一个综合性的费用项目。其差异产生的原因，应按固定制造费用各项目的预算与实际发生数进行对比，逐项分析原因和责任。固定制造费用开支差异发生的原因，主要是资源数量和价格变动、管理决策发生变化、预提待摊费用变化等，如固定资产增减、车间管理人员及辅助人员变动、研究开发费和培训费的增加等。固定制造费用能量差异发生的原因，主要是产销数量的变动，如经济不景气造成销路不好，开工不足、原材料和能源供应不足造成停工，生产能力不能充分利用等。固定制造费用效率差异发生的原因与直接人工效率差异发生原因相同。

8.2 利润中心的绩效分析

8.2.1 利润中心概述

8.2.1.1 利润中心的含义

一个责任中心，如果能同时控制生产和销售，既要对成本负责，又要对收入负责，但没有责任或没有权力决定该中心资产投资的水平，而可以根据其利润的多少来评价该中心的业绩，该中心称为利润中心。

8.2.1.2 利润中心的分类

利润中心有两种类型：一种是自然的利润中心，它直接向企业外部出售产品，在市场上进行购销业务。例如某些公司独立的事业部就是自然的利润中心。另一种是人为的利润中心，它主要在企业内部按照内部转移价格出售产品。例如大型钢铁公司采矿、炼铁、炼钢、轧钢等几个部门的产品主要在公司内部转移，只有少量对外销售，或者全部对外销售由专门的销售机构完成，这些生产部门可视为利润中心并称为人为的利润中心。再如企业内部的辅助部门，包括修理、供电、供水等部门，可以按固定的价格向生产部门收费，它们也可以确定为人为的利润中心。

通常，利润中心被看成一个可以用利润衡量其一定时期业绩的组织单位。但是，并不是可以计量利润的组织单位都是真正意义上的利润中心。利润中心组织的真正目的是激励下级制订有利于整个公司的决策并努力工作。仅仅规定一个组织单位的产品价格并把投入的成本归集到该单位，并不能使该组织单位具有自主权或独立性。从根本目的上看，利润中心是指管理人员有权对其供货的来源和市场的选择进行决策的单位。一般说来，利润中心要向顾客销售其大部分产品，并且可以自由地选择大多数材料、商品和服务等项目的来源。尽管某些企业也采用利润指标来计算各生产部门的经营成果，但这些部门不一定就是利润中心。把不具有广泛权力的生产或销售部门定为利润中心，并用利润指标去评价它们的业绩，往往会引起内部冲突或次优化，对加强管理反而是有害的。

8.2.2 利润中心的绩效考核

对利润中心进行考核的指标主要是利润。但是也应当看到,任何一个单独的业绩衡量指标都不能够反映出某个组织单位的所有经济效果,利润指标也是如此。因此,尽管利润指标具有综合性,利润计算具有强制性和较好的规范化程度,但仍然需要一些非货币的衡量方法作为补充,包括生产率、市场地位、产品质量、职工态度、社会责任、短期目标和长期目标的平衡等。在计量一个利润中心的利润时,需要解决两个问题:(1) 选择一个利润指标,包括如何分配成本到该中心;(2) 为在利润中心之间转移的商品规定价格。在评价利润中心业绩时,可以选择利润指标:边际贡献、可控边际贡献、部门边际贡献、部门利润。

8.2.2.1 利润中心的成本计算

在共同成本难以合理分摊或无须共同分摊的情况下,人为利润中心通常只计算可控成本,而不分担不可控成本;在共同成本易于合理分摊或者不存在共同成本分摊的情况下,自然利润中心不仅计算可控成本,也应计算不可控成本。

8.2.2.2 利润中心的价格计算

分散经营的组织单位之间相互提供产品或劳务时,需要制定一个内部转移价格。转移价格对于提供产品或劳务的生产部门来说表示收入,对于使用这些产品或劳务的购买部门来说则表示成本。因此,转移价格会影响到这两个部门的获利水平,从而使得部门经理非常关心转移价格的制定,并经常引起争论。制定转移价格的目的有两个:一是防止成本转移带来的部门间责任转嫁,使每个利润中心都能作为单独的组织单位进行业绩评价;二是作为一种价格引导下级部门采取明智的决策,生产部门据此确定提供产品的数量,购买部门据此确定所需要的产品数量。但是,这两个目的往往有矛盾。能够满足评价部门业绩的转移价格,可能引导部门经理采取并非对企业最理想的决策;而能够正确引导部门经理的转移价格,可能会使某个部门获利水平很高而另一个部门则亏损。我们很难找到理想的转移价格来兼顾业绩评价和制定决策,而只能根据企业的具体情况选择基本满意的解决办法。可以考虑的转移价格有以下几种:

(1) 市场价格

在中间产品存在完全竞争市场的情况下,市场价格减去对外的销售费用就是理想的转移价格。产品内在经济价值计量的最好方法是把它们投入市场,在市场竞争中判断社会所承认的产品价格。由于企业为把中间产品销售出去,还需追加各种销售费用,如包装、发运、广告、结算等,因此,市场价格减去某些调整项目才是目前未销售的中间产品的价格。从机会成本的观点来看,中间产品用于内部而失去的外销收益,是它们被内部购买部门使用的应计成本。这里失去的外销收益并非市场价格,需要扣除必要的销售费用,才是失去的净收益。

完全竞争市场这一假设条件,意味着企业外部存在中间产品的公平市场,生产部门被允许向外界顾客销售任意数量的产品,购买部门也可以从外界供应商那里获得任意数量的产品。由于以市场价格为基础的转移价格通常会低于市场价格,这个折扣反映与外销有关的销售费，以及交货、保修等成本，因此可以鼓励中间产品的内部转移。如果不考虑其他更复杂的因素，购买部门的经理应当选择从内部取得产品，而不是从外部采购。如果生产部门在采用这种转移价格的情况下不能长期获利，企业最好是停止生产此产品而到外部去采购。同样，如果购买部门以此价格进货而不能长期获利，则企业最好停止购买并进一步加工此产品，同时应尽量向外部市场销售这种产品。这样做，对企业总体是有利的。值得注意的是，外部供应商为了能做买卖可能先报一个较低的价格，同时期望日后抬高价格。因此，在确认外部价格时要采用可以长期保持的价格。另外，企业内部转移的中间产品比外购产品的质量可能更有保证，并且更容易根据企业需要加以改进。因此，在经济分析无明显差别时，一般不应该依靠外部供应商，而应该鼓励利用自己内部的供应能力。

（2）以市场为基础的协商价格

如果中间产品存在非完全竞争的外部市场，可以采用协商的办法确定转移价格，即双方部门经理就转移中间产品的数量、质量、时间和价格进行协商并设法取得一致意见。成功的协商转移价格依赖于下列条件：第一，要有一个某种形式的外部市场，两个部门经理可以自由地选择接受或是拒绝某一价格。如果根本没有可能从外部取得或销售中间产品，就会使一方或双方处于垄断状态，这样谈判结果就不是协商价格而是垄断价格。在垄断的情况下，最终价格的确定受谈判员的实力和技巧影响。第二，谈判者之间共同分享所有的信息资源。这个条件能使协商价格接近一方的机会成本，如双方都接近机会成本则更为理想。第三，最高管理阶层的必要干预。虽然要尽可能让谈判双方自己来解决大多数问题，以发挥分散经营的优点，但是对于双方谈判时可能导致的企业非最优决策，最高管理阶层要进行干预，对于双方不能自行解决的争论也有必要进行调解。当然，这种干预必须是有限的、得体的，不能使整个谈判变成上级领导裁决一切问题。协商价格往往浪费时间和精力，可能会导致部门之间的矛盾，部门获利能力大小与谈判人员的谈判技巧有很大关系，是这种转移价格的缺陷。尽管有上述不足之处，但协商转移价格仍被广泛采用，它的好处是有一定弹性，可以照顾双方利益并得到双方认可。少量的外购或外卖是有益的，它可以保证得到合理的外部价格信息，为协商双方提供一个可供参考的基准。

（3）变动成本加固定费转移价格

这种方法要求中间产品的转移用单位变动成本来定价，与此同时，还应向购买部门收取固定费，作为长期以低价获得中间产品的一种报偿。这样做，生产部门有机会通过每期收取固定费来补偿其固定成本并获得利润；购买部门每期支付特定数额的固定费之后，对于购入的产品只需支付变动成本，通过边际成本等于边际收入的原则来选择产量水平，可以使其利润达到最优水平。如果购买部门总需求量超过了供应部门的生产能力，变动成本不再表示需要追加的边际成本，则这种转移价格将失去其积极作用。反之，如果最终产品的市场需求很少，则购买部门需要的中间产品也变得很少，但它仍然需要支付固定费。这种情况下，市场风险全部由购买部门承担了，供应部门则仍能维持一定利润水平，显得很不公平。实际上，供应和购买部门都受到最终产品市场的影响，应当共同承担市场变化引起的市场波动。

(4) 全部成本转移价格

以全部成本或者以全部成本加上一定利润作为内部转移价格，可能是最差的选择。它既不是业绩评价的良好尺度，也不能引导部门经理做出有利于企业的明智决策。它的唯一优点是简单。首先，它以目前各部门的成本为基础，再加上一定百分比作为利润，在理论上缺乏说服力。以目前成本为基础，会鼓励部门经理维持比较高的成本水平，并据此取得更多的利润。越是节约成本的单位，越有可能在下一期被降低转移价格，使利润减少。成本加成百分率的确定也是个困难问题。其次，在连续式生产企业中，成本随产品在部门间流转，不断积累，使用相同的成本加成率会使后序部门利润明显大于前序部门。如果扣除半成品成本转移，则会因各部门投入原材料出入很大而使利润分布失衡。因此，只有在无法采用其他形式转移价格时，才考虑使用全部成本加成办法来制定转移价格。

8.2.2.3 利润中心考核指标

(1) 利润中心负责人可控利润

利润中心负责人可控利润＝销售收入－变动成本－部门经理可控固定成本

＝边际贡献(贡献毛益)－部门经理可控固定成本

(2) 利润中心可控利润

某些成本可以划归、分摊到有关利润中心，却不能为部门经理所控制，如广告费、保险费等。

利润中心可控利润＝利润中心负责人可控利润－利润中心负责人不可控固定成本

【例】 某企业的某一利润中心的有关数据如下：该部门的销售收入为 120 000 元；该部门销售产品的变动生产成本和变动销售管理费用合计为 70 000 元，该部门负责人可控的专属固定成本为 10 000 元，不可控专属固定成本为 15 000 元。则该利润中心的考核指标计算如下：

贡献毛益总额＝120 000－70 000＝50 000(元)

分部经理可控毛益＝50 000－10 000＝40 000(元)

分部可控毛益＝40 000－15 000＝25 000(元)

可见“分部经理可控毛益”指标主要用于评价考核利润中心负责人的业绩，而“分部毛益”指标则是用来考核该利润中心的业绩。

8.3 投资中心的绩效分析

8.3.1 投资中心的含义

投资中心是指某些分散经营的单位或部门，其经理所拥有的自主权不仅包括制定价格、确定产品和生产方法等短期经营决策权，还包括投资规模和投资类型等投资决策权。

投资中心的经理不仅能控制成本和收入，而且能控制占用的资产，因此，不仅要衡量其利润，而且要衡量其资产，并把利润与其所占用的资产联系起来。

8.3.2 投资中心的考核指标

8.3.2.1 投资报酬率

投资利润率又称投资收益率，是指投资中心所获得的利润与投资额之间的比率，可用于评价和考核由投资中心掌握、使用的全部净资产的盈利能力。其计算公式为：

投资利润率＝利润÷投资额×100％

或　　＝资本周转率×销售成本率×成本费用利润率

其中，投资额是指投资中心的总资产扣除对外负债后的余额，即投资中心的净资产。

为了评价和考核由投资中心掌握、使用的全部资产的总体盈利能力，还可以使用总资产息税前利润率指标。其计算公式为：

总资产息税前利润率＝息税前利润÷总资产×100％

用投资报酬率来评价投资中心业绩有许多优点：它是根据现有的会计资料计算的，比较客观，可用于部门之间及同行业之间的比较。投资人和公司总经理都十分关心这一指标，用这一指标来评价每个部门的业绩，可有助于提高本部门的投资报酬率，有助于提高整个企业的投资报酬率。投资报酬率可以分解为投资周转率和销售利润率两者的乘积，并可进一步分解为资产的明细项目和收支的明细项目，从而对整个部门经营状况做出评价。投资报酬率指标的不足也是十分明显的：部门经理会放弃高于资金成本而低于目前部门投资报酬率的机会，或者减少现有的投资报酬率较低但高于资金成本的某些资产，这会使部门的业绩获得较好评价，但却伤害了企业整体的利益。从引导部门经理采取与企业总体利益一致的决策来看，投资报酬率并不是一个最好的指标。

8.3.2.2 剩余收益

为了克服由于使用比率来衡量部门业绩带来的次优化问题，许多企业采用绝对数指标来实现利润与投资之间的联系，这就是剩余收益指标。

剩余收益＝部门边际贡献－部门资产应计报酬

＝部门边际贡献－部门资产×资金成本率

剩余收益的主要优点是可以使业绩评价与企业的目标协调一致，从而引导部门经理采纳高于企业资金成本的决策。采用剩余收益指标还有一个好处，就是允许使用不同的风险调整资金成本。从现代财务理论来看，不同的投资有不同的风险，要按风险程度调整其资金成本。因此，不同行业部门的资金成本不同，甚至同一部门的资产也属于不同的风险类型。例如，现金、短期应收款和长期资本投资的风险有很大区别，要求有不同的资金成本。在使用剩余收益指标时，可以对不同部门或者不同资产规定不同的资金成本百分数，使剩余收益这个指标更加灵活。而投资报酬率评价方法并不区别不同资产，无法分别处理风险不同的资产。当然，剩余收益是绝对数指标，不便于不同部门之间的比较。规模大的部门容易获得较大的剩余收益，而他们的投资报酬率并不一定很高。因此，许多企业在使用这一方法时，事先建立与每个部门资产结构相适应的剩余收益预算，然后通过实际与预算的对比来评价部门业绩。

8.3.2.3 现金回收率

在投资决策中，我们曾经强调要使用现金流量分析，并指出以利润为项目评估主要指标的局限性。在评估实际业绩时，重点又转移到收益或以收益为基础的衡量指标上。显然，投资决策的评估方法和投资决策执行结果的评价方法之间存在矛盾。这样，我们就违背了一个原则，即事先的预算和事后的评价要采用统一口径的指标，以便检查设想的实现程度，或者说检查是否执行了既定决策。在目前的实践中，投资评估的标准与业绩评价的标准之间不存在直接联系，前者以现金流量为基础，后者以收益为基础。一个通过现金流量分析被认为足够好的项目被决定采纳了，是因其有较好的净现值、内含报酬率和回收期。这个项目执行以后，我们不再根据实际数据计算这些指标，而是另外建立一套以收益为基础的指标，如投资报酬率和剩余收益，这些指标在项目实施以前从未计算过。为了使项目评估和业绩评估趋于一致，业绩评估可以采取以现金流量为基础。以现金流量为基础的业绩评价指标是现金回收率和剩余现金流量。

现金回收率＝营业现金流量÷总资产

剩余现金流量＝经营现金流入－部门资产×资金成本率

如果各年的现金流量相同，则现金回收率为回收期的倒数。对于长期资产来说，例如，寿命在15年以上的资产，现金回收率近似于内含报酬率，即接近实际的投资报酬率。因此，这个指标可以检验投资评估指标的实际执行结果，减少为争取投资而夸大项目获利水平的现象。

9 企业经济效益分析——投资分析

投资指的是用某种有价值的资产，其中包括资金、人力、知识产权等投入某个企业、项目或经济活动，以获取经济回报的商业行为或过程。投资可分为实物投资、资本投资和证券投资。资本投资是以货币投入企业，通过生产经营活动取得一定利润。证券投资是以货币购买企业发行的股票和公司债券，间接参与企业的利润分配。

投资效益分析，就是对投资项目的经济效益和社会效益进行分析，并在此基础上，对投资项目的技术可行性、经济赢利性及进行此项投资的必要性做出相应的结论，以作为投资决策的依据。投资项目经济效益分析对于充分发挥投资效益、降低投资风险、优化资源配置和投资结构具有重要作用，是实现国家对投资项目决策与管理的科学化、民主化、规范化和法制化的重要措施，也是个人或其他投资主体正确进行投资决策的理论、方法和工具。

在科学发展观的指导下，随着我国的发展战略从原有单纯经济优先转变为综合考虑经济、环境和社会和谐发展的可持续发展这一变化，我国的经济建设对于投资项目经济效益分析有了更高的要求。而项目的失败及其造成的诸多不良效果与严重影响，都源于项目规划、设计和决策的参与者缺乏充分、必要的项目评价理论、方法和相关知识，没有树立正确的科学发展观。因此，熟悉、掌握和运用投资项目评价的基本知识、理论和方法是十分必要的。

9.1 项目投资经济效益分析

9.1.1 项目经济效益分析概述

9.1.1.1 项目的涵义及特征

广义的项目(Project)，一般指在一定约束条件下(资源、时间、质量等)具有特定明确目标的一次性组织或事业。项目作为一个广义的概念，从空间范围来说，项目在人类社会中无处不在，它与各行各业都有着密切的关系；从时间范围来说，自有人类社会起，项目就无时不在，总是有许许多多、各式各样的项目在开始、在进展、在完成，又诞生新的项目。可以说，项目对社会、对企业、对个人的意义都是非常重要的。然而关于项目的定义，目前还没有公认的统一结论，从不同的角度、不同的认识出发，许多组织和学者对项目的定义有着不同的表达，如表9-1所示。

表9-1 基于不同角度对项目定义的表述

角度	组织或个人	对项目定义的表述
投资角度	联合国工业组织《工业项目评估手册》	一个项目是对一项投资的一个提案，用来创建、扩建或发展某些工厂企业，以便在一定周期时间内增加货物的生产或社会的服务。
	世界银行	所谓项目，一般系指同一性质的投资，或同一部门内一系列有关或相关的投资，或不同部门内的一系列投资。
建设角度	我国建筑业	建设项目指在批准的总体设计范围内进行施工，经济上实行统一核算，行政上有独立组织形式，实行统一管理的建设单位。
项目管理学角度		项目是为了完成特定的目标，在一定的资源约束下，有组织地开展一系列非重复性的活动。
其他角度	美国项目管理学会(PMI)	项目是组织中所有具有一次性、有头有尾而非持续性的工作，或者为达到一个特定目的而将人力资源和其他资源结合成一个短期的组织。
	British Standard (BS6097)	项目是有起点和终点界定，在时间、成本和绩效的约束下，由个人或组织实施以达到特定目标的一系列特殊活动。
	英国项目管理协会(APM)	项目是为了在规定的时间、费用和性能参数下，满足特定目标而由一个人或组织所进行的具有规定的始终时间，相互协调的活动集合。
	国际项目管理协会(IPMA)	项目是由一组有起止时间的、相互协调的受控活动所组成的特定过程，该过程要达到符合规定要求的目标，包括时间、费用和资源等各方面的约束条件。
	中国项目管理资深专家戚安邦教授	项目是一个组织为实现自己既定的目标，在一定的时间、人员和资源约束条件下，所开展的一种具有一定独特性的一次性工作。

从表9-1中可以看出，尽管不同机构、组织及个人对项目的定义有着不同的表述，但都是从不同角度去描述项目所具有的基本特征，所以可以通过给出项目的特性来对项目进行进一步的界定。项目的特性有许多，在此仅简单地介绍几点具有关键意义的特性：

(1) 一次性，指每一个项目都有一个明确的开始时间和结束时间。一次性是项目的基本属性。

(2) 目的性，指任何一个项目都是为实现特定的组织目标服务的。这些目标可以是经济、技术等方面的。项目的目标贯穿项目工作的始终，所有的项目工作都必须围绕这个目标进行。

(3) 独特性，亦称新颖性，指每个项目的内涵是唯一的或者说是专门的。任何一个项目之所以能成为项目，是由于它有区别于其他任务的特殊要求。

(4) 制约性，指每个项目都在一定程度上受客观条件和资源的制约。客观条件和资源对于项目的制约涉及项目的各个方面，其中最主要的制约是包括人、财、物、时间、技术、信息等方面的资源制约。

(5) 系统性，指项目是一系列活动有机组合而形成的一个完整过程。项目是为实现目标而开展的任务集合，它强调的是项目的过程性和整体性。

(6) 阶段性，亦称生命周期特征，指像有机体一样，项目也有自己的生命周期。在开始阶段比较缓慢，逐渐成长到一定的规模，即达到巅峰后开始下滑，最终必然走向终结。项目生命周期阶段的划分，为项目评价和项目调控提供了方便。

(7) 其他特性。项目除了上述特性以外还有其他一些特性，包括项目的创新性和风险性、项目过程的渐进性、项目成果的不可挽回性、项目组织的临时性和开放性等。这些项目特性是相互关联和相互影响的。

9.1.1.2 项目经济效益分析的涵义

项目所具有的特性，使得人们在项目决策和项目实施中必须对项目进行深入的分析和研究，这充分体现了在项目形成的各个阶段进行项目经济效益分析的必要性、重要性和复杂性，使项目经济效益分析成为项目管理中最为重要和必不可少的内容之一。

项目经济效益分析是为了达到给定的目标，对投资项目的可行性做出判断。其主要内容是权衡这一项目的利害得失和比较各替代方案间的优劣，得出综合结论。项目经济效益分析的结论是投资者、贷款银行和政府部门进行投资决策的重要依据。项目经济效益分析概念可以从广义和狭义两方面来论述。

广义的项目经济效益分析，是指在项目的生命周期全过程中，根据国家的政策、法规，采用合适的评价尺度，应用科学的评价理论和方法，从项目、国民经济和社会的角度出发，对拟建投资项目的可行性、必要性、建设条件、生产条件、产品市场需求、工程技术、财务效益、经济效益和社会效益进行全面分析和论证，并就该项目是否可行提出相应职业判断的一项技术经济评价工作。

狭义的项目经济效益分析是指在项目可行性研究的基础上，分别从宏观、中观、微观的角度，对项目进行全面的技术经济的预测、论证和评价，从而确定项目的投资经济效果和未来发展的前景。狭义的项目经济效益分析概念实际上只是对应项目生命周期的初始阶段——概念与论证阶段。

9.1.2 项目经济效益分析理论与方法的产生和发展

9.1.2.1 西方发达国家项目经济效益分析理论与方法的产生与发展

(1) 早期产生与发展阶段(1780—1930)

1790 年，本杰明 · 富兰克林(Benjamin Franklin)最早用项目的费用—效益计算(Cost-Benefit Calculation)或公正代数法(Moralof Prudential Algebra)来对项目进行分析和评价。1844 年，法国工程师杜比(Jules Dupuit)发表了《公共工程项目效用的度量》的论文。他认为当时已有的关于项目经济效益分析的概念是模糊的、不完全的、不确切的，并首先提出了消费者剩余的概念。他认为公共项目的最小社会效益等于项目净产出乘以产品市场价格。这个最小社会效益与消费者剩余就构成了公共项目的评价标准。

这一分析方法在西方社会持续了近百年之久而未有重大进展。

(2) 传统费用—效益分析方法的发展应用阶段(1930—1970)

20 世纪 30 年代,美国在综合开发田纳西河流域时,首次采用可行性研究,对控制洪水过程使用项目经济效益分析方法,遵循“如果效益大于所耗费用,则项目是可行的”这一原理,取得了满意的结果。以后的数年中,项目的费用—效益分析(Cost Benefit Analysis, CBA)主要在洪水控制、河道治理、水土资源开发等方面得到较广泛的应用和发展。该方法在不同的历史时期,对各个国家,尤其是美国的建设起到了非常重要的作用。在此基础上发展起来的多种方法也逐渐在水利以外的其他公共项目领域,如公路、机场、港口及军事工程等方面得到应用。比如,在第二次世界大战、朝鲜战争及越南战争期间,美国政府广泛地应用了费用—效益分析方法;20 世纪 60 年代,美国“伟大社会”(Great Society)规划中,费用—效益分析方法被用于公共卫生、教育、劳动开发、社会福利等项目;1965 年,美国政府采用了一套基于成本—效益分析的预算体系,名为“计划方案及预算体系”(Planning,Programming and Budgeting System, PPBS),把预算、方案制订与项目选择联系起来。在这个 PPBS 体系中,每一项政府工作包括五个步骤:阐明这一工作项目的基本目的;尽可能确定这个项目的成果;估计这一项目在数年内的成本;在尽可能的范围内,比较可供选择的不同方案;试图建立通用于各政府机构的分析方法。虽然这个体系未能持续长久,但人们对于费用—效益分析的意义有了进一步的认识,促进了该方法在其他领域的应用。

1973 年美国国会参议院在发表“水土资源的规划原则和标准”中提出,项目的费用与效益分析应从四个方面考虑:国民经济的发展、环境的质量、地区发展与社会福利。这使传统的费用—效益分析方法更趋于系统化、完整化,并从公共项目向工业、农业和其他部门推广,由美国向欧洲和发展中国家推广。在这个时期,发展中国家的项目经济效益分析方法得到了明显的改进,但是传统的费用—效益分析方法仍起着支配作用。

(3) “新方法”的产生与应用阶段(1968 年至今)

1960 年以来,项目经济效益分析方法有了新的突破,主要反映在发展中国家的推广应用与发展中,即“新方法”产生与应用阶段。

9.1.2.2 *发展中国家项目经济效益分析理论与方法的应用与发展*

1960 年以来,项目经济效益分析方法开始在发展中国家得到广泛应用。在发达国家,由于市场机制比较完善、价格比较合理、外部效果可以在合理的价格机制下自然消失等原因,因而经济评价方法的应用比较简单,很多情况下项目经济效益可蜕变为一般的财务评价,并不影响其评价结果。但是与发达国家相比,一般发展中国家权力比较集中,计划性比较强,政府投资较多,市场机制不完善,经济发展不稳定。所以,从企业和国家两个不同基本目标分别对费用和效益进行分析时,结果相去甚远。再加上由于通货膨胀、外汇缺乏、劳动力(非技术型)过剩、实施保护性措施等原因造成的价格失真的影响,发展中国家项目经济评价要比发达国家复杂得多。

发展中国家的商品价格严重“失真”,从而大大增加了项目经济效益分析的难度,也直接影响了发展中国家项目经济效益分析工作的广泛推行。发展中国家的项目经济效益分析方法与发达国家相比，在总体上没有什么区别，需要特别解决的问题是如何调整“失真”的价格，使它能真实合理地度量项目的费用与效益，从而得出符合实际的结论。

对于如何调整价格这一关键性的问题，有突破性贡献的是牛津大学著名福利经济学家利特尔(I. M. D. Little)和信息经济学家、1996年诺贝尔经济学奖获得者莫利斯(J. A. Mirrless)。1968年，他们在为经济合作发展组织(OECD)撰写的《工业项目手册》中提出了一种调整价格的方法，简称L-M法，得到了世界各国专家和实际工作者的认可。此后，1974年他们又发表了“发展中国家的项目经济效益分析和计划”，对原方法进行了重大改进。

与L-M法同样有影响的方法是UNIDO(United Nations Industrial Development Organization，联合国工业发展组织)法。它因1972年UNIDO发表了达斯格普塔(P. Dasqupta)等人写的《项目经济效益分析准则》而得名。

以上两种方法主要是针对发展中国家的价格“失真”问题，建立了以影子价格(Shadow Price)为基础进行的经济评价的方法体系，并提出了近似确定影子价格的较实用的方法，目前已被许多发展中国家所采用。

还有一种比较有影响的方法是S-V法，它是由世界银行(World Bank)的斯奎尔(Lyn Squire)和塔克(Herman G. Vander Tak)在《项目经济分析》一书中提出的。这种方法和L-M及UNIDO法一起，被认为是近几十年来在项目经济效益分析理论和方法方面最重要的进展。与前两种方法类似，S-V法在一些主要问题上更接近L-M法的观点。这种方法与前两种方法的不同之处是S-V法在计算项目收益率的过程中，明显地考虑项目在一个国家内收入分配的影响。

L-M法、UNIDO法、S-V法，一起被称为项目经济效益分析的“新方法”。

1980年，UNIDO出版了与IDCAS(阿拉伯国家工业发展中心)共同研究的成果《工业项目经济效益分析手册》，提出了“增值法”。其基本思想是以项目对国民收入增长的贡献为基本评价标尺。增值法以简便而著称，对发展中国家尤其是阿拉伯国家的项目经济效益分析有一定影响。

9.1.2.3 我国项目经济效益分析理论与方法的应用与发展

我国的项目经济效益分析从20世纪50年代末开始，大致经历了三个阶段。

最初是20世纪50年代末开始的引进阶段，当时主要是学习苏联各种计划经济体制下的项目论证方法。到了20世纪60年代初，我国将项目经济效益分析工作的发展正式列入全国科学发展规划，但在随后的“文革”时期，这一工作因遭到冲击而停滞。

然后是初期推广阶段。20世纪70年代末期我国改革开放政策开始实施，项目经济效益分析工作又重新受到国家和企业的极大重视。首先是全面介绍和引进西方国家和世界银行等国际金融组织，以及联合国工业发展组织的项目经济效益分析原理和方法。其后，随着我国经济体制改革的深入和不断对外开放，外商投资项目逐年增多，特别是1980年我国恢复在世界银行的地位以后，安排大批专业人员在世界银行的经济发展学院接受了相关的培训，这为我国与国际投资项目经济效益分析进一步规范化和与国际接轨提供了很好的机会。在这一时期，很多高等院校和科研单位建立了相应的专业和研究机构，有关的译文、译著、论文、论著大量出现，这些不但为我国的项目经济效益分析奠定了理论基础，同时也推动了评价的广泛应用。随后是改进和提高阶段。

进入 20 世纪 80 年代以后，国家管理部门对投资项目经济效益分析工作的研究和推广也给予了高度重视。1982 年，原国家计划委员会(简称计委)和建设部在北京组织召开了“建设和改造项目经济评价讨论会”。会议以我国项目的国民经济评价原理与方法为中心，全面探讨了国内外项目经济效益分析的理论和方法，大大推进了我国项目经济评价研究和实际工作的发展。此外，针对建设项目决策所存在的突出问题，1982 年国务院在“关于第六个五年计划的报告”中指出：“所有建设项目必须严格按照基建程序办事，事前没有可行性研究和技术经济论证，没有做好勘察设计等基本建设前期工作的，一律不列入年度建设计划，更不准仓促开工。”这是国家第一次规定将可行性研究和项目经济效益分析列入基本建设程序之中。

1983 年 2 月，国家计委制定并颁布了《建设项目进行可行性研究的试行管理办法》，对可行性研究的编制范围、可行性研究报告的编制程序、项目经济的评价内容等做出了系统的规定，并明确指出在可行性研究阶段，如果项目经济不合理，可予否决，从而为可行性研究在我国的应用铺平了道路。1986 年，国务院发展研究中心和中国人民建设银行在昆明联合召开了“可行性研究与经济评价讨论会”。会议针对我国当时在项目可行性研究和项目经济效益分析中存在的问题，开展了深入的讨论并提出关于项目决策科学化的政策与方法建议。这次会议大大推动了有中国特色的项目可行性研究与项目经济效益分析工作在我国的发展。

1986 年，原国家计委和建设部专门成立了建设项目经济评价方法编制组。该编制组在当年年底提交了《建设项目经济评价方法》讨论稿，随后由原国家计委和建设部组织编撰并于 1987 年 9 月由中国计划出版社出版发行了《建设项目经济评价方法与参数》(第一版)，为国内的建设项目经济效益分析工作提供了必要的方法和依据。随后又进行了多次修改和补充。1990 年 9 月，国家计委、建设部重新发布了《建设项目经济评价参数》。

1993 年 4 月，建设部和原国家计委联合批准发布了《建设项目经济评价方法与参数》(第二版)，推动了我国投资决策科学化进程。此外，1993 年 4 月还发布了《中外合资经营项目经济评价方法》。其一大特点就是按照 1992 年 11 月财政部颁布的《企业财务通则》和《企业会计准则》做了修改，因而更具实用性和权威性。该书的出版标志着我国有了较为完整的评价标准和规范。书中所列举的方法是根据我国现行管理体制，借鉴国外有关方法，特别是“新方法”编制的，符合我国经济转型时期的国情和评价目标。

为了适应社会主义市场经济的发展，2004 年国务院颁布了《国务院关于投资体制改革的决定》。为了贯彻投资体制改革的精神，规范建设项目经济评价工作，提高项目决策的科学化水平，引导和促进各类资源的合理、有效配置，保证经济评价参数取值的合理性和切合实际，保证经济评价的质量、增强经济评价结论的科学性，建设部和国家发改委组织专家进行了深入细致的调查研究，于 2006 年 7 月发布了《建设项目经济评价方法与参数》(第三版)。新版《建设项目经济评价方法与参数》促进了我国建设项目经济评价工作的规范化和科学化，在社会主义市场经济环境下满足了政府和其他各类投资主体投资决策的需要，符合我国社会主义市场经济发展和投资体制改革的要求，与国际通行的投资项目经济效益分析方法接轨，并符合多元投资主体进行科学投资决策的需要，对提高各类投资主体的项目科学决策水平具有重要作用。

9.1.3 项目经济效益分析体系发展的理论基础

项目经济效益分析体系的发展，经历了由微观到宏观、由追求单一目标到多目标的发展过程，即财务评价→经济评价→社会影响评价→环境影响评价→后评价的发展过程。

9.1.3.1 财务评价发展的理论基础

在西方经济大萧条之前，新古典经济学在西方经济学界居统治地位。在此背景下发展起来的财务评价的理论基础也主要是新古典经济学的微观经济理论。经济学家们偏重于分析企业微观效益，并将分析集中于私有企业追求利润最大化的行为。经济学家们认为在市场完全竞争、全民充分就业及私人效益和社会效益基本一致等假设条件下，用合理的市场价格计算企业利润与社会效益一致，并且私人效益之和就是社会总效益。古典经济学中能作为项目财务评价理论基础的有完全竞争模式、边际效用理论和社会效用理论等。

9.1.3.2 经济评价发展的理论基础

(1) 宏观经济学

在经济大萧条时期，古典经济学否认长期中不自愿失业存在可能性的思想与现实相矛盾，资本主义自由竞争经济体系崩溃。在这种情况下，凯恩斯建立了一个能够证明市场价格机制不能自动消除不自愿失业的宏观经济学体系，从理论上论证了政府干预宏观经济运行，特别是以财政政策干预宏观经济运行的必要性。宏观经济学使项目经济效益分析能够扩展为单个微观项目的宏观意义分析，从而为项目经济评价体系的产生奠定了理论基础。

(2) 福利经济学

福利经济学研究的核心问题是在资源稀缺的情况下，如何最适度地配置资源，使产出的国民收入(即全社会经济福利)达到最大值。福利经济学中能作为项目经济评价理论基础的内容，主要有支付意愿和消费者剩余理论、资源最优配置理论(帕累托最优及补偿原则)、外部效果和无形效果等。

帕累托最优状态是指资源的重新配置已经不可能在使其他人的处境不变的条件下使任何一个人的处境变好。潜在帕累托准则构成了项目经济评价费用—效益分析方法的理论基础：如果某项目的实施使社会所得(受益)能补偿社会所失(费用)，那么该项目的实施是对社会的一种改进，则项目是可取的。这种费用—效益分析方法隐含下述假设：以项目对国民收入增长所做出贡献的大小作为项目取舍的标准。然而，多年的实践证明，项目产生的效益不公平地分配于该国不同地区与阶层之间；各种社会、行政、制度方面的约束条件也限制了政府通过财政和货币政策实现公平分配的能力。特别是在发展中国家，这种限制作用更为明显。

(3) 发展经济学

发展中国家为了能制定出切合实际的经济发展政策和国家计划，也必须对拟建项目做出科学的决策。但是发展中国家的经济有一些自己的特点，不能完全照搬西方宏观经济学和福利经济学的理论，因而以发展中国家经济问题为研究对象的发展经济学就成为发展中国家项目经济评价的理论基础。

9.1.3.3 社会影响评价发展的理论基础

经济学家认为，项目经济效益分析的经济目标从根本上来说就是提高一个国家的福利水平，即效率目标。这种福利水平应该反映在两个方面：一是国民收入的大小；二是国民收入的分配。效率目标要求增加国民收入，实现经济增长；公平目标要求增加的国民收入在不同收入阶层、不同地区及不同时期之间进行合理分配，实现公平分配。两者合称为国民福利目标。一个项目的净效益再大，如果将其过多地分配于当前消费(或积累)或过多地分配于某一本来就很富裕的阶层或地区，那这个项目对国民福利目标的贡献也不大，所以一个项目的价值不仅取决于净效益的大小，还取决于净效益的分配。

在这种理论指导下，项目经济评价的方法由传统费用—效益分析方法发展为引入收入分配、就业等社会发展目标的现代费用—效益分析方法。由于现代费用—效益分析方法包括了经济效率目标和社会公平分配目标两部分的分析，所以也有学者把现代费用—效益分析方法称为社会费用—效益分析方法，把这种社会费用—效益分析方法的应用称为狭义的社会评价。

社会影响评价的理论基础除了福利经济学的相关理论外，还有发展社会学的相关理论。发展社会学认为，20 世纪五六十年代，发展等同于经济增长；70 年代，发展等同于满足人类的基本物质需求；80 年代至今，发展是人的发展，而且是一个持续的过程。从发展概念的变化中，可以看出发展越来越贴近人类自身素质的提高、人类生存空间的改善和全社会的进步，因此社会影响评价也获得了一个完全不同于经济评价的评价目标，即“以人为中心”的评价。

9.1.3.4 环境影响评价发展的理论基础

(1) 适度人口论

20 世纪五六十年代以来，由人口增长引起的环境资源危机已非常严重，具体表现为对环境资源、就业收入、城市建设的冲击，使经济增长受到制约。因此，采取适当的人口政策控制人口增长，已经成为环境保护的重要原则。

(2) 代际平等论

1974 年，联合国环境规划署和贸易发展会议联合举办的“资源利用方式、环境和发展科科约克讨论会”上提出：“这一代人应具有长远的眼光，应考虑后代的需要，不应超前占用本星球有限的资源和其生命支持系统而危及人类未来的幸福甚至人类的生存。”1987

年，联合国世界环境与发展委员会的报告书——《我们共同的未来》中主张，应"在不危及后代人满足其需要的能力的前提下，寻求满足我们当代人需要和愿望的发展途径"。这就向我们提出了一个过去人们很少考虑的新的公正与平等问题——当代人和下一代人之间的平等。为了下一代有一个良好的生存与发展环境，不仅要求当代人更加合理、适度地开发利用环境资源，而且要求建立起包含当代人之间、当代人与后代人之间机会平等的持续性环境伦理道德观。

（3）协调发展论

所谓协调发展，是指经济、社会与生态环境之间的协调发展。协调发展战略是新型发展战略的一种，其目标在于追求整个社会的全面、持续的发展，促进社会、经济和环境关系的协调，尤其是经济发展和环境保护的协调。在这种战略中，经济发展要考虑到自然生态环境的长期承载能力，环境保护工作也要充分考虑到一定经济发展阶段下经济的支持能力，从而避免贫困与环境恶化之间的恶性循环。

9.1.3.5 后评价发展的理论基础

后评价的理论基础是现代系统和控制论的基本原理。项目系统由四种基本要素构成，即"输入""处理""输出""反馈"。项目系统是一个开放的闭环系统。根据现代控制论，对闭环系统的控制采用反馈控制方法。控制论的创始人维纳指出："反馈是控制论的一种方法，即将系统以往操作结果再送入系统中去"，其特点是"根据过去的操作情况去调整未来的行为"。

9.1.4 项目经济效益分析原理与指标

9.1.4.1 项目经济效益分析的原理

投资项目经济效益分析的基本原理是：投资项目的报酬率超过资本成本时，企业的价值将增加；反之，投资项目的报酬率小于资本成本时，企业的价值将减少。这一原理涉及项目的报酬率、资本成本和股东财富的关系，如表 9-2 所示。

表 9-2 投资项目报酬率、资本成本和股东财富的关系

投资项目报酬率	投资要求的报酬率是投资人的机会成本，即投资人将资金投资于其他同等风险资产可以赚取的收益——资本成本。 投资项目预期的报酬率是投资项目预期能够达到的报酬率。
基本原理	投资项目的报酬率＞资本成本，企业价值增加； 投资项目的报酬率＜资本成本，企业价值将减少。
资本成本确定	（1）当投资项目的风险与公司现有资产的平均系统风险相同时，公司的资本成本是比较适宜的标准。 （2）如果项目的系统风险与公司资产的平均系统风险不同，则需要衡量项目本身的风险，确定项目的资本成本。

在此，我们通过【例 9-1】来进一步说明这三者之间的关系：

【例 9-1】 甲企业的资本由债务和权益组成，假设该企业目前有 200 万元债务和 300 万元所有者权益，那么该企业的总资产为 500 万元。下面来分析项目的报酬率、资本成本和股东财富这三者之间的关系。

债权人把钱借给甲企业的目的是想要赚取利息。假设债权人希望他们的债券能赚取 20%的收益，这一要求通常会写入借款契约中，因此债权人要求的收益率比较容易确定。

股东将钱投入甲企业的目的也是希望赚取收益。但是由于股东的要求权是一种剩余要求权，因此股东要求的报酬率是不明确的。一般情况下，若存在资本市场，则股东要求的收益率可以通过股价来计算。在此，我们假设股东要求赚取 30%的收益。

甲企业要符合债权人的期望，应有 40 万元(200 万元×20%)的收益，以便给债权人支付利息。由于企业可以在税前支付利息，因而有效的税后成本为 10 万元(假设所得税税率 25%)。甲企业要符合股权投资人的期望，应有 90 万元的收益(300 万元×30%)，以便给股东支付股利(或将收益留在企业里再投资，但它也是属于股东的)。两者加起来，企业要赚取 120 万元息前税后收益。

为了同时满足债权人和股东的期望，甲企业的资产收益率为 24%(120/500)。

按照这个推理过程，可以得出以下公式：

$$投资的必要报酬率=\frac{债务\times 利率(1-所得税税率)+所有者权益\times 权益成本}{债务+所有者权益}$$

$$=\frac{债务\times 利率\times(1-所得税税率)}{债务+所有者权益}+\frac{所有者权益\times 权益成本}{债务+所有者权益}$$

将上述数据代入，得出：

$$投资的必要报酬率=\frac{200\times 20\%\times(1-25\%)+300\times 30\%}{200+300}=24\%$$

或

$$投资的必要报酬率=\frac{2}{5}\times 20\%\times(1-25\%)+\frac{3}{5}\times 30\%=24\%$$

投资要求的报酬率是投资人的机会成本，即投资人将资金投资于其他同等风险资产可以赚取的收益。

企业投资项目的报酬率必须达到投资人的要求。如果企业的资产获得的报酬超过资本成本，债权人仍按 20%的合同条款取得利息，那么超额收益应全部属于股东。企业的收益大于股东的要求，必然会吸引新的投资者购买该公司股票，其结果是股价上升。如果相反，股东会对公司不满，有一部分人会出售该公司股票，导致股价下跌。因此，资本成本也可以说是企业在现有资产上必须赚取的、能使股价维持不变的收益。股价代表了股东的财富，反映了资本市场对公司价值的估计。企业投资取得高于资本成本的报酬，就为股东创造了价值；企业投资取得低于资本成本的报酬，则摧毁了股东财富。

因此，投资者要求的报酬率即资本成本，是评价项目能否为股东创造价值的标准。

9.1.4.2 项目经济效益分析的指标

根据不同的角度，项目经济效益分析指标与方法可以进行如下分类：

(1) 根据是否考虑不确定性因素，可以分为确定性评价方法和不确定性评价方法。其中，不确定性评价方法又可以分为风险评价法和完全不确定性评价方法。

(2) 根据是否考虑资金时间价值并进行贴现运算，可以分为静态评价指标和动态评价指标与方法。通常在确定投资机会和对项目进行初步选择时，一般只进行静态评价，而为了更科学、更准确地反映项目的经济情况时，则必须采用动态评价。

（3）根据国家发改委和建设部 2006 年 7 月 3 日发布颁发的《建设项目经济评价方法和参数》，按评价的角度不同可以分为财务评价和国民经济评价。

（4）按评价指标的计算结果类型可以分为：以时间长短来体现的时间型指标、以货币价值来体现的价值型指标、以效率来体现的比率型指标。本书采用该种分类方法。具体的项目经济效益分析指标分类如图 9-1 所示。

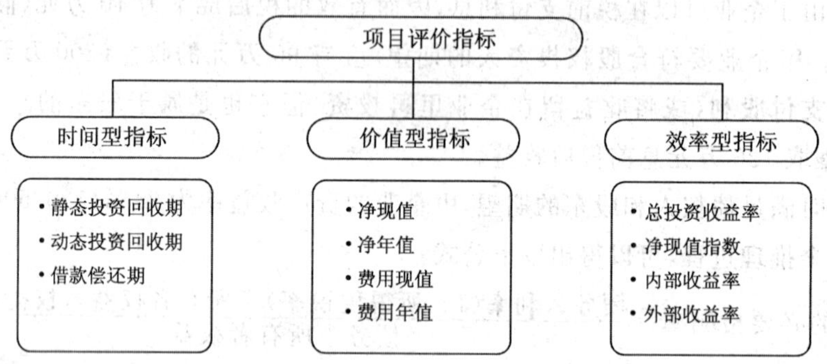

图 9-1　项目经济效益分析指标分类

9.1.5　时间型指标分析

9.1.5.1　静态投资回收期(Payback Period)

投资回收期，是指在不考虑资金时间价值条件下，以净收益抵偿全部投资所需要的时间。它是一个静态绝对评价辅助指标，通常用符号 P_t表示。其表达式如下：

$$\sum_{t=0}^{P_t}(CI-CO)_t=0 \tag{9-1}$$

式(9-1)中：P_t为静态投资回收期；CI 为现金流入；CO 为现金流出；$(CI-CO)_t$ 为第 t 年的净现金流量。

投资回收期以年表示，一般从建设开始年算起。如果从投产年算起，应予以说明。投资回收期可借助项目投资现金流量表计算。项目投资现金流量表中累计净现金流量等于 0 的年份，就是项目的投资回收期。

（1）计算公式

① 在各年净收益不等的情况下，一般需要通过项目的现金流量表，在累计净现金流量（税前）的计算中求出 P_t：

$$P_t=T-1+\frac{\left|\sum_{t=0}^{T-1}NCF_t\right|}{NCF_T} \tag{9-2}$$

式中：T 为项目各年累计净现金流量首次出现正值或零的年份；NCF_t为第 t 年的净现金流量；$\left|\sum_{t=0}^{T-1}NCF_t\right|$ 为第 $T-1$ 年的累计净现金流量的绝对值；NCF_T为第 T 年的净现金流量。

② 如果项目投产后每年的净收益相等，则 P_t 可以通过以下简化公式求出：

$$P_t = \frac{K}{NB} + t_k \qquad (9\text{-}3)$$

式中：K 为总投资；NB 为每年等额净收益；t_k 为建设期年数。

【例 9-2】 某项目建设期 3 年，第 4 年开始投产。项目有净收益不同的甲、乙两方案。其中，甲方案的现金流量表（已简化）如表 9-3 所示，乙方案各年净收益均为 250 万元。求甲、乙两方案的静态投资回收期。

表 9-3　某项目甲方案现金流量表（简化）

万元

项　目	0	1	2	3	4	5	6	7	8	9
现金流入（CI）										
销售收入					500	600	700	800	900	1000
现金流出（CO）										
总投资	100	240	300	360						
成本					350	400	450	500	550	600
净现金流量（NCF）	−100	−240	−300	−360	150	200	250	300	350	400
累计净现金流量（$\sum NCF$）	−100	−340	−640	−1000	−850	−650	−400	−100	250	650

从表 9-3 中可以看到，累计净现金流量 $\sum NCF$ 在第 8 年开始出现正值。而第 7 年仍旧是负值，表示累计净现金流量为 0 的年份在第 7 年与第 8 年之间。

对于方案甲，使用公式(9-2)，有

$$P_{甲} = 8 - 1 + |-100|/350 = 7.29(年)$$

对于方案乙，由于其具有等额的年净收益 250 万元，使用公式(9-3)，得

$$P_{乙} = 1\,000/250 + 3 = 4 + 3 = 7(年)$$

(2) 评价标准

在投资项目经济效益分析中，求出的 P_t 应与部门或行业的基准投资回收期 P_c 进行比较。

当 $P_t \leqslant P_c$ 时，表示项目或方案能满足行业项目投资营利性和一定风险性要求，项目的投资能再规定的时间内收回，则该项目可以考虑接受；

当 $P_t > P_c$ 时，表示项目或方案不能满足行业项目投资营利性和一定风险性要求，项目的投资不能在规定的时间内收回，则该项目应予以拒绝。

当用于多种项目方案比较时，投资回收期越短的方案越优。

(3) 投资回收期指标的优缺点

投资回收期指标的优点主要有：① 概念清晰、直观，简单易用。② 不仅在一定程度上反映了经济性，还反映了项目风险的大小。由于项目面临着未来诸多不确定因素的挑战，而不确定因素带来的风险一般是随着时间的延长而增加的，因而为了减少这种风险，就必然希望投资回收期越短越好。这一点，使得投资回收期指标在项目经济评价中具有独特的地位和作用，作为一个主要指标被广泛采用。

投资回收期指标的缺点：① 没有考虑资金的时间价值；② 由于它只考虑投资回收

期之前的现金流量(收入和支出)，故不能全面反映项目在寿命期内真实的效益，也难于对不同方案的比较选择做出正确判断。

9.1.5.2 动态投资回收期(P_{td})

为了克服静态投资回收期指标没有考虑资金时间价值的缺点，可采用其相应的动态指标——动态投资回收期(P_{td})。

(1) 表达式

动态投资回收期就是累积折现值为0的时间，其表达式为：

$$\sum_{t=0}^{P_{td}}(CI-CO)_t(1+i_C)^{-t}=0 \tag{9-4}$$

式中：P_{td}为动态投资回收期，即净现金流量现值的累计值为0的年限，或者说，是以净收益的现值回收项目投资的现值所需的时间；CI为现金流入；CO为现金流出；$(CI-CO)_t$为第t年的净现金流量；i_C为行业的基准收益率或设定的折现率。

判别标准：当$P_{td}\leqslant P_d$时，项目可以被接受；否则应予以拒绝。其中，P_d是由同类项目的历史数据得来的，或投资者确定的基准动态投资回收期。

(2) 计算公式

动态投资回收期只用于财务评价。借助于财务现金流量表(全部投资)，在求净现值的过程中求出了各年的净现金流量的现值，得累积折现值。实用计算公式为：

$$P_{td}=T-1+\frac{\text{第 }T-1\text{ 年的累计现金流量的现值的绝对值}}{\text{第 }T\text{ 年的净现金流量的现值}} \tag{9-5}$$

式中，T为累计净现金流量的现值首次出现正值的年份。

【例 9-3】 假设$i_c=6\%$，试计算【例 9-2】中甲方案的动态投资回收期。

解：仍须利用表9-3中所提供的现金流量表，在求出各年净现金流量的基础上，按$i_c=6\%$，求出各年净现金流量(NCF_i)的现值；求出累计各年净现金流量的现值$\sum[NCF_i\times(P/F,i_c,n)]$；求出累计净现金流量的现值为0的年份，即动态投资回收期。计算结果见表9-4(表格中数据四舍五入取整数)。

表 9-4 某项目甲方案现金流量表(简化)

万元

项 目	0	1	2	3	4	5	6	7	8	9
现金流入(CI)										
销售收入					500	600	700	800	900	1 000
现金流出(CO)										
总投资	100	240	300	360						
成本					350	400	450	500	550	600
净现金流量(NCF)	−100	−240	−300	−360	150	200	250	300	350	400
现值系数	1.000	0.943	0.889	0.839	0.792	0.747	0.704	0.665	0.627	0.591
净现金流量的现值	−100	−226	−267	−302	119	149	176	200	219	236
累计净现金流量的现值	−100	−326	−593	−895	−776	−627	−451	−251	−32	204

$$P_{td}=9-1+|-32|/236=8.14(年)$$

9.1.5.3 借款偿还期(Loan repayment period)

(1) 借款偿还期的涵义

借款偿还期,又称贷款偿还期或固定资产投资国内借款偿还期,是指在有关财税规定及企业具体财务条件下,项目投产后可以用作还款的利润、折旧、摊销及其他收益偿还建设投资借款本金(含未付建设期利息)所需要的时间,一般以年为单位表示。该指标可由借款偿还计划表推算,不足整年的部分可用线性插值法计算。当指标值满足贷款机构的期限要求时,即认为项目是有清偿能力的。

(2) 借款偿还期的计算

其表达式为:

$$I_d = \sum_{t=0}^{P_d} R_t \tag{9-6}$$

式中:I_d为固定资产投资国内借款本金和建设期利息之和;P_d为固定资产投资国内借款偿还期(从借款开始年算起,当从投产年算起时,应予以注明);R_t为第t年可用于还款的资金,包括利润、折旧、摊销及其他可用于还款的资金。

借款偿还期满足贷款机构的要求期限时,即认为项目是有借款偿债能力的。

借款偿还期指标适用于那些不预先给定借款偿还期限,且按最大偿还能力计算还本付息的项目;不适用于那些预先给定借款偿还期的项目。对于预先给定借款偿还期的项目,应采用利息备付率和偿债备付率指标分析项目的偿债能力。

9.1.6 价值型指标分析

9.1.6.1 净现值

(1) 净现值(Net Present Value,NPV)的含义与计算公式

净现值是指按行业的基准收益率 i_c 或设定的折现率,将项目计算期(建设期+生产期)内各年净现金流量折现到项目建设期初(第1年初)的现值之和。其表达式为:

$$NPV = \sum_{t=0}^{n}(CI-CO)_t(P/F,i_c,t) = \sum_{t=0}^{n}(CI-CO)_t(1+i_c)^{-t} \tag{9-7}$$

式中:n为项目的计算器或寿命期;t为年份;i_c为行业的基准收益率或设定的折现率。

NPV的另外一种更常用的表达和计算公式:

$$NPV=NB_t-K_p \tag{9-8}$$

式中:NB_t为各年净收益现值之和;K_p为各年投资现值之和。

(2) 净现值法的判断原则

① 当NPV作为绝对效果评价指标——用于判断某个项目或方案是否可行时:

当$NPV>0$时,表明投资报酬率大于资本成本,该项目可以增加股东财富,应予采纳。

当$NPV=0$时,表明投资报酬率等于资本成本,不改变股东财富,没有必要采纳。

当$NPV<0$时,表明投资报酬率小于资本成本,该项目将减损股东财富,应予放弃。

② 当 NPV 作为相对效果评价指标——用于多方案比较时，可采用：

A. 单独法：即先单独计算两方案各自的 NPV，再比较它们的大小。

评价标准：在多种方案的 NPV 均大于 0 的前提下，应选择净现值大的方案，或是按净现值大小进行项目排队，对净现值大的项目应优先考虑。

B. 增量法：在投资小的方案可行（NPV 大于等于 0）的情况下，通过考察两方案的增量现金流的经济可行性，来判断两方案的优劣。

评价标准：若 $\Delta NPV>0$，则投资大的方案优；若 $\Delta NPV<0$，则投资小的方案优。

【例 9-4】 某建筑公司拟建造一座写字楼，现有两个备选方案，两种方案建设期均为 2 年，经济寿命均为 20 年，无残值。方案一的初始投资为 1 亿元，年运营和维护费为 0.05 亿元，年收入为 0.32 亿元。方案二初始投资为 1.7 亿元，年运营和维护费为 0.03 亿元，年收入为 0.45 亿元。如果该行业的最低收益率为 10%，求出哪个方案较优。

解：方案一　单独法

$$
\begin{aligned}
NPV_1 &= (0.32-0.05)\times(P/A,10\%,18)\times(P/F,10\%,2)-1 \\
&= 0.27\times 8.201\times 0.826-1 \\
&= 0.829（亿元）>0
\end{aligned}
$$

故方案一可行。

$$
\begin{aligned}
NPV_2 &= (0.45-0.03)\times(P/A,10\%,18)\times(P/F,10\%,2)-0.17 \\
&= 0.42\times 8.201\times 0.826-0.17 \\
&= 1.145\,1（亿元）>0
\end{aligned}
$$

故方案二可行。

又因为 $NPV_1<NPV_2$，所以方案二较优。

方案二　增量法

首先对投资少的方案一进行绝对效果评价。

$$
\begin{aligned}
NPV_1 &= (0.32-0.05)\times(P/A,10\%,18)\times(P/F,10\%,2)-1 \\
&= 0.27\times 8.201\times 0.826-1 \\
&= 0.829（亿元）>0
\end{aligned}
$$

故方案一可行。

然后，对方案一和方案二进行相对效果评价，需求出 ΔNPV_{B-A}，以考察两方案的增量现金流的经济性。

$$
\begin{aligned}
\Delta NPV_{B-A} &= [(0.45-0.03)-(0.32-0.05)]\times(P/A,10\%,18)\times(P/F,10\%,2)-(1.7-1) \\
&= 0.15\times 8.201\times 0.826-0.7 \\
&= 0.316\,1（亿元）>0
\end{aligned}
$$

这说明增量投资净收益的现值能抵消增量投资的现值，且有余。方案二多投资的 7 000万元所产生的每年 1 500 万元增量收益是经济的，所以投资大的方案二优，且可行。

(3) 净现值法的评价

净现值法具有广泛的适用性，在理论上也比其他方法更完善。其优点是考虑了整个项目计算期的全部现金净流量及货币时间价值的影响，反映了投资项目的可获收益。

但是，由于净现值反映了一个项目按现金流量计量的净收益现值，是个金额的绝对值，因而在比较投资额不同的项目时有一定的局限性。此外，因为现金流量和相应的资本成本有赖于人为的估计，所以净现值无法直接反映投资项目的实际收益率水平。

9.1.6.2 净年值

(1) 净年值(Net Annual Value，NAV)的含义及计算公式

净年值(NAV)是通过资金等值换算，将项目净现值(NPV)分摊到寿命周期内各年(从第 1 年到第 n 年)的等额年值。其表达式为：

$$NAV = NPV(A/P, i_C, n) \tag{9-9}$$

$$= \left[\sum_{t=0}^{n}(CI - CO)_t(P/F, i_C, t)\right](A/P, i_C, n)$$

$$= \left[\sum_{t=0}^{n}(CI - CO)_t(1 + i_C)^t\right](A/P, i_C, n)$$

式中：$(A/P, i_C, n)$为资金回收系数；n 为项目或方案的计算期(寿命期)。

(2) 评价标准

作为绝对效果评价指标时：$NAV \geqslant 0$，项目在经济效果上可行；否则被否决。

作为相对效果评价指标时：在方案可行的条件下，NAV 大者优。

(3)对 NAV 的说明

① NAV 是与 NPV 等效的评价指标。由公式(9-9)可看出，由于$(A/P, i_c, n) > 0$，故 NAV 与 NPV 对项目经济评价的结论总是一致的。因此，就项目的评价结论而言，两者是等效的。只不过 NPV 是项目在整个寿命期内获取的在 i_c 水平上的超额净盈利的现值，NAV 是项目寿命期内每年等额的超额净盈利的现值。

② 在方案的寿命期不同时，NAV 使用更为方便。在方案寿命期不等时，由于失去了时间上的可比性，因而使用 NPV 指标需要进行一些相应的变换，故比较烦琐。而使用 NAV 指标，则具有在时间上的可比性，更为简便、好用。因此，NAV 指标在项目经济评价中具有汇总要的地位。

【例 9-5】 某项目有甲、乙两种方案，甲方案寿命期为 6 年，初始投资为 20 万元，年净收入为 3.8 万元；乙方案建设期为 2 年，寿命期为 12 年，初始投资为 25 万元，年净收入为 4.5 万元；$I_c = 10\%$。求该优先选择哪种方案。

解：因为$(A/P, i, n) \times (P/A, i, n) = 1$，所以$(A/P, i, n) = 1/(P/A, i, n)$

将已知条件代入公式(9-9)中，可得

$$NAV_1 = [-20 + 3.8 \times (P/A, 10\%, 6)] \times (A/P, 10\%, 6)$$

$$= -20 \times (A/P, 10\%, 6) + 3.8$$

$$= -20/4.355 + 3.8$$

$$= -0.79(\text{万元}) < 0$$

故甲方案不可行。

$$NAV_2 = [-25 + 4.5 \times (P/A, 10\%, 10) \times (P/F, 10\%, 2)] \times (A/P, 10\%, 12)$$

$=(-25+4.5\times6.144\times1.735)/6.813$
$=3.37$（万元）>0

故乙方案可行。

综上，应选乙方案。注意：在甲方案的特殊现金流中，将投资分摊到寿命期各年中，使计算变得简单。但是，对乙方案则一定要先求出 NPV，再将其分摊到整个寿命期 12 年中。

9.1.6.3 费用现值和费用年值

(1) 含义

费用现值（PC）是项目寿命期内逐年现金流出按 i_c 折现到建设期初的现值和。费用年值（AC）是通过等值计算将费用现值分摊到寿命期各年的等额年值。费用现值和费用年值是净现值和净年值的特例。

多个方案备选时，可能出现下列情况：诸方案具有相同的产出价值，在计算增量现金流时，相同的部分实际上将被抵消。诸方案能满足相同的需求，但其产出效益难以用货币计量。如环保、教育、国防、公共设施等项目，方案仅有费用现金流。在这种情况下，为了简化计算，只需对它们有差别的部分——费用进行比较，可采用最小费用法——费用现值比较法或费用年值比较法。

(2) 计算公式

$$PC=\sum CO_t(P/F,i_c,t)$$
$$=\sum_{t=0}^{n}(I+C'-S_v-W)_t(P/F,i_c,t) \tag{9-10}$$
$$AC=PC(A/P,i_c,n) \tag{9-11}$$

式中：I 为投资（包括固定资产投资和流动资金）；C' 为年经营总成本；S_v 为计算期末回收的固定资产余值；W 为计算期末回收的流动资金；$(A/P,i_c,n)$ 为资金回收系数；n 为计算期；CO_t 为项目各年的现金流出。

(3) 评价标准

费用现值和费用年值只能用于多方案的比选——相对效果评价。评价的标准是：费用现值和费用年值最小者优。

【例 9-6】 某城区政府考虑更换下水管道排水管，现共有两个方案。方案一打算先铺一条直径为 50 厘米的水管，费用为 21.6 万元，5 年后再铺同样的一条，假设 5 年后铺设费用不变。方案二打算现在就铺一条直径为 100 厘米的水管，费用为 38.5 万元。两方案中水管的寿命均为 30 年，没有残值。设 $i_c=6\%$，问应选择哪个方案？

解：由于该项目两方案能满足相同的需求，所以只需比较其费用，设费用为正值。

$$PC_1=21.6+21.6\times(P/F,6\%,5)=21.6+21.6\times0.747=37.74\text{（万元）}$$

$$PC_2=38.5\text{（万元）}$$

因为 $PC_1<PC_2$，所以，应选 PC 值较小的方案一。

9.1.7 比率型指标分析

9.1.7.1 总投资收益率(ROI)

(1) 含义及计算公式

总投资收益率,指项目达到设计能力后正常年份的年息税前利润或运营期内年平均息税前利润(EBIT)与项目总投资(TI)的比率,它表示总投资的盈利水平。其计算公式为:

$$ROI=\frac{EBIT}{TI}\times 100\% \tag{9-12}$$

式中:EBIT 为项目正常年份的年息税前利润或运营期内年平均息税前利润;TI 为项目总投资。

息税前利润=年营业收入－年营业税金及附加－经营成本－折旧－摊销费

(2) 评价标准

总投资收益率高于同行业的收益率参考值,表明用总投资收益率表示的盈利能力满足要求。

(3) 对总投资收益率的说明

总投资收益率一般可用于经济数据尚不完整的机会研究的初步估算中,以判断项目的初步可行性。

总投资收益率存在以下局限性:没有考虑资金的时间价值;数据取值比较粗糙;舍弃了寿命期(计算期)内其他经济数据,如投资发生的年份、建设期和运营期的年数等。

由于作为效率型指标,若 ROI 最大,虽然可以反映资金的利用效率较高,但是不能反映净收益最大,故不能直接用于方案间的必选。虽说如此,但可以使用它的增量指标进行方案间的比较。其公式为:

$$\Delta ROI=\frac{\Delta EBIT}{\Delta TI}\times 100\% \tag{9-13}$$

如果 ΔROI 达到了可行标准,则说明增量投产产生的增量息税前利润是经济合理的,则投资大的方案为优;反之,如果 ΔROI 没有达到可行标准,则说明增量投资产生的增量息税前利润是不够经济的,即多投资的经济效果不好,故投资小的方案为优。

【例 9-7】 某建筑公司现有一新项目,该项目共有甲、乙两方案。方案甲的总投资为 200 万元,运营期平均 EBIT 为 45 万元;方案乙的总投资为 320 万元,运营期平均 EBIT 为 64 万元。假设项目所在行业的 ROI 判据参数为 15%～27%,问:两方案是否可行?哪个方案更优?

解:

$$ROI_1=45/200\times 100\%=22.5\%$$

$$ROI_2=64/320\times 100\%=20\%$$

因为,$15\%<ROI_2<ROI_1<27\%$,即两方案的 ROI 都在可行的范围内,故甲、乙两方案都可行。尽管 $ROI_2<ROI_1$,但是不能认为方案甲较优,因为只能反映 ROI_1 资金利用效率较高,不能反映净收益高,在此需通过 ΔROI 进行比较:

$$\Delta ROI=(64-45)/(320-200)\times 100\%=15.83\%$$

可见，仍在可行范围之内。表示方案乙多投资的120万元，即增量投资所产生的增量 $EBIT$（19万元）是经济合理的，所以投资大的方案乙优于方案甲，应选择方案乙。

9.1.7.2 净现值指数（$NPVR$）

（1）含义

净现值指数（$NPVR$）又称净现值比、净现值率，是指项目净现值与原始投资现值的比率，又称"净现值总额"。净现值率是一种动态投资收益指标，用于衡量不同投资方案的获利能力大小，说明某项目单位投资现值所能实现的净现值大小。净现值率小，单位投资的收益就低；净现值率大，单位投资的收益就高。

净现值率的经济含义是单位投资现值所能带来的净现值，是一个考察项目单位投资盈利能力的指标，常作为净现值的辅助评价指标。

这是因为，净现值指标用于多方案比较时，没有考虑各方案投资额的大小，因而不能直接反映资金的利用效率。比如两方案寿命期相等，甲方投资50万元，净现值为50万元；乙方案投资10万元，按同一折现率计算的净现值为20万元，这两个方案的净现值都大于零，都是可行的。显然，乙方案的资金利用效率高于甲方案。因此，为了考察资金的利用效率，通常用净现值指数作为净现值的辅助指标。

（2）计算公式

$$NPVR=\frac{NPV}{I_P} \tag{9-14}$$

式中：I_p 为投资 I 的现值。

（3）判断标准

$NPVR \geqslant 0$，项目可以考虑接受；否则拒绝。

在多方案比较时，净现值率越大，方案越优。

注：① 该指标主要适用于多方案的优劣排序；② $NPVR$ 有利于投资规模偏小的项目，所以仅适用于投资额相近的方案比选。

（4）优缺点

优点：从动态角度反映项目投资的资金投入与净产出之间的关系。

缺点：无法直接反映投资项目的实际收益率水平。

9.1.7.3 内部收益率（Internal Rate of Return，IRR）

（1）含义及计算公式

内部收益率，是指项目在计算期内各年净现金流量现值累计等于0时的折现率，即使项目净现值为0的折现率其表达式为：

$$\sum_{t=0}^{n}(CI-CO)_t(1+IRR)^t=0 \tag{9-15}$$

内部收益率，是资金流入现值总额与资金流出现值总额相等、净现值等于零时的折现率，是一项投资渴望达到的报酬率，该指标越大越好。一般情况下，内部收益率大于等于基准收益率时，该项目是可行的。投资项目各年现金流量的折现值之和为项目的净现值，净现值为零时的折现率就是项目的内部收益率。在项目经济评价中，根据分析层次的不同,内部收益率有财务内部收益率($FIRR$)和经济内部收益率($EIRR$)之分。

当下,股票、基金、黄金、房产、期货等投资方式已为众多理财者所熟悉和运用。但投资的成效如何,许多人的理解仅仅限于收益的绝对量上,缺乏科学的判断依据。对于他们来说,IRR 指标是个不可或缺的工具。

(2) 内部收益率的计算方法

对于常规投资项目,即净现金流量的符号仅仅变化一次的项目,只要它的净现值函数曲线与 i 横坐标相交,或者说累计净现金流量大于零(累计净现金流量曲线与时间轴有一个交点),IRR 就有唯一的正数解。

① 直接计算

【例 9-8】 某项目的净现金流量如表 9-5 所示,$i_c=12\% i_c=10\%$,求方案的 IRR。

表 9-5 某工程的净现金流量

万元

年	0	1~4
净现金流量	−100	35

解:列出 $NPV=0$ 的方程如下:

$$-100+35\times(P/A,IRR,4)=0$$

得出 $$(\mathrm{P/A,IRR,4})=100/35=2.857$$

查询年金复利系数表,得知:

i	$(P/A,i,4)$
15%	2.854
IRR	2.857
14%	2.913

可用线性插值法计算出 IRR。

$$\frac{15\%-IRR}{IRR-14\%}=\frac{2.854-2.857}{2.857-2.913}\text{,得出 } IRR=14.95\%$$

$$IRR=15\%-\frac{2.854-2.857}{2.854-2.913}\times(15\%-14\%)$$

或 $$=14\%+\frac{2.857-2.913}{2.854-2.913}\times(15\%-14\%)$$

$$=14.95\%>12\%$$

采用插入法要注意的是,跨越 2.857 的两个系数的间隔应尽可能小,以防止计算误差过大,影响准确性。

② 试算内插法

【例 9-9】 某企业用 12 300 元购置一台先进设备,使用期为 5 年,每年可以给企业节省 5 000 元的制造成本,但第 2 年需要大修理一次,费用为 5 500 元(见表 9-6)。试求其 IRR 为多少(企业希望其 IRR 至少达到 12%)。

表 9-6　某设备的使用年限及现金流量

元

现金流量年限	0	1	2	3	4	5
现金流出						
购置成本	12 300					
修理费用			5 500			
现金流入						
节省制造成本		5 000	5 000	5 000	5 000	5 000

解：$NPV=-12\,300+5\,000\times(P/A,IRR,5)-5\,500\times(P/F,IRR,2)=0$

由于方程有两个未知系数，无法用直接计算法，只能使用试算内插法。

步骤：首先设 i_1，用其计算出 NPV_1，使 NPV_1 为接近 0 的正净现值；再设 i_2，用其计算出 NPV_2，使 NPV_2 为接近 0 的负净现值(如图 9-3 所示)。

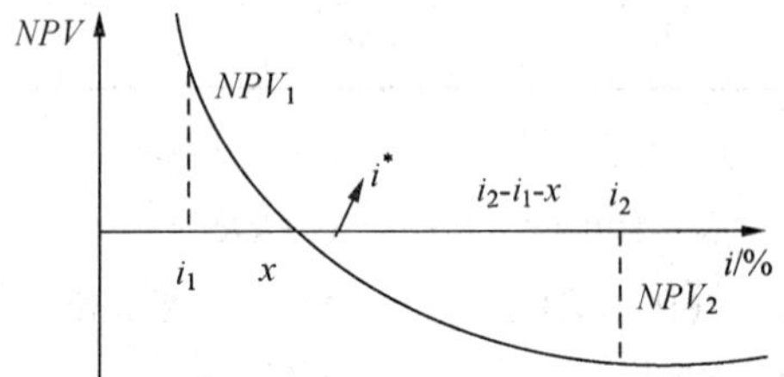

图 9-3　试算内插法三角形相似示意图

利用图 9-3 中的三角形相似，得

$$\frac{x}{i_2 i_1-x}=\frac{NPV}{|NPV_2|}$$

经整理得

$$x=\frac{NPV}{|NPV_2|+NPV_1}(i_2-i_1)$$

$$i^*=i_1+x=i_1+\frac{NPV_1}{|NPV_2|+NPV_1}(i_2-i_1) \qquad (9\text{-}16)$$

注意，由于图 9-3 中以直线近似替代 NPV 函数曲线，故所设 i_1，i_2 的跨度越大，IRR 的计算误差越大。因此一般情况下，$i_2-i_1<5\%$。

试设 $i_1=12\%$，则

$$\begin{aligned}NPV_1&=-12\,300+5\,000\times(P/A,12\%,5)-5\,500\times(P/F,12\%,2)\\&=-12\,300+5\,000\times3.604-5\,500\times0.797\\&=1\,336.5\end{aligned}$$

该值仍然比较大，为使 NPV 值减小，取较大的 i 再尝试。

再设 $i_1=15\%$，则

$$NPV_1=-12\,300+5\,000\times(P/A,15\%,5)-5\,500\times(P/F,15\%,2)$$

$=-12\,300+5\,000\times3.352-5\,500\times0.756$

$=302$

再设 $i_2=16\%$，则

$$NPV_2=-12\,300+5\,000\times(P/A,16\%,5)-5\,500\times(P/F,16\%,2)$$
$$=-12\,300+5\,000\times3.274-5\,500\times0.743$$
$$=-16.5$$

$$IRR=15\%+[(0-302)/(-16.5-302)]\times(16\%-15\%)=15.95\%>12\%$$

所以此方案可行。

(3) 评价标准

内部收益率指标的评价标准是与基准折现率 i_0 比较。在财务评价中，i_0 是部门或行业的基准收益率 i_c；在国民经济评价中，就是社会折现率 i_s。

若 $IRR\geqslant i_0$，则项目或方案可行。所以 IRR 是使 $NPV=0$ 时的 i^*。

若 $IRR<i_0$，则项目方案不可行。

(4) 优缺点

内部收益率法的优点是能够把项目寿命期内的收益与其投资总额联系起来，指出这个项目的收益率，便于将它同行业基准投资收益率对比，确定这个项目是否值得建设。使用借款进行建设，在借款条件(主要是利率)还不很明确时，内部收益率法可以避开借款条件，先求得内部收益率，作为可以接受借款利率的高限。其显著特点是不需要预先知道基准折现率的情况下就能求出来。其值的大小不受外部参数的影响，而完全取决于工程项目本身的现金流量。

但内部收益率表现的是比率，不是绝对值，一个内部收益率较低的方案，可能由于其规模较大而有较大的净现值，因而更值得建设。所以在各个方案选比时，不能按内部收益率的大小直接优选方案，而必须将内部收益率与净现值结合起来考虑。此外，此法还有一个缺点是并不能在所有的情况下具有唯一值。

9.1.7.4 外部收益率(ERR)

(1) 含义及计算公式

外部收益率(ERR)是使一个投资方案原投资额的终值与各年的净现金流量按基准收益率或设定的折现率计算的终值之和相等时的收益率。

外部收益率既是按统一的收益率计算各年的净现金流量形成的增值，又可避免非常规方案的多个内部收益率问题，可弥补上述内部收益率指标的不足。

假定再投资的收益率等于基准收益率，其计算公式为：

$$\sum_{t=0}^{n} NB_t(1+i_C)^{n-1}=\sum_{t=0}^{n} K_t(1+ERR)^{n-1} \tag{9-17}$$

(2) 评价标准

外部收益率法用于建设项目经济效果评价时，也需要与基准收益率 i_c 比较，其独立建设项目评判准则为：ERR 大于等于基准收益率 i_c 时，建设项目可行；否则，建设项目不可行。

外部收益率法用于多个可行建设项目的优选与排序时，其评判准则为：外部收益率越大的建设项目越优。

（3）*IRR* 和 *ERR* 的关系

外部收益率可以说是对内部收益率的一种修正，计算外部收益率与内部收益率一样假定建设项目在计算期内所获得的净收益全部用于再投资，但不同的是假定再投资的收益率等于基准收益率。其经济含义是：建设项目在基准收益率的利率下，在建设项目寿命终了时，以每年的净收益率恰好把投资全部收回。

IRR 与 *ERR* 均考虑了建设项目计算期内的资金时间价值，它们既有共性又有区别，深入分析它们之间的关系，对于在建设项目经济评价中能否运用外部收益率替代内部收益率具有重要的意义。

内部收益率和外部收益率的关系为：

当 $IRR>i_c$ 时，$IRR>ERR>i_c$；

当 $IRR<i_c$ 时，$IRR<ERR<i_c$。

因此，内部收益率法和外部收益率法评判的结果是一致的。

（4）优缺点

相对于内部收益率法来说，外部收益率法具有其无法比拟的优点：

① 对于非常规建设项目，由外部收益率的计算公式可知，其方程不会出现多个正实数解的情况，只有唯一解。这就避免了非常规建设项目存在多个内部收益率的问题，是外部收益率的一大优点。

② 外部收益率法中各年现金流出量按外部收益率折现后的终值，等于各年现金流入量按基准收益率再投资后得到的终值。这样就克服了建设项目尚未回收的投资和建设项目回收取得的资金都能获得相同的收益率的弊病。

③ 外部收益率法所用的再投资报酬率是基准收益率，而基准收益率是根据特定的经济环境、资金市场、投资项目及特定的时期用科学方法进行预测得到的，是使建设项目可行的最低要求，因此外部收益率与实际再投资报酬率更为接近。

④由于外部收益率表示建设项目在计算期内按基准收益率将获得的净收益全部用于再投资的收益水平，因而，对于多个可行建设项目的比选，就不必运用内部收益率类似的方法——两差额比较，则可直接采取各建设项目外部收益率的值直接进行优劣排序，从而大大简化了比选过程。

因此，外部收益率不仅比内部的收益率计算简便，而且其计算结果更为客观正确，在投资决策中更能为决策者提供可靠有用的信息。

但是，外部收益率法存在应用范围不十分广泛的缺点。常规建设项目的外部收益率往往不能准确地反映其建设项目投入资金年动态收益率的大小，而且对于多次投资且寿命周期比较长的建设项目来说，外部收益率的计算也比较麻烦，需要求解诸如 $a_0+a_1x+a_2x+\cdots+a_nx=b(n\geqslant3)$ 的高次一元方程。

9.2 证券投资经济效益分析

9.2.1 债券投资

9.2.1.1 债券的概念与分类

(1) 债券的概念

债券是发行者为筹集资金向债权人发行的,在约定时间支付一定比例的利息,并到期偿还本金的一种有价证券。

债券面值是指设定的票面金额。它代表发行人借入并且承诺于未来某一特定日期偿付给债券持有人的金额。

债券票面利率是指债券发行者预计一年内向投资者支付的利息占票面金额的比率。票面利率不同于实际利率。实际利率通常是指按复利计算的一年期的利率。债券的计息和付息方式有多种,可能使用单利或复利计息,利息支付可能半年一次、一年一次或到期日一次支付。这就使票面利率不等于实际利率。债券的到期日是指偿还本金的日期。

(2) 债券的分类

债券作为投资对象,主要有以下几种分类:

① 按发行人分类

按发行人不同,分为政府债券、金融债券和公司债券。

政府债券是指政府作为发行人的债券,它通常由财政部发行、政府担保,我国习惯上把政府债券称为公债。政府债券有短期的国库券、中期债券和长期债券。新中国成立初期我国发行过胜利折实公债和钢铁公债,近几年来每年稳定发行国库券公债。有的国家允许地方政府发行债券,也属于政府债券,目的是满足地方政府的需求或兴办公用事业。政府债券有可转让债券和不可转让债券。

金融债券是经中央银行或其他政府金融管理部门批准,由银行或其他金融发行的债务凭证。凭证上通常标有发行机构的名称、利率还款期、发行日期等。金融债券的期限一般是1～5年,利率略高于同期的定期存款利率,不能提前抽回本金。我国商业银行为了筹集某种专门用途的资金曾发行金融债券,例如中国建设银行发行为国家重点建设筹集资金的金融债券,中国农业银行发行为乡镇企业提供特种贷款而筹集资金的金融债券。

公司债券是指公司为发展业务或补充资本,经股东大会或董事会审议决定,向社会募集的债券。

② 按期限长短分类

按期限长短,债券分为短期、中期和长期债券。

短期债券指期限在一年以内的债券。有些在市场上流通的中长期债券,到期日不足一年的,也视作短期债券。短期债券具有流动性强、风险低的优点,但是它的收益率也低。

中期债券是指期限在一年以上，一般在10年以下的债券。我国财政部发行的各种国债和银行发行的金融债券，多属于中期债券。

长期债券一般说来是指10年以上的债券。但各国政府对债券的期限划分标准不完全相同。长期债券的流动性差，持有人将其转化为现金比较困难。另外，其通货膨胀风险也比较大。因此，作为补偿，其利率也比较高。

③ 按利率是否固定分类

按利率是否固定，债券分为固定利率债券和浮动利率债券。

固定利率债券具有固定的利息率和固定的偿还期，是传统的债券，也叫普通债券。这种债券在市场利率比较稳定的情况下比较流行，但在利率急剧变化时风险大。

浮动利率债券是根据市场利率定期调整的中、长期债券。利率按标准利率（同业折放利率或银行优惠利率）加一定利差确定，或者按固定利率加上保值补贴率确定。浮动利率债券可以减少投资人的利率风险。为防止市场利率降得过低时影响投资者的利益，这种债券一般规定有最低的利率。

④ 按是否上市流通分类

按是否上市流通，债券分为可上市债券和非上市债券。

上市债券指经由政府管理部门批准，在证券交易所内买卖的债券，也叫挂牌债券。对投资者来说，上市债券经过严格审查比较可靠，流动性好，并且便于了解债务人的有关经济信息。

非上市债券不在证券交易所上市，只能在场外交易，流动性差。不记名的债券，无法禁止场外交易。记名债券，要办理手续才能过户，政府可以禁止或允许场外交易。一般说来，不能转让的债券不具流动性，持有人在蒙受损失时无能为力，作为补偿要给予较高的利率才能抵消其风险。

⑤ 按已发行的时间分类

按已发行的时间，债券分为新上市的债券和已流通在外的债券。

新上市债券是指刚刚发行的债券。例如，发行不到两周的债券，其价格等于或非常接近面值。

已在市场上流通了一段时间的债券叫流通在外的债券，其价值和面值有较大区别且不稳定。

9.2.1.2 债券投资的优缺点

(1) 债券投资的优点

① 本金安全性高

与股票投资相比，债券投资风险比较小。政府发行的债券其本金的安全性非常高，通常视为无风险证券。企业债券的持有者拥有优先求偿权，即当企业破产时，优先于股东分得企业资产。

② 收入稳定性强

债券票面一般都标有固定利息率，债券的发行人有按时支付利息的法定义务。因此，在正常情况下，债券投资都能获得比较稳定的收入。

③ 市场流动性好

许多债券都具有较好的流动性。政府及大企业发行的债券一般都可在金融市场上迅速出售，流动性较好。

(2) 债券投资的缺点

① 没有经营管理权

投资于债券只是获得收益的一种手段，无权对债券发行单位施以影响和控制。

② 购买力风险较大

债券的面值和利息率在发行时就已确定，如果投资期间的通货膨胀比较高，则本金和利息的购买力将不同程度地受到侵蚀，当通货膨胀率非常高时，投资者虽然名义上有收益，但实际上却是有损失。

9.2.1.3 债券价值的计算

债券作为一种投资，现金流出是其购买价格，现金流入是利息和归还的本金，或者出售时得到的现金。债券未来现金流入的现值，称为债券的价值或债券的内在价值，即债券的价值就是指债券按票面利率计算的利息和到期归还本金之和的现值。只有债券的价值大于购买价格时，才值得购买。债券价值是债券投资决策时使用的主要指标之一。

企业进行债券投资，必须知道债券价值的计算方法。

(1) 一次还本付息的债券价值的计算

一次还本付息的债券价值的计算是指一次还本付息且不计复利的债券价值计算，其计算公式为：

$$\text{债券价值}=(\text{面值}+\text{到期利息})\times(\text{复利现值系数}) \quad (9\text{-}18)$$

即

$$V=M(1+n\cdot i_1)(P/S,i_2,n)$$

式中：M 为面值；V 为债券价值；n 为期数；i_1 为票面利率；i_3 为市场利率；$(P/S,i_2,n)$ 是利率为 i_2，期数为 n 的复利现值系数。

【例 9-10】 某企业购入公司债券面值 1 000 元，3 年期，票面利率 8%，到期一次付息，购买时市场利率为 10%，该债券市价为 920 元，是否值得购买？

根据上述公式得：

$$V=1\,000\times(1+3\times8\%)\times0.751\,3$$

$$\approx931.61(\text{元})$$

本例按理论计算，应按 932.61 元购进，现市价为 920 元，低于理论价格，说明值得购买。

(2) 分期付息，到期还本的债券价值的计算

分期付息，到期还本的债券价值的计算公式为：

$$\text{债券价值}=\text{本金}\times\text{复利现值系数}+\text{利息}\times\text{年金现值系数} \quad (19\text{-}19)$$

即

$$V=M(P/S,i_2,n)+I(P/A,i_2,n)$$

式中，I 为利息；$(P/A,i_2,n)$是利率为 i_2，期数为 n 的年金现值系数。

【例 9-11】 某企业购入公司债券，每张面值 1 000 元，期限为 3 年，票面利率为 8%，每年付息一次，购买时的市场利率为 10%，问债券价格为多少时才能进行投资？

由上述公式可知：

$$\begin{aligned} V &= 1\,000 \times 0.751\,3 + 1\,000 \times 8\% \times 2.486\,9 \\ &= 950.25(\text{元}) \end{aligned}$$

即这种债券的价格低于 950.25 元时，该投资者才能购买。

9.2.1.4 债券收益率的计算

企业进行债券投资的主要目的是为了获得投资收益。债券投资的收益有绝对数和相对数两种表示方法，在财务管理中通常用相对数，即债券收益率来表示。债券收益率的计算公式为：

$$V = I(P/A, i, n) + M(P/S, i, n) \tag{9-20}$$

式中：V 为债券的购买价格；I 为每期利息；M 为债券到期收回的本金或中途出售收回的资金；i 为债券投资的收益率；n 为期数；$(P/A, i, n)$为年金现值系数；$(P/S, i, n)$是复利现值系数。

【例 9-12】 某企业以 950 元价格购入公司债券，面值 1 000 元，期限为 5 年，年利率为 6%，按年计息，到期还本，求该债券的到期收益率。

将有关数据代入上述公式，先求得接近 V 值的两种收益率，再用插值法求出准确的收益率。

先用 $i=7\%$进行测算：

$$V = 60 \times 4.100\,2 + 1\,000 \times 0.713 \approx 959.01 > 950$$

再用 $i=8\%$进行测算：

$$V = 60 \times 3.992\,7 + 1\,000 \times 0.680\,6 \approx 920.16 < 950$$

这两个数字，一个大于 950 元，一个小于 950 元，说明收益率在 7%～8%之间，用插值法计算如下：

$$\begin{aligned} i &= 7\% + \frac{959.01 - 950}{959.01 - 920.16} \\ &\approx 7.23\% \end{aligned}$$

本例债券投资收益率为 7.23%，如果投资人要求的收益率为 7%，则该到期收益率高于投资人的要求。因此，应该买进该债券；否则，就不宜买进。

9.2.1.5 债券投资的风险分析

尽管债券的利率一般是固定的，其风险远小于股票投资，但债券投资同样受到来自债券发行单位、债券市场和投资者自身素质等方面的风险。具体来说，债券投资的风险可分为违约风险、利率风险、购买率风险、变现力风险和再投资风险等。

(1) 违约风险

违约风险是指债券发行单位无法按期支付债券利息和偿还本金的风险。一般来说，政府发行的国库券违约风险极小，金融机构发行的债券次之，企业发行的债券相对来说违约风险较大。企业决策失误、经营不善或遭遇不可抗拒的自然灾害等，都可能使企业无法偿还债券本息。

避免违约风险的办法是在购买债券前，必须认真分析债券发行单位的财务状况，特别是偿还能力方面的指标。另外，也可以参照债券的评级。债券的信用等级一般分为AAA，AA，A，BBB，BB，B，CCC，CC，C九级，从前到后质量依次下降。在我国，企业发行的债券等级必须在BBB级以上，即前四个等级的债券。因此，目前在我国投资债券的违约风险相对较小。

(2) 利率风险

债券的利率风险是指由于市场利率变动而引起债券价格下降使投资者遭受损失的风险。债券的利息率在发行时就已经确定，也就是债券到期可得到的本利和是固定的，不因市场利率的变化而变化，而债券的价值则是按照市场利率折现后的现值。因此，当市场利率上升时，债券价值会随之下降，导致债券价格下降，从而使投资者遭受损失；但当市场利率下降时，债券价值会随之上升，导致债券价格上升，从而使投资者从中获得额外收益。

【例 9-13】 1998年ABC公司按面值购进国库券100万元，年利率4%，3年期。购进后一年，如果市场利率上升到6%，则这批国库券的价格将下降到约99.68万元，损失4.32万元。

国库券到期值$=100\times(1+3\times4\%)=112$(万元)

一年后的现值$=112/(1+6\%)^2=99.68$(万元)

一年后的本利和$=100\times1.04=104$(万元)

损失$=104-99.68=4.32$(万元)

(3) 购买力风险

购买力风险是指由于通货膨胀而使债券到期或出售时所获资金的购买力下降的风险。一般说来，在通货膨胀率高且有不断加剧趋势时是不宜进行债券投资的，只有当利率高到足以能够抵消通货膨胀影响时，才可进行债券投资。否则，最好是投资那些能随通货膨胀率提高而其报酬率也随之提高的证券或资产，如普通股、房地产等。

(4) 变现力风险

变现力风险是指不能在短期内以合理价格出售债券的风险。如果一种债券能在短期内按市价大量出售，那么它的变现力就强；反之，如果一种债券不能在短期内按市价大量出售或只能折价出售，那么它的变现力就差。例如，购买不知名公司的债券，想在短期内出售就比较困难；但如果购买的是国库券，由于有一个活跃的二级市场，因而可以在极短的时间内以合理的市价出售。

(5) 再投资风险

再投资风险是指在短期债券到期后再进行投资时，使投资者遭受损失的风险。由于购买短期债券而没有购买长期债券，因此就会存在短期债券投资收回后再进行投资时，由于市场利率下降而使投资者遭受损失。例如，三年期债券的利率为12%，一年期债券的利率为10%。如果投资者为减少利率风险而选择了一年期债券，在一年期债券到期收回现金时，如果市场利率下降到8%，那么投资者只能找到8%左右的投资机会；而如果当初购买的是三年期债券，那么一年后仍可获得12%的报酬率。

9.2.2 股票投资

9.2.2.1 股票投资的有关概念

股票投资是指通过认购股票，成为股票发行公司股东并获取股利收益或价差收益的投资活动。股票投资的目的主要是：获得投资收益，包括股利收益与股票买卖价差收益等；参与股票发行公司的经营管理，达到以小控大；密切与股票发行公司的业务关系，如原材料供应和产品销售等。

（1）股票

股票是一种有价证券，是公司发给股东作为投资入股的凭证和据以取得股息的证明，它代表股东对公司拥有的所有权。

① 股票按其股东承担风险和享有权益的大小，可分为普通股和优先股两大类

A. 普通股

普通股是股份有限公司发行的标准股票，也是公司资本结构中最基本、数量最多的股份。如果公司只发行一种股票，那么只能是普通股。普通股股东具有四个方面的权利：一是表决权，即有权参加股东大会、选举公司董事会并对公司重大问题发表意见和投票表决；二是优先认股权，即可以优先购买公司新发行的股票，以保持原有股本的占有比例；三是公司盈利的分享权，即普通股的红利是浮动的，随公司净收益的多少而波动；四是剩余财产的分配权，即在公司进行清算时，处于优先股之后分配剩余财产。

B. 优先股

优先股是一种特别股票，它与普通股有许多相似之处，但又具有债券的某些特征。优先股对普通股主要有两个方面的优先权：一是优先分配股利，即公司在支付普通股股利之前，必须先按规定付给优先股股息；二是优先分配公司剩余财产，即当公司改组、解散和破产时，公司偿还债务后的剩余财产，优先股比普通股有优先索取权。优先股除有上述优点外，同时也有某些权利的限制，如优先股一般没有投票权和对公司的经营管理控制权，无权享受超过预定股息的部分收益，当公司盈利较多时，优先股的收益不如普通股。

根据拥有的权利不同，优先股主要分为以下几种：

a. 累积优先股与非累积优先股。累积优先股是指公司在某一年度因出现亏损或获利不多而未发股息时所积欠的未发股息，须在次年或以后年度补发。而对非累积优先股，则不补发积欠的股息。我国公司发行的优先股大多具有累积权。

b. 参与优先股与非参与优先股。参与优先股是指根据固定的股息率分得股息后，还可按特定比率与普通般一起分享红利。非参与优先股仅能获得固定的股息，公司盈利再多，也不能与普通股共同分享红利。一般情况下，很少发行参与优先股。

c. 可转换优先股和不可转换优先股。可转换优先股允许股东在股票发行后一定期

间内，按一定比例将优先股转换成普通股。转换的比例一般是预先规定的，转换时的比价视两种股票的价格而定，而不可转换优先股则不具备转换为普通股的权利。

② 按股票票面有无记名为标准，可分为记名股票和无记名股票

A. 记名股票

记名股票是指股东名册和股票上面注明持有者的姓名和地址，只有同时具备股票和股东名册，才能领取股息和红利的股票。记名股票不得私自转让，股票所有权的转移必须办理过户手续。

B. 无记名股票

无记名股票不记载股东姓名，在转让时也不需办理过户手续，只要将股票交给接受者即可。无记名股票印刷考究严格，以防假冒。无记名股票有三个组成部分：存根、主体、息票。息票供结算和行使增资权利时用。

③ 按股票票面有无标明金额，可分为面值股票和无面值股票

A. 面值股票

面值股票是指股票票面上标明面值的股票。其每股金额、面值大小不等，由发行公司根据其目的要求决定。面值小的股票在交易市场上其价格变化幅度一般较大，而面值大的则不然。

B. 无面值股票

无面值股票是指股票票面不标明面值的股票，又称为份额股票。这种股票以公司的全部资产为基础，每股份额代表总资产的一定比值。其价值随着公司价值的增减而变化。持有者享有的股份利益和责任，由股份代表的比例来决定。

(2) 股票的价值与价格

① 票面价值

票面价值是公司发行股票时，在股票上标明的金额。通常以每股为单位，其面值大小由公司决定。目前我国股票面值每股通常定为一元。股票面值的作用在于确定每股股票在公司权益中所占的份额，同时还表明在有限公司中股东对每股股票所负有限责任的最高限额。

② 账面价值

股票的账面价值又称股票净值，是公司的净资产减去优先股面值再除以普通股总股数。其账面价值表明股东实际持有公司的财产价值，即股东权益。账面价值高，普通股股东享有的权益就大；反之亦然。

③ 清算价值

清算价值是公司清算时每股股票代表的实际价值。由于公司进行清算时净资产变卖价格可能高于或低于账面价值，因此，股票的清算价值与账面价值往往不等。

④ 发行价格

股票可以按面值发行，也可以按高于面值的价格溢价发行，或低于面值的价格发行。但我国不允许公司股票折价发行。公司发行股票筹措到的资金多少，不仅取决于股票发

行数量的多少，还取决于股票发行价格的高低。为筹措一定数额的资金，发行价格较高，可以减少发行股数，相对增加每股收益。

⑤ 市场价格

市场价格是指股票在市场上的交易价格。股票市场价格总是不断变化的，就某一天来说，有开盘价、最高价、最低价、收盘价，其中以收盘价最为重要，它是人们分析股市和制作股票行情图表的基本依据。

影响股票市场价格的因素很多，除了股息和银行利率外，还有市场的供求情况、公司的经营情况和盈利水平、公司股利政策、国家税收政策、政治因素及投资者的心理因素等。

（3）股票投资的方式

股票投资主要有以下几种形式：

① 充当新的股份公司的发起人

发起设立的股份公司，其全部股份都由发起人认购；而募集设立的股份公司，其出资形式则较为灵活，既可以货币出资，也可以用实物、工业产权、非专利技术、土地使用权作价出资。但作为新公司的发起人，所面临的投资风险较大，所需的资金也较多。由于获得的股票是最原始的股票，当公司进入正常生产经营时期并有较好的投资收益时，这种股票如果不能上市，转让难度大，则会导致流通差，因此，只宜进行长期投资。

② 受让其他公司的法人股

企业除了充当发起人以外，也可以接受其他股份有限公司法人股的转让，成为股份公司新的股东。法人股的受让价格一般较低，但在我国，绝大多数的法人股不能上市流通，因此，只宜进行长期投资。

③ 一级市场上认购新股

企业可参与一级市场新股的认购，其市盈率相对二级市场较低，但新股中签率低，占有资金成本较高，只有在大量资金参与认购的情况下，才有机会获得平均中签率。

④ 二级市场上购买上市公司的流通股票

购买上市公司的流通股往往价格较高，风险较大，获利的机会与风险并存。入市前，必须深入研究上市公司的业绩及今后的发展前景，研究管理层的政策走向及庄家动态，选准入市时机及入市价格。由于购买的是流通股票，变现能力强，因此比较适合作短期投资。但在我国，目前还不允许国有企业和上市公司操作股票，即企业只能进行股票投资，不能进行股票投机。

9.2.2.2 股票投资的特点

与其他形式证券投资相比，股票投资具有以下特点：

（1）风险较高。股票投资风险较高的原因在于其收益高低具有较大的不确定性：① 每股股利具有较大的不确定性，受众多因素影响。例如公司每年的税后利润多少、公司所采取的股利政策及公司今后对资金的需求情况等都会影响每股股利大小。② 股票的市价波动较大。影响股票市价未来走势因素较多，如国家宏观经济形势、公司所处行业的特点、公司经营管理水平及股票投资者心理因素等。③ 股票投资者无权要求股票发行公司还本，只准转让。④ 股东的求偿权位于最后，一旦股票发行公司破产，在进行清算时，除非其他所有债务都得到完全清偿后还有剩余财产时，否则股票投资者不能得到清偿。因此，公司破产时，股票投资者通常只能获得少部分清偿，有时甚至不能得到丝毫清偿。

(2) 预期报酬率较高。股票投资者属于公司的所有者。该公司所创造的所有税后利润全都属于股东，只要公司能够合理经营就能不断地为股东创造利润，企业价值就会不断提高，股东就可从股利和股票买卖差价两方面获取较高回报。

(3) 获取对所投资公司的经营决策权。购买某公司股票即可成为该公司的股东，可按所持股份多少，对该公司享有相应份额的投票权。当企业持有该公司股份所占比例达到一定程度时，可以获得对该公司的控制权。企业正是利用股票投资具有这一特点来实现一体化、多角化经营战略目标的。

(4) 购买力风险小。普通股投资的收益率不固定，当通货膨胀率较高时，整个社会的物价水平较高，企业通常会相应提高股利发放额，从而起到降低购买力风险作用。

9.2.2.3 股票价值的计算

(1) 股票价值的基本模式

进行股票投资，必须分析股票本身所代表的价值，然后将股票的价值与当前的股票价格进行对比，以指导是否购买。

股票的价值就是股票未来收益的现值。只有当股票的价值大于股票的价格时才值得购买。对于股票价值的计算，我们可利用前面所学的方法，先进行现金流量分析，然后再将其折成现值即可得到股票的价值。股票投资的现金流量如图 9-4 所示。

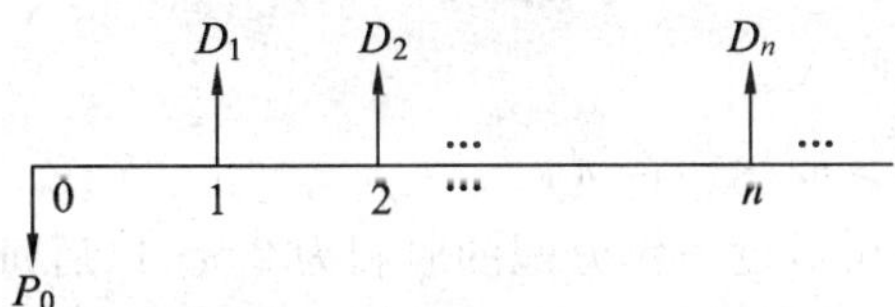

图 9-4 股票投资现金流量

股票的价值

$$V_0=\frac{D_1}{1+K_s}+\frac{D_2}{(1+K_s)^2}+\cdots+\frac{D_n}{(1+K_s)}+\cdots=\sum_{t=1}^{x}\frac{D_t}{(1+K_s)^t} \qquad (9\text{-}21)$$

式中：D_t为第 t 年股利收入；K_s为股东所要求的必要报酬率；t 为年份；P_0为股票的认购价格；V_0为股票的现时价值。

在确定股票价值时，关键的问题是如何估计股票未来的股利收入及股东所要求的必要报酬率。股票未来的股利收入取决于股票发行公司的盈利能力及利润分配政策，即每股收益和股利支付率。可根据发行公司的历史资料及未来的盈利预测，运用统计分析加以确定；股东所要求的必要报酬率可根据发行公司的风险程度，运用资本资产定价模型加以确定，或在债券收益率的基础上加上一定的风险报酬率来确定，也可以直接使用市场利率，即投资于股票的机会成本。

下面就几种特殊情况加以分析。

① 零成长股票的价值

零成长股票就是指发行公司未来每年提供的股利是固定的。这实际上相当于一个永续年金现值的方式，可以得出股票价值的计算公式：

$$V_0=\frac{D}{K_s} \tag{9-22}$$

【例 9-14】 如果某股份公司每年分配股利 2 元，投资者要求的报酬率为 12.5%，则股票的价值为：

$$V_0=\frac{D}{K_s}=\frac{2}{12.5\%}=16(\text{元})$$

通过计算可知，股票的内在价值为 16 元。也就是说，只要股票价格低于 16 元，投资者就可以考虑购进。

② 固定成长股票的价值

固定成长股票就是指发行公司未来每年提供的股利是稳定增长的，且每年的增长率是固定的。设最近一年支付的股利为 D_0，股利年增长率为 g，则第 t 年的股利为：$D_t=D_0\times(1+g)^t$。

代入股票价值的计算公式可得

$$V_0 = \sum_{t=1}^{\infty} D_0 \frac{(1+g)^t}{(1+K_s)^t} \tag{9-23}$$

当 g 固定时，可简化为

$$V_0=\frac{D_0(1+g)}{K_s-g}=\frac{D_1}{K_s-g} \tag{9-24}$$

式中：D_1 为第一年的股利收入。

当 $g=0$ 时，就是零成长股票的情况。

【例 9-15】 某股份公司最近一年分配的股利为 2 元，以后每年递增 5%，投资者要求的报酬率为 12%，则股票的价值：

$$V_0=\frac{2\times(1+5\%)}{12\%-5\%}=30(\text{元})$$

通过计算可知，股票的价值为 30 元。也就是说，只要股票价格低于 30 元，投资者就可以考虑购进。

③ 非固定成长股票价值的计算

股票股利的非固定成长是经常发生的现象，因为客观的形势和企业的盈利都不是一成不变的。在这种情况下，先分段加以估算，然后再确定股票的价值。

【例 9-16】 某股份公司未来两年股利将高速增长，增长率为 50%。在此以后的三年时间里增长率为 20% ，在以后将转为正常增长，增长率为 12%。如果公司最近一年来支付的股利是 2 元，可计算出第一年股利将为 2×(1+50%)=3(元)，第二年股利将为 3×(1+50%)=4.5(元)，第三年股利将为 4.5×(1+20%)=5.4(元)，第四年股利将为

5.4×(1+20%)=6.48(元),第五年股利将为6.48×(1+20%)=7.78(元),第六年股利将为7.78×(1+12%)=8.17(元)……该项投资的现金流量图见图9-5。

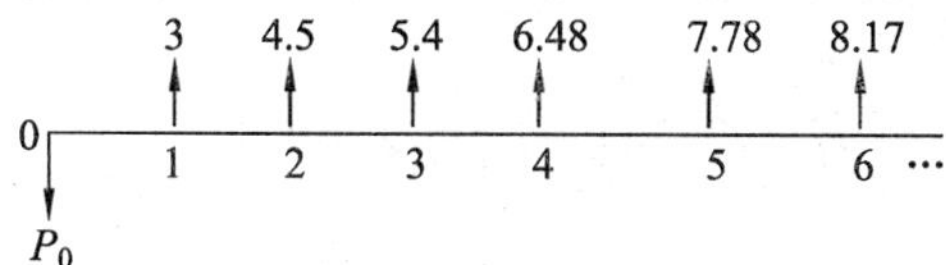

图 9-5 现金流量图

因为从第六年开始,股利将转为正常增长,因此,可利用固定增长股票价值的计算公式,先计算出股票在第五年末的价值。设投资者要求的报酬率为12%:

$$V_5=\frac{8.17}{12\%-5\%}=116.71(\text{元})$$

然后在将前五年的股利收入及第五年末的价值儿折成现值,就可求出股票的现时价值即

$$\begin{aligned}V_0&=\frac{3}{1+12\%}+\frac{4.5}{(1+12\%)^2}+\frac{5.4}{(1+12\%)^3}+\frac{6.48}{(1+12\%)^4}+\frac{7.78+116.71}{(1+12\%)^5}\\&=2.68+3.59+3.84+4.12+70.64\\&=84.87(\text{元})\end{aligned}$$

通过计算可知,股票的价值为84.87元。也就是说,只要股票价格低于84.87元,投资者就可以考虑购进。

在以上各种价值的计算中,对价格影响最大的因素是预期的股票收益率和股票的售价。股票投资的最大特点是价格的波动性大、风险大,许多因素难以估计,因此在做出决策时,必须将定性分析和定量分析密切结合起来。

9.2.2.4 股票投资报酬率的计算

以上股票价值的计算主要是用于股票是否购进的投资决策中。当股票价格低干股票价值时,购进股票是有利的;反之,则不宜购进。如果投资者以低于股票价值的某一价格购入股票,那么投资者可获得多少的投资报酬率呢?下面仍以几种特殊情况加以分析。

(1) 零成长股票的投资报酬率

如果投资者以价格 P。购进某种股票,每年得到的股利收入为 D,永久持有该股票,那么投资者可得到的投资报酬率:

$$R_s=\frac{D}{P_0} \tag{9-25}$$

在【例9-17】中,如果投资者以15元购入该种股票,永久持有该股票,那么投资者可得到的投资报酬率:

$$R_s=\frac{D}{P_0}=\frac{2}{15}=13.33\%$$

(2) 固定成长股票的投资报酬率

根据股票价值的计算方式,可以得到固定成长股票的投资报酬率:

$$R_s=\frac{D_1}{P_0}+g \tag{9-26}$$

在【**例 9-18**】中，如果投资者以 25 元的价格购入该种股票，永久持有，那么投资报酬率：

$$R_s=\frac{D_1}{P_0}+g=\frac{2\times(1+5\%)}{25}+5\%=13.4\%$$

(3) 非固定成长股票的投资报酬率

如果股票的股利是分阶段增长的，那么其投资报酬率的计算实际上就是计算使股票投资过程的净现值为零的折现率。

在【**例 9-19**】中，如果投资这以 80 元的价格购入该种股票，永久持有，那么投资报酬率的计算就是解下列方程：

$$\text{净现值}=\frac{3}{1+R_s}+\frac{4.5}{(1+R_s)^2}+\frac{5.4}{(1+R_s)^3}+\frac{6.48}{(1+R_s)^4}+\frac{7.78+\dfrac{8.17}{R_s-5\%}}{(1+R_s)^5}-80=0$$

当折现率为 12%时，净现值＝4.87(元)

当折现率为 13%时，净现值＝－6.44(元)

运用插值法可得

$$R_s=12\%+\frac{4.87}{4.87+6.44}\times(13\%-12\%)=12.43\%$$

9.2.2.5 股票投资的风险分析

股票投资的风险主要是指投资者未来不能获得收益，甚至蒙受损失的可能性。股票投资是一种高风险与高收益并存的投资方式，其风险较其他证券投资的风险要大。从前面证券投资风险的分析中可以得出，股票的投资风险主要来自股票发行公司、股票市场和投资者自身的素质。

降低股票投资风险的途径多种多样，其中最普遍、最有效的方法就是进行投资组合，即投资者将资金分散投资于不同的证券当中，通过不同证券风险与收益的互补关系，达到分散、降低风险及稳定收益的目的。

(1) 风险分散理论

风险分散理论认为，若干种股票组成的投资组合，其收益是这些股票收益的加权平均数，但是其风险不是这些股票风险的加权平均数，故投资组合能够降低风险。

实际上，投资者在进行投资时，一般也不把所有的资金投资于一种证券上，而是同时投资于多种证券。从个别投资主体的角度看，风险分为市场风险和公司特有风险。市场风险是指那些影响所有投资对象的因素引起的风险，如通货膨胀、高利率、经济衰退、国家政变、战争等。这类风险涉及的是企业所处的宏观环境，所有企业都受其影响，是企业无法控制的因素。这类风险无论投资哪家企业都无法避免，不能通过有效的投资组合加以分散，因此也称为不可分散风险或系统风险。

公司特有风险是指发生个别公司的特有事件造成的风险，如公司新产品开发失败、诉讼失败、工厂失火、员工罢工、设备事故等。这类风险涉及的是企业所有的微观环境，并非所有企业都会发生，是企业能够控制的因素。这类风险对某家企业来说是不利因素，而对另一家企业来说则可能是有利因素。如诉讼失败，对败诉一方是不利的，对胜诉一方则是有利的。因此，这类风险可通过有效的投资组合加以分散，也称为可分散风险或非系统风险。

下面举例说明为什么投资组合能分散风险。

【例 9-20】 假设资金总额为 100 万元，投资方案有三种：一是全部投资于股票 A；二是全部投资于股票 B；三是股票 A 和股票 B 各投资 50 万元。根据表 9-8 给出股票 A 和股票 B 最近几年投资报酬率的资料，计算出投资方案投资报酬率的平均数和标准差，见表 9-7。

表 9-7 投资报酬率平均数和标准差(一)

方案	股票 A		股票 B		股票 A、B 组合	
年份	报酬/元	报酬率/%	报酬/元	报酬率/%	报酬/元	报酬率/%
1990	30	30	－10	－10	10	10
1991	10	10	10	10	10	10
1992	－10	－10	30	30	10	10
1993	－5	－5	25	25	10	10
1994	5	5	15	15	10	10
1995	10	10	10	10	10	10
1996	15	15	5	5	10	10
1997	25	25	－5	－5	10	10
平均数	10	10	10	10	10	10
标准差	13.63	13.63	13.63	13.63	0	0

由表 9-7 的计算结果可以看出，股票 A 和股票 B 组合后的平均数是它们的加权平均数，但组合后的标准差却为 0。由于股票 A 和股票 B 的投资报酬率完全负相关(即相关系数为－1)，因此，等额投资组合后，就可以使标准差降为 0，即组合后的风险完全抵消。

根据股票 A 和股票 B 各年投资报酬率的资料，计算出三种方案投资报酬率的平均数和标准差，见表 9-8。

表 9-8 投资报酬率平均数和标准差(二)

方案	股票 A		股票 B		股票 A、B 组合	
年份	报酬/元	报酬率/%	报酬/元	报酬率/%	报酬/元	报酬率/%
1990	30	30	30	30	30	30
1991	10	10	10	10	10	10
1992	－10	－10	－10	－10	－10	－10
1993	－5	－5	－5	－5	－5	－5

续表

方案	股票 A		股票 B		股票 A、B 组合	
年份	报酬/元	报酬率/%	报酬/元	报酬率/%	报酬/元	报酬率/%
1994	5	5	5	5	5	5
1995	10	10	10	10	10	10
1996	15	15	15	15	15	15
1997	25	25	25	25	25	25
平均数	10	10	10	10	10	10
标准差	13.63	13.63	13.63	13.63	13.63	13.63

由表 9-8 的计算结果可以看出，由于股票 A 和股票 B 的投资报酬率完全正相关(即相关系数为 1)，因此，等额投资组合后的平均数是它们的加权平均数，标准差也是它们的加权平均数，即组合后的风险既没减少也没增加。

根据股票 A 和股票 B 各种投资报酬率的资料，计算出三种投资方案投资报酬率的平均数和标准差，见表 9-9。

表 9-9　投资报酬率平均数和标准差(三)

方案	股票 A		股票 B		股票 A、B 组合	
年份	报酬/元	报酬率/%	报酬/元	报酬宰/%	报酬/元	报酬率/%
1990	30	30	10	10	20	20
1991	10	10	15	15	12.5	12.5
1992	−10	−10	−5	−5	−7.5	−7.5
1993	−5	−5	−10	−10	−7.5	−7.5
1994	5	5	10	10	7.5	7.5
1995	10	10	25	25	17.5	17.5
1996	15	15	30	30	22.5	22.5
1997	25	25	5	5	15	15
平均数	10	10	10	10	10	10
标准差	13.63	13.63	13.63	13.63	11.37	11.37

由表 9-9 的结果可以看出，由于股票 A 和股票 B 的报酬率既非完全负相关，也非完全正相关，可以计算出它们的相关系数为 0.60，因此，等额投资组合后的平均数是它们的加权平均数，但组合后的标准差却小于它们的加权平均数，即投资组合能降低风险。

实际上，各股票之间不可能完全正相关，也不可能完全负相关，大部分股票间的相关系数在 0.5～0.7。由表 9-9 的计算结果可以看出，不同股票的投资组合可以降低风险，但又不能完全消除风险。由于相关系数介于−1～1 之间，因此当投资组合中各种股票的相关系数越接近于−1，组合后的风险降低越多，而当投资组合中各种股票的相关系数越接近于 1，组合后的风险降低越小。无论如何，组合后的风险不会比组合前的风险大。

一般来说，投资组合中的股票种类越多，风险越小。如果投资组合中包括全部股票，则公司的特有风险被全部分散，这时只需承担市场风险。

(2) 贝塔系数(β)分析

对于公司特有风险，可以在分析各种股票相关程度的基础上，通过有效的投资组合来加以分散。但对于市场风险，由于所有股票都受到市场变动的影响，不能通过投资组合来分散，因此，市场风险往往是投资者考虑的重点。贝塔系数(β)分析就是对各种股票的市场风险进行分析。

贝塔系数(β)是反映个别股票相对于整个市场平均风险股票的变动程度的指标，它可以衡量个别股票的市场风险，而不是公司的特有风险。

贝塔系数(β)可用以下直线回归方程求得：

$$Y=\alpha+\beta X+\varepsilon \tag{9-26}$$

式中：Y 为某种股票的报酬率；X 为整个市场的平均报酬率；α 为与 Y 轴的交点；β 为回归直线的斜率；ε 为随机因素产生的剩余报酬率。贝塔系数(β)与报酬的关系可用图 9-6 表示。

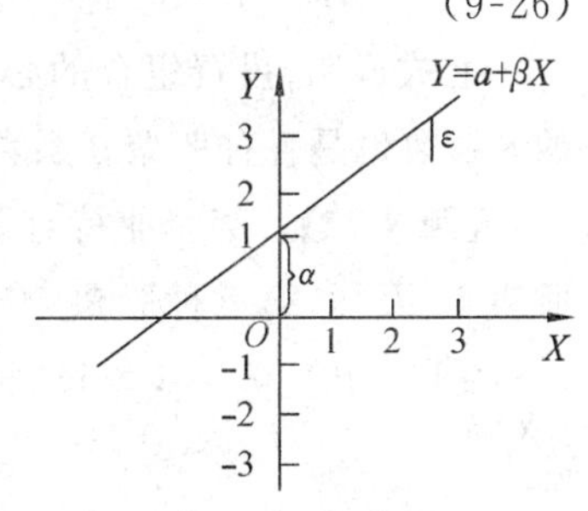

图 9-6　贝塔系数(β)与报酬的关系

根据 X 和 Y 的历史资料，运用回归分析法就可求出 α 和 β 的值。

假如 A 种股票的贝塔系数(β)等于 1 时，则它的市场风险与整个市场的平均风险相同，即整个市场的平均报酬率上涨 1%，该种股票的报酬率也上涨 1%；当某种股票的 β 系数大于 1 时，则该种股票的市场风险大于整个市场的平均风险，那么整个市场的平均报酬率上涨 1%，该种股票报酬率的上涨要超过 1%；当某种股票的 β 系数小于 1 时，则该种股票的市场风险小于整个市场的平均风险，那么整个市场的平均报酬率上涨 1%，该种股票报酬率的上涨要低于 1%。

(3) 资本资产定价模型

资本资产定价模型是反映报酬率与风险之间的关系的模型。这一模型可用于确定股票的资金成本，也可用于股票投资的风险分析。资本资产定价模型如下：

$$K_i=R_f+\beta_i(K_m-R_f) \tag{9-27}$$

式中：K_i 为第 i 种股票的必要报酬率；R_f 为无风险报酬率；β_i 为第 i 种股票的风险系数或 β 系数；K_m 为所有股票的平均报酬率。

资本资产定价模型说明某种股票的必要报酬率应等于无风险报酬率加上风险报酬率，其中风险报酬率与该种股票的风险程度成正比。

当 $\beta_i=1$ 时，说明该种股票的风险程度与整个市场的平均风险相等，因此其必要报酬率等于整个市场所有股票的平均报酬率，即 $K_i=K_m$；当 $\beta_i>1$ 时，说明该种股票的风险程度大于整个市场的平均风险程度，因此其必要报酬率大于整个市场所有股票的平均报酬率，即 $K_i>K_m$；当 $\beta_i<1$ 时，说明该种股票的风险程度小于整个市场的平均风险程度，

即 $K_i < K_m$；当 $\beta_i = 0$ 时，说明该种股票没有风险，因此其必要报酬率等于无风险报酬率，即 $K_i = R_f$。

【例 9-21】 某公司股票的 β 系数为 1.5，无风险报酬率为 8%，市场上所有股票的平均报酬率为 12%，那么该公司股票的必要报酬率应为

$$K_i = R_f + \beta_i(K_m - R_f) = 8\% + 1.5 \times (12\% - 8\%) = 14\%$$

也就是说，该公司股票的必要报酬率必须达到 14%或以上，投资者才愿意进行投资。如果低于 14%，则投资者所得到的报酬率与其承担的风险不相称，因而投资者不会愿意购买该公司股票。

如果投资组合中包含多种股票，各种股票投资额在组合投资总额中所占的比重即权数为 W_i，则组合后的必要报酬率：

$$W_1K_1 + W_2K_2 + \cdots + W_nK_n = R_f + (W_1\beta_1 + W_2\beta_2 + \cdots + W_n\beta_n)(K_m - R_f) \quad (9\text{-}28)$$

上式说明，投资组合的必要报酬率是各种股票必要报酬率的加权平均数，投资组合的 β 系数也是各种股票 β 系数的加权平均数。

【例 9-22】 某企业持有总值 200 万元的 4 种股票，其中第一种股票 20 万元，第二种股票 60 万元，第三种股票 50 万元，第四种股票 70 万元，四种股票的 β 系数分别为：$\beta_1 = 2$，$\beta_2 = 1.5$，$\beta_3 = 0.8$，$\beta_4 = 1.2$。设无风险报酬率为 8%，证券市场所有股票的平均报酬率为 12%。

可以先求出 4 种股票各自的必要报酬率：

$$K_1 = 8\% + 2 \times (12\% - 8\%) = 16\%$$

$$K_2 = 8\% + 1.5 \times (12\% - 8\%) = 14\%$$

$$K_3 = 8\% + 0.8 \times (12\% - 8\%) = 11.2\%$$

$$K_4 = 8\% + 1.2 \times (12\% - 8\%) = 12.8\%$$

投资组合的风险系数：

$$\beta = \frac{20}{200} \times 2 + \frac{60}{200} \times 1.5 + \frac{50}{200} \times 0.8 + \frac{70}{200} \times 1.2 = 1.27$$

投资组合的必要报酬率：

$$K = \frac{20}{200} \times 16\% + \frac{60}{200} \times 14\% + \frac{50}{200} \times 11.2\% + \frac{70}{200} \times 12.8\% = 13.08\%$$

近年来，资本资产定价模型遭到了一些学者的质疑，因为资本资产定价模型严格的假设条件给实证检验造成了很大障碍，并且假设条件看起来非常不现实。首先，资本资产定价模型假设所有投资者都有相同的预期，这意味着均值和标准差包含着现在与该种证券相关的所有信息。其次，资本资产定价模型假设资本市场是均衡的。也就是说，资本市场效率原则成立。如果这一假设条件被违反，资本资产定价模型也就不能被检验了，因为模型正是建立在资本市场是有效率的这一条件之上。因此，对资本资产定价模型的任何检验实际上都是对该模型和市场效率的联合检验。如果对资本资产定价模型的检验失败，我们就不能肯定到底是该模型在某种程度上设计得不正确，还是这个市场并不是完全有效率的。再次，资本资产定价模型是一个单时期的模型。资产报酬率界定

为在下一个时期可以实现，但时期的长短并未确定，也没有假设与下一个时期的关系。因此，为了使财富最大化，拥有不同投资时限的投资者很可能采用不同的行为方式。

资本资产定价模型的有效性还因为它的其他非关键性的假设条件而被质疑：资本资产定价模型来源于一个完善市场环境，它拥有以下的含义：所有投资者都可以按照无风险报酬率无限制地借或者贷；在卖空方面没有限制；所有资产都是可以完全分割的，都是极其流动的；没有交易成本和税收；所有投资者都是经济学家们所称的"抢帽子者"。

这一套假设条件有时会使人们怀疑资本资产定价模型是否有意义。学者们广泛地研究过放松其中的每一个假设条件而给模型最终结论带来的影响。放松资本资产定价模型假设所产生的重要的研究成果并不多，原因在于"当放松其中的一个条件时，仍可以得到一个与资本资产定价模型相似的定价模型，但同时放松这两个条件时，就无法得出一个确定的均衡定价模型"。资本资产定价模型持久存在，可能是因为它比较简单而且是第一个被提出的。其他的方法未能对实际报酬率做出更好的描述。

9.3　投资效率分析

投资效率是企业对资源的有效配置程度，是衡量企业经营业绩的重要指标，也是企业综合竞争力的体现。在市场竞争过程中，企业往往片面强调了市场占有率而忽视了效率。效率问题已经成为我国企业经济效益范畴的一个深层次的问题。我国企业投资效率评价方面的研究国内暂时还比较匮乏，以下尝试运用 DEA(Data Envelopment Analysis)方法对我国出版上市公司的投资效率进行分析，根据 DEA 方法的结果来判断 DMU(决策单元)是否有效，找出投资无效原因并提出改进提升投资效率的具体措施。

9.3.1　投资效率分析方法

DEA，即数据包络分析，是运筹学、管理学、数理经济学交叉研究的一个新领域，是当前主流的效率评价方法，其主要思想是根据一组关于输入、输出的变量值来估计有效生产前沿面，进而评价具有相同类型的部门间的相对有效性。

基于不同 DEA 评价方法的样本要求及我国出版业上市公司投资效率研究尚处于起步阶段，以下采用 1984 年 R. D. Banker(班克)、A. Charnes(查尔斯)和 W. W. Cooper(库伯)提出的 BBC 模型的投入导向模型。此模型是基于 1978 年 CCR 模型基础上的改进，放松了 CCR 模型的假设条件，认为固定报酬假设改为可变规模报酬，提出技术效率(Technical Efficiency, TE)可以分解为规模效率(Scale Efficiency, SE)和纯技术效率(Pure Technical Efficiency, PTE)，即技术效率＝纯技术效率×规模效率。投入导向模型是指在产出一定的情况下，使得投入最小化。假设有 w 个 DMU 决策单元(出版业上市公司)，每个决策单元有 n 种投入、p 种产出，投入导向型的 BBC 模型下的效率值为：

$$\max m_k \sum_{r=1}^{p} u_r y_{rk} - U_k \sum_{r=1}^{p} u_r y_{rk} - \sum_{i=1}^{n} v_i x_{ik} - U_k \leqslant 0$$

式中，$\sum_{i=1}^{n} v_i x_{ik} = 1\ u_r \geqslant \zeta > 0;\ v_i \geqslant \zeta > 0; i=1,2,3,\cdots,p; r=1,2,3,\cdots,p; k=1,2,3,\cdots,w$。模型中，$x_{ik}$表示第$k$个决策单元的第$i$项投入量；$y_{rk}$表示第$k$个决策单元的第$r$项产出量；$v_i$表示第$i$项投入，$u_r$表示第$r$项的加权系数；$\xi$表示任意整数，以确保所有投入产出项均获得正的权重；U_k为规模报酬指标。

9.3.2 投资效率分析评价指标体系——以出版业为例

伴随着经济的不断发展，企业的竞争也日益激烈，获取利润的空间不断缩小。2009年的经济危机无疑对很多企业造成了重创，出版业整体呈现衰退的态势，但是其克服种种不利影响，逐步实现了良好的发展态势。当前，出版行业发展迅速，一些优秀的出版企业纷纷上市，不断给股票市场补给新的血液，同时也拉动了整个出版行业向前发展。截至2012年年底，我国沪深两市共有出版类上市公司14家，其中沪市11家，即时代出版、长江传媒、浙报传媒、中文传媒、出版传媒、中南传媒、博瑞传播、新华传媒、皖新传媒、凤凰传媒、ST传媒；深市仅有3家，即大地传媒、华闻传媒、天舟文化。出版业作为一个能源和资源高消耗的产业，图书的印刷制造和运输过程中都会产生高昂的成本。随着原材料和能源价格的不断上涨，人力成本也在不断上升，出版业面临更多的压力，而这些还不包括回收的能源和环境成本。在这种情况下，出版业必然面临更为紧迫的改革。出版业投资效率是出版业对资源的有效配置，是衡量经营业绩的重要指标，也是出版业综合竞争力的体现。在出版业竞争过程中，企业往往片面强调了市场占有率而忽视了效率。效率问题已经成为我国出版业的一个深层次的问题。

由于DEA方法要求选出的数据为非负值，因此我们剔除了指标中含有负值的5家出版上市公司，选取了沪深两地上市的9家出版公司作为样本。根据前人实证经验发现，样本数量最少是投入指标和产出指标之和的2倍，如果小于将会影响DEA分析的准确性。把企业样本数量设为N，投入指标设为I，产出指标设为O：$N \geqslant 2(I+O)$。选取9家出版上市公司为样本，符合DEA分析的要求。用DEA方法进行分析，不能够将各个公司的库存商品产值、原材料等作为投入产出指标，由于各个公司经营范围不相同，库存商品、原材料等也就各不相同。DEA方法的主要原理是：在某一视角，各决策单元有相同的输入和输出。我们将公司认定为利用其掌握的资产，通过经营活动获得盈利，并根据此来评价其投资效率。投入指标包括资产总额、主营业务成本；产出指标包括净利润、主营业务收入。四项指标基本上能反映我国出版上市公司的经营效率。

9.3.2.1 投入指标

投入指标主要是企业资产类的指标，包括资产总额和主营业务成本。资产总额是指企业拥有或控制的、能够带来经济利益的资产，反映公司的综合实力；主营业务成本，即用于核算企业因销售商品、提供劳务或让渡资产使用权等日常经济活动而发生的实际成本，关系到企业的经营效益。各项指标数据取自于2008—2012年各公司年报。投入指标见表9-10。

表 9-10　9 家出版上市公司投入指标

万元

年份/名称	资产总额					主营业务成本				
	2008	2009	2010	2011	2012	2008	2009	2010	2011	2012
时代出版	230 911	270 074	360 056	410 084	469 378	104 509	126 311	132 940	189 293	253 471
出版传媒	194 494	224 305	231 612	241 096	246 878	90 015	97 306	98 744	107 306	96 721
中南传媒	560 679	972 973	972 973	1 089 322	1 184 916	208 108	239 006	283 463	353 915	425 156
博瑞传播	139 167	208 092	231 686	276 400	313 571	42 952	45 375	57 143	66 841	71 689
新华传媒	365 613	339 263	486 974	536 287	599 089	202 000	144 313	145 094	141 721	120 069
皖新传媒	270 269	300 683	535 777	480 896	535 777	163 695	170 590	184 239	202 546	247 323
凤凰传媒	782 579	782 579	761 440	1 235 360	1 328 090	272 596	298 039	319 239	366 675	414 092
华闻传媒	361 039	415 218	455 449	522 000	606 470	195 147	158 302	230 211	233 502	255 702
天舟文化	10 913	11 821	53 414	57 753	60 078	5 561	7 876	14 379	19 922	19 276

数据来源：网易财经－行情中心－沪深行情－证监会行业－出版传媒－财务分析－资产负债表、利润表。

9.3.2.2　产出指标

产出指标主要是体现企业获利能力的指标，包括净利润和主营业务收入。净利润，是指公司在利润总额中按规定交纳了所得税后的剩下的利润，是衡量公司经营效益的主要指标；主营业务收入是指企业经常性的、主要业务所产生的基本收入，能够很好地反映公司盈利能力。各项指标数据取自于 2008—2012 年各公司年报。产出指标见表 9-11。

表 9-11　9 家出版上市公司产出指标

万元

年份/名称	主营业务收入					净利润				
	2008	2009	2010	2011	2012	2008	2009	2010	2011	2012
时代出版	146 554	175 235	183 340	243 818	313 951	22 603	23 124	25 183	27 525	31 796
出版传媒	117 768	129 193	132 839	139 300	126 806	11 372	12 958	12 991	6 808	6 813
中南传媒	354 985	405 232	476 258	585 657	693 036	37 164	48 748	60 125	80 619	92 092
博瑞传播	80 919	92 251	116 223	130 596	134 980	20 931	28 453	34 398	42 052	29 898
新华传媒	290 508	227 750	230 749	211 099	179 549	24 715	24 006	11 011	18 533	20 860
皖新传媒	241 362	254 468	276 038	304 748	364 312	25 228	27 617	32 166	39 909	50 253
凤凰传媒	457 356	503 732	540 700	602 530	670 580	45 160	64 967	66 344	74 235	93 208
华闻传媒	281 496	253 073	347 850	379 389	409 542	33 260	30 547	43 229	50 770	53 363
天舟文化	9 163	13 152	21 384	27 760	27 991	1 511	2 038	3 137	3 320	2 027

数据来源：网易财经－行情中心－沪深行情－证监会行业－出版传媒－财务分析－利润表。

9.3.3　投资效率的实证分析

通过对已获得的数据进行整理，通过 DEAP 软件计算各年度出版上市公司技术效率表、各年度出版上市公司纯技术效率表、各出版商公司规模效率表、出版业上市公司 Malmquist(曼奎斯特)指数——年平均效率变化表进行分析。

9.3.3.1　有效性分析

(1) 我国出版上市公司技术效率分析

表 9-12 为 2008 年至 2012 年我国出版上市公司技术效率表。

表 9-12　2008—2012 年我国出版上市公司技术效率表(CRS)

名称＼年份	2008	2009	2010	2011	2012	均值	排名
时代出版	0.828	0.795	0.784	0.818	0.984	0.841 8	8
出版传媒	0.777	0.752	0.803	0.798	0.806	0.787 2	9
中南传媒	0.957	0.86	0.881	0.935	0.982	0.923	5
博瑞传播	1	1	1	1	1	1	1
新华传媒	0.92	0.892	0.841	0.787	0.794	0.846 8	7
皖新传媒	1	0.877	0.832	0.913	1	0.924 4	4
凤凰传媒	0.924	0.938	1	0.902	0.942	0.941 2	3
华闻传媒	0.91	0.887	1	1	1	0.959 4	2
天舟文化	1	1	0.757	0.801	0.851	0.881 8	6
均值	0.924	0.889	0.877	0.884	0.929	0.900 622	

注：效率值越接近 1 效率越高。

由表 9-12 可以看出，我国出版业整体效率水平还是比较高的，平均值达到 0.9，表明上述公司平均而言还有 10％的效率上升空间。上述样本仅包括所有获利的上市公司，并没有将亏损的公司纳入考虑范围。如果将业绩亏损的上市公司考虑进来，我国出版业上市公司经营效率改进的空间将更大。2008—2010 年处于下滑的趋势，反映出 2008 年金融危机对整个出版行业的严重影响。2011—2012 年处于回升阶段，说明出版公司积极进行企业改革，加强企业管理，积极响应国家的政策，推进传统出版传媒向数字传媒转型。从单个出版上市公司来看，博瑞传播一直处于前沿，反映了该公司的技术能力、管理水平与经营规模相适应，投入与产出达到最佳匹配程度；华闻传媒在最近三年有效，平均效率在 0.95 以上，损失较小；而出版传媒平均效率仅为 0.787 2，效率水平最低，估计各项投入冗余比重较大。这表明效率水平越高的企业在金融危机中抵抗风险能力越强；反之，效率越低的企业抵抗风险能力越弱。

(2) 我国出版上市公司纯技术效率分析

表 9-13 为 2008 年至 2012 年我国出版上市公司纯技术效率表。

表 9-13　2008—2012 年我国出版上市公司纯技术效率表(VRS)

名称＼年份	2008	2009	2010	2011	2012	均值	排名
时代出版	0.868	0.88	0.798	0.836	0.99	0.874 4	6
出版传媒	0.814	0.813	0.853	0.85	0.828	0.831 6	7
中南传媒	1	0.994	0.986	1	1	0.996	2
博瑞传播	1	1	1	1	1	1	1
新华传媒	1	0.966	0.881	0.83	0.832	0.901 8	5

续表

名称＼年份	2008	2009	2010	2011	2012	均值	排名
皖新传媒	1	1	0.846	0.914	1	0.952	4
凤凰传媒	1	1	1	1	1	1	1
华闻传媒	1	0.944	1	1	1	0.988 8	3
天舟文化	1	1	1	1	1	1	1
均值	0.965	0.955	0.929	0.937	0.961	0.949 4	

注：效率值越接近 1 效率越高。

纯技术效率分析是将规模因素分离之后的技术效率分析，纯技术效率是企业由于管理和技术等因素影响的生产效率。由表 9-14 可以看出，我国出版传媒业的纯技术效率均值为 0.949 4，整体效率较高。就单个出版上市公司来看，处于前沿面上的是博瑞传播、凤凰传媒、天舟文化；华闻传媒大部分时期纯技术效率也较高；效率最低的还是出版传媒。总体来看，我国出版业公司的绩效比较稳定。

(3) 我国出版上市公司规模效率分析

表 9-14 是 2008 年至 2012 年我国出版上市公司规模效率表。

表 9-14　2008—2012 年我国出版上市公司规模效率表(SE)

名称＼年份	2008		2009		2010		2011		2012		均值
	规模效率	规模报酬	规模效率	规模报酬	规模效率	规模报酬	规模效率	规模报酬	规模效率	规模报酬	
时代出版	0.954	递减	0.903	递减	0.983	递增	0.978	递增	0.994	递增	0.962
出版传媒	0.954	递减	0.925	递减	0.941	递增	0.938	递增	0.973	递增	0.946
中南传媒	0.957	递减	0.865	递减	0.894	递减	0.935	递减	0.982	递减	0.927
博瑞传播	1	不变	1	不变	1	不变	1	不变	1	不变	1
新华传媒	0.92	递减	0.923	递减	0.954	递减	0.948	递减	0.954	递减	0.94
皖新传媒	1	不变	0.877	递减	0.984	递减	0.998	递增	1	不变	0.972
凤凰传媒	0.924	递减	0.938	递减	1	不变	0.902	递减	0.942	递减	0.941
华闻传媒	0.91	递减	0.94	递减	1	不变	1	不变	1	不变	0.97
天舟文化	1	不变	1	不变	0.757	递增	0.801	递增	0.851	递增	0.882
均值	0.958		0.930		0.946		0.945		0.966		0.949

注：效率值越接近 1 效率越高

从表 9-14 可以看出，仅有博瑞传播的规模收益不变，中南传媒、新华传媒两家公司的规模收益一直是递减的，说明规模不佳是不少出版业企业存在的问题；仅天舟文化规模效益是递增的，说明企业不能盲目追求大规模，需要改善规模收益状况，并应从公司的经营管理结构等方面考虑，提高企业的效率。

9.3.3.2　我国出版业上市公司年平均效率变化

全要素生产率是指所有投入和产出之间的关系，是生产技术、经营管理技术、要素组合技术等多方面的综合反映。采取基于Malmquist(曼奎斯特)的DEA模型来衡量我国出版业上市公司的全要素生产率变化,又可以将其分解成技术效率变动与技术进步、效率的改进可以分解成纯技术效率的改进与规模效率的改进。表9-15为我国出版业年平均Malmquist生产率指数及其分解表。

表9-15　我国出版业年平均Malmquist生产率指数及其分解

时　间	技术效率变动	技术进步	纯技术效率变动	规模技术效率变动	Malmquist指数
2008—2009	0.962	1.069	0.991	0.971	1.028
2009—2010	0.986	0.936	0.971	1.015	0.922
2010—2011	1.008	0.975	1.009	1	0.983
2011—2012	1.051	0.933	1.026	1.024	0.981
均值	1.001	0.977	0.999	1.002	0.978

由表9-15看出,2008—2012年除了2008—2009年呈上升趋势外,其余几年的全要素生产率均呈下降趋势。从表9-16中可以看出技术进步的下降导致了全要素生产率的下降。分析如下:

(1) 技术进步

2008—2012年的技术进步指数分别为1.069,0.936,0.975,0.933,大致处于下降的趋势,说明我国出版业这一时期还不重视技术的创新,导致整个行业平均效率水平不高。

(2) 技术效率变动

2008—2012年的技术效率变动值分别为0.962,0.986,1.008,1.051。由于2008年的金融危机给出版业带来了巨大的挑战,故而导致2008—2009年、2009—2010年技术效率变动小于1。金融危机之后,出版业大力推行转型确实带来了明显的效率的改进。技术效率变动起到一个促进全要素生产率增长的作用。

(3) 纯技术效率变动和规模技术效率变动

技术效率变动可以分解成纯技术效率变动与规模效率变动。进一步分析,2008—2012年纯技术效率变动值分别为0.991,0.971,1.009,1.026,均值为0.999,而规模技术效率变动则分别为0.971,1.015,1,1.024,均值为1.002,两者变动均值都接近于1,说明出版业技术效率提升很快。

9.3.4　投资效率提升的对策建议

本部分选取了主营业务收入和净利润作为产出变量,总资产和主营业务成本作为投入变量,通过对我国9家出版上市公司2008—2012年的效率测度,得出了出版业整体效率较高的结论。整体来看,我国出版业规模效率和纯技术效率均保较佳水平,并且纯技术效率要略高于规模效率。全要素生产率在经济增长过程处于下降趋势,说明我国出版业经济增长仍存在相当风险,其主要是技术进步的下降。因此,给出以下几点建议:

第一,适度控制企业规模,可以通过资产重组来实现。规模报酬递减规模较大的出版公司,不能盲目扩张,可凭借已有的优势,整合优质资源,迅速抢占市场份额,要防止规模报酬递减的现象的发生，盲目扩张很可能造成经营管理等方面成本的增加，从而会降低公司经营效率。

第二，技术进步下降对全要素生产率增长造成了不利的影响，在近几年处于下降的趋势，这说明我国出版业发展存在很大的风险，因此我国需要加大科技扶持力度，推进适合出版业实际情况的技术进步。

第三，技术效率变动是生产率增长的主要原因，各出版公司要着重提高生产经营技术效率、注重技术改造与更新、提高产品的质量。虽然我国出版业总量在不断增加，但质量没有实质性的提高，因而阻碍了出版业效率的持续改善。我国出版业在扩大资产规模的同时应注重技术改造，注重质量的提升。因此，有效推进市场经济体制改革，加速技术扩散成为我国出版业迫切关注的问题。

10 企业经济效益分析——风险分析

10.1 筹资风险分析

10.1.1 企业筹资的分类及原则

10.1.1.1 企业筹资的分类

企业筹资，指的是企业从自身的生产经营现状及资金运用状况出发，根据其未来经营策略、对外投资及调整资本结构等需要，通过一定的渠道和方式，获取所需资金的一种财务活动。

企业筹集的资金可按不同的标准进行分类：

(1) 按照资金的来源渠道不同，可以分为负债筹资和权益筹资。

(2) 按照所筹资金使用期限的长短，可以分为短期资金筹集和长期资金筹集。

(3) 按筹资活动是否通过金融机构，可以分为直接筹资和间接筹资。

(4) 按照资金的取得方式，可以分为内部筹资和外部筹资。

10.1.1.2 资金筹集原则

企业的生产经营活动离不开资金的运动，一个企业必须拥有与其生产经营规模相适应的一定比例的资金，才能维持正常的生产经营活动。筹集资金的方式有很多，但总的筹资原则如下：

(1) 最低需求原则

筹集资金的目的是为了满足生产经营需要，所以企业筹集资金的数量上限为生产经营对资金的需要；其最低需要量一方面要考虑建立在高经济效益的必要投资项目基础上的资金需求，另一方面考虑建立在对企业现有资金充分利用基础上的资金需求。

在数量上，企业筹集的资金一般应多于实际需要量。

(2) 优化投资条件原则

企业的筹集资金的工作实际上就是吸引资金所有者到企业进行投资。要取得投资人的偏好，就必须具备良好的投资条件。作为投资者，不论是银行、企业还是个人，在确定资金投向时都想把资金投向投资条件好的企业和好的投资项目，企业只有具备良好的投资条件，才可能争取到外来的投资。

(3) 费用最低原则

企业要通过不同筹资方式和策略的比较分析，选择费用率最低的作为决策方案，既要比较不同方案的费用率水平，又要与企业投资方案预期收益率进行比较，绝不能选择费用率大于经营利润率的方案。

(4) 配套资源保障原则

企业资金的增加，常常要求物资、技术、生产场地、市场需求及销售渠道等相关配套资源的保障，如果不具备相关条件，筹集到的资金就无法发挥作用。所以，企业筹集资金的同时，要落实需要的物资，解决相关技术问题，调整生产场所，开发市场，理顺销售渠道，这样才能充分发挥筹集资金作用，取得最理想的经济效果。

10.1.2 筹资风险的含义及特征

筹资风险是指企业在筹资活动中由于资金供需市场、宏观经济环境的变化或筹资来源结构、币种结构、期限结构等因素而给企业带来的预期结果与实际结果的差异。

筹资活动是企业生产经营活动的起点。企业筹集资金的主要目的，是为了扩大生产经营规模，提高经济效益。由于市场行情瞬息万变，企业之间的竞争日益激烈，可能出现投资决策失误、管理措施不当等情形，从而使得筹集资金的使用效益具有很大的不确定性，由此便产生了筹资风险。

筹资风险的特征可以概括如下：

(1) 客观性

在企业的生产经营活动中，只要使用了外源性资金，就会产生筹资成本，这是因为任何外源性资金都是要求回报的，企业为了取得和使用资金就必须付出一定的代价，具体包括筹资费用和资金使用费用两项内容。所以，筹资风险是客观存在的。企业如果达不到投资者所要求的回报水平，就会面临筹资风险。

(2) 潜在性

筹资风险的潜在性是指筹资风险的可能性和不确定性。企业在筹资、用资的过程中必然要面临一定的筹资风险，但风险发生的时间、空间却具有偶然性，表现出一定的潜在性。另外，由于筹资风险发生的概率是难以准确计算出的，因此对筹资风险的测定不能单纯依靠数理统计方法来计算其大小强弱，实际工作中对筹资风险大小的评价在一定程度上还要依赖于管理人员的专业判断，从程度上进行估计。

(3) 相对性

筹资风险的大小不是一成不变的，它随着一定条件而发生转化，也就是说，筹资风险不是一个常数，而是一个动态变化的数，是相对于不同的企业及其抗衡风险的能力而言的。

(4) 复杂性

筹资风险的复杂性体现在筹资风险的形成原因、表现形式及对企业的利弊影响，这些都是非常复杂的，而且对筹资风险的测定也不可能单纯依靠数理统计方法就能准确计算风险大小。

10.1.3 筹资风险的成因分析

企业筹资风险的形成原因可以从内因和外因两个方面分别考虑，二者相互联系、相互作用，共同诱发筹资风险。

10.1.3.1 筹资风险的内因分析

筹资风险的内因通常是指举债本身可能给企业带来风险的因素，主要有负债规模、负债的利息率和负债的期限结构、资本结构等因素。

（1）负债规模

负债规模是指企业负债总额的大小或负债在资金总额中所占比重的高低。企业负债规模越大，利息费用支出就会增加，由于收益降低而导致偿付能力降低甚至破产的可能性也就随之增大；同时，负债比重越大，企业的财务杠杆系数也越大，股东收益变化的幅度也随之增大。所以负债规模越大，财务风险就越大。

（2）负债的利息率

企业在筹措资金时，可能面临利息率变动带来的风险，利息率水平的高低直接决定了企业负债筹资的资金成本的大小。在同样负债规模的条件下，当国家在实行宽松的货币政策时，贷款利息率较低，企业所负担的利息费用支出越低，相对应的经营成本越少，筹资风险越低；反正亦然。同时，利息率对股东收益的变动幅度也有影响。因为在息税前利润一定的条件下，负债的利息率越高，财务杠杆系数越大，股东收益受影响的程度也就越大。

（3）负债的期限结构

负债的期限结构是指企业所使用的长期借款与短期借款的相对比重。企业可能存在多种债务，如果负债的期限结构安排得不合理，如某些债务的偿还期限过于集中，就会给企业造成较大的压力，如果无法按期偿还，就会影响企业的形象和信誉，甚至影响企业今后的筹资来源，从而增加筹资风险。

企业借款的利率高低与借款期限长短有关，一般来说，借款期限短，则利率低；借款期限长，则利率高。长期借款筹资，其利息费用固定，但融资速度慢，取得成本高，而且有一些限制条款；短期借款筹资，利息费用会有大幅波动，若企业大量举借短期借款，并将其用于长期资产，很可能会出现到期难以筹措足够的现金来偿还短期借款的风险，如果债务不能展期，即不能往后推延一段时间，则企业很可能被迫宣告破产。再比如，如果利用负债筹资的目的是新建项目，则应考虑负债期限的长短，如果过短，负债到期时新项目可能刚刚建成还未投产，或刚刚投产还未能产生效益，则会出现还本付息的困难；如果负债期限过长，则要付出相当多的利息，给企业还本付息带来很大压力，甚至出现危机。由此看来，合理安排长短期负债的比例就显得非常重要。

（4）资本结构

资本结构是指企业各种资本的构成及其比例关系，是企业筹资决策中的核心内容。资本结构是一把双刃剑，保持一定负债资本结构，既可能给企业所有者带来很多收益，也可能使企业所有者蒙受极大损失。如果企业的资本结构不合理，就可能引发财务风险。

影响着企业资本结构的主要因素有筹资方式、筹资金额、筹资期限等，它们共同决定了企业未来的财务状况是否稳定，以及财务风险发生的可能性。不同的筹资方式给企业带来的风险是不一样的。如果企业决策者采用了不符合企业自身条件的筹资方式，导致债务到期时无法偿还，就会产生财务风险。不同的筹资金额和不恰当的债务期限安排也会给企业带来财务风险。所筹集资金的多少应该结合投资项目或资本运营所需要的资金量来考虑，在企业销售稳定、运营良好时，负债比率可以大一些；而当企业运营不景气时，负债比率应相当小一些，从而保证企业的最佳资本结构，使得筹资成本最低的同时经济效益最好。

10.1.3.2　筹资风险的外因分析

筹资风险的外因是指举债之外的可能会给企业带来风险的因素，主要包括企业的经营风险、投资项目及其收益能力、预期现金流入量和资产，以及流动性、金融市场、道德风险等因素。

(1) 经营风险

经营风险是指由于公司的高层管理人员在经营管理中出现失误而导致公司预期收益下降的风险，或由于汇率的变动而导致未来收益下降和成本增加。它是企业生产经营活动过程中所固有的风险，直接表现为企业利润额或利润率的不确定性。经营风险不同于筹资风险，但会影响筹资风险。当企业完全用股本筹资时，经营风险即为企业的总风险，完全由股东分担。当企业采用股本与负债筹资时，由于财务杠杆对股东收益的扩张性作用，股东收益的波动性会更大，所承担的风险将大于经营风险，其差额即为筹资风险。如果企业经营不善，营业利润不足以支付利息费用，则不仅股东收益将化为泡影，还需要用股本支付利息，严重时企业丧失偿债能力，将被迫宣告破产。

(2) 投资项日及其收益能力

投资项目的收益能力是指企业所筹集资金的投入产出能力。这可以通过计算投资收益率，即投资收益与投资成本之比来反映。当投资收益率明显低于公司净资产收益率时，说明该投资项目是失败的，应改善对外投资结构，更换投资项目。当该项目具有较高收益能力的情况下，企业筹资渠道和筹资方式的可选择面就可以放宽；相反，企业可选择的余地就会受到严格的限制。所以投资收益率影响着企业筹资渠道与筹资方式的选择。

(3) 预期现金流入量和资产的流动性因素影响

现金流入量反映现实的偿债能力，资产的流动性反映潜在偿债能力。负债的本息一般要求以货币资金来偿还，因此，即使企业的盈利状况良好，但能否按期偿还本息，还要看企业预期的现金流入量是否及时、足额，以及资产的整体流动性如何。如果企业没有及时足额地实现预期的现金流入量，以支付到期的借款本息，就会面临财务危机。当企业变现能力强的资产较多，即资产的总体流动性较强时，其财务风险就较小；反之，当企业资产的整体流动性较弱时，其财务风险就较大。

(4) 金融市场

金融市场是资金融通的场所，企业负债经营要受金融市场的影响，如负债利息率的高低取决于取得借款时金融市场的资金供求情况，而金融市场上利率、汇率的波动，都可能导致企业的筹资风险。

(5) 筹资对企业控制权的影响

在具有良好发展前景的企业里，股东们当然不愿意失去对企业的控制权。而企业筹资活动的开展，就有可能对原有股东的控制权产生稀释作用。例如公司股票如果在社会上大量发行，就可能对原有股票持有者的公司地位产生影响，在原有股东仍然具有筹资方式选择权时，大都要想方设法维护他们控制权利益。此外，公司发行新股时，新股东要分享公司发行新股前积累的盈余，会降低普通股的每股净收益，从而可能引发股价下跌。

(6) 道德风险

在市场经济中，各种违约、欺诈、投机取巧等现象称为道德风险。筹资过程中，某些企业由于缺乏信誉，可能会产生道德风险。道德风险对企业筹资的影响主要表现在两个方面：一方面，不少企业都存在欠债不还和过度负债的情况，使企业累积的高负债可能导致筹资风险；另一方面，经济合同履约率低影响到企业的正常运营，增加了商品存货的仓储成本，造成资金占用量大，加大了企业的筹资风险。

10.1.4 筹资风险的识别与评估

风险识别是风险评估的前提。筹资风险识别的目的是全面了解公司筹资活动中各类相关风险的显现程度，并分析风险的大小及影响，以便针对其特点，确定管理重点。

作为企业财务风险管理的首要环节，筹资风险是由于需要筹措的资金不能落实或筹资的成本过大造成的，是一种客观存在的经济风险。筹资风险的识别、评估、处理是筹资风险管理的重要环节，而筹资风险的识别又是对筹资风险进行评估和处理的前提。

由于影响筹资风险的因素错综复杂，所以除了采用定性外，还需要选取恰当的指标从概率和数理统计方面计量风险。定性方法，主要是借助概念、判断和推理等逻辑思维定性描述筹资活动中面临的风险因素，以及该风险因素的结构及未来发展的性质。定量方法则是借助数学和计算机技术，通过与筹资相关指标的系统分析来显现筹资风险。

10.1.4.1 筹资风险的分类

按照受控与否，筹资风险从宏观上可以分为外部风险和内部风险。其中，筹资外部风险主要来自政治、经济、法律政策、市场等因素的变化，它一般不为企业控制，也不是本书讨论的重点；筹资内部风险主要来自权益筹资风险和负债筹资风险，这是企业财务风险管理的重要组成部分。正确识别筹资风险是筹资风险管理的前提。

(1) 筹资的外部风险

筹资的外部风险，指的是与筹资时机选择有关的风险，主要是因企业外部的政治经济环境、法律政策、市场竞争、金融环境等企业无法控制的因素发生变动带来的风险，包括政治风险、经济风险、法律政策风险、金融市场风险等。

① 政治风险是指由于政局波动、政权更迭、战争等政治因素而使企业遭受各种损失

的可能性。政治环境能够影响经济环境，例如政府的某些行动可以影响国际资本市场和引致通货膨胀，所以在考察筹资时机是否合适时要考虑政治风险因素。

② 经济风险是指由于可能影响筹资风险的经济因素发生变动而给企业带来的风险，主要有宏观经济状况影响下的经济周期波动、通货膨胀紧缩、金融危机爆发、经济改革措施的出台与实施等。例如不同的经济周期对企业筹资有着重要的影响。在经济复苏和繁荣阶段，国家为了促进经济发展，放宽银根，降低利息率，这时企业筹资的取得成本较低；反之当经济处于衰退和萧条阶段时，筹资活动尤其是期间长、金额大的长期筹资，就会受到严峻挑战。

③ 法律政策风险是指由于与企业经营相关的法律政策的变动而给企业筹资活动带来的风险，比如税收制度。企业应该巧妙地利用税收政策，合理安排资金的调配与使用。例如，对于负债筹资而言，利息费用允许在所得税前扣除从而起到抵税作用；而股息不能在所得税前扣除只能从税后利润中支付，税收对这两种筹资方式成本的影响不同，这就要求企业必须在两者之间做出权衡，以降低资金成本。针对税收制度中一些灵活性的规定，企业可以选择有利于自己的政策和方法，以减少当期应纳税额，从而降低筹资成本。比如，税收制度允许某些行业对固定资产可采用加速折旧法，企业可以通过当期多提折旧使纳税时点后移，从而使企业在前期能有更多的现金流入。企业必须在各种经济法律法规，如公司法、经济法、证券法等允许的范围内寻求适合自己的筹资方式，否则将受到法律的制裁。

④ 金融市场风险是指在金融市场中由于供求变化、竞争、利率、通货膨胀等市场因素变动而给企业带来的风险。金融市场是进行资金借贷和证券交易的场所，是企业筹资环境的重要组成部分。金融市场同其他商品市场一样，也有供求平衡的问题、竞争问题和利率变动问题。如果供大于求，供方竞争加剧就会出现需方市场，利息率就会下降，这时对资金需求者有利；反之则不利。企业本身无法控制金融市场风险，而且其带来的影响面一般都比较大，所以必须引起关注。

(2) 筹资的内部风险

企业筹集的全部资金按其来源可以分为债务资金（借入资金）和权益资金（自有资金），所以企业的筹资的内部风险可分为负债筹资风险和权益筹资风险。

① 负债筹资风险

负债筹资也称为借入资金筹资，是指企业通过向金融机构借款、发行债券和融资租赁等方式筹集所需资金。因为到期要归还本金和利息，所以负债筹资还是有风险和代价的，主要表现为：利息率风险、期限结构风险、流动性风险、筹资数量不当风险、偿还风险、资本结构风险。

A. 利息率风险

企业通过借款或发行债券等方式进行负债筹资必须按期向债权人支付本金和利息，而不管企业当时的经营状况如何。在经营不利的情况下，会给企业造成固定的利息负担，影响资金周转。如果利息率较高，则会导致财务杠杆系数增大，造成企业较高的财务风险，企业付息的压力和破产的可能性也随之增大。

B. 期限结构风险

企业负债筹资按使用期限长短可分为短期负债筹资和长期负债筹资。短期负债筹资是指采用短期借款、商业信用、短期融资券、应收账款转让等方式筹集资金；长期负债筹资指采用长期借款、发行债券、融资租赁等方式筹资。一般来说，长期负债利率较高，短期负债利率较低但波动较大，如果负债期限结构安排不合理，例如还款期过于集中而导致资金流断裂，就会增加企业的筹资风险。

C. 流动性风险

资产的流动性反映的是潜在偿债能力。企业为了还债或防止破产可将其资产变现，由于各种资产的流动性不一样，它们在资产总额中所占的比重又不相同，因而与企业的财务风险关系甚大。当企业拥有较多的变现能力强的资产时，其财务风险就较小；反之，其财务风险就较大。

D. 筹资数量不当风险

筹资数量是指负债总额或负债在资金总额中所占比重的高低。过度负债，不仅要支付大量的利息，而且降低了企业的安全性和竞争能力，危及企业的生存与发展。筹资数量过少，则会因资金不足而影响企业的正常经营。

E. 偿还风险

偿还风险包括长期偿债能力风险和短期偿债能力风险。企业往往重视长期偿债能力而忽视短期偿债能力。其实，短期债务也会影响长期债务，即使一个盈利不错的企业，如果因资金调度不当而不能及时还款，可能致使其信用下降，进而也会有破产的危险。所以，无法保持一定的短期偿债能力的企业，同时在长期偿债能力方面也存在问题。

F. 资本结构风险

资本结构的问题在上节中已经述及。关于负债筹资，如果长期负债过多，会降低企业的偿债能力和筹资能力，增大财务风险；如果长期负债过少，虽能提高偿债能力和筹资能力并减小财务风险，但放弃了借款利息的抵税作用。这两种情况都将导致企业的资本结构不合理。

② 权益筹资风险

权益筹资也称为自有资金筹资，是指企业通过发行股票、吸收直接投资、使用留存收益等方式筹集资金。

这里所讨论的权益筹资风险主要是股票筹资风险。股票筹资风险，是指由于股票发行时机选择欠佳、发行数量不当、发行价格不合理、筹资成本过高及股利分配政策不当等给公司造成经营成果损失的可能性。发行股票是股份有限公司筹措资金普遍且重要的手段，它能使企业在短时间筹集到大量的社会闲散资金。虽然股票筹资无须还本，但也要考虑风险因素。股票的资金成本由筹资费用与用资费用构成。股票的用资费用——股利是从净利润中支付的，无抵税作用。股票的资金成本在公司的几种主要筹资方式中是最高的。另外，股票筹资会扩大公司股本，如果业绩增长幅度低于股本扩张幅度，会导致公司每股利润下降，从而引起股利支付率降低、股票价格下跌，影响公司市场形象。如果股东得不到满意的股利，他们将会行使“用手投票”和“用脚投票”两种权利。前者是指股东将要求更换企业高层管理人员，后者是指股东会出售股票，引起股票价格下跌，影响企业的发展。而且股票的价格不仅受到公司经营状况的影响，还受到供求关系、利率、大众心理等因素的影响，具有很大的不稳定性。因此，股票是一种高风险的金融产品。

随着证券市场的不断完善，越来越多的股份制企业通过发行股票筹措资金，股票筹集资金的难度和风险将大大增加。因而，正确选择股票发行时机、发行价格和数量、股利分配政策便成为能否筹资成功的重要条件。股票发行时机选择欠佳将会影响到公司发行计划不能实现或达不到预期筹资目的。股票发行价格和数量如果与公司经营规模不相适应，会使股份有限公司资本结构不正常而产生风险。股利分配政策关系到公司股价的变化。从普通股来说，分配的每股股利多，股价就会上涨；反之，则下跌。如果以配股的形式分配股利，送配股的比例确定不当，就会使股份总量发生变化，使以后筹资成本改变，出现不同程度的风险。

股票筹资风险主要有以下几种表现形式：

A. 上市失败风险

如果股票对投资者有吸引力则易于发行；反之，则可能会带来上市失败的风险。利率的变化直接影响股票的发行，如果利率下降则股票需求增大股票价格上升，利于股票发行；反之则不利于股票发行。再者股票筹资是有成本的，如果股票上市失败筹不到资金，前期投入的费用就成为损失。股票上市后停牌，也属于此类风险。

B. 支付风险

这是股票筹资活动因支付能力不足而产生不利影响的可能性，比如股票的高分红派息与企业资产收益的不确定性之间的矛盾所带来的风险。

C. 股价变动风险

如政策的变化（包括税收政策、产业政策、利率政策等）等因素可能对股票价格造成影响。例如印花税的变化直接影响股票市场的交易量并影响股票的价格。另外，公司发行新股也会影响股票价格。

D. 收购风险

企业发行股票会稀释原有股权结构，就存在被控制甚至被收购的风险。

E. 控制权分散风险

股票发行会增加新股东，这容易导致公司控制权分散，不利于公司稳定发展。

10.1.4.2 筹资风险程度识别

程度识别是对企业筹资风险状况的总体反映，主要通过对企业面临的某种风险因素发生的可能性及其影响程度的综合考虑来判断该风险的总体情况。企业内部及外部市场环境影响下的风险是随时间而变化的，所以筹资风险是动态变化的。这种动态表现在内在和外在两个方面，内在动态是指债务或者权益本身的纵向时间推移，外在动态是指债务流程环节的推移。不同的流程环节下，某项债务随时间的推移表现的风险强度不一样，例如当完成筹资需求、承担相应债务成本之后，筹资环节的信用风险就几近固化。因此要特别注意的是，筹资风险的识别估计结果应根据实际情况的演变不断进行调整。

风险按照其结果发生的可能性可分为基本肯定、很可能、可能、极小可能这四种等级，分别对应的概率如表 10-1 所示。

表 10-1　按发生可能性划分的风险分级及对应概率

结果的可能性	对应的概率区间(p)
基本肯定	$95\% < p < 100\%$
很可能	$50\% < p \leqslant 95\%$
可能	$5\% < p \leqslant 50\%$
极小可能	$0 < p \leqslant 5\%$

各种筹资风险因素导致的风险损失的严重程度可以大致分为五种级别：轻微、较小、中等、较大、极大。根据风险因素发生的可能性及其影响程度来确定风险程度，把风险表示为低、中等、显著、高四种程度。每一种筹资风险的程度可以通过表 10-2 来反映。通过识别，可以判断筹资风险程度上的高低，以便进一步评价和应对。

表 10-2　筹资风险程度识别分析

程度 可能性	轻微	极小	中等	较大	极大
基本确定	高	高	高	高	高
很可能	中等	显著	显著	高	高
可能	低	中等	中等	显著	高
极小可能	低	低	中等	显著	显著

10.1.4.3　负债筹资利与弊

企业在筹资过程中都希望以最低的代价取得最有效资本，但同时也往往会忽略很多潜在的财务风险因素。从控制筹资成本的角度考虑，负债筹资的成本最低，这也是目前我国很多企业采取的一种最主要的筹资方式之一。下面重点介绍负债筹资风险的相关问题。

负债筹资像一把双刃剑，既可为企业带来收益，又能引起筹资风险。研究负债经营对企业产生的积极和消极正反两方面的影响有着重要的意义。

(1) 负债经营对企业的积极影响

负债经营作为一种经营策略，不仅是为了弥补企业的资金不足，满足企业生产经营对资金的需求，更重要的是它可以为企业带来许多其他的好处。这主要表现在以下几个方面：

A. 可以获得财务杠杆效益，提高企业股东的收益

在资本总额及其结构一定的条件下，企业从息税前利润中支付的债务利息是相对固

定的，当息税前利润增加时，每一元盈余所负担的债务利息就会相应降低，扣除所得税后可分配给普通股股东的利润就会增加，从而给股东带来额外的收益。

B. 可以降低综合资金成本

企业借入资金，不论盈亏均应按期偿还本息，对于债权人来说风险较小。企业除还本付息外，不再承担其他经济责任，而且企业支付的利息是在成本中列支的，可以在税前扣除，有冲减所得税的作用。而股权融资中，政府要对股东个人的资本利得和股息收入以及企业法人双重征税。因此，债务的资金成本一般低于权益资金成本，从而负债筹资有利于降低综合资金成本。

C. 有利于保持企业股东控制权

企业筹集资金时，如果采用吸收直接投资、发行股票等权益性筹资方式，投资者一般会要求获得与投资数量相适应的经营管理权，这势必带来股权的分散，影响到现有股东对于企业的控制权。在负债经营的情况下，债权人无权参与企业的经营决策，因此不会影响企业所有者对企业的控制权。

D. 有利于扩大企业的经营规模，增强企业的市场竞争力

资金不足的情况下，企业通过举债可以在较短的时间内有效地筹措到大量的资金，合理地组织和协调资金比例关系，扩大企业经营规模，拓宽经营范围，增强企业的经济实力和市场竞争力。

E. 可以使企业获得“抵税效应”

企业的负债必须按期支付利息，按现代企业会计制度规定，负债利息要计入财务费用，并且在所得税前扣除，故可产生抵税作用，且利息费用越高，抵税额越大。因而在同样经营利润水平下，负债经营与无债经营企业相比，由于上缴的所得税减少，企业可获得潜在的收益。

F. 具有“举债效应”，在通货膨胀时期可减少货币贬值的损失

由于债务的实际偿还数额在没有特殊规定的情况下，一般以账面价值为准，不考虑通货膨胀因素，所以通货膨胀会给负债经营的企业带来额外收益，通货膨胀率越高，企业因负债经营而得到的货币贬值利益就越大。这种因负债经营而可能获得的收益，称举债效应。在通货膨胀率上升的情况下，利用举债扩大再生产比自我积累资本更有利，因为通货膨胀可以导致货币贬值，借款与还款时的利率差，使债务人偿还资金的实际价值比没发生通货膨胀时的价值会降低，实际上债务人将货币贬值的风险转嫁到债权人身上，减少了由于通货膨胀造成的损失。

(2) 负债经营对企业的消极影响

虽然负债经营有上述好处，但过度的高额负债经营会引起潜在的筹资风险，企业可能出现债务危机，给生产经营带来不利影响，列举如下：

A. 增加了企业的财务风险，可能会降低企业的再筹资能力

企业进行负债经营必须保证投资所获得的收益要大于其资金成本，否则将会收不抵支或亏损，降低企业的偿债能力。过度的高额负债会增加筹资风险，不仅需要支付巨额

的利息，而且降低了企业的安全性和竞争力，一旦企业无法偿还到期债务，就会影响到企业的信誉和形象，金融机构或其他企业就不愿再给该企业提供资金，再筹资能力也就降低了。

B. 负债比率过高，可能会引起股票市场价格下跌

就股份制企业而言，如果负债比率过高，与企业偿债能力相关的财务指标超过了投资者所认可的范围，就会影响到股民的投资信心，股票的市场价格也必然随之下降。

C. 增加了企业的经营成本，影响资金的周转和使用

企业负债经营要按期支付本息，一方面，当企业经营不利时，利息作为企业的一项固定性支出就会成为企业的负担，从而增加了企业的经营成本；另一方面，如果所筹集的资金还款期限比较集中，短期内要求企业筹集大量的资金还债，就会影响企业资金的周转和使用。

D. 附带一些限制性条款，可能会影响到企业的经营活动

为保证债权人利益的安全，稳定社会经济生活，国家对负债筹资通常要规定有保障性条款，如提供担保资产、设置偿债基金、规定筹资最高限额等。企业与银行签订的借款合同中，一般都有一些限制条款规定，如定期报送相关财务报表、不准改变借款用途等，这些条款可能会限制企业的经营活动。发行债券的契约书中往往也有一些限制条款，可能会影响企业的正常发展和以后的筹资能力。

10.1.4.4 负债筹资风险识别与评估的具体方法

(1) 单变量识别法

单变量识别法使用单一财务比率识别债务风险。各种债务风险的综合结果是公司现金流量或盈利能力能否支付债务利息和本金，单独计算债务偿还的某一方面没有意义。因此围绕企业偿还到期债务的能力按照债务的偿还期限设置了两类核心预测指标，即短期偿债能力指标和长期偿债能力指标。

① 短期偿债能力指标

短期偿债能力是指企业流动资产对流动负债及时足额偿还的保证程度，是衡量企业流动资产变现能力的重要指标，主要包括流动比率、速动比率及现金流动负债比率。

A. 流动比率

流动比率是流动资产与流动负债的比率，它反映了企业用可在短期内转变为现金的流动资产偿还到期流动负债的能力。一般情况下，流动比率越高，说明企业的短期偿债能力越强，债权人的权益越有保证。国际上通常认为该指标的下限为100%，等于200%时较为适宜，但该指标如果过高则表明企业流动资产占用较多，会影响到资金的使用效率以及企业的筹资成本，进而影响获利能力。

应注意的是，流动比率高的企业并不一定偿还短期债务的能力就很强，因为流动资产之中虽然现金、有价证券、应收账款变现能力很强，但是存货、待摊费用等也属于流动资产的项目则变现时间较长，特别是存货很可能发生积压、滞销、残次等情况，流动性较差。

B. 速动比率

速动比率是企业速动资产与流动负债的比率。其中，速动资产是指从流动资产中剔除变现能力较差的那部分资产之后的余额，也就是指流动资产中容易变现的那部分资产。一般情况下，速动比率越高，说明企业偿还流动负债的能力越强，国际上通常认为该指标等于100％时较为适宜。

鉴于流动比率的缺陷所在，衡量企业偿还短期债务能力强弱时，本人认为应该把流动比率和速动比率结合起来考虑，可以参考如下指数：

流动比率＞2且速动比率＞1　资金流动性较好

1.5＜流动比率＜2且0.75＜速动比率＜1　资金流动性一般

流动比率＜1且速动比率＜0.5　资金流动性较差

C. 现金流动负债比率

现金流动负债比率是企业一定时期的经营现金净流量同流动负债的比率，其中年经营现金净流量是指一定时期内企业经营活动所产生的现金及现金等价物的流入量与流出量的差额。该指标可以从现金流量角度来反映企业当期实际偿付短期负债的能力。

由于净利润与经营活动产生的现金净流量有可能背离，有利润的年份不一定有足够的现金或现金等价物来偿还债务，所以利用以收付实现制为基础计量的现金流动负债比率指标，能充分体现企业经营活动所产生的现金净流量，可以在多大程度上保证当期流动负债的偿还，直观地反映出企业偿还流动负债的实际能力。

一般该指标应大于100％，表示企业流动负债的偿还有可靠保证。现金流动负债比率越大，表明企业经营活动产生的现金净流量越多，越能保障企业按期偿还到期债务。但是，该指标如果过大则表明企业对流动资金的利用不充分，获利能力不强。

② 长期偿债能力指标

长期偿债能力是指企业偿还长期负债的能力，主要指标有资产负债率、产权比率、已获利息倍数等。

A. 资产负债率

资产负债率又称为负债比率，指企业负债总额对资产总额的比率。它表明债权人提供的资金在企业资产总额中所占的比重，能反映出企业资产对债权人权益的保障程度。

对企业所有者而言，如果该指标较大，说明企业利用较少的自有资本投资形成了生产经营用资产；但如果该指标过大，则表明企业的债务负担沉重，企业面临破产倒闭的危机。传统的保守观点认为资产负债率不应高于50％，国际上通常认为这一指标等于60％时较为适宜，当该比率超过100％时，表明公司面临破产的风险。

B. 产权比率

产权比率也称为资本负债率，是指企业负债总额与所有者权益的比率，用来表明由债权人提供的和由投资者提供的资金来源的相对关系，反映了企业所有者权益对债权人权益的保障程度。

一般情况下，该指标越低，表明企业的长期偿债能力越强，债权人权益的保障程度越高，承担的风险越小。一般认为企业的产权比率为100%以下时是有偿债能力的，但还应该结合企业的具体情况加以分析。当企业的资产收益率大于负债成本率时，负债经营有利于提高资金收益率，获得额外的利润，即在保障债务偿还安全的前提下，产权比率可适当高些。

因此，投资者在看某一企业的财务报表时，只要看一下资产总额、负债总额、所有者权益总额这三个主要指标，计算出资产负债率和产权比率，便可大概看出该企业的长期偿债能力状况。但要注意的是，这两个指标只有在同行业、不同时间段相比较，才有一定价值。

C. 已获利息倍数

已获利息倍数通常用企业一定时期息税前利润总额与债务利息支出的比率，能够反映获利能力对偿还到期债务的保证程度。其中，息税前利润总额指利润总额与利息支出的合计数，也就是净利润、所得税与利息支出这三部分之和。债务利息支出指实际支出的借款利息、债券利息等。

已获利息倍数既是企业举债经营的前提依据，也是衡量企业长期偿债能力大小的重要指标。一般情况下，已获利息倍数越高，表明企业长期偿债能力越强。从长远来看，企业若想维持正常的偿债能力，已获利息倍数至少应当大于1，如果该指标过小，企业将面临亏损以及偿债风险。目前国际上普遍认为该项指标等于3时较为适宜。当然确定这一指标时，还应根据企业所处的行业特点结合往年经验来具体分析判断。

需要注意的是，已获利息倍数这一指标有较大的局限性，表现为：衡量企业偿债能力时，既要衡量企业偿付利息的能力，更要衡量企业偿还本金的能力，只衡量其中一个方面是不全面的。而“已获利息倍数”这一指标反映的是企业支付利息的能力，只能体现企业举债经营的基本条件，不能反映债务本金的偿还能力。

该指标反映的是从所借债务中获得的收益为所需支付债务利息的多少倍。但企业的本金和利息不是从利润本身支付，而是用现金支付。故使用这一比率进行分析时，还不能了解企业是否有足够多的现金偿付本金利息费用。

基于上述原因，在参考了其他学者的研究成果之上，为全面衡量债务偿还情况，本人认为还应进一步计算以下两个指标：

一个是债务本金偿付比率：

$$\text{债务本金偿付比率} = \frac{\text{年税后利润}}{\sum \frac{\text{债务本金}}{\text{债务年限}}} \times 100\%$$

该指标至少应当大于1，该比率越大说明企业的偿债能力越强。对于一个企业来说，单看某一时期的数据难以说明该企业偿债能力的好坏，往往需要连续计算5个会计年度的债务本金偿还比率，才能比较合理的确定其偿债能力的稳定性。若从稳健的角度估计某一企业的长期偿债能力状况时，通常应选择最低指标的年度。

另一个是现金流量偿付比率：

$$现金流量偿付比率=\frac{期初现金余额+本年度付息与纳税前现金净收入}{利息支付额\times\frac{本年到期债务总额}{1-所得税率}}\times 100\%$$

因本金是在纳税后支付，所以应把它调整到税前，同纳税前支付的利息相一致。该指标用来评价企业是否在其经营活动中产生了足以还债的现金流量，可以表明企业以现金偿付利息和本金的能力。该指标应该大于1，说明企业有足够现金支付利息与偿还本金。

(2) 多变量分析法

债务风险识别的多变量分析必须建立在单变量的设计基础之上，使用统计方法对多个财务比率建立风险计量模型。目前比较成熟和广泛应用的方法有以下几种：

① Z 判别分析法

判别分析可以根据已知类别事物的性质建立判别函数，然后通过该函数对未知类别的新事物进行类别判断。1968 年，Altman 运用多变量分析(MDA)技术，选取了五个变量组，建立了 Z 值计分模型以评估公司财务风险。该模型是：

$$Z=1.2X_1+1.4X_2+3.3X_3+0.6X_4+X_5$$

式中：X_1＝营运资本/总资产；X_2＝留存收益/总资产；X_3＝息税前利润/总资产；X_4＝股东权益的市场价值/债务的账面价值；X_5＝销售额/总资产。

Z 计分模型从企业的资产规模、获利能力、财务结构、偿债能力、资产利用效率等方面综合反映了企业财务状况，进一步推动了财务预警的发展。通过对 Z 计分模型的研究分析，得出 Z 值越大说明公司财务风险越小、财务状况越好；反之，Z 值越小说明公司财务状况越差。Altman 还提出了判断企业破产的临界值：

A. Z 小于 1.81 时，企业面临很大的破产危机；

B. Z 在 1.81 和 2.675 之间时，企业存在一定的财务危机，财务状况极不稳定；

C. Z 大于 2.675 时，企业财务状况良好，破产可能性极小。

此后，Altman 从这一计分模型的运用中还发现，随着时间的延长，企业发生变化的可能性增大，Z 计分模型预测效果的准确性也会降低。因此，运用 Z 计分模型测定企业风险时必须注意时间性，对于企业短期风险的判断可以直接依据 Z 值，但对于企业长期风险的判断则必须是计算出各年份的 Z 值，再根据分值的变化趋势来判断企业长期风险的大小。尽管 Z 计分模型最初是根据制造业公司的资料提出，但检验结果表明，它对其他类型的公司也同样适用。

② F 分数模型

由于 Z 模型没有充分考虑现金流量的变动等方面的情况，因而具有一定的局限性。周首华、杨济华和王平(1996 年)以 Z 模型为基础提出了 F 分数模型。作为对 Z 判别分析法的补充，F 分数模型用现金流量替换 Z 判别分析法中的利润，作为预测的自变量，重新建立财务风险识别模型。其模型如下：

$$F=-0.1774+1.1091X_1+0.1074X_2+1.9271X_3+0.0302X_4+0.4961X_5$$

式中：X_1＝营运资金/总资产＝(流动资产－流动负债)/总资产；

X_2＝留存收益/总资产＝(未分配利润＋盈余公积)/总资产；

X_3＝(税后净利＋折旧)/总资产；

X_4＝股权市价总值/总负债

＝(每股市价×流通股数＋每股净资产×非流通股数)/总负债

X_5＝(税后净利＋折旧＋财务费用)/总资产

一般认为，F 预测模型的临界值为 0.027 4。如果企业的 F 值低于 0.027 4，则被认为企业财务风险大，企业破产的可能性很大；否则，被认为企业的财务风险小，企业将继续存在。

③ 主成分法

主成分法是通过数学变换将给定的一组相关变量通过线性变换转换成另一组不相关的变量，而后选取几个方差较大的主成分代替原始指标。主成分模型构建时：第一步，使用 Z 判别分析法对数据进行标准化处理，对于某一变量值 X，其总体均值为 L，标准差为 R，转换公式为 $X=(X-L)/R$；第二步，计算标准化后数据的协方差矩阵 R；第三步，求协方差矩阵的前几个特征值以及对应的特征向量；第四步，完成现行转换关系；第五步，计算各主成分的方差贡献率及累计方差贡献率；第六步，以贡献率作为相应主成分的权值构建主成分模型。

主成分法构造的模型，使用贡献率作为权值，避免了人为赋权重的主观任意性，因而评价结果也更加客观准确。

Z 判别分析法和主成分法是建立在美国公司样本基础上的，所以多变量分析法在此处只作为参照的方法提出，公司应当根据自身关注的债务风险指标，重新建立适合自身的模型识别风险。

10.1.4.5 权益筹资风险识别与评估

(1) 权益筹资风险的特性

① 风险的客观性

企业利用权益资金经营时，会受到生产、供销、市场、物价、税收等一系列不确定性因素的影响，这些因素的客观存在及其变化是企业无法避免的，导致企业无法对权益资金经营结果进行准确判断，这就使得权益筹资客观上存在风险。

② 风险的隐蔽性

企业的权益资金属于自有资金，可以永久使用，不存在因不能按期偿还导致破产的风险。同时，在法制仍有待进一步完善的经济环境下，当企业因投资失误或经营失败而给所有者造成经济损失时，也并未追究管理者相应的经济与法律责任，从而掩盖了权益筹资的实质性风险。并且权益筹资风险往往表现为慢性的、将在未来释放的衰退性风险，是企业各种问题日积月累造成的结果，因而具有隐蔽性，但问题一旦爆发，则会给所有者带来惨重损失。

③ 风险的双重性

权益筹资风险的双重性是针对筹资风险所导致结果的不确定性而言的。当结果向不利的方面转化时，会给所有者带来损失，表现为企业权益资金的实际收益率低于预期收益率，甚至发生亏损，从而导致企业价值下降或因不能兑现承诺而使企业信用降低。当结果向有利的方面转化时则相反。所以，企业权益筹资风险既可能产生经济损失，又具有创造较大经济利益的能力。

④ 风险与结果的匹配性

权益筹资风险与其导致的结果密切相关。企业权益筹资风险越大，可能产生的经济损失越大，也可能带来的经济收益越高，还可能增加企业的价值。但企业不能为了追求高额经济利益和增加企业的价值而无限地扩大企业所承担的筹资风险，这种危险的筹资理念必然将导致企业筹资决策的失败。所以企业的筹资决策目标应该是适度的利用筹资风险，创造预期经济收益。

⑤ 风险的可控性

权益筹资风险的可控性是指权益筹资风险可以预测、计量和施加影响，这是企业对权益筹资风险进行量化管理的前提。首先，企业能够事先知道哪些因素变化将给企业经营带来正面或负面影响，并对这些因素的变动情况和影响程度进行预测；其次，企业能够根据经营状况和相关财务数据设计风险评价指标，并根据这些指标测量风险大小，为企业对其进行量化管理提供有效依据；再次，企业能够通过自身的行为来控制风险发生频率，降低风险损害程度。

(2) 权益筹资的利弊

权益筹资与负债筹资各自的优缺点可以对照来看，鉴于负债经营的利弊分析在上文已经详细阐述，这里对权益性筹资的优缺点概括如下：

① 权益性筹资的优点

权益性筹资的优点表现为：第一，权益性筹资风险较小，不存在还本付息压力。因为筹得的资金可以永续使用，没有偿债时间限制。第二，再筹资功能增强。企业通过发行股票筹集资金，同时增加了企业规模，为负债筹资创造了条件，股份公司还可以通过送配股的方式强制吸纳股东资金，达到筹资的目的。这种方法在我国现阶段上市公司中已被广泛使用，非股份制企业在筹资方面处于明显劣势。第三，企业经营效益的好坏，关系着股东个人的经济利益，这就有利于促使投资者更加关心企业经营管理情况，促进企业经济效益的提高。

② 权益性筹资的缺点

权益性筹资的缺点表现为：第一，增加新股东必然会分散原有股东对企业的控制权。第二，股东以分红形式参与企业税后利润分配，资金成本较高，当企业经营良好盈利较多时，分红付出的资金越多，越会影响原有股东的利益。第三，筹资难度大，由于股票投资只能依法转让而不能抽出，所以投资者投资风险较大，国家管理也偏严，这就需要企业做更多前期的宣传工作，提供详尽的企业经营状况和长远发展目标等资料，并为承销商提供更多费用。

鉴于这两种筹资方式各有长短，且具有互补性，实际运作中企业可根据具体情况选择一种或两种方式结合完成筹资工作。

（3）权益筹资风险识别与评估的具体方法

① 现金权益比率

现金权益比率是指企业一定时期经营现金净流量与平均所有者权益的比率。它是反映权益获取现金能力的指标，反映了企业资本运营的质量。

该指标通用性强、适用范围广，是评价企业权益资本创造净现金流量能力的综合性指标。一般认为，现金权益比率越高，企业使用权益资本获取现金的能力越强，运营质量越好，权益筹资风险越小；反之，权益筹资风险越大。

② 权益净利率

权益净利率是指企业一定时期净利润与平均所有者权益的比率。它是反映权益资本获取报酬水平的指标，反映了企业资本的综合效益，是企业盈利能力指标的核心。

该指标同样通用性强，不受行业局限。一般情况下，权益净利率越高，权益资本获取收益的能力越强，运营效益越好，对企业所有者的保证程度越高，权益筹资风险越小；反之，权益筹资风险越大。

③ 资本保值增值率

资本保值增值率是企业年末所有者权益与年初所有者权益的比率，它是从动态的角度反映所有者投入企业资本的保全性和增值状况的指标。

这一指标充分体现了对所有者权益的保护，能够及时、有效地发现侵蚀所有者权益的现象。一般情况下，资本保值增值率越高，表明企业资本保全状况越好，所有者权益增长越快，企业发展后劲越强。该指标通常应大于1，若小于1，则表明企业资本受到侵蚀，没能实现资本保全，损害了所有者权益，也妨碍了企业进一步发展壮大，企业风险加大，应予以充分重视。

④ 盈余现金保障倍数

盈余现金保障倍数是指企业一定时期经营现金净流量与净利润的比值。它是从现金流入和流出的动态角度反映企业当期净利润中现金收益的保障程度的指标，能够真实反映企业收益的质量。

一般情况下，盈余现金保障倍数越大，企业收益质量越高，企业权益筹资风险越小；反之，权益筹资风险越大。

以上评价指标从运营质量、收益水平、保值增值程度、收益质量等四个角度对企业的权益筹资风险进行客观的考察，基本上能够反映权益筹资风险的大小或者高低。为了进一步完善权益筹资风险评估体系，企业还应建立权益筹资风险预警控制区域，以保障其风险被控制在可控风险区域、增强企业驾驭风险和获取超额收益的能力。

由于企业规模、行业、地域、国别等诸多差异，因而企业不应拘泥于某一经验数据，而应根据实际情况设计符合本企业要求和特点的评价标准，并根据实际情况变化随时调整评价标准。

10.2 营运风险分析

10.2.1 营运风险概述

10.2.1.1 营运风险的含义

营运风险是指企业在运营过程中，由于外部环境的复杂性和变动性，以及主体对环境的认知能力和适应能力的有限性，而导致的运营失败或使运营活动达不到预期的目标的可能性及其损失。营运风险并不是指某一种具体特定的风险，而是包含一系列具体的风险。

10.2.1.2 营运风险的客观存在性

风险是指人们在事先能够肯定采取某种行动所有可能的后果，以及每种后果出现的可能性的状况。值得注意的是，风险和危险不是同一个概念，危险只能出现坏的后果，而风险可能出现坏的后果，也可能出现好的后果。

与风险相联系的另一个概念是不确定，不确定是指人们事先知道采取某种行动所有可能的后果，但不知道它们出现的可能性，或者两者都不知道，而只能对两者做粗略估计的状况。

在市场经济条件下企业的生产经营活动是一个十分复杂的过程，受多种变量影响，存在着大量不确定因素，有政治的、经济的、社会的、自然的等。这些不确定因素的作用有时会给企业带来收益，有时会带来损失，可见，营运过程中存在风险是必然的。

10.2.1.3 营运风险的构成

(1) 系统风险

系统风险，是指由于外部因素变化所引发的所有企业无法控制的，也是单靠企业一己之力无法排除的风险。系统风险主要包括政策法规风险、经济风险、体制风险和社会风险等。这些风险涉及面广，几乎所有企业都会受到影响，只是受到影响的程度不同而已，并且不会因企业采用多角化经营而消除，故有时又称之为不可分散风险。

A. 政策法规风险

政策法规风险，是指由于国家宏观政策及法律法规的调整及变化给企业运营所造成的始料不及的负面影响。这种政策调整变化越频繁，力度越强，企业运营所面临的风险就越大。因此企业必须深入研究国家宏观经济政策和法律法规，并判断其变化的趋势。

B. 经济风险

经济风险，是市场经济运行过程中所产生风险，包括市场风险、利率风险、购买力风险。

市场风险，是指那些超过企业自身适应和控制能力，严重影响企业占有市场的失衡和动荡造成的企业所获收益的不可能性、差异性，诸如战争导致市场破坏、经济衰退，金融危机导致的市场波动，有时很难被决策者所预测，因此市场风险很容易给企业造成损失。

利率风险，是指由于市场利率(或汇率)水平发生变动而引起的运营风险。资本运营过程中有时会涉及大量的资金筹措及业务拓展到金融业，因此不可避免地会涉及利率风险。

购买力风险，是指企业资本运营名义收益中包括真实收益和通货膨胀补偿两部分，当发生非预期的通货膨胀时，资本运营的收益会有所降低，即资本运营主体实际收益的货币购买力达不到预期的货币购买力。

C. 体制风险

体制风险，是指一个国家或地区因政治体制或经济体制形式发生重大变化而给企业带来的风险。由于体制的形式及其改革常常会引起原有经济运行方向的变化，从而影响运营的质量。

D. 社会风险

社会风险，是指由于社会因素而引起的运营风险。所谓社会因素，有文化、宗教、道德、心理因素、就业与失业等。因此，尤其涉及跨国经营时，不能忽略对异域文化风俗、风土人情的了解，要在实际调查的基础上对异域社会因素进行归同整合、避免冲突。

(2) 非系统风险

非系统风险，是指企业运营过程中种种不确定因素所引起的，只与运营主体和运营对象相关的风险。它是由非全局性事件波动所带来的风险，通过运营主体的努力可以分散和消除，因此又称之为可分散风险。相对于系统风险而言，非系统风险的防范和补救，更具有意义，也是企业运营中最能发挥主观能动性的领域。非系统风险主要包括经营风险、行业风险、技术风险、财务风险、管理风险及资金风险等。

A. 经营风险

经营风险，是指企业在运营过程中由于经营状况的不确定而导致的风险。主要包括：a. 经营方向选择不当。在运营过程中，正确确定资本的流动方向是至关重要的环节，如果运营决策者对市场分析不透，对自身经营能力把握不住或目标选择的不恰当，必然会导致经营方向的失误，这是经营风险的主要原因。所以在运营过程中，应力求使资金流向经营前景光明的朝阳行业，或一般行业中处于成长期的行业。b. 经营行为与市场脱节。在市场经济下，企业的经营行为受市场运作体系和运行规律的约束，资本运营的行为就是要通过资本的流动使经营行为更适应市场的需求，如果不能准确把握市场需求的变化，即便经营方向选择正确，仍然面临着市场拒绝接受的风险。这种风险是构成经营风险的重要原因。c. 不可抗拒的突发事件。如地震、火灾等自然因素引起的破坏事件，由于其存在着不可预测和预防性，一般不能说是经营失误，但一旦发生将会给企业经营活动带来巨大损失，因而必须采取财产保险等方式预加防范，若未加任何防范，应属于经营失误。d. 商业信用。在市场中，由于广泛存在着商业信用，不可避免地发生应收账款等债权，这些债权存在收不回的风险，诸如此类的担保行为等都会给企业经营带来风险。

B. 行业风险

行业风险,是指资本运营过程中,资本流入的行业高度竞争所带来的风险。市场经济行为特征是资本总是流向高回报的行业,但正是这种原因常常使资本过于集中某一行业从而使行业竞争激烈,资本运营会面临利润率下降及优胜劣汰的风险。另外,在世界经济一体化的今天,资本运营必须从全球着眼来考虑竞争对手因素,而不能仅仅局限于区域经济情况。

C. 技术风险

在现代社会中,科学技术的飞速发展,使得高新技术产业及产品层出不穷,科技含量的大小已成为评价产品功能的主要标准,也是产品竞争能力的重要因素。因而资本运营过程中必须充分考虑技术因素,尤其是资本流向高科技产业,现有技术可能因新技术的出现或技术泄密而成为明日黄花,由于技术的落后或消失,必然为企业资本运营带来损失,这就是技术风险。

D. 财务风险

财务风险,是指在资本运营中,由于出资方式而导致股东利益损失的风险。在企业资本运营的过程中,尤其是产权资本运营,通常都伴随着融资活动,如发行股票或贷款等,进而会改变原有资本结构,并影响到股东利益的变化。资本运营追求的目标是使资本增值最大化,若进行资本运营可能反而使资本增值缩小甚至减值,这就形成了财务风险。比如企业采用负债融资,则存在着资金利润小于贷款利润的可能性,这种可能性即为财务风险。财务风险的构成因素主要包括两方面:一是导致股东利益损失的可能性;二是因过度负债导致企业破产的可能性。

E. 管理风险

管理风险,是指由于企业管理当局本身的原因造成的风险。从某种意义上讲,企业一切经营活动,包括资本运营活动在内,能否达到预期目标,最主要的是管理,而其他因素取决于管理这一因素。因此,管理风险是形成企业经营风险的最基本的、最常见的风险,要高度予以重视。管理风险形成的具体原因是:企业管理当局的素质、资本运营的决策体制及方法、对资本运营后目标企业重整与再造;与目标企业管理当局的协调与交流、对目标企业人才资源处理等诸多因素。

F. 资金风险

资本风险,是指企业在资本运营过程中,因资金筹集不足而导致资本运营中断的可能性。企业进行产业资本运营,虽然未必都需支付现金,但一旦支付现金,支付数量可能很大,企业能否达到预期的资金筹集量,便成了资本运营的一种风险。

10.2.2　营运风险的评价分析

营运风险大小及其控制能力的分析评价,主要包括以三个方面的内容:人力资本、营运机制、经营策略。高信用等级的公司应该拥有充足的人力资本、健全的风险管理体系、完善的相互制衡机制和稳健的经营风格。

10.2.2.1　人力资本

人力资本是评价信用担保公司风险管理能力的一个基本因素。合格的风险管理人员是确保信用担保公司进行有效风险管理的前提。根据信用担保公司业务的特点，首先要分析公司管理层的素质，重点是了解管理层人员的专业构成和年龄搭配是否合理，管理层人员的风险管理经验，对风险和经营环境的认知和判断能力等。其次要分析员工的素质，主要了解是否具备所需专业人才与从业经验。通过对人力资本的分析，评级人员可以判断信用担保公司是否具备合格的风险管理人员，是否能够综合运用现代金融资产风险管理技术，把风险管理与相互制衡机制贯穿于具体的经营业务之中。

10.2.2.2 营运机制

分析信用担保公司的营运机制要从信用担保公司的产权制度和法人治理结构入手，深入研究不同类型的信用担保公司对法人治理结构的影响。了解信用担保公司的领导体制和决策程序，分析决策中可能出现的潜在风险。了解管理体制及其权限划分，重点考察组织机构之间的相互制衡机制是否健全，管理层是否具有良好的外部约束和相互牵制。对于政策性担保机构，要重点分析道德风险的防范机制是否健全及其对信用担保公司经营的影响。要分析监事会和内部审计机构的权限和独立性。通过营运机制的分析，判断信用担保公司的决策、执行与咨询是否分离，管理层和业务部门是否得到适度的相互制衡。

10.2.2.3 经营策略

经营策略的分析，首先要分析发展战略，是否制订了明确的实施计划和措施，并结合实践效果来评价发展战略的可行性。其次要分析业务发展策略。由于担保机构大都没有成熟的担保经验，因而对于如何发展业务、业务重点等问题，大部分处于探索阶段。担保机构发展初期往往是风险高发期，制订科学的发展战略和经营策略对于担保机构的持续经营具有重要意义。

10.2.3 营运风险的主要决定因素

10.2.3.1 当地市场结构

首先，考察市场结构对营运风险的影响。跨国公司及其子公司由于生产要素及原料市场和销售市场拥有不同的市场结构，即与竞争对手之间的不同竞争地位决定了是否存在营运风险。假如日本丰田公司在泰国有一家子公司，即丰田泰国公司，它从日本的母公司进口汽车，在泰国市场进行销售。如果日元相对泰铢升值，则丰田泰国公司以泰铢表示的从日本进口汽车的成本将上升，但这未必会减少丰田泰国公司的利润及现金流量，这取决于泰国汽车市场结构。如果丰田泰国公司在泰国市场面临泰国国内汽车生产商的市场竞争，由于这些泰国国内汽车生产商以泰铢计价的生产成本保持不变，而丰田泰国公司由于日元升值造成以泰铢表示的进口成本上升。如果市场对丰田汽车的需求量是富有弹性的，丰田泰国公司通过提高丰田汽车的售价来保持利润率只会造成丰田汽车在泰国市场销售量锐减的局面，丰田泰国公司不能采取汇率转嫁的方法提高其以泰铢计量的售价。因此，在丰田泰国公司和泰国本土汽车生产商存在激烈竞争的情况下，日元升值使得丰田泰国公司的利润减少，从而使得丰田母公司承受巨大的营运风险。但是，如果丰田泰国公司没有来自当地的竞争压力，而仅面临其他日本汽车制造商（如本田)在泰国市场的竞争,那么,丰田泰国公司的利润并不会减少,丰田母公司不会遭受营运风险。因为本田公司在泰国市场以泰铢计价的本田汽车同样受到日元升值的影响,丰田泰国公司的竞争地位不会受到影响,市场份额不会发生较大改变。在这种情况下,尽管日元升值会导致泰国市场以泰铢计价的日本进口汽车成本上升,但丰田和本田公司可以通过提高以泰铢表示的汽车售价来保持利润率,丰田泰国公司不仅利润不会下降,而且可能由于日元升值出现增值现象。从假设泰国汽车市场两种不同的市场结构出发,一方面,当跨国公司某一国外子公司的成本或销售价格其中之一对汇率变化敏感时,公司将会遭受营运风险;另一方面,当公司的生产成本和销售价格对汇率变化均敏感时,面临的营运风险可能并不太大。

10.2.3.2 调整市场结构和产品结构的能力

营运风险面对汇率变化,公司调整市场结构和产品结构的能力同样是决定营运风险的关键因素。在给定市场结构下,公司面临的营运风险取决于汇率变化时公司能否保持稳定现金流的能力。例如,如果丰田泰国公司在泰国市场不仅受到其他日本汽车生产商的竞争,更主要地与泰国当地汽车生产商竞争。当日元升值时,丰田泰国公司可以考虑使用泰国当地的原材料和劳动力来降低成本,达到降低营运风险的目的。因为日元升值后,若以日元计价,泰国当地的原材料和劳动力价格都会下降,丰田泰国公司可以不从日本进口丰田汽车,而考虑在泰国当地雇用工人,使用当地的原材料进行生产,这样,以泰铢计价的生产成本不会受到汇率变化的影响。因此,在丰田公司面临泰国当地汽车生产商竞争压力情况下,采用在日本进口丰田汽车会由于日元升值而造成以泰铢计价的生产成本上升,而使用泰国当地劳动力和原材料生产汽车则不受日元升值的影响,可以较好地降低营运风险。同时,当日元升值时,丰田泰国公司可以考虑从日本市场引进差异化的丰田汽车,即减少低档丰田汽车的进口量而增加高档丰田汽车的进口量。这是因为相对于高档汽车,泰国市场低档次汽车是高度富有弹性的,日元升值造成的成本上升不能通过提高以泰铢表示的售价来弥补利润的下滑。而高档汽车需求弹性较小,当日元升值时,可以考虑适当提高以泰铢表示的高档汽车价格来弥补利润下降。

10.2.3.3 实际汇率变化的影响

汇率的变化并不一定总是影响公司的竞争地位。当名义汇率变化恰好被通货膨胀率的变化抵消时,汇率变化就不会带来营运风险。例如,当日本的年通货膨胀率为3%而泰国的年通货膨胀率为8%时,假设日本和泰国的汽车价格与本国的通货膨胀率同比例上升,当日元相对泰铢升值5%时,这恰好抵消了两国通货膨胀率之差。只要购买力平价条件成立,这种情况就会实现,因此,当丰田泰国公司从日本进口丰田汽车时,由于日本国内通货膨胀率上升3%和日元相对泰铢升值5%,造成进口到泰国的丰田汽车以泰铢表示的成本上升8%。泰国当地汽车生产商生产的汽车会随着泰国国内通货膨胀率同比例上升,即泰国当地汽车生产成本也上升8%。因此,日元相对泰铢升值5%并不会影响丰田汽车在泰国国内的竞争地位,丰田公司不会遭受营运风险。在两国通货膨胀率分别为3%和8%的情况下,如果日元相对泰铢升值6%,则丰田泰国公司从日本进口的丰田汽车以泰铢表示的生产成本上升9%，而泰国国内汽车生产商的生产成本只上升8%，丰田公司将遭受营运风险。这也表明，相对购买力平价不再成立，即实际汇率发生了变化，此时，营运风险将会产生。

10.3 投资风险分析

10.3.1 投资风险概述

10.3.1.1 投资风险的含义

投资风险是指投资偏离预期目标而发生损失的可能性。美国经济学家F. H. Net的定义为：风险是可测定的不确定性。日本经济学家武井勋认为：风险是在特定环境中和时期内，自然存在而导致的经济损失的可能性。投资风险主要表现为投资项目在工艺技术上不可行或尚不成熟；投资项目规划过大或过小；市场调研有误；负债经营但负债率过高造成债务负担沉重；行业过度扩张或无力控制管理；技术、市场等情况发生变化，国家政策性对行业的大调整；产品上市后滞销、落后，导致企业投资项目的实际收益与预期受益相差过大。

风险可计量预测，不确定性难以计量预测。赌博是盲目投入的博弈；投机是有分析的投入，冒大风险而牟取暴利的经济行为。

美国的Chicken和Posner于1998年提出风险表达式：

风险(risk)＝损失(hazard)×暴露度(exposure)

我国杜瑞甫教授认为：风险是人们因对未来行为的决策及客观条件的不确定性而可能引起的后果与设定目标发生多种负偏离的综合。其数学表达式为：

$$R=f(p,c)$$

式中：p 为不利事件发生的概率；c 为不利事件发生的后果。

全面理解风险含义应注意一下几点：

(1) 风险产生的主因是客观条件发生了变化，这种变化一般可预测、评估和防范。

(2) 风险可能的后果和目标发生的负偏离，往往是多种因素综合作用的结果。分析时要抓住主要因素。

(3) 投资者往往对风险是厌恶的，对收益是偏好的。决策时，要持公正、客观的态度，强调负偏离；而正偏离是属于收益范畴的，风险分析中不予考虑。

10.3.1.2 投资风险的特征

投资风险有以下特征：

(1) 客观性

风险是客观存在的，不以人们的主观意志为转移。因此，要降低风险就必须把握客观变化规律，对其主要因素加以有效控制，以减轻风险。但要完全消除风险也是不现实、不客观的。

（2）突发性

风险的产生往往是突发的，使人不知所措。其结果加剧了风险的破坏性。这一特点，要求我们更要加强对风险的预警和防范研究。

（3）多变性

风险是多因素综合作用的结果。因素是多种多样的，而且随时在变化，从而使风险在其性质、破坏程度等方面也呈现出动态多变的特点。

（4）复杂性

风险的多变性和突发性决定了风险分析的复杂性和危险性。我们要应用系统理论、概率、定量、定性地进行综合分析，以求全面掌握风险和控制风险。

（5）损失性

投资风险总是与损失相关联，无论这种损失以什么样的形式存在，都会影响到企业生产经营活动的连续性，经济效益的稳定性，最终威胁企业的生存。

（6）相对性

投资风险不是一成不变的，它可以随着一定条件发生变化，或者加强，或者减弱。也就是说财务风险不是一个常数，而是一个变数。投资风险与效益在一定条件下会互相转化，出现杠杆效应，风险的出现并不是必然的，它只是一种可能出现的损失，在某些条件下，主观因素的参与可能会有效地避免损失的发生，从而取得较高的收益。

10.3.1.3　投资风险的类别

在了解了企业投资风险定义后，可以简单地将企业在投资行为过程中可能存在的风险进行如下分类：

（1）企业投资决策所带来的风险

企业对外投资决策或者制度不完善，客观上将会给企业造成损失。决策制度的缺失，导致在投资的整个过程中财务分析和风险管理不到位，最终导致经济受损。

（2）投资时机选择所带来的风险

市场经济，一种充满风险的经济环境，市场情况瞬息万变，具有高度的不确定性，这就要求企业的投资行为具有很强的时效性。因此，投资的时机选择必须谨慎把握，不宜随大流盲目跟风，不宜久议不决，错失良机。投资者必须认真分析投资项目的可行性，把握准确的进入时机。

（3）投资对象选择所带来的风险

投资对象选择的风险，是指所有者由于目标公司或项目选择不当而给其带来的损失。投资对象选择风险可分为如下：对目标公司收购成本过高风险、目标公司或项目所处行业选择风险、目标公司或项目所处地区所选择风险、对目标公司收购失败风险等。

（4）投资退出所带来的风险

投资退出风险是指所有者由于选择的投资工具不当、合资合作协议不妥等原因，会使得在想退出的时候，投资企业无法顺利退出取回投资资金的风险。投资退出风险表现为投资者持有的金融资产没有流动性。

10.3.2 投资风险的成因

投资风险的存在是有其根本原因的，企业投资风险产生的原因，可以大致分为主观原因和客观原因两个方面。

10.3.2.1 主观原因

(1) 投资决策缺乏科学性

家族式的管理模式使得企业的对外投资制度建立不完善，投资决策缺乏科学性，如投资决策缺少超前意识，不符合国家政策，投向缺乏准确性，信息可能失真，不利于环境保护，因循守旧……这些都将造成投资不能达到预期目标。

(2) 现行投资项目管理措施失当

法人治理结构不完善，项目投资决策在实施时，没有专门的公司管理机制，缺乏有效的内控制度。首先，决策层和管理人员的素质和能力达不到要求，管理上也没有专职人员操作，这些都使投资行为最终很难规范化、科学化。其次，前期工作质量不高，缺少周密、完善的决策程序、可行性研究不能满足操作项目的需要，市场预测和投资估算不准，可靠性差，项目前期计划管理不严，这些都造成了后期项目的进展受阻，最终形成很大的投资风险，使得项目很难成功。

(3) 企业混乱的内部财务关系

我国民营企业产生财务风险的又一重要原因是企业内部财务关系混乱。企业内部各部门之间，在利益分配、资金管理及使用等方面存在管理混乱的现象，造成企业对外投资决策失误、资金结构不合理、负债资金比例过高，导致大量投资损失，投资项目资金的使用效率不高，资金流失严重致使其完整性、安全性得不到保证。

10.3.2.2 客观原因

(1) 不稳定的经济社会

社会上层建筑(政治体制和经济体制)的变动都会造成现代经济社会的不稳定。政治体制与经济体制从根本上讲是联系紧密、相互作用、相互影响的，这与政治和经济的相互关系在本质上是一致的。政治体制及经济体制不稳定性，均对社会发展、经济增长产生难以估量的影响。在一定程度上而言，政治体制和经济体制的不稳定是企业面临的最大外部风险因素之一。

(2) 企业投资的产品在市场上的销售风险

企业相关的外部环境的变化产生的不确定性，导致企业产品市场占有率及销售价格达不到预期的市场效果，从而影响企业财务收益，甚至有危及生存与发展的可能性。企业产品市场需求、市场占有率、销售价格、销售量、销售回款情况及销售利润率等，均从不同方面对企业经营活动所产生的现金流产生一定的影响。因此，企业投资产品的销售市场风险是影响企业现金流和投资风险的主要风险之一。

10.3.3 现代投资组合理论

10.3.3.1 现代投资组合理论基础

美国经济学家哈里·马柯维茨(Harry Markowitz)1952 年在《金融杂志》(Journal of

Finance)上发表《资产选择：投资的有效分散化》一文，并进行了系统、深入和卓有成效的研究；1959年出版的同名专著标志着现代投资理论的产生，为现代投资组合理论的发展奠定了基础。

所谓现代投资组合理论，是通过数量化方法说明战略性地分散投资可以稳定增加整个资产组合的收益。投资者利用选择最优投资组合的数理方法进行资产选择和投资决策，其投资组合的收益必然会高于所有单个资产中的最低收益率，也就是说，通过组合收益的加权平均使得部分盈利弥补亏损，从而最终提高整体的投资收益。现代投资组合理论主要由投资组合理论、资本资产定价模型、套利定价模型、有效市场理论以及行为金融理论等部分组成。它们的发展极大地改变了过去主要依赖基本分析的传统投资管理实践，使现代投资管理日益朝着系统化、科学化、组合化的方向发展。

马柯维茨投资组合理论主要研究二方面的问题：一是投资者在权衡收益与风险的基础上最大化自身效用的方法，二是若市场均按此方法进行投资决策而对整个资本市场所产生的影响。前一个问题可以看作一个系统优化的问题，后一个问题则表明该理论属于规范分析范畴。马柯维茨投资组合理论的产生直接导致传统投资组合思想向现代投资组合思想的转变。传统投资组合的主要思想强调不要把所有的鸡蛋都放在一个篮子里面，否则"倾巢无完卵"，认为组合中资产数量越多，分散风险越大。而现代投资组合理论思想的核心之一是最优投资比例：组合的风险与组合中资产的收益之间的关系有关。在一定条件下，有一组在使得组合风险最小的投资比例；核心之二是最优组合规模：随着组合中资产种数增加，组合的风险下降，但是组合管理的成本提高。当组合中资产的种数达到一定数量后，风险无法继续下降。

马柯维茨的理论从对回报和风险的定量出发，系统地研究了投资组合的特性，从数学上解释了投资者的避险行为，并提出了投资组合的优化方法。作为现代投资组合管理理论的开端，马柯维茨对风险和收益进行了量化，建立的是均值方差模型，提出了确定最佳资产组合的基本模型。但是这一方法要求计算所有资产的协方差矩阵，严重制约了其在实践中的应用。为了解决这一难题，威廉·夏普(William F Sharpe，1964)，林特勒(John Lintner，1965)和莫辛(John Mossin，1966)分别独立提出了著名的资本资产定价模型(Capital Asset pricing Model，CAPM)，该模型对投资组合理论的发展起到了巨大的推动作用。由于人们在检验CAPM时遇到了无法克服的困难，甚至断言CAPM是根本无法验证的一个理论，1976年，斯蒂芬·罗斯(Stephen Ross)提出了套利定价理论(Arbitrage Pricing Theory，APT)。这三大理论构成了现代投资组合理论的主要内容。

现代投资组合理论为构建有效投资组合以及投资组合的分析提供了重要的思想基础和一整套分析体系，对现代投资管理实践有重要影响。一是对风险和收益这两个投资管理中的基础性概念进行了准确的定义；二是投资组合理论关于分散投资的合理性的阐述为风险管理思想存在提供了重要的理论依据；三是马柯维茨提出的"有效投资组合"的概念，使风险分析从过去一直关注于对单个投资的分析转向了对构建有效投资组合的重视；四是导致传统投资组合的思想向现代投资组合思想的转变。

10.3.3.2　现代投资组合理论的应用

现代投资组合理论的建立与发展为西方发达国家资本市场的规范运作和快速发展发挥了重要作用。从20世纪50年代以前的一些不成完整的体系的理论，到50年代及以后产生的现代投资组合理论半个世纪以来，人们在马柯维茨研究的基础上不断进行深入探索，从而使得这一理论日益走向发展和善。相对而言，我国资本市场起步较晚，发展至今不过十余年，而理论的应用主要分布在金融行业，尤其是证券投资领域。从企业投资风险角度引入现代投资组合理论的相关文献还不多见。

作为自然生产和经济生产高度统一的低效和弱质产业，农业企业面临的不确定因素更多。农业企业投资和证券投资的也面临同样的困惑，就是如何在风险和收益之间取得最佳平衡。农业产业化的发展和产业链的延伸虽然是农业经济发展的必然趋势，但是之所以能够得到政府的鼓励和理论界的推崇，重要的一点就是农业产业化的投资项目组合能够使风险一定的情况下收益最大，或者在收益一定的情况下风险最小。这一理论使得任何农业投资者进行优化资产配置成为可能。而实现同等收益下风险最小化或同等风险下收益最大化是农业产业化投资面临的问题。现代投资组合理论不但为分散投资提供了理论依据，而且也为如何进行有效的分散投资提供了分析框架。现代投资组合理论假定投资者为规避风险的投资者。如果两个资产拥有相同预期回报，投资者会选择其中风险小的那一个。只有在获得更高预期回报的前提下，投资者才会承担更大风险。换句话说，如果一个投资者想要获取更大回报，投资者就必须接受更大的风险。一个理性投资者会在几个拥有相同预期回报的投资组合中间选择其中风险最小的那一个投资组合；另一种情况是如果几个投资组合拥有相同的投资风险，投资者会选择预期回报最高的那一个。这样的投资组合被称为最佳投资组合。

将现代投资组合理论引入农业企业的风险管理研究中，指引农业企业在多项目投资中重视项目的整合和优化，从而能够有效降低农业企业投资风险。现代投资组合理论中的证券投资是通过虚拟资本的投资介入新的行业与市场，投资者根据自身对风险的厌恶程度，选择多种证券进行组合。而农业企业的产业化经营则是企业进行的实业投资，是通过融合农业产业链上的各个投资点，实现行业经营的多元化；证券投资的主要目的就是获得投资收益，因此，证券投资决策的目标是投资收益最大而风险最小。而农业产业化经营目的是为了企业的持续成长，是通过延长产业链条，使得经营规模化和风险最小化，实现项目回报互补，从而规避经营中的风险；在不同情况下，证券投资可能会得到不同的投资收益，进行投资组合可以规避单项投资带来的风险，从而实现收益的最优化。农业企业产业化经营将资源分散到不同的投资项目中，避免经营范围单一造成企业过于依赖某一投资项目，使企业在遭受某一项目投资风险时，可以通过其他投资项目的盈利弥补亏损，从而提高企业的抗风险能力，并尽量减少风险损失。

10.3.4 投资风险的分析与衡量

在对投资风险有了一定了解后，企业需要对自身财务情况对投资过程中的行为做出一定的分析和衡量，确定投资行为是否可行或者风险是否可控。下面大致介绍了三种情况。

10.3.4.1 企业风险管理者应对自身经济实力和承受能力进行客观评价

一般而言，企业的投资行为大多数是需要在较长时间内不断支出资金的，但是投资收益是有一个回收期的。企业应该根据自身的经济情况，并从实际情况出发去选择那些规模合适、力所能及的项目。

10.3.4.2 全面分析企业自身是否具有合理的资本结构

对于一个企业而言，其财务资源是有限的，因此企业在进行投资时必须充分考虑投资规模、企业资产结构与资本结构的有机协调，以及赢利性与流动性的有机协调等财务问题。从赢利性方面来看，基于流动资产与固定资产赢利能力，以及短期资金与长期资金筹资成本上的差别，在净营运资本越多的情况下，企业将以更大份额的筹资成本，资金长期运用在赢利较低的资产上，从而使企业整体的赢利水平降低；反之亦然。从风险性看，企业的净营运资本越多，意味着流动资产与流动负债之间的差额越大，从而陷入技术性无力清偿的可能性也就越小；反之亦然。因此，企业在投资项目时就必须在资金的营利性和流动性之间加以权衡，并根据企业自身的特点做出选择，以保证企业营利性和流动性的适度平衡，从而确保企业实现价值。

10.3.4.3 投资项目是否具有风险，或者该风险是否在可控范围以内

在这里主要提出了以下四点标准来衡量企业的投资项目是否具有风险。企业可以对照参考，如果出现以下某一种情况，该项投资就是一种风险投资。

(1) 投资项目因各种原因不能如期投产，或者项目虽然已经投产，但长期处于亏损状态。

(2) 参照银行同期存款利息率，如果投资项目盈利水平低，其利润率低于银行存款的利息率。

(3) 投资项目利润率虽高于银行存款利息率(参照银行同期存款利息率)，但低于企业目前的资金利润率水平。

(4) 企业的项目投资利润率低于其资本成本。

所以，企业的投资利润率必须高于企业目前的资金利润率，又高于当前企业的加权平均资金成本率，投资才能创造价值，增强企业盈利能力，否则就会存在投资风险，影响企业的发展。

10.3.5 投资风险因素识别方法的构建

10.3.5.1 风险因素识别方法的探讨

现实中，任何有助于发现风险信息的方法都可以作为风险识别的工具，由此就形成了多种多样的风险识别方法。但从风险识别的信息来源来看，可以归结为主观和客观两大类。

(1) 从主观信息源出发的风险识别方法

① 头脑风暴法(Brain Storming)

此法也称集体思考法，是基于专家的创造性思维和经验预测来索取投资活动中客观存在的未来不确定性信息的一种风险识别方法。由美国人奥斯本于1939年首创的头脑风暴法在20世纪50年代引起重视并得到了广泛应用。头脑风暴法一般在一个专家小组内进行，以“宏观智能结构”为基础，通过小组会议讨论发挥专家的创造性思维来获取未来不确定性的风险信息。针对投资活动的风险信息，在预测过程中要求主持者能在讨论时激发专家们的思维“灵感”，促使专家们提出疑问并表达真知灼见，通过相互之间的信息交流和彼此启发，获取更多的风险信息，诱发专家们产生“思维共振”，以达到互相补充并产生“组合效应”，使预测和识别的结果更加准确。我国20世纪70年代末开始引入头脑风暴法，并受到理论界的重视，在风险管理实践中得到广泛的应用。

② 德尔菲法(Delphi Method)

此法又称专家调查法，是20世纪50年代初由美国兰德公司(Rand Corporation)在研究美国受苏联核袭击风险时提出的，随后引起学者的关注并在风险管理实践中得到广泛的应用。德尔菲法主要依靠专家对不确定性信息的直观反应和经验判断对风险进行辨识。目前这种风险识别方法已经广泛应用到经济、管理、工程、国防等领域。用德尔菲法进行项目风险识别的过程是由项目风险小组选定与项目领域相关的适当数量的专家，并与这些专家建立直接的函询联系，通过函询收集专家意见然后加以综合整理，再匿名反馈给各位专家，再次征询意见，这样反复经过四至五轮，逐步使专家的意见趋向一致，最终形成统一的风险识别结果，从而作为风险评估的依据。我国在20世纪70年代引入此法，并在许多大型工程投资项目风险管理活动中得到广泛应用。

③ 分解分析法

分解分析法是指将一复杂的风险系统分解为多个比较简单的风险因素，从中分析可能存在的风险及其潜在损失的威胁。具体识别过程是：先将投资项目中存在的各种不确定性因素按风险类型分解为不同的风险种类，然后对每一种风险作进一步的分析，从而判断不同风险因素的影响程度及导致风险损失的大小。此种风险识别方法在企业风险评估实践中被普遍采用。

④ 情景分析法(Scenarios Analysis)

它是根据风险发展趋势的多样性，通过对系统内外相关问题的综合分析，设计出多种可能的未来前景，然后用类似于撰写电影剧本的手法，对系统发展态势做出自始至终的情景和画面的描述。这种方法是由美国学者Pierr Wark于1972年提出的。情景分析法适合于持续时间较长的投资项目。当项目投资持续时间较长时，未来不确定性因素往往会增加，需要考虑更多的影响因素。而用情景分析法可预测和识别其项目持续时间内的关键风险因素及其影响程度。这种方法是一种适用于对可变因素较多的项目进行风险预测和识别的系统技术。它在假定关键影响因素有可能发生的基础上,构造出多重情景,提出多种未来的可能结果,以便采取适当措施防患于未然。这种方法的优点在于：提醒决策者注意某种措施或政策可能引起的风险或危机性的后果;建议需要进行监测的风险范围;研究某些关键性因素对未来过程的影响;提醒投资者注意某种技术的发展会给项目带来哪些风险。情景分析法20世纪70年代中期以来在国外得到应用,并内生了目标展开法、空隙添补法、未来分析法等具体应用方法。但是此种风险识别方法因操作过程比较复杂,在我国的具体应用还不多见。

(2) 从客观信息源出发的风险识别方法

① 图表分析法

图表分析法是通过图表的方式分析投资活动中风险损失发生前可能发生的失误事件及产生的后果,或对引起风险事故的原因进行解析,具体判断哪些不确定性因素最有可能导致风险的发生。利用图表分析法来列举各种风险的类型和结构,可以帮助分析和了解风险所处的具体环节及各环节之间存在的关联风险。运用这种方法完成的项目风险识别结果,可以为项目实施中的风险控制提供依据。图表分析常用的方法有流程图法、核对表法、失误树分析法等。这种分析法对投资过程中出现的风险因素有直观和形象的反应,广泛运用于各风险领域,在企业风险管理实践中也常用到。

② 财务报表法

财务报表法是通过分析企业的基本财务报表、辅助财务报表、附注及财务情况说明书等财务资料及相关财务数据信息,来识别企业当前的所有资产、责任及人身损失风险。将这些报表与财务预测、预算结合起来,可以发现企业未来存在的潜在风险。财务报表法有助于确定企业可能遭受哪些损失,以及在什么样的情况下会遭受这些损失。采用该方法进行风险识别,要对财务报表中所列的各项会计科目进行深入的分析研究,并提出分析研究报告,以确定可能产生的损失。还应通过一些实地调查以及其他信息资料来补充财务记录。财务报表识别分析的常用方法有比率分析法和审阅分析法。

③ 实地调查法

这种研究方法起源于20世纪初,在20世纪60年代兴起于美国,80年代后在全球得到普及,最初应用于社会学和教育学领域。由于这种方法可以深入、灵活地了解真实的信息资料,之后也被包括经济学和管理学的各领域引用。实地调查法是在没有理论假设的基础上,研究者直接参与活动并收集资料,然后依靠本人的理解和抽象概括,从经验资料中得出一般性结论的研究方法。这种方法直接深入企业调研,记录企业生产经营情况,询问企业有关人员,查找风险源,它能收集到较真实可靠、直观具体的一手材料。这种方法大量依赖于对研究对象的观察、描述、判断,收集资料方法比较单一,得出的结论不一定精确,需要结合其他方法综合应用。

④ 幕景分析法

幕景分析法是一种能识别关键风险因素及其影响作用大小的方法。一个幕景就是对一项事业或一个组织在未来某种状态的描述,可以在计算机上模拟,也可用图表曲线等简述。它研究当某种风险因素变化时，整体投资情况会如何变化及变化所产生的风险危害，像一幕幕场景一样，供人们比较研究。幕景分析的结果大致分两类：一类是对未来某种状态的描述；另一类是描述一个发展过程及未来若干年某种情况一系列的变化。它可以向投资决策者提供未来某种机会带来最好的、最可能发生的和最坏的前景，还可能详细给出几种不同情况下可能发生的风险和损失。幕景分析可以扩展决策者的视野，增强分析未来的能力。在具体应用中，幕景分析法会涉及筛选、监测和诊断过程。当然，幕景分析法的应用也有局限性，因为所有幕景分析都是基于分析目前的状况和信息水平的基础进行的评估和预测，结果可能与实际进程存在一定的偏差，为避免这一现象所存在的潜在弊端，幕景分析法最好能与其他分析方法一同使用。

10.3.5.2 投资风险因素识别方法的搭建

风险识别是企业投资的第一步，也是投资活动的基础。只有科学、规范地识别出企业投资过程所面临的风险，才能够主动、及时地选择适当有效的方法规避和化解投资风险，确保投资安全和企业可持续发展。风险识别是指对企业所面临的现实和潜在的风险，借助于各种分析方法系统地、连续地加以感知、判断、辨识和归类的过程。换言之，就是要确定企业正在或将要面临的哪些风险可能对投资活动造成的不利影响。企业的投资风险具有多样性，既有当前的也有潜在的，既有内部的也有外部的，既有静态的也有动态的。风险识别的任务就是要从错综复杂的投资环境中找出企业面临的和即将面临的各种风险要素。风险识别的目标可以被认为是使潜在机会或回报最大化、使潜在风险最小化的基础和关键环节。风险识别一方面可以通过感性认识和历史经验来判断，另一方面也可通过对各种客观的资料和风险事故的记录来分析、归纳和整理，从而找出各种明显的和潜在的风险因素。

风险识别的方法有很多种，对不同的风险主体，有不同的识别方法。实践证明，没有一种方法的功能是完备的。除了上述这些常用的风险识别方法外，还有很多其他类型的风险识别方法。但是由于风险主体的差异及不同的方法取决于不同的思维方式，因此在实际应用过程中，为了减轻风险被主观夸大或缩小的程度及减小风险被遗漏的可能性，往往根据实际情况综合运用。

10.3.6 投资风险的评估

10.3.6.1 风险评估的定义

风险评估是在识别风险，并对过去大量事件及资料分析的基础上，运用概率和数理统计的方法，对特定风险事件发生的概率及风险事件发生后，所造成的投资损失的严重程度进行衡量，并对投资行为进行综合评价，从而预测出一个较为接近实际的评估结果。风险评估是企业管理者制定风险管理决策和实施风险控制的基础，评估质量的高低将会直接影响风险控制的效率。

10.3.6.2 投资风险评估的方法

投资风险评估一般而言是根据特定风险衡量的结果，建立财务综合评价指标或模型，对企业财务水平进行整体评价。

概率论和数理统计是风险衡量常用的数理基础。虽然风险的发生和结果都具有不确定性的特征，但是，在这些数理基础的支持下的统计数据，仍然可以表明其结果具有某种程度的统计规律。

(1) 概率和概率分布

概率是描述随机事件发生可能性大小的数值，有主观概率和客观概率之分。前者建立在决策者主观估计的基础上，它与决策者的经验、知识水平和风险态度等密切相关。后者是建立在足够的客观信息基础的、不以人的意志为转移的随机事件发生可能性大小的数值。用数学公式表述如下：

$$P=\lim_{N\to\infty}\frac{m}{N}$$

式中：N 为独立相似的风险单位数、m 为在一定时期内遭受损失的单位数。

构建模型的时候，主要通过概率分布图将各种结果发生的概率函数和可能的结果及其概率表示出来。一般而言，模型主要用数学期望和方差来表示其集中趋势和偏差的特性。在对风险分析的时候，可以在概率分布图上认为风险和损失是一一对应的关系，所以就可以理解为概率分布是表达损失平均水平及变异程度的。

(2) 投资风险的概率描述

根据风险的特性，可以得知投资风险的发生在各方面都具有很大不确定性。但是这些风险事件的发生都具有一定的统计规律，这是前人对过去大量经营活动总结分析得出的结论。在大多数情况下，这些事件服从大数定律。因此，企业在分析风险的时候，可以运用概率论和数理统计方法，得到风险事件出现的概率。投资风险的概率描述的目的是预测对某类风险因素或事件。通常风险的大小都使用风险发生的概率和造成损失的程度来评定，其数学表示为：

$$R=f(P,D)$$

其中：P 为风险发生的概率；D 为风险损失的严重程度。

(3) 目前常用的概率分析方法

① 单位点概率估计：在对收集到的实际资料分析的基础上，评价人员按主观经验确定的“最可能”概率估计。

② 三级风险分析：在掌握大量资料数据后，给出每一变量的 3 个值，即最大值、最可能值和最小值及其出现概率，然后对每一变量的 3 个值的各种组合计算其期望值。

③ 蒙特克罗模拟法：风险和不确定性的连续模型，在描述风险与不确定性参数可能值分布时，各随机变量的分布可以自由选择。在各随机变量采样值序列形成的分布于原有分布一致条件下，如正态分布、对数分布、非规则任意分布等，过程重复多次，可以得出概率、累积概率分布图和期望值。这是风险分析比较完全的方法。西方各大石油公司已经把该方法发展得比较完善。

概率分析的难点与核心是风险概率估计的可能性。整个概率分析的核心是如何较可靠地确定概率分布规律，至于计算方法已经比较成熟，主要是“可操作性”问题。

10.4 风险预警分析

10.4.1 风险预警的意义

风险预警主要是指通过对企业财务报表及相关经营资料的分析，掌握企业会计信息及其他经营管理信息，利用一些具有敏感性的指标来建立预警体系，采用一定的方法，有效地监测企业在任何时候的财务状况，当企业财务面临危险情况时，及时提醒企业的经营管理者和其他利益相关者，与此同时，分析财务危机的原因，督促企业发现异常现象的根源和隐藏的问题，从而对公司的经营战略进行调整，加强内部控制和管理，防止财务状况进一步恶化而导致危机。

一整套完善的风险预警系统在维护企业财务健康方面发挥着重要作用。首先，可以预知财务危机的征兆。风险预警系统可以对企业经营活动中的方方面面实行有效的监测，及时发现可能引发财务危机的问题。当可能导致企业发生财务危机的影响因素出现时，能提前发出警报来提醒企业经营者，让他们可以早做反应。其次，预防危机发生或进一步扩大。当财务危机征兆出现时，有效的预警系统在告知经营者的同时，还能帮助分析危机的根源，使经营者能够知道原因，对症下药，及时阻止财务状况的进一步恶化。最后，可以避免再次发生类似财务危机。有效的财务预警系统在危机发生过后，会将危机发生的原因、处理的办法及给出的建议都系统地记录下来。这有利于企业经营者改善经营管理办法、吸取教训，当类似的财务危机再发生时，能从容有效地应对。

企业要想长远发展必须要注重财务安全，企业财务可以说是整个企业的命脉，至关重要。财务危机的发生需要一个过程，是循序渐进的。在爆发大规模财务危机之前必然会出现一定的征兆，所以说，任何企业进行财务危机预警都会有很大的作用，也是很有必要的。进行风险预警意义重大。

首先，可以完善企业自身风险管理体系，加强风险管理。当企业财务出现问题时，财务危机预警系统会真实地反映出企业目前的财务状况，企业管理者可以及时发现其中的问题并采取相关措施进行补救，调整公司的财务政策或经营策略，避免发生真正的财务危机。

另一方面，有利于保障投资者和债权人及所有利益相关者的各项权益。企业的投资者在选择投资对象时，债权人在决定是否贷款给企业时，都可以通过借鉴企业的财务危机预警系统来查看企业的财务状况，看企业是否具有发展潜力、投资是否有价值、贷款是否能按时收回本息等。详细的考察有利于避免盲目投资可能带来的不必要的经济损失。

10.4.2 风险预警的理论依据和方法

财务危机预警的理论依据规范性理论和实证性理论，这与大多数经济学理论是一致的。规范性理论主要是分析财务危机发生的原因。实证性理论则主要是根据企业披露的会计信息及其他相关的经济信息，建立一个有效的模型来预测是否会发生财务危机。

规范性理论大体可分为非均衡理论、财务模型理论、契约模型理论和管理学模型理论四类。非均衡理论主要是描述性质的，它偏向于发现财务危机发生前的征兆却无法找到使企业陷入财务危机的原因，但它可以加深人们对财务危机的理解。财务模型理论是将权益价值小于零或者资不抵债的企业定义为破产。契约模型理论主要用股东、债权人和经理人三者之间潜在的利益冲突来研究企业破产，证明了决定企业生存的关键因素是企业现金流的波动性和资产的变现价值。管理学理论严格来说并不属于规范性理论，因为它只是通过案例研究来总结出企业破产的规律，其中运用最广泛的还是迈克尔波特的五力模型，许多企业管理者就是不能很好地处理这五种力量的关系而导致了财务危机。

实证性理论主要是通过各种方法对相关数据进行研究来预测企业的财务危机，虽不能找出发生危机的具体原因，但因其更有效的预测作用已经成为近年来研究财务危机预警的主要方法。实证研究的思路主要是：首先选择财务预警方法，然后再选取样本，确定预警指标。运用当下的数据通过建立模型的方法来预测企业将来是否会发生财务危机，有很强的现实意义。本书主要就是根据实证性理论进行的研究。

通过查找大量国内外财务危机预警研究的文献，大致了解到共有一元判别分析、多元线性判别分析、多元逻辑回归分析、人工神经网络模型这四种方法。各方法的比较见表 10-3。

表 10-3　财务危机预警方法的比较

方　法	优　点	局限性
一元判别分析	首次将财务比率运用于财务危机的预测之中，只需要对单个财务比率进行分析和考察，没有假设条件，计算简便。	在不同的情况下，不同的比率会有差异，误判率较高，渐渐已不被采用。
多元线性判别分析	采用多个变量组成的函数来预测企业是否会发生财务危机的方法，能有效提高预测精度，简单易懂。	变量必须服从正态分布，分组样本间的协方差必须相等，条件较为苛刻，实际中的研究数据能满足要求的很少，目前研究中并不常用。
多元逻辑回归分析	克服了多元判别模型中要求变量服从正态分布等苛刻条件的局限性，并且信息量大，解释能力较强，不易发生冲突，预测精度较高，适用范围广泛。	各个自变量之间不能够存在多重共线性，在计算过程中要进行许多近似处理，对预测精度产生影响。
人工神经网络模型	对数据的分布没有严格的要求，建模方法更科学，突破了传统统计方法的各项限制，有较强的纠错能力和学习能力，预测精度高。	缺乏理论基础，工作量大而复杂，不具有解释性，运用起来很受限制。

从表 10-3 可以看出，到目前为止都不存在一个完美的财务危机预警方法，每种方法都有其优点和局限性。一元判别分析最为简单，也没有假设条件，但预测精度差是其致命缺陷，因此不宜被采用。多元判别分析最大的优点就是预测准确度高，但其对样本的条件十分苛刻，现实中的数据很难满足，故本书也不选用此方法。人工神经网络模型虽然没有假设条件，误判率也很低但其理论基础匮乏，解释起来较困难，也不宜采用。多元逻辑回归分析克服了线性判别分析对变量要求苛刻的局限性，预测精度也比较高，相比

之下，更适用于建立企业的财务危机预警模型。目前，这也是大多数学者研究时采用的方法，而且用 stata12 统计软件操作起来也不难，故本书选用多元逻辑回归分析法。

10.4.3 风险预警指标设计

行业特征差异显著，因此风险预警指标与行业紧密相关。因此为便于分析，我们选取火电行业为例。

10.4.3.1 火电行业财务危机预警模型研究样本及预警指标选取

我国的发电是以火力发电特别是燃煤发电为主的，尽管目前风能、水能、太阳能等可再生能源及核能发展迅速，但其总量还较少，技术也尚未成熟，无法满足经济持续快速增长的需要。因此，在今后相当长的一段时间内，火力发电仍将是我国发电业的主体。目前，我国的火电行业面临高能耗和环境污染两大问题。一方面，高能耗造成资源浪费且增加了发电成本。另一方面，环境保护的呼声越来越高，要妥善处理排放的废气又要增加各项费用，这对整个火电行业来说是一大挑战。随着我国经济增长方式的转变和产业结构的调整，第三产业在整个经济体系中所占的比重越来越大，但第三产业单位产值的用电量是远远低于第二产业，其结果是，我国的电力消费弹性系数会逐渐降低。高成本，加之逐步减少的消费，可以说，火电行业的发展形势还是比较严峻的。通过阅读大量文献，发现已有许多学者在财务危机预警研究方面进行过分行业的尝试，例如化工行业、纺织行业、制造业、房地产行业、医药行业、通信行业、创业板上市公司等，分行业进行财务危机预警研究可以非常有效地提高模型的准确率，值得提倡。但目前为止还没有人对火电行业进行过研究。因此，本书想进行一次尝试。况且，我国火电上市公司数量较为适中，共 53 家，去掉一家财务指标不全的华银电力后还剩 52 家，在选取研究样本时不会花费太多的精力而又能有较好的说服力。

我们选取了火电行业的 52 家上市公司作为研究样本，其中包括 8 家曾经发生财务危机的公司(即 ST 公司)。虽然大多数研究的学者在选取样本时，ST 公司与非 ST 公司的比例都保持在 1∶1，但实际上，在我国的上市公司中，ST 公司所占的比例是比较小的。举个例子，截止到 2011 年，我国 A 股上市公司一共 2 283 家，而其中 ST 公司只有 124 家，比例大概是 18∶1，所以如果选用 1∶1 的比例是严重脱离实际情况的。又由于火电行业的 ST 公司比较少，所以本书大致选用了 1∶5 的比例进行研究。

在数据的选择上，本书选取 ST 公司首次被特别处理的前两年的数据为研究样本，假设公司被特别处理的当年为 t 年，则模型建立所采用的数据为 $t-2$ 年。由于沪深交易所宣布某公司被特殊处理是根据该公司 $t-1$ 年的财务状况来判定的，所以说若采用 $t-1$ 年的数据没有太大意义。而对于可能被 ST 的企业来说，$t-2$ 年是其首次出现财务异常的年份，如果这时将企业的某些指标和正常企业的指标相比较，还是会发现一些差异的。如果企业能及时发现这些差异并尽快地调整经营策略，实行补救措施，或许就能使企业在第二年免受被 ST 的命运。

按理说，在 ST 公司与非 ST 公司的数据选择上应依照时间配比的原则，这也是大多数研究者选用的方法。但是火电行业的 ST 公司太少，只有 8 家，而它们被 ST 的年度也较为分散,如表 10-4 所示,所以在非 ST 公司数据的选择上,本书统一以较近的 2012 年度为基年,选取它们 2010 年的数据作为研究样本。

表 10-4 曾被 ST 过的火电上市公司

股票代码	公司名称	被 ST 年度
000692	ST 惠天	2007
600101	ST 明星	2007
000958	ST 东热	2010
000720	ST 能山	2009
001896	ST 豫能	2010
000899	ST 赣能	2012
000767	ST 漳电	2012
600769	ST 祥龙	2010

本部分研究所选用的数据均来自于新浪财经股票软件,研究所需的工具主要是 stata12统计软件。

10.4.3.2 预警指标的选取原则

在财务危机预警实证研究的过程中,预警指标的选取是极其重要的一个环节,它关乎模型的有效性,必须遵循以下原则:

(1) 全面性原则。所谓全面性就是要充分考虑到可能影响企业财务状况的各方面因素,一般企业的财务状况可以从盈利能力、营运能力、偿债能力、发展能力、现金流量等多个方面来体现,因此在选取指标时,每个方面都必须涉及。

(2) 敏感性原则。预警指标必须能将企业的财务状况及时、灵敏地反映出来,使企业管理者可以及早发现问题,起到应有的预警效果。

(3)可操作性原则。可操作性是指在选取预警指标时要考虑到该指标是否容易取得,以及取得是否要付出较大的成本。本书所采用的都是财务数据,在上市公司的财务报表中都有披露,并且各大炒股软件也有汇总,所以操作起来比较容易。

10.4.3.3 预警指标的初步选择

到目前为止,大多数研究者在选择财务指标的时候都是借鉴和总结前人的研究成果。例如:陈静选择了资产负债率、净资产收益率、总资产收益率、流动比率、总资产周转率;吴世农,卢贤义选择了资产报酬率、主营业务利润率、利息保障倍数、流动比率、速动比率、负债比率、存货周转率、应收账款周转率、资产周转率和资产增长率等指标。本书在阅读大量的国内外财务危机预警研究文献的基础上,同时结合上述指标选择的原则,选出了 18 个使用频率较高的指标。这些指标分别涵盖了盈利能力、营运能力、偿债能力、发展能力和现金流量五大方面,较为全面。具体指标见表 10-5。

表 10-5 火电行业初选的财务危机预警指标

能力	指标	能力	指标
盈利能力	X_1 总资产净利率 X_2 净资产收益率 X_3 主营业务利润率 X_4 成本费用利润率 X_5 销售净利率 X_6 每股收益	偿债能力	X_{10}流动比率 X_{11}速动比率 X_{12}现金比率 X_{13}资产负债率 X_{14}利息保障倍数
		现金流量	X_{15}现金流量比率 X_{16}销售收入现金比
营运能力	X_7 应收账款周转率 X_8 存货周转率 X_9 总资产周转率	发展能力	X_{17}总资产增长率 X_{18}净利润增长率

盈利能力是指企业获利的能力，通常用一定时期内企业收益的多少及其水平的高低来表现。企业只有保持持续获利的能力才能得到长远的发展。在我国，绝大多数的 ST 企业都是因为连续两年净利润小于零才被特别处理的，所以，盈利能力是需要我们首要关注的而一个方面。在盈利能力方面，本书选用了总资产净利率、净资产收益率、主营业务利润率、成本费用利润率、销售净利率、每股收益这几个具有代表性的指标。

营运能力是指企业经营运行的能力，体现在企业运用各项资产可以赚取多少利润。实际上是看企业对各项资产的运用效率，主要体现在周转率上。本书选用了应收账款周转率、存货周转率、总资产周转率这三个常用指标来反映企业的营运能力。

偿债能力是指企业运用其资产偿还各项债务的能力。企业能否健康生存和发展，关键还要看有无支付现金和偿还债务的能力。我们知道，大部分企业出现破产都是因为无法偿还到期债务，所以偿债能力也是至关重要的一个方面。本书选用了流动比率、速动比率、现金比率、资产负债率和利息保障倍数这几个指标来反映企业偿债能力的好坏。

现金流量是指企业在一定会计期间内，按照收付实现制原则，在各项经济活动中产生的现金流入、流出及其总量的总称。现金流量是用来衡量企业经营状况是否良好以及是否有足够资金来偿还债务的非常重要的指标。本书选用现金流量比率和销售收入现金比作为体现现金流量的指标。

发展能力是指企业在生存的基础上，能否进一步扩大规模、增强实力的潜在能力，拥有好的发展能力也是企业成长道路上的一个良好契机。本书选用了总资产增长率和净利润增长率作为衡量发展能力的指标。

10.4.3.4 火电行业财务危机预警指标的筛选

以上初步选取的 18 个指标在建模过程中并不一定都有用处，因此，本书首先要对指标进行显著性差异分析，考察哪些指标在财务危机企业和非财务危机企业之间存在显著性差异。要剔除那些没有显著性差异的指标来保证最后构建的模型的准确性。显著性差异检验步骤比较复杂，首先要进行正态分布检验，对于服从正态分布的指标要进行参数检验来考察其是否具有显著性，本书所选用的参数检验方法是 T 检验。对于那些不服从正态分布的指标则要进行非参数检验，本书选用的是大多数学者都选用的 Mann-

Whitney(曼-惠特尼)检验。

(1) 正态分布检验

进行正态性检验的方法有多种,本书选用的是 Shapiro-Wilk 检验法,用 stata12 软件进行操作。Shapiro-Wilk 检验法是塞缪尔·夏皮罗和马丁·威尔克在 1965 年提出的用顺序统计量 W 来检验分布的正态性,对研究的对象总体,先提出假设认为总体服从正态分布,然后看正态检验所对应的 p 值。假设 H_0:数据服从正态分布,若 $p<0.05$,则拒绝原假设,认为该数据为偏态,即不服从正态分布。检验结果见表 10-6。

表 10-6 各项财务指标的正态分布检验结果

指标	样本量	p 值
x_1	52	0.000 00
x_2	52	0.000 00
x_3	52	0.000 07
x_4	52	0.000 00
x_5	52	0.000 00
x_6	52	0.008 53
x_7	52	0.000 00
x_8	52	0.000 00
x_9	52	0.000 00
x_{10}	52	0.000 00
x_{11}	52	0.000 00
x_{12}	52	0.000 00
x_{13}	52	0.031 63
x_{14}	52	0.000 00
x_{15}	52	0.475 13
x_{16}	52	0.007 80
x_{17}	52	0.000 29
x_{18}	52	0.000 00

由以上检验结果可以看出,只有变量 x_{15}(现金流量比率)的 p 值大于 0.05,也就是只有该指标数据是服从正态分布的,其他数据都不服从正态分布。对于现金流量比率,接下来将采用 T 检验法来检验其显著性,对于其他指标,将采用 Mann-Whitney U 检验来检验其显著性。

(2) 两独立样本的 T 检验

两独立样本 T 检验的目的是推断两个总体的均值之间是否存在显著差异。假设 H_0:两样本的均值不存在显著性差异,若得出的 p 值<显著性水平 α(这里定为 0.05),

则拒绝原假设，认为两样本存在显著性差异。检验结果见表10-7。

表 10-7　t 检验结果

指标	组别	样本数量	平均值	标准误差	标准差	p 值	t 值
现金流量比率	正常企业	44	25.217 4	2.962 9	19.653 9	0.010 9	2.644 7
	危机企业	8	6.202 8	3.679 3	10.406 5		

从以上检验结果可以看出，$p=0.0109<0.05$，拒绝原假设，说明正常企业和危机企业的现金流量比率存在显著性差异。

(3) 两独立样本的 Mann-Whitney U 检验

Mann-Whitney 检验是一种秩和检验法。秩和检验方法的提出者是维尔克松。后来曼—惠特尼又将其应用在两样本容量不等的情况中，因而又称为 Mann-Whitney U 检验。该非参数检验方法主要用于比较不服从正态分布的两个独立样本之间的差异。接下来，本书就对未通过正态分布检验的17个指标采用 Mann-Whitney U 的方法来检验其是否具有显著性差异。假设 H_0：该指标的两样本的不存在显著性差异，在给定的显著性水平 α（这里定为0.05）下，若 $p<0.05$，则拒绝原假设，说明在该指标下两样本是存在显著性差异的。检验结果见表10-8。

表 10-8　Mann-Whitney U 检验结果

变量	rank sum		p 值
	正常企业	危机企业	
x_1	1 332	46	0.000 0
x_2	1 333	45	0.000 0
x_3	1 269	109	0.009 0
x_4	1 334	44	0.000 0
x_5	1 333	45	0.000 0
x_6	1 332	46	0.000 0
x_7	1 207	171	0.298 4
x_8	1 204	174	0.335 2
x_9	1 177	201	0.780 3
x_{10}	1 189	189	0.559 7
x_{11}	1 159	219	0.859 1
x_{12}	1 204	174	0.335 2
x_{13}	1 140	238	0.509 6
x_{14}	1 323	55	0.000 1
x_{16}	1 228	150	0.115 8
x_{17}	1 238	140	0.067 8
x_{18}	1 331	47	0.173 0

从以上检验结果可以看出，变量 x_1（总资产净利率）、x_2（净资产收益率）、x_3（主营业务利润率）、x_4（成本费用利润率）、x_5（销售净利率）、x_6（每股收益）、x_{14}（利息保障倍数）的 p 值均小于 0.05，也就是说明这些变量在危机企业和正常企业之间是存在显著性差异的。变量 x_7（应收账款周转率）、x_8（存货周转率）、x_9（总资产周转率）、x_{10}（流动比率）、x_{11}（速动比率）、x_{12}（现金比率）、x_{13}（资产负债率）、x_{16}（销售收入现金比）、x_{17}（总资产增长率）、x_{18}（净利润增长率）的 p 值大于 0.05，没有通过显著性差异检验。

(4) 通过显著性差异检验的指标

综合以上 T 检验和 Mann—Whitney U 检验的结果，本书剔除了 $x_7, x_8, x_9, x_{10}, x_{11}, x_{12}, x_{13}, x_{16}, x_{17}, x_{18}$ 这十个指标，最终确定的预警指标为 3 类共 8 个，见表 10-9。

表 10-9 最终确定的预警指标

能力	指标
盈利能力	x_1 总资产净利率 x_2 净资产收益率 x_3 主营业务利润率 x_4 成本费用利润率 x_5 销售净利率 x_6 每股收益
偿债能力	x_{14} 利息保障倍数
现金流量	x_{15} 现金流量比率

10.4.4 企业风险预警的对策建议

上述我们选择了我国 52 家火电上市公司作为研究对象，其中包括 8 家曾经因财务状况异常而被 ST 的公司和 44 家财务正常公司。在样本数据的选择上，选取了 ST 公司被特殊处理的前两年的数据，非 ST 公司则统一选取了 2010 年的数据。初步选择了盈利能力、营运能力、偿债能力、发展能力和现金流量这五大方面共 18 个指标，然后通过显著性差异分析最终筛选得到 8 个指标，运用 Logistic 回归的方法建立出火电行业财务危机预警模型。通过检验，只有一家 ST 公司被误判为非 ST 公司，一家非 ST 公司被误判为 ST 公司，整个模型的准确率达到 96.15%，证明模型还是相当有效的（由于篇幅所限，具体建模过程未列出）。

从模型最终确定的指标来看，这 8 个指标分别代表了盈利能力、偿债能力和现金流量三个方面，说明对火电行业来说，这三方面的能力是比较重要的。同时，有 6 个指标来自于盈利能力，可见盈利能力在火电行业的财务安全上起着至关重要的作用，需要特别重视。

风险预警分析要结合行业和企业自身特点，没有通用的预警指标和模型。我们依然以火电行业为例对风险预警提出一些完善建议。火电行业可以说是一个国家的支柱行业，在未来相当长的一段时间内还会是国家电力的主要供应来源，但是目前，火电行业的发展正面临着一轮又一轮的挑战，因此完善火电行业的财务危机预警机制是非常有必要的。本书给出了一些建议：

（1）公司要结合自身情况，建立自己的财务危机预警模型，在企业出现财务危机苗头的时候能及时发现，及时做出经营调整。

（2）绝大多数学者在研究财务危机预警的时候都是采用上市公司的数据，本书也是如此。这主要是因为非上市公司数据难以获得，会给研究造成很大的不便，研究结果也不全面。本书认为，非上市公司数据也应公开，可供广大学者进行研究，这也将对企业乃至整个行业的发展有促进作用。

（3）在建立火电行业财务危机预警模型的过程中，还可以考虑非财务因素的影响，如股东的持股情况及行业竞争、公司治理等方面的指标。相信这会使模型更为全面、有效。

（4）在企业财务危机预警研究的理论研究方面还可以进一步完善。目前，财务危机预警的理论依据不多，并且众说纷纭，没有一个较为全面系统的理论予以支撑。比如财务危机的定义就有很多种，预警指标的选择也大都依赖于前人研究的经验。若能完善相关的理论，相信对以后的研究会有很大帮助。

11 非营利组织效益评价

11.1 非营利组织效益评价的理论基础

过去二十多年间，经济学面临了五大难题，它们是使命模糊性、目标不确定性、信息不对称、有限理性甚至非理性、机会主义和所有权缺位。尽管非营利组织的社会使命不同于公司企业，但很显然，这些现象无不存在于非营利组织管理之中。萨缪尔森说："市场经济虽然是有效率的，但它对公平或平等却是盲目的。"非营利组织在提供准公共产品的过程中，由于上述五大固有缺陷，不会自动地达成公平。这就为非营利组织效益评价提供了必要性和可能性。

11.1.1 超产权理论

超产权论是20世纪90年代末英国经济学界形成的一种新的企业理论模式。超产权论把竞争性而不是产权作为基本分析工具，认为竞争性是提高效率的根本动力，具体包括竞争激励论、竞争发展论、竞争激发论及竞争信息完善论等四部分内容。竞争激励论认为，由于信息比较、生存和信誉激励，竞争能产生一种非合同式的"隐含激励"(Implicit Incentives)。竞争发展论主要论点是生存竞争筛选论，竞争把高效率的企业筛选出来，高效益企业得到不断发展。竞争激发论认为决定企业竞争的基本因素有：企业的目标利益是否具有对抗性，短期违约利益是否大于长期合作利益，企业之间非对称性。竞争信息完善论阐明在信息不对称的情况下，竞争有利于信息完善，降低信息的不对称性。

超产权论主张充分利用市场竞争的观点对提高非营利组织效益、进行效益评价是有较大启迪意义的。既然非营利组织的产权是一种特殊的权利束，既不能私有化也不能公有化，对非营利组织的效益评价就不能循着企业或政府部门的评判路径。社会对非营利组织管理者的认可是以非营利组织效益为基础，内部董事会对管理者的评价也是基于其效益，因此，引入竞争机制，对非营利组织的效益进行横向比较，能在一定程度上提高非营利组织的竞争力。

11.1.2 委托—代理理论

由于所有权与经营权的分离，从而使企业的委托代理成为现实问题。委托代理关系是一个人或一些人(委托人)委托其他人(代理人)根据委托人利益从事某些活动并相应地授予代理人某些决策权的契约关系。在这一契约关系中,委托人和代理人之间是目标不一致、信息分布不对称的。委托人总是希望通过各种方式来监督和激励代理人,使之尽其所能为委托人谋取最大利益,委托人会要求代理人提供必要的信息来判断代理人是否努力或评价其经营业绩。代理理论的目的是要设计出一系列契约,给代理人以约束和激励,使其行为与委托人的期望相一致,从而降低代理成本。张维迎从国有资本委托代理关系的多环节性推导出代理人的监督和经营激励的不足,认为随着经济规模的扩大所带来的委托代理环节的增加,最终代理人的工作积极性必然不断下降。其结论就是:"一个庞大共同体的公有经济是不可能有效运行的。"

社会需求与偏好的多样性、政府职能与财政的相对有限性,使得政府提供的服务难以满足人们千差万别的需求。政府对于社会事物"无所不包、无所不揽"的做法是缺乏效率和效益的。非营利组织作为政府与社会之间的中介或桥梁,在政府无法回应社会需求的某些领域,代理政府的某些社会服务职能。一般的私人物品可以由市场来提供,而那些准公共物品就得由非营利组织来提供。非营利组织可以是政府在公益服务方面的有效代理人。由于非营利组织的"非分配约束"性质,其欺诈行为就会少得多。由于志愿精神和组织竞争态势,非营利组织能够提供比政府质量更高、费用更低、成本更少的服务。在某些方面,非营利组织往往更有效率,因为它们更贴近公众、回应需要。政府通过合同委托(如招投标活动)、授权委托(如基金会、行业协会等)把有些公共产品的供给权让渡给非营利组织。因此,政府和非营利组织之间也是一种典型的多任务、多目标的委托代理关系。

由于所有权与经营权相分离,非营利组织同样存在信息不对称及目标函数不一致、契约失灵和代理人的机会主义行为、监督和被监督、寻租和腐败现象等问题。无论是非营利组织的高层管理者还是普通员工,都没有企业中普遍存在的剩余索取权。完全建立在志愿精神假设基础上的对于非营利组织高效益的期待是不现实的。非营利组织的委托代理链同样存在效益低下、管理者工作积极性不高等问题。假设政府部门(委托人)正直无私、不会食言、评价公正,并且建立了一套有效的、对非营利组织(代理人)的效益评价机制和清晰客观的评判体系,那么对非营利组织可以起到激励和约束作用。否则,就需要社会第三方机构来建立一系列清晰、客观的效益测量体系。因此,对非营利组织进行效益评价可以起到促进政府职能改革、推动非营利组织合法化等诸多作用。

11.1.3 资源依赖理论

资源同样会影响到组织发展。资源依赖理论的基本假设是:没有任何一个组织是自给自足的,所有组织都必须为了生存而与其环境进行交换。获得和保持资源的能力是组织生存不可缺少的。资源的稀缺性和重要性则决定了组织依赖性的本质和范围,依赖性是权力的对应面。资源依赖理论认为,组织将会(应该)回应环境中控制关键资源的那些群体(利益相关者)的需求。管理者的任务就是回应环境的需求和约束,并且试图减轻这些影响。资源依赖理论在某种意义上揭示了组织自身的选择能力,组织可以通过对依赖关系的了解来设法寻找替代性的依赖资源，进而减少"唯一性依赖"，更好地应付环境。资源依赖理论强调组织与环境之间的相互依赖和相互交换。但当一个组织的依赖性大于另外一个组织时，权力则变得不平等。

非营利组织需要通过外界资源，如政府无偿拨款、社会捐赠、服务合同等获得生存发展之本。许多非营利组织随着他们自己的资源枯竭和未满足的社会需要的增加，越来越依赖于外部资源的支持。非营利组织与外界的资源依赖关系是非对称的、不均衡的交换关系。非营利组织和政府之间的权力和资源交换、与社会公众之间的服务和资源交换等都是双向的。外部资源的提供者、控制者就有可能隐蔽地影响着非营利组织，削弱非营利组织的自主性和独立性，甚至影响到非营利组织的社会地位和效益。为了改变自身的境遇，非营利组织就会从事商业化运作，运用市场机制获取更多的外部资源。各种利益相关者会利用不同的评价标准，各自评价非营利组织的活动、效益、效果和整体合法性。这就需要对非营利组织的外部资源（如政治资源、关系资源等）适时进行评估，对组织运作过程、服务过程与质量等进行全方位的评价，以免非营利组织的合法性和社会使命受到侵蚀。

但资源依赖理论重点强调资源的获得，而不是资源的使用。对非营利组织而言，效益的提高既包含资源的获得因素，又包含资源的使用因素。效益评价亦然。这是值得引起重视的地方。

11.1.4 新制度主义政治学理论

新制度主义政治学理论是在传统政治学制度研究受到了政府公共政策研究尤其是行为主义革命研究范式的挑战背景下应运而生的一种新的政治学研究范式。最早提出"新制度主义政治学"概念的美国学者马奇（James G. March）和奥尔森（Johan P. Olsen）他们指出"制度乃是组织中的行为规则、常规和全部程序。政治制度是相互联系的规则和常规的集合，他们决定着与角色和处境相适应的适当行动"，新制度主义来源庞杂，内部分化为不同流派。1996 年，彼得·霍尔（Peter A. Hall）和罗斯玛丽·C. R. 泰勒（Rosemary C. R. Taylor）在英国《政治研究》上发表的《政治科学和三个新制度主义》一文中提出把新制度主义分为"历史制度主义"（Historical Institutionalism）"理性选择制度主义"（Rational Choice Institutionalism）和"社会学制度主义"（Sociological Institutionalism）。这种分法被政治学界基本认可。但 Anil Hira 和 Ron Hira 等人也批评道，新制度主义政治学中的变化概念是模糊而矛盾的，并建立了一个关于决策者的制度约束模型。

历史制度主义、理性选择制度主义和社会学制度主义的分析视角和领域有着细微差异。理性选择主义认为，政治行动者政治行动者是理性的，完全知道自身利益和获取利益的策略。政治过程就是寻求个体利益最大化的过程，制度提供了一种外在的约束机制。社会学制度主义认为，政治行动者并不是完全理性的，其政治偏好来源于既定文化模式。由于信息、时间和能力限制，政治行动者不完全知道自己的最大利益及如何最好地实现这些最大利益。政治过程是组织活动的展开过程，个体方案选择和目标确定都决定于既定制度制定的合法性范围。历史制度主义则认为，政治行动者是一个具有自我反思能力的个体,对自己利益和目标的认识、个人偏好、行动方案等取决于对自身利益的自我解释和既定的制度背景。

撇开新制度主义政治学内部各派分歧不论,单就组织发展受制于政治制度、两者之间的互动关系而言,是有积极意义的。在我国,社会发展、社会变革、经济增长等都离不开政府的直接推动、积极参与,以及政治制度的直接约束。非营利组织发展也是在特定的制度背景下进行的,其效益高低也受制于政治制度。从某种意义上说,非营利组织本身就是一种政治组织,政治效益是非营利组织所特有的一大效益,非营利组织政治效益具有"路径依赖"性质。新制度主义政治学为非营利组织政治效益直接提供了思想基础。

11.1.5 容忍区理论

容忍区是一个顾客对服务质量和满意程度的评价区间。Kennedy 和 Thirkell 提出的 The Service Quality/Disconfirmation Model 中指出,一个变量有"不满意"(Dissatisfaction)、"高兴"(Delight)和"满意"(Satisfaction)状态。"满意状态"就被称作容忍区(The Zone of Tolerance)。La Tour 和 Peat 等人则把容忍区用于前效益期望(Pre-Performance Expectation)上。他们普遍认为,前效益期望或者说比较标准会随着"应该得到"(Deserved)、"合意的"(desirable)和"足够的"(adequate)而从"最低限度可容忍的"(Minimum Tolerable)变化到"理想的"(Ideal)状态。期望更应被视为区间而不是离散的点。Parasuraman 认为,容忍区应位于顾客想得到的服务水平和适当的服务水平之间。Berry 和 Parasuraman 后来根据顾客对过程服务效益的评价又提出容忍区的定义:容忍区是一个顾客视为满意的服务效益区间,在容忍区之下的效益将使顾客受到挫折并降低顾客忠诚度,容忍区之上的效益将令顾客喜出望外并增强顾客忠诚度。Robert Johnston 在前人基础上做了更深入的研究,提出关于容忍区的九种假设,描述了服务水平处于容忍区之外时的潜在影响。他认为,顾客容忍区有三种输出状态即依服务所传递的效益被顾客所感知的水平,自下而上分别位于顾客容忍区的不同位置,而产生"不满意""满意"和"愉悦"三种状态。将容忍区定义成,期望和结果的范围之间的中间表现的范围,即顾客进入到一个服务过程中时都会有意无意地将其在服务传递中经历的各种遭遇与事先持有的期望进行比较和判断,进而产生相应的输出结果。

国内有些学者认为,容忍区是一个让服务对象产生满意的效益区间,一个可以让服务对象接受的效益范围就是效益容忍区。效益位于容忍区之上的区间,将使服务对象得到极度满意(满意水平超出服务对象的期望水平);效益位于容忍区之下的区间,将使服务对象受到挫折。顾客在容忍区内对服务质量变化的感知敏感性不如在容忍区外时。服务对象可能对一些极小的细微变化不会在意,只有达到一定域值,且再增加一个变化增量就会引起服务对象的关注,这个域值就是让服务对象关注的效益评判的"拐点"。这实际上是把顾客对服务质量的期望从一个点扩展成一个区域,反映了顾客对服务效益的感知水平。容忍区理论说明,在服务传递过程中,顾客的感知是可以加以管理的。

非营利组织向社会公众提供的更多的是某种服务而不是有形的产品，或者说是准公共产品。从容忍区视角来看，对于非营利组织的效益评价，服务对象不仅也有容忍区，而且存在的容忍区可能更大。服务对象的容忍区不是一个方面，而是多维的“状态束”。非营利组织的服务效益是一个可以加以测量的连续带，有着持续改进的余地。

11.2 非营利组织效益评价的内容

非营利组织是建立在社会使命基础上的，但是传统的会计方法并没有恰当评估非营利组织的运作效益。邓国胜指出：“由于效益评估是一个非常复杂的课题，而且评估的人力与财力成本很高，因此，无论是哪个 NGO 都不可能对组织开展的所有项目或活动进行评估，而只能是随机抽取少量项目或对一些重点项目（如资金规模较大的项目或捐赠者有特殊要求和评估预算的项目）进行评估。一些小的 NGO 甚至根本没有条件进行项目效益评估。”因此，我们有选择性地侧重于非营利组织的财务效益评价、过程效益评价、服务效益评价和政治效益评价等四大方面。至于其他效益，主要涉及组织使命等内容，在此暂且不论。

11.2.1 非营利组织的财务效益评价

非营利组织和营利组织都需要效益评价，但非营利组织的初始使命就是弥补政府失灵和市场失灵，其有效治理依赖于对自身资源尤其是财务状况及其脆弱性的了解和把握程度，因而较之营利组织更需要效益评价。国外学者从 20 世纪 80 年代起就开始关注组织有效性和效益，但对财务效益测量未达成共识。目前，非营利组织效益评价面临着越来越严重的挑战。一是评价指标的多元性，营利组织的效益测定比较简单、明确而相对成熟；而非营利组织追求社会福利的最大化，难以测量到非营利组织是否成功实现其目标，其服务无形、难以界定。二是难以测量非营利组织的产出，缺乏产出最大化的竞争环境。捐赠是非营利组织有效运作的一个障碍，因为捐赠被用于资助无效益的运作。“净产出”之类的单独的客观的效益指标并不适合于大多数非营利组织，后者更为经常的是用效益比率来测量。三是诚如 Brooks，Arthur C 所言，测量真实的效益需要边际回报信息而不是平均回报值；尽管组织活动相似，这些效益比率还是天生会被它自身难以控制的因素污染。四是研究结果只能应用于一种环境，缺乏普遍适用性。五是缺乏数据，已有文献对非营利组织的效益结构很少解释。也有学者提出过非营利组织财务效益测量方法，如 William J. Ritchie，Robert W. Kolodinsky 认为，主要包括融资效益、公众支持和会计效益三方面，而融资效益如何最为重要。他们采用了项目总收入/总收入、总收入/总资产、总收入/总支出（总收入—总支出）/总收入等 16 项指标，采用 SPSS 统计软件的主成分分析法，经过正交 5 次旋转后获得 6 个指标，即总收入/总融资支出、直接公共支持/总融资支出、总收入/组织总支出、直接公共支持/总资产、总捐赠/总收入作为效益评价指标。但是过于烦琐、复杂，而且属于事后评价而不是事前预测。

11.2.2 非营利组织的过程效益评价

非营利组织效益评价不仅是就其结果而言的，而且还是一个持续不断的反馈、自我改进的过程。正如陈立泰等人指出的，效益是业绩和效率的统称，包括行为的过程与行为的结果。但这个过程往往被视为“黑箱”而避而不谈；或者视为“过程瓶颈”。近年来，在企业管理尤其是质量管理领域，过程及对于过程（流程）的管理，受到了越来越广泛的关注。但还没有渗透到非营利组织研究领域。

过程性评价也称形成性评价。这一术语由斯克列汶于1967年在其所著的《评价方法论》中首次使用。布卢姆则把它的应用范围加以扩展而成为一种教学评价类型，用于诊断教育方案或计划、教育过程与活动中存在的问题，为正在进行的教育活动提供反馈信息，提高教育活动质量。但这种评价只用于评价教育教学效果，而不涉及学校组织的整体效益。

过程效益评价本身是一个极为复杂的过程。我们在评价过程中，如果效益评价内容不明确或者偏差，都将直接影响效益评价功能的发挥；如果评价方法不当、评价标准不准确或与实际情况出现偏差、评价程序不合理、评价所必需的信息缺乏或信息可信度低，以及评价者选择不当等，都将影响到非营利组织的最终效益。对此，我们可以借助于过程效益评价加以防范、修正或维护。对于非营利组织而言，过程效益评价不仅是改进非营利组织效益的一种手段和途径，而且是效益评价的一个目标。我们不仅应该重视结论性评价，更应重视过程性评价。因为效益评价如果只重结果，就达不到预期的目的，甚至纯粹变为为评价而评价；况且最终的效益评价结果的获得是建立在前面的一个个阶段性、过程评价基础上的。但过程效益评价中的“过程”是相对于“结果”而言的，具有导向性、回流作用，从而不断修正过程。过程效益评价不是只注重过程而不注重结果，而是采取目标与过程并重的价值取向。

过程效益评价包括自我评价和他人评价，包括服务者和服务对象的互动、不同服务部门之间的互动。应用过程效益评价，可以诊断非营利组织在实践运作过程中的使命、纲领或行动计划、存在的问题，确保诸过程衔接有序，为正在进行的组织活动提供反馈信息，便于管理者对管理过程进行监控，做出局部改善或彻底改变的决策，实现过程再造、优化，以及过程间的集成，以提高非营利组织终极效益的评价。

非营利组织通过过程效益评价得到的不仅是一个等级或评语，评价目的并不仅是对组织效益下一个终结性的结论，而且是大量经过价值判断后反映非营利组织效益水平的不同阶段的定量、定性的数据和资料。通过评价的反馈和导向作用，使服务对象获得最大收益。评价内容主要不是非营利组织最终要达成的某个目标，而是非营利组织效益的改善情况、将来继续努力的方向。这种过程效益评价体系的建立，有利于非营利组织建立敏捷的反应机制，在过程中消化问题，使服务始终面向于终极目标，减轻组织效益有效性的压力。从这个意义上说，深入非营利组织的运作过程进行效益评价，相对于传统的财务效益评价或投入—产出评价，具有更为具体的指导意义。

11.2.3 非营利组织的政治效益评价

德鲁克指出，管理不是利润的附庸，而是所有组织的首要功能，而不论这个组织的目标是什么。"管理"是提高经营业绩的最有效手段，"利润"只不过是检验业绩的一个标准。从这个意义上说，财务效益并非非营利组织的全部效益，只是组织效益的一个组成部分甚至是并不重要的组成部分。亚里士多德曾说，"人是政治的动物"。其实从绝对意义上看，组织是政治的产物，任何组织都属于政治组织，都离不开政治的干预与约束。因此，分析研究我国的非营利组织，就必须正视政府力量，非营利组织不可能"去政治化"。但政治的逻辑不同于经济的逻辑，从政治的角度分析非营利组织效益，往往需要作"另类"思索。同时，非营利组织不同于企业的一个特别之处在于，没有也不可能有明确的利润指标作为其底线，难以应用几个关键的财务指标来考量其效益。而作为整体效益的一个重要和关键组成部分，非营利组织的政治效益评价又是难点所在。20 世纪 70 年代末以来，国外对企业（或公司）政治策略和行为及其对企业经济效益影响的研究成果颇为丰富。最近几年来，我国的田志龙等人也对此展开了颇有深度的研究。与此形成鲜明对照的是，学术界对于非营利组织的政治效益，缺少系统化的梳理。但事实上，处于不同政治制度或者同一政治制度的不同发展阶段的不同非营利组织，其效益水平差异极为明显。究其原因，在于政治因素使得非营利组织效益评判的天平发生严重倾斜。非营利组织效益问题不仅是一个经济学、管理学研究的课题，更是一个政治学、社会学研究的课题。从某种意义上说，非营利组织在政治领域的成功甚至甚于其在服务领域的成功，非营利组织的政治效益甚于其经济效益。毕竟政治对非营利组织发展起根源性的制约作用，社会经济对非营利组织发展的影响作用则是暂时的。

11.2.4 非营利组织的服务效益评价

对于大多数非营利组织而言，其所提供的主要是准公共产品或服务，而服务具有无形性、相联性、易变性和时间性等特点。因此，非营利组织特别是服务型非营利组织必然涉及服务效益及其评价问题。非营利组织服务效益主要是指非营利组织的服务质量、服务效益和服务效率等问题。非营利组织服务效益评价是其整体效益的有机组成部分，是指非营利组织向利益相关者群体提供准公共产品或服务时利益相关者群体对组织的服务质量、效益、效率的总体评价。

诚如郭国庆等人所言，无论是对于营利性的企业，还是非营利性机构，改善服务传递质量和提高服务效率，都可以称得上是一项重要的战略举措。但是，关于非营利组织服务效益及其评价的国内外文献资料极为少见，而非营利组织为了提高效率，需要引进企业管理中的成熟思想，进行企业化运作。国外研究证实，市场导向文化通过市场导向活动能对组织效益产生积极影响；反之亦然。在市场导向和非营利组织效益之间存在正相关，组织领导人感兴趣的是采取措施发展他所领导的组织的市场导向行为。同样，对非营利组织服务效益的关注，就是建立在对非营利组织的市场化运作基础上的。Brenda Gainer，Paulette Padanyi 认为，非营利组织效益的焦点是"顾客满意度"。"顾客满意度"的水平是可以测量的。他们构建了两种满意度指标加以测量：过去五年满意度水平的变化；同类组织之间满意度水平的变化。中国社科院杨团等人对社区服务型机构的服务效益及其评价进行了实证研究。邓国胜也指出，非营利组织的行为准则应包括非营利组织的服务质量、提供服务的效率与效果等效益指标。其实，服务效益评价对于所有的非营利组织都是不可或缺的。

顾客容忍区本是市场营销和服务管理研究的内容。容忍区理论对于顾客评价服务质量和满意度是十分重要的。关于服务质量和顾客满意度方面的文献资料极其丰富且仍在不断增加。Johnston 认为，顾客容忍区在服务管理和顾客行为文献中是一个极为重要的概念，但智者见智仁者见仁。一般而言容忍区有三层涵义：(1) Zeithaml 等人认为，它是对服务前顾客期望的描述，是顾客在理想期望和适当期望之间的一个范围。Parasuraman，Zeithaml 和 Berry 三人于 1991 年提出容忍区概念，认为顾客容忍区是一个有上下限的区域，而不是一个点。他们通过研究发现，容忍区的位置不是一成不变的，其上限(渴望的服务水平)和下限(适当的服务水平)具有不同的变化弹性。一般情况下容忍区的上限比下限更不容易发生变化。顾客在容忍区内对服务质量变化的感知敏感性不如在容忍区外时的情形。(2) Berry 和 Parasuraman 认为，容忍区是指顾客认为满意的一个服务效益的范围。在容忍区之下的效益将使顾客产生挫折感，降低顾客忠诚；在容忍区之上的效益将使顾客意外惊喜，并增强他们的忠诚。(3) 对服务结果状态的描述。Kennedy 和 Thirkell(1988)把顾客满意的差异程度分为不满意、满意和惊喜三种结果，这种满意状态就是容忍区。罗海成因此而将容忍区概念分为期望容忍区、效益容忍区和结果容忍区。但所有这些服务容忍区和效益容忍区研究，都是针对营利组织而言的。

11.3 非营利组织效益评价的指标体系

效益指标(Performance Indicator)是对非营利组织效益信息的科学建构，效益指标体系是非营利组织效益评价系统的核心构成要素。效益评价体系试图通过效益尺度对非营利组织产生影响，改变政府政策、改善非营利组织供给。作为效益评价的核心，评价指标直接关系到效益评价活动的公正与客观，关系到评价活动能否实质性展开，关系到非营利组织效益能否得到改进和提高。可以说效益评价具有的强烈的价值取向，引导着非营利组织的未来发展方向。非营利组织效益指标体系应当是基于因果关系的可持续发展的动态指标体系。评价指标若设计不合理，将会使效益评价难以达到预期的评价效果。因此，在效益评价过程中，评价指标及标准的制定是关键。

11.3.1 非营利组织效益评价的指标要素

确切地讲，效益是在特定情境下组织实现其目标的相对表现水平，这个相对水平量可以从多个维度进行描述。Fitzgerald 认为，效益可从包括竞争、时间、质量、创新、效率、效果等维度认识。一般每个组织效益都存在这些维度，但由于组织本身性质特征以及由此所涉及的利益相关者不同，不同组织所追求的效益维度也各有侧重。Herman，Kushner,Poole 等人的研究文献也指出,非营利部门的组织效益存在多个维度。1986 年,英国大学校长和拨款委员会(Committee of Vice Chancellors and Principals/University Grants Committee, CVCP/UGC)认为,效益指标是对资源使用情况和某些领域内特殊目标达成情况所作的通常是定性的描述。效益指标是一种行为信号或指导而不是绝对的测量。它不直接提供对投入、过程、产出的直接测量,也不直接提供综合意义上的效益评价。但它能够提供与此相关的有用信息。G. Stevenson Smith 认为,既然大多数非营利组织不能使用利润作为测量非营利组织效益的一种工具,那就必须要其他方法测量其效益。非营利组织效益评价通常直指活动水平和服务费用,允许管理者控制其活动。

11.3.1.1 组织的外部环境指标与内部成熟度指标

非营利组织生存、发展的外部环境如何?是否公平、民主、正义?这直接关系到非营利组织效益的合法性与支持度,关系到效益评价结果被某个地区或国家公众支持和认可的程度。同时,非营利组织自身组织使命的清晰度如何?内部员工是否认可组织使命?组织使命能否具体化到组织实施过程的各个环节和每一个员工具体工作中?对于非营利组织来讲,内部成熟度的核心内容就是使命清晰度,使命决定组织成败,使命决定组织细节实施。

11.3.1.2 组织的核心效益和边缘效益

根据博尔曼(Boreman)的两因素论,现代的效益评估包括任务效益和周边效益。核心效益和边缘效益概念与此类似。前者属于确定性指标,是对工作本身尤其是关键工作的量化评价,重在工作数量、质量和时效。后者的界定有时是模糊的,涉及工作态度、工作风格、协作精神、团队精神、时间利用等影响工作本身的因素,用 KPI 加以描述。由于非营利组织种类繁多复杂,强调核心效益甚于周边效益,核心效益具有普遍适用性。但在进行具体的个案研究时,则又要考虑个案本身及其行业所特有的一些指标,兼顾一般性与特殊性、共性与个性的关系,使得评价结果尽可能贴近真实。

11.3.1.3 组织的财务指标与非财务指标

非营利组织不以营利为目的,并不意味着不能营利,只是营利收入不分配给股东和投资者。因此,非营利组织效益评价同样需要效益和成本等财务指标,这可以直接映射组织治理的高效率与低成本。高效率和低成本就直接体现出非营利组织的治理能力问题。但是,非营利组织效益评价范围较之财务评价和经济评价广阔得多,更多地要考虑到组织使命因素,还要把顾客忠诚度、员工满意度等非财务指标作为衡量非营利组织效益的手段。正如管理大师彼得·德鲁克所言,组织成功不能仅靠财务账面的盈亏。用底线来衡量组织效益是不够的,还需要其他的标准,比如组织成员的成长、组织的创新,还有产品或服务的品质。而且从某种程度上来说,在非营利组织效益评价指标中,非财务指标的权重要大于财务指标。

11.3.1.4 组织的效率指标与效益指标

非营利组织由于其使命的特殊性,可以不讲效益但必须追求效率。非营利组织同样会运用财务杠杆对会计报表进行操纵,使会计报表信息对非营利组织效益的反映部分失真。简单追求账面效益，得到的只是非营利组织部分效益信息甚至是失真信息。如果不讲效率，就有浪费出资人金钱、对股东不负责任的嫌疑，对内做不到优化配置稀缺资源，对外则会有损于社会公正和正义的实现。因此，非营利组织效益评价指标以效率指标为主、兼顾效益指标，可能更有实际意义。

11.3.1.5　组织的投入指标与产出指标

对营利组织投入产出指标的评价考核是无可非议的。但是，非营利组织更多地表现为过程导向而不是目标导向，不能追求纯量化的产出指标。否则，容易演化为单纯追逐表面的财务指标的数字游戏，使高层管理人员和财务人员产生操纵财务数据的冲动。在非营利组织效益评价中，财务效益指标的权重不可太高。

11.3.1.6　组织的长期指标与短期指标

对于非营利组织而言，构成其整体综合效益的要素无非是长期和短期指标。有些非营利组织如民办医院、民办学校、民办科研院所等机构的效益如何，一些短期指标是难以真实反映的。如果只依赖短期指标，往往会导致组织目标短期化，组织短期行为，只追逐短期“业绩”的线性增长。只有借助于长期指标，才能反映非营利组织的社会适应性，鼓励组织的长期“向善”“为善”的行为。因此，长期指标重要性大于短期指标。

11.3.1.7　组织的定量指标与定性指标

现代科学相互渗透、重叠、交叉和融合的结果，就是都把各自的研究对象指向整个人类行为或所有社会活动，其学科界线和区别主要是研究问题的角度和所用方法、技术的不同。在社会科学研究领域，定量分析方法被许多学科效法甚至被视为不二法门。但到目前为止，我国非营利组织的效益评价还没有形成比较成熟的大家公认的技术和方法。如前所述，定量指标和定性指标在非营利组织效益评价中都是不可缺少的。但单一的量化分析方法在非营利组织领域中并非是绝对科学的，只具有相对的科学性，很多时候甚至于根本不能用定量方法加以说明。而且量化方法也并非像某些人所声称的那样，具有价值中立，没有意识形态的倾向。如果一味追求定量分析，只会把研究工作引入庸俗化境地或是误入歧途。只知道一些统计数据资料而不知非营利组织政治经济社会方面的特殊性，就不可能很好地对非营利组织进行效益评价。但效益评价离开了统计数据和定量分析，就难以确保其客观性。非营利组织效益评价是个模糊概念，由于统计数据的不可获得性、非营利组织使命的特殊性及效益重心的定性化特征，定性分析要比定量分析有效。因此，宜采用定性与定量相结合的综合集成法。

11.3.1.8　主观效益指标与客观效益指标

纯粹以客观效益指标评价非营利组织效益，固然易于统一、便于比较，但容易给被评价的某个非营利组织以机会主义行动动机甚至败德行为，缺乏创新精神，偏爱那些努力程度小、难度小但易取得明显效益的产品或服务过程。纯粹以主观效益指标来评判非营利组织效益，则难以量化，且可能有失正义和公正。因此，对客观效益评价与主观效益评价加以优化组合，给予客观效益指标以一定的权重，应是可选之路。

11.3.2 非营利组织效益评价指标体系的设计原则

我国非营利组织有其自身的特点，对其进行效益评价不能完全依照国外非营利组织效益评价的经验与做法。因此，笔者认为，我国非营利组织效益评价主要应遵循下列原则：

11.3.2.1 突出主要性原则

非营利组织效益评价体系包含多个指标，要穷尽这些指标是不可能的。每个指标对非营利组织整体效益的贡献程度是有差别的。因此，建立非营利组织效益评价指标体系时不能罗列，使指标体系过于膨胀，削弱主要指标的影响力，也不能排除舍去一些虽属重要但在目前尚属力不能及的指标。

11.3.2.2 相对独立性原则

各项评价指标往往是相互联系、相互渗透的，独立性原则要求各项指标相互独立，即指标不能存在任何相互包含关系，不相互重叠，不具有互为因果的关系。一个评价系统指标如果重叠，实际上就不恰当地增加了权重，使结果出现偏差，从而失去了科学性。当指标间存在明显的相关关系时，应选择负载信息量大的指标，保证既不丢失主要信息又能减少指标数量，便于实际应用。还要注意不能将两条相互排斥的指标放在同一系统中，否则会使效益评价工作无法进行下去。

11.3.2.3 可操作性原则

建立非营利组织效益评价体系的目的，是要用于实际的效益评价工作中去。考虑到我国非营利组织在规模、性质、功能上的千差万别，在设计效益评价指标时既要考虑到决定非营利组织效益的共性指标，又要留有余地，便于在测评某一类特定的非营利组织效益时，再添加一些个性化指标。共性指标的设计要方便、简洁，便于使用。

11.3.2.4 综合全面性原则

任何评价体系所设定的指标要能够全面地反映和衡量一个行业、某个非营利组织的实际效益水准，否则，这种评价就有失偏颇，达不到预期效果。非营利组织效益评价指标体系既包含组织层面的效益，又包括员工层面效益。因此，非营利组织效益评价指标体系的构建，必须把这两层效益内容都包括进去，才能体现其完整的效益水平。动态调整性原则。非营利组织总是处于动态变化之中，指标体系也应该随系统的发展演化做出适当的滚动式调整，即指标体系应具备一定的可更新性。我国非营利组织表现形态复杂，其效益评价指标体系也应该随之作必要的调整，使指标体系针对性更强，评价结果可信度更高。还要把静态指标和动态指标结合起来，反映非营利组织效益的过程效益和过程导向性质，分步淘汰滞后性的静态指标。

11.3.3 非营利组织效益评价指标体系

非营利组织效益评价体系的构建，依然是个众说纷纭、莫衷一是的命题。非营利组织评价内容极为广泛，包括效益、项目、组织管理和综合能力等多个方面，因此可以相应地建立多种指标体系。但本书仅就非营利组织的效益建立评价指标体系。

在非营利组织效益评价过程中，评价对象之间的区别使得不同对象的评价标准不可能也不应该完全统一。对于各级各类的非营利组织而言，我们只能找出其中某些共同点加以简要归纳。考虑到非营利组织的"使命为先"特征，效益评价必须遵循公正、客观、科学等原则，以及非营利组织涉及同政府、捐款人、提供产品和服务的对象及成员等多方面利益关系的实际情况，本书提出了基于利益相关者的非营利组织效益评及指标体系框架。利益相关者理论日渐盛行后，理论界对企业社会效益应由利益相关者来评价达成了共识。

非营利组织效益评价指标是多维的，而不是单一维度的简单把握。因而，效益评价指标体系的设计应该遵循严密的逻辑思维方法。对非营利组织最终效益水平的解释因素，笔者以非营利组织的财务效益、过程效益、政治效益和服务效益为主，结合非营利组织的使命实现程度，构建一个综合评价指标体系，加以综合评价。但任何一个多目标指标体系的建立，都会涉及指标数量、层次和具体指标有无代表性等问题。经过分析，我们认为，指标数量控制在 30～40 个，指标太多则过于烦琐、缺乏重点，指标太少则难以多方位描述清楚非营利组织效益的整体面貌。每一个指标必须具有明显的特征信息和代表性。在这里，根据文献资料，综合专家意见，笔者提出了非营利组织效益评价的三级指标体系，其二级指标就是财务效益、过程效益、政治效益和服务效益和其他效益，三级指标是对二级指标的再分解，这样就构成一个金字塔式的效益评价指标体系，累计三级指标达到 40 个。具体见表 11-1。

表 11-1　非营利组织效益评价三级指标体系

目标层	一级指标(B)	二级指标(C_1)
非营利组织效益评价指标体系	财务效益(B_1)	总收入/总资产(C_{11}) 净资产/总收入(C_{12}) 营业收入(含会费)/总收入(C_{13}) 各类捐赠(个人、企业、基金会)/总收入(C_{14}) 境外资金/总收入(C_{15}) 政府拨款和补贴/总收入(C_{16}) 账册建制的严谨程度(C_{17}) 财务制度规范健全程度(C_{18})
	过程效益(B_2)	受赠过程规范、透明度(C_{21}) 受赠经费的增长率(C_{22}) 一般行政费用占总支出的比例的变化率(C_{23}) 从业人员增长率(C_{24}) 志愿工作者变化率(C_{25}) 大专及以上学历人数/从业人员总数的增长率(C_{26}) 员工满意度的变化率(C_{27}) 内部各部门间的合作协调程度(C_{28}) 内部员工之间的团结程度(C_{29})

续表

目标层	一级指标(B)	二级指标(C_1)
非营利组织效益评价指标体系	政治效益(B_3)	人大、政协代表,民主党派支委以上的人数(C_{31}) 参与公推公选的成功者人数(C_{32}) 担任各级政府参事、顾问人数(C_{33}) 加入行业协会的总数(C_{34}) 与上级行政管理部门的关系(C_{35}) 组织知名程度(C_{36}) 组织声誉的好坏程度(C_{37}) 公众满意的程度(C_{38}) 境外捐款数(C_{39})
	服务效益(B_4)	产品(服务)价格(C_{41}) 产品(服务)质量(C_{42}) 产品(服务)性能(C_{43}) 产品(服务)提供速度(C_{44}) 服务态度(C_{45}) 个体需求满足程度(C_{46})
	其他效益(B_5)	社会使命的清楚程度(C_{51}) 董事会组织结构与职能健全程度(C_{52}) 发展目标及未来规划的科学程度(C_{53}) 计划实际执行情形(C_{54}) 高层领导的远见卓识(C_{55})

关于效益指标体系的解释:

(1) 财务效益指标体系

财务效益指标体系分别从定性、定量两个维度加以评价。利益相关者群体有权获知相关非营利组织的财务信息和财务报告,以此作为自己后续行动的依据,包括总收入/总资产、净资产/总收入、营业收入(含会费)/总收入、各类捐赠(个人、企业、基金会)/总收入、境外资金/总收入、政府拨款和补贴/总收入、账册建制的严谨程度、财务制度规范健全程度等 8 个指标。

(2) 过程效益指标体系

这一体系包括受赠过程规范透明度、受赠经费的增长率、一般行政费用占总支出的比例的变化率、从业人员增长率、志愿工作者变化率、大专及以上学历人数/从业人员总数的增长率、员工满意度的变化率、内部各部门间的合作协调程度、内部员工之间的团结程度等 9 个指标。

(3) 政治效益指标体系

这一体系包括总捐赠/总支出、人大政协代表及民主党派支委以上的人数、参与公推公选的成功者人数、担任各级政府参事顾问人数、加入行业协会的总数、与上级行政管理部门的关系、组织知名程度、组织声誉的好坏程度、公众满意的程度等 9 个指标。

(4) 服务效益指标体系

这一体系包括产品(服务)价格、产品(服务)质量、产品(服务)性能、产品(服务)提供速度、服务态度、个体需求满足程度等 6 个指标。

（5）其他效益指标体系

这一体系包括社会使命的清楚程度、董事会组织结构与职能健全程度、发展目标及未来规划的科学程度、计划实际执行情形、高层领导的远见卓识等5个指标。

11.3.4 效益评价的评价、权重与评价方法选择

11.3.4.1 可量化指标的评分方法

对于非营利组织效益的一些可量化的效益指标，涉及两个问题：一是目标上下限区间的确定，例如非营利组织服务效益的容忍区的确定；二是介于上下限区间之间的指标值如何打分。关于前者，要考虑到有一定的先进性，但更要切合我国非营利组织的实际情况，要根据各行业的平均效益水平来确定目标上下限区间。关于后者，如图11-1所示，某项可量化指标的得分在0至y_1之间。

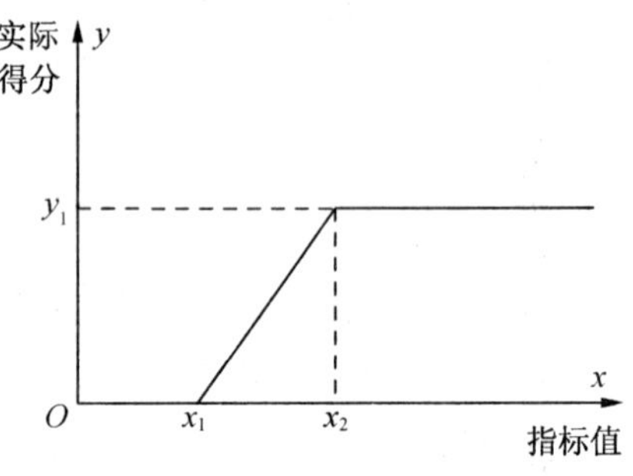

图11-1 可量化指标得分示意图

若指标值为x，则其得分可表达为：

$$y=\begin{cases}0, & x\leqslant x_1\\ (x-x_1)\times y_1/(x_2-x_1), & x_1<x<x_2\\ y_1, & x\geqslant x_2\end{cases}$$

这里不考虑惩罚条件出现情景，因此，得分值不会出现负值情形。

11.3.4.2 指标注意问题

（1）关于指标的可比性问题

由于非营利组织社会化信息平台的缺失，非营利组织效益数据缺乏，难以进行横向对比，这是我们在建立效益评价指标体系过程中必然遇到的问题，也因此制约着效益评价结果的推广应用。即便是纵向对比，也由于非营利组织自身的内部机密问题，难以获知确切资料。因此，只能对个案进行效益评价的研究分析。即便如此，在使用指标体系进行综合评价前，还有必要将各具体指标的属性值进行规格化处理，即统一变换到[0,1]范围内，由此衍生出的比较结果才可作为决策依据，真正实现评价决策的科学化。

（2）关于指标的主观性问题

指标分析本身不可避免地具有较大的主观成分和个人价值判断因素，因而可能会隐含了与效益评价科学化不相容的内容或信息。不同研究者对同一个目标进行指标体系研究时的结果多不同，不同的指标所表征的信息量多不等，不同层次的指标之间包容与被包容的关系及对等度多不同，不同指标派生出的下一级指标不同，不同指标与经济社会环境之间的关联度也不同。如何把主观指标客观化，尽可能做到规格化处理，也需要假以时日。

（3）关于指标的片面性问题

由于定性问题本身的测量困难，客观上使得效益指标体系有“偏爱”定量指标的倾向。但有些定性的过程性指标，也许更有实际意义，如非营利组织员工的志愿精神、积极

性、能力提升等。其实，对于非营利组织而言，许多目标或指标值是不能也不应该用定量手段加以测量的，尤其是反映非营利组织长期效益的一些因素如组织使命、战略规划等。而一个片面的效益测量往往会限制利益相关者获得关于非营利组织效益的真实而准确的信息。

11.3.4.3　非营利组织效益评价的评价

非营利组织数据采集一直是一个令人头疼的问题。不要说全部非营利组织的有关数据，便是某一类非营利组织的数据，我们也难以收集完整。只能对个案进行数据采集与分析工作。因此，效益评价指标的设定就不一而足。极端者如 Barnes 等人所评述的，“效益指标几乎不能测量真正的效益，他们测量的只是那些能够测量的”。可见，用效益指标体系评价非营利组织效益并非非营利组织效益评价的全部内容，甚至还没有上升为主流方式。但是，非营利组织效益评价作为一种评价稀缺资源有效配置的手段或工具，为决策者提供了一种资源优化配置的操作依据。尽管效益评价在很长时间内不能做到高度科学化、精确化、定量化，但是，它对改进非营利组织效益具有的积极意义是显而易见的。

11.4　非营利组织效益评价方法

建立了基于利益相关者的非营利组织效益评价指标体系之后，就要涉及非营利组织效益的评价方法。非营利组织效益评价方法多种多样，不同层次、不同类别的非营利组织适用的效益评价方法应该同中有异、异中有同、各有侧重。对于利益相关者而言，由于各自的利益驱动，对非营利组织效益评价的侧重点也会不尽一致。因此，本部分在分析两种典型的适用于非营利组织效益评价的方法基础上，提出基于利益相关者的非营利组织效益模糊灰色综合评价法，以期更好地评价非营利组织效益。

11.4.1　基于模糊数学的非营利组织效益评价方法

在社会实践过程中，许多事情的边界并不十分明显，评价时很难将其归于某个类别。为防止信息遗漏、信息损失，我们先对单个因素进行评价，然后对所有因素进行综合模糊评价，解决确定性评价带来的对客观真实的偏离问题。评价工作的核心是建立评价模型。最为人们熟知的评价模型是线性的，即评价指标加权平均综合模型，其评价结果可以叠加，并假设评价因子之间为线性关系，但评价结果的可信度较差。事实上，任何评价对象都含有从不同侧面的反映评价对象不同特征的多种模糊属性即非线性特征，因此采用模糊数学的方法进行综合评价，更接近于实际情况。

由于非营利组织效益评价过程及其指标体系属于非线性的评价领域，评价过程具有非线性特点。因此，可以利用模糊数学中的模糊运算法则，采用模糊综合评价法来对非营利组织效益进行综合评价。具体步骤如下：

第 1 步，确定非营利组织效益模糊综合评价指标集。即表 11-2、表 11-3。

第 2 步，给出非营利组织效益综合评价的等级集 v，$v=\{v_1,v_2,v_3,v_4,v_5\}$。其中，$v_1=\{优\}$，$v_2=\{良\}$，$v_3=\{中\}$，$v_4=\{差\}$，$v_5=\{劣\}$；及非营利组织效益的模糊评价指标集为：$v=\{优，良，中，差，劣\}$。

第 3 步，确定评价指标体系中各指标权重。权重的确定一般采用三种方法：一是专家会议法，二是特尔裴法，第三是层次分析法。此处运用多因素分级处理来确定因素权重的层次分析法。具体方法如下。

B_{ij} 为第 j 个专家认为第 i 个一级指标的重要程度。

表 11-2　一级指标权重系数测定法

序号	一级评价指标	专家 1	专家 2	…	专家 n	均值	归一化
1	B_1	B_{11}	B_{12}	…	B_{1n}	$b_1=\sum_{j=1}^{n}B_{1j}/n$	$a_1=b_1/\sum_{i=1}^{5}b_j$
2	B_2	B_{21}	B_{22}	…	B_{2n}	$b_2=\sum_{j=1}^{n}B_{2j}/n$	$a_2=b_5/\sum_{i=1}^{5}b_j$
⋮	⋮	⋮	⋮	⋮	⋮	⋮	⋮
5	B_5	B_{51}	B_{52}	…	B_{5n}	$b_5=\sum_{j=1}^{n}B_{5j}/n$	$a_5=b_5/\sum_{i=1}^{5}b_j$

表 11-3　非营利组织二级指标评价权重系数的测定法

一级指标	二级评价指标	专家 1	专家 2	…	专家 n	均值	归一化
B_1	C_1	C_{11}	C_{12}	…	C_{1n}	$c_1=\sum_{j=1}^{n}C_{1j}/n$	$d_1=c_1/\sum_{i=1}^{8}c_j$
	⋮	⋮	⋮	⋮	⋮	⋮	⋮
	C_8	C_{81}	C_{82}	…	C_{8n}	$c_8=\sum_{j=1}^{n}C_{8j}/n$	$d_8=c_8/\sum_{i=1}^{8}c_j$
⋮	⋮	⋮	⋮	⋮	⋮	⋮	⋮
B5	C_{33}	C_{331}	C_{332}	…	C_{33n}	$c_{33}=\sum_{j=1}^{n}C_{33j}/n$	$d_{33}=c_{33}/\sum_{i=33}^{37}c_j$
	⋮	⋮	⋮	⋮	⋮	⋮	⋮
	C_{37}	C_{371}	C_{372}	…	C_{37n}	$c_{37}=\sum_{j=1}^{n}C_{37j}/n$	$d_{37}=c_{37}/\sum_{i=33}^{37}c_j$

第 4 步，模糊矩阵的统计确定。方法如下，请一定数量的相关领域的专家们对 n 个（这里为 37 个）二级指标用语义差别法加以判断（见表 11-4），并在相应栏目划"＋"。计算在某个评语等级下划"＋"的专家人数与总专家人数的比值，得到隶属度数值，以及二级指标的等级隶属度模糊矩阵 $\boldsymbol{R}=(r_{ij})_{37\times5}$。$r_{ij}$ 为第 i 个指标属于第 j 个评语的程度。

表 11-4 模糊矩阵统计表

等级 / 指标	优	良	中	差	劣
C_1					
C_1					
⋮	⋮	⋮	⋮	⋮	⋮
C_{37}					

第 5 步,进行模糊综合评价。设置综合评价指为 P,则

$$\boldsymbol{P}=\boldsymbol{A}(\boldsymbol{DR})=(a_1,\cdots,a_5)\left\{\begin{matrix} (d_1,\cdots,d_8) & \begin{bmatrix} r_{11} & \cdots & r_{15} \\ \vdots & \vdots & \vdots \\ r_{81} & \cdots & r_{85} \end{bmatrix} \\ \vdots & \vdots \\ (d_{33},\cdots,d_{37}) & \begin{bmatrix} r_{331} & \cdots & r_{335} \\ \vdots & \vdots & \vdots \\ r_{371} & \cdots & r_{375} \end{bmatrix} \end{matrix}\right\}=(p_1,p_2,p_3,p_4,p_5)$$

最后,根据最大隶属度原则,确定非营利组织效益模糊综合评价的等级。

运用模糊综合评判法对非营利组织效益进行评价的优点在于:较好地应对环境变化中各种不确性因素的干扰,不断地修正指标与标准确定上的偏差;模糊评价没有严格的等级观念,使效益评价更加客观;利益相关者在评价非营利组织效益时,不仅仅局限于某一类有限信息,而是综合各类信息加以综合评判;有利于将非营利组织看成一个整体来评价,着眼于全面情况,防止短期行为;考虑到评价问题中的模糊因素,在众多领域广泛应用,并得到满意的结果。但这一评价方法的有效性在很大程度上有赖于评价者的公正意识和评价能力,有赖于评价者对评价对象、对效益内涵的正确认识和把握。尤其是当利益相关者群体关注的利益点差异甚大时,这种综合模糊评价的结果有可能彼此抵消,从而影响最终结果的公正性、正确性。

11.4.2 基于灰色系统的非营利组织效益评价方法

影响非营利组织效益的因素十分复杂,非营利组织效益评价信息往往是不完全的灰色信息,很难用具体的数据来定量地描述和评价,大多只能根据历史经验来判别其好坏程度,或凭个人知识及主观分辨能力来定性描述。人们对非营利组织效益评价的好坏本身是灰的,效益评价等级的划分也是灰的。

因此,非营利组织效益评价对象也是属于"部分信息已知,部分信息未知"的"小样本""贫信息"不确定性系统,具有高度的不确定性、灰色性。正是基于这一灰色特征,可以依据灰色评估理论,对非营利组织效益的影响因子进行系统分析,建立灰色多层次评价模型。关于灰色理论和模糊理论的研究已经有了一些成果,例如基于灰色关联度分析的模糊评价、线性合成灰色评判和模糊评价、基于模糊灰色综合评价方法、灰色聚类模型等。此处采用基于灰色白化权函数的评价模型。评价步骤如下:

第 1 步，评价指标体系、评价等级和评分标准的确定。

一套科学的综合评价指标体系应该贯彻全面性、系统性、科学性、可观测性等原则。评价指标 U_{ij} 是定性指标，要能综合地评价非营利组织效益，必须将其定量化。将评价指标 U_{ij} 的等级高低划分为几个等级，分别赋值，如表示价值较差、一般、较高、很高、极高，指标等级介于两相邻等级之间时，评分为相应的中间值。

第 2 步，专家评分和评价样本矩阵。

假设请 n 位评价专家来考评非营利组织效益，设评价专家序号为 k，$k=1,,2\cdots n$。请每一位专家分别单独考察该非营利组织，对每一指标 U_{ij} 进行评价，按照等级标准打分为 d_{ijk}，并填写评价专家评分等级表，据此得出非营利组织效益的评价样本矩阵 D。

第 3 步，评价灰类。

由于专家水平不等及认识角度上的差异，因而只能给出一个灰数的白化值。为了真正反映属于某类的程度，需要确定评价灰类，即确定评价灰类的等级数 h、灰类的灰数 $^{\otimes}h$ 及灰数的白化权函数 f_h。

第 4 步，灰色评价权向量及权矩阵。

对于评价指标 U_{ij}，非营利组织效益因子隶属于第 h 个评价灰类的灰色评价系数记为 M_{hij}，定义

$M_{ijh}=\sum\limits_{k=1} f_k(d_{ijk})$，记 $M_{ij}=\sum\limits_{k=1} M_{ijk}$，则 m 个评价专家对评价指标 U_{ij} 主张该指标属于第 h 个灰类的灰色评价权记为 q_{ijh}，$q_{ijh}=M_{ijk}/M_{ij}$ 于是得到评价指标 U_{ij} 隶属于各灰类的灰色评价权向量 $\boldsymbol{q}_{ij}$，这样就得到了一级指标 U_i 的所有二级指标 U_{ij} 对于各个评价灰类的灰色评价权矩阵 $\boldsymbol{Q}_i$，$\boldsymbol{Q}_i=[q_{i1},\cdots,q_{ij}]^{\mathrm{T}}$。

第 5 步，灰色多层次评价指标权重。

运用层次分析法（AHP）求得各影响因子的权重集，其一级指标 U_i 的权重集为 $\boldsymbol{W}=(W_1,\cdots,W_i)$；二级指标 U_{ij} 的权重集 $\boldsymbol{W}=(w_{i1},w_{i2},w_{i3})$。

第 6 步，综合评价。

对于一级指标 U_i 下属的二级指标 U_{ij} 做综合评价，得到 U_i 的综合评价灰类的灰色评价权向量，记为 $\boldsymbol{B}_i$，则有

$$\boldsymbol{B}_i=\boldsymbol{W}_i\times\boldsymbol{Q}_i=(b_{i1},b_{i2},\cdots,b_{ij})$$

由 U_{ij} 的综合评价结果 $\boldsymbol{B}_i$，得到一级指标 U_i 属于各评价灰类的灰色评价权矩阵 $\boldsymbol{Q}$，

$$\boldsymbol{Q}=(\boldsymbol{B}_1,\boldsymbol{B}_2,\cdots,B_i)^{\mathrm{T}}$$

接着对一级指标 U_i 做综合评价，其综合评价值记为 $\boldsymbol{B}$，则有

$$\boldsymbol{B}=\boldsymbol{W}\times\boldsymbol{Q}=(b_1,b_2,\cdots,b_j)$$

将各评价灰类等级按“灰水平”赋值，即各评价灰类等级值化向量为 C。

记

$$\boldsymbol{VB}_i=\boldsymbol{B}_i\times\boldsymbol{C}^{\mathrm{T}}$$

$$\boldsymbol{VB}=\boldsymbol{B}\times\boldsymbol{C}^{\mathrm{T}}$$

式中：$\boldsymbol{VB}_i$ 反映了各评价因子所处的等级值；$\boldsymbol{VB}$ 反映了非营利组织效益所处的等级值。

但非营利组织效益的评价,往往是一个信息不完全的问题,存在许多模糊因素,或者模糊因素问题不具有完全充分的资料,即一个问题中既存在模糊性,又存在灰色性,这时就需要同时考虑模糊性和灰色性。上述两种效益评价方法存在或多或少的缺陷或不足,加上非营利组织效益评价本身的复杂性,因此,不能寄希望于用一种方法解决所有的问题。若单纯采用模糊方法会造成信息丢失;若仅采用灰色理论方法,则不能充分利用评价规则模糊性的特点,这两种情况都会造成评价结果与实际存在偏差。鉴于非营利组织效益中专家评判信息的模糊与灰性,将灰色理论与模糊评价方法相结合,建立一种基于模糊灰色的非营利组织效益综合评价方法。

11.4.3 模糊灰色综合评价法

非营利组织的效益评价要体现系统化思想——社会经济文化教育科技等方面的综合因素,而非单单是经济因素或短期因素。模糊灰色非营利组织的效益综合评价方法就是从总体上考虑专家评判信息的不完全性(灰性),利用灰色聚类理论得到灰色统计量,进而构造出模糊隶属度矩阵,最后采用模糊算法非营利组织的效益。

11.4.3.1 建立评价指标集

根据前面研究,非营利组织效益由五个关键因素构成,而每一因素又由若干个二级因素构成,一级指标设为(x_1,x_2,x_3,x_4,x_5),分别指财务效益、过程效益、政治效益、服务效益、其他效益;二级指标设为(x_{i1},x_{i2},…),$i=1,2,\cdots,m$,如下所示。

(1) 财务效益 x_1

总收入/总资产 x_{11}

净资产/总收入 x_{12}

营业收入(含会费)/总收入 x_{13}

各类捐赠(个人、企业、基金会)/总收入 x_{14}

境外资金/总收入 x_{15}

政府拨款和补贴/总收入 x_{16}

账册建制的严谨程度 x_{17}

财务制度规范健全程度 x_{18}

(2) 过程效益 x_2

受赠过程规范、透明度 x_{21}

受赠经费的增长率 x_{22}

一般行政费用占总支出的比例的变化率 x_{23}

从业人员增长率 x_{24}

志愿工作者变化率 x_{25}

大专及以上学历人数/从业人员总数的增长率 x_{26}

员工满意度的变化率 x_{27}

内部各部门间的合作协调程度 x_{28}

内部员工之间的团结程度 x_{29}

(3) 政治效益 x_3

人大、政协代表,民主党派支委以上的人数 x_{31}

参与公推公选的成功者人数 x_{32}

担任各级政府参事、顾问人数 x_{33}

加入行业协会的总数 x_{34}

与上级行政管理部门的关系 x_{35}

组织知名程度 x_{36}

组织声誉的好坏程度 x_{37}

公众满意的程度 x_{38}

境外捐款数 x_{39}

(4) 服务效益 x_4

产品(服务)价格 x_{41}

产品(服务)质量 x_{42}

产品(服务)性能 x_{43}

产品(服务)提供速度 x_{44}

(5) 服务态度 x_{45}

个体需求满足程度 x_{46}

其他效益 x_5

社会使命的清楚程度 x_{51}

董事会组织结构与职能健全程度 x_{52}

发展目标及未来规划的科学程度 x_{53}

计划实际执行情形 x_{54}

高层领导的远见卓识 x_{55}

11.4.3.2 确定各因素权重

指标设计是否科学,关键在于指标权重设计是否科学。权重是对效益评价指标体系中诸因素相对重要程度加以对比、权衡后赋予的某个数量形式的量值。权重值的大小,往往反映了该指标在评价指标体系中的地位、价值或者说重要性程度,也说明了体系制作者、评判者和决策者们对该指标地位的理解程度。权重设计是否科学,在很大程度上决定了效益评价的精度。权重确定要考虑到具体的非营利组织性质与类别。

从赋权方法论看,权重设计有主观赋权法和客观赋权法两种,两者各有千秋。因此,本书采用主观赋权法、客观赋权法相结合的方法,使权重分配更符合研究问题的实际。各项指标的权重大小采用头脑风暴法基础上的层次分析法(AHP),加权求和来确定。但每一个指标的具体数值,不能固化为某个数字或数量值,而应确定在一定的区间内(如对每个指标都采用语义差别评价法加以评价,分成五个等级)更为适宜,更能体现效益评价的特点。同时随着非营利组织对社会的渗透力日趋强大,具体指标及其权重也要动态更新,以适应非营利组织及其社会经济发展要求。对于多数非营利组织的效益来讲,由于不确定因素很多,仅靠几位专家来确定权重是不恰当的。应该请一组(群)专家对已建立的指标进行两两比较,然后利用 AHP 方法来确定权重。设确定后的因素层权重向量为(u_1, u_2, u_3, u_4, u_5),指标层权重向量为(u_{i1},u_{i2},…,u_{in})。

11.4.3.3 评价矩阵 **R** 的确定

(1) 确定评价准则。通常可以建立如表 11-5 所示评价准则。

表 11-5 效益评价准则表

取值	0.1	0.3	0.5	0.7	0.9	0.2,0.4,0.6,0.8
含义	指标 j 效益对上级因素的影响程度很低	指标 j 效益对上级因素的影响程度较低	指标 j 效益对上级因素的影响程度中等	指标 j 效益对上级因素的影响程度较高	指标 j 效益对上级因素的影响程度很高	上述两个相邻判断的中值

(2) 确定评价量样本矩阵。

设共有 r 位专家根据评价规则对指标层进行评价,得 i 因素第 j 指标的评价向量为(d'_{ij1},d'_{ij2},…,d'_{ijr}),则 i 因素第 j 指标综合评价向量可记为:

$$d_{ij}=\left[\sum_{k=1}^{r} l\times d'_{ijk}\right]/r\text{。}$$

式中:1 为对 i 因素第 j 指标评价为 d'_{ijk} 的个数。因此,i 因素所有指标的综合评价向量可以表示为(d_{i1},d_{i2},…,d_{ij})。

(3) 确定评语集与白化权函数。

在非营利组织效益评价中,评语集可以为:非常好、好、一般、差、非常差五个等级。其对应的分值为:0.9,0.8,0.7,0.6,0.5。

"非常好"等级的灰数设为$\otimes\in[0.9,+\infty)$,其白化权函数为:

$$f_1(d_{ij})=\begin{cases}d_{ij}/0.9, & d_{ij}\in[0,0.9]\\ 1, & d_{ij}\in[0,\infty]\\ 1, & d_{ij}\in(-\infty,0]\end{cases}$$

"好"等级的灰数设为$\otimes\in[0,0.8,1.6]$,其白化权函数为:

$$f_2(d_{ij})=\begin{cases}d_{ij}/0.8, & d_{ij}\in[0,0.8]\\ 2-d_{ij}/0.8, & d_{ij}\in[0.8,1.6)\\ 0, & d_{ij}\notin[0,1.6]\end{cases}$$

"一般"等级的灰数设为$\otimes\in[0,0.7,1.4]$,其白化权函数为:

$$f_3(d_{ij})=\begin{cases}d_{ij}/0.7, & d_{ij}\in[0,0.7]\\ 2-d_{ij}/0.7, & d_{ij}\in[0.7,1.4)\\ 0, & d_{ij}\notin[0,1.4]\end{cases}$$

"差"等级的灰数设为$\otimes\in[0,0.6,1.2]$,其白化权函数为:

$$f_4(d_{ij})=\begin{cases}d_{ij}/0.6, & d_{ij}\in[0,0.6]\\ 2-d_{ij}/0.6, & d_{ij}\in[0.6,1.2)\\ 0, & d_{ij}\notin[0,1.2]\end{cases}$$

“非常差”等级的灰数设为⊗∈[0,0.5,1]，其白化权函数为：

$$f_5(d_{ij})=\begin{cases}1, & d_{ij}\in[0,0.5]\\ 2-d_{ij}/2, & d_{ij}\in[0.5,1)\\ 0, & d_{ij}\notin[0,1]\end{cases}$$

(4) 计算灰色统计量与构造模糊隶属度矩阵。

分别计算 d_{ij} 属于 $f(d_{ij})$ 的灰色统计量，归一化处理得向量 $(r_{ij1}, r_{ij2}, r_{ij3}, r_{ij4}, r_{ij5})$，表示此向量即为因素 i 指标 j 效益属于（极差，差，中，好，极好）的模糊隶属度，并构造因素 i 的模糊隶属度矩阵 $\boldsymbol{R}^i$：

$$\boldsymbol{R}^i=\begin{bmatrix} r_{i11} & r_{i12} & r_{i13} & r_{i14} & r_{i15}\\ r_{i21} & r_{i22} & r_{i23} & r_{i24} & r_{i25}\\ r_{i31} & r_{i32} & r_{i33} & r_{i34} & r_{i35}\\ \vdots & \vdots & \vdots & \vdots & \vdots\\ r_{in1} & r_{in2} & r_{in3} & r_{in4} & r_{in5}\end{bmatrix}$$

11.4.3.4 进行模糊综合评判

因素 i 的综合值 $\boldsymbol{B}_i$ 为：

$$\boldsymbol{B}i=[b_{i1}, b_{i2}, b_{i3}, b_{i4}, b_{i5}]=[u_{i1}, u_{i2}, u_{i3}, \cdots, u_{in}]\circ \boldsymbol{R}_i$$

由于模糊算法中的取大取小运算会造成信息的丢失，故式中“∘”运算为加权运算。据此，一级指标子系统中各指标隶属向量可构成一个总的评价函数矩阵 R：

$$\boldsymbol{R}=\begin{bmatrix}\boldsymbol{B}_1\\ \boldsymbol{B}_2\\ \boldsymbol{B}_3\\ \vdots\\ \boldsymbol{B}_m\end{bmatrix}=\begin{bmatrix} b_{11} & b_{12} & b_{13} & b_{14} & b_{15}\\ b_{21} & b_{22} & b_{23} & b_{24} & b_{25}\\ b_{31} & b_{32} & b_{33} & b_{34} & b_{35}\\ \vdots & \vdots & \vdots & \vdots & \vdots\\ b_{m1} & b_{m2} & b_{m3} & b_{m4} & b_{m5}\end{bmatrix}$$

再对 $\boldsymbol{R}$ 进行模糊矩阵运算，得到系统的模糊评判矩阵 $\boldsymbol{B}$：

$\boldsymbol{B}=[u_1, u_2, ..., u_m]\circ\boldsymbol{R}=[\boldsymbol{B}_1, \boldsymbol{B}_2, \boldsymbol{B}_3, \boldsymbol{B}_4, \boldsymbol{B}_5]$

根据最大隶属度原则可以判断：当 $\boldsymbol{B}_1=max\{\boldsymbol{B}=, \boldsymbol{B}_2, \boldsymbol{B}_3, \boldsymbol{B}_4, \boldsymbol{B}_5\}$ 时，非营利组织具有极低效益；当 $\boldsymbol{B}_2=\max\{\boldsymbol{B}_1, \boldsymbol{B}_2, \boldsymbol{B}_3, \boldsymbol{B}_4, \boldsymbol{B}_5\}$ 时，非营利组织效益低下；当 $\boldsymbol{B}_3=\max\{\boldsymbol{B}_1, \boldsymbol{B}_2, \boldsymbol{B}_3, \boldsymbol{B}_4, \boldsymbol{B}_5\}$ 时，非营利组织具有中等效益；当 $\boldsymbol{B}_4=\max\{\boldsymbol{B}=, \boldsymbol{B}_2, \boldsymbol{B}_3, \boldsymbol{B}_4, \boldsymbol{B}_5\}$ 时，非营利组织具有好的效益；当 $\boldsymbol{B}_5=\max\{\boldsymbol{B}=, \boldsymbol{B}_2, \boldsymbol{B}_3, \boldsymbol{B}_4, \boldsymbol{B}_5\}$ 时，非营利组织具有极好的效益。

在非营利组织效益综合评价中，专家信息通常同时具有模糊与灰性的特点，决定了单纯采用模糊评价或灰色评价方法都不能客观、准确地评价非营利组织效益高低。本书建立了一种模糊与灰色相结合的非营利组织效益模糊灰色综合评价方法，能充分利用专家评判信息的模糊性与灰性，使对非营利组织效益评价更为客观、准确。

11.5 非营利组织效益评价举例

鉴于非营利组织类型的极其多样性，为科学考量其组织效益，笔者选择了教育类非营利组织——民办高校，加以实证分析，并建立相应的指标体系。

11.5.1 民办高校——一种特殊的非营利组织

从非营利组织的概念、特点可见，非营利组织并不存在于任何领域。在市场运作比较有效的领域，非营利组织的生存空间较为狭窄，组织发展不很发达；在国家利益比较突出、政府管制或者说规制较为严格、强制性力量较强的领域，非营利组织也很少涉足。也就是说，非营利组织更多的是在政府失灵与市场失灵的领域出现并发挥作用的，其具有社会利益或者说公益性、互益性、中介服务性较强的特点。

企业的社会使命在于其通过提供私有产品实现利润最大化，政府的社会使命在于其为社会提供公共产品实现社会福利、社会公平公正的最大化，非营利组织则介于两者之中，为社会提供准公共产品，实现志愿与公益的最大化。对于民办高校属于典型的非营利组织或第三部门这一点，学术界已经基本达成共识。既然是非营利组织，民办高校自然具有利润的非分配性、组织目标的非营利性等特征。但是，民办高校不以营利为目的不是不能营利，只是营利部分要作为教育发展使用，因而同样需要讲求效益和效率。

民办高校提供的是一种准公共产品（服务），不同于一般商品或服务，具有一定程度的社会公益性质。一般商品价格由市场供求关系决定。而民办高等教育这一准公共产品在我国目前基本由国家垄断和政府管制，供求双方起码在将来很长一段时间内没有定价权，买卖双方不可能充分地讨价还价。民办高校的服务价格所发挥的作用与一般商品价格的作用也不同，价格高低不能决定消费行为发生与否。其价格构成模式不能简单套用私人产品的市场化模式或公共产品的政府管制或计划模式，既不能以营利为目标，又要考虑“合理回报”以维系生存发展。民办高等教育产品不是绝对的私有财产，而是将来服务于社会的知识型人才，具有一定的公有性要求和第三方受益性质，其他社会成员也会在一定程度上分享受教育者或“产品”的“溢出效应”。因此，民办高等教育市场并不是真正意义的市场，它永远都不可能完全市场化。

民办高校的行业特性决定其并非完全竞争市场，存在较强的进入与退出壁垒，经过政府有关部门审批才能提供产品或服务，政府对民办高校的管制与规制是一个永续发展的主题。价格管制是政府部门一种主要的管制手段，即通过价格管制规范民办高校的行为，使得学校的自身目标和社会公共利益结合起来。虽然政府可以制定管制价格，但是政府如何制定一个合理的价格，存在很大的操作难度。由于政府与学校对于民办高校经营存在严重的信息不对称，政府难以获得民办高校真实的办学成本，即使政府可以很好地了解公众需求，获得学校办学成本的困难也使得政府很难制定出一个令各方都满意的有效率的管制价格。

民办高等教育的消费者是一个特殊消费群体。因为消费者是一个具有有限理性的个体，由于消费者认识能力的有限性、双方信息的不对称、不同民办高校产品的不同质性、较高的交易成本等，因而消费者认知产品质量是一件复杂的事情。单个消费者只能是价格的接受者。不同地区民办高等教育需求的价格弹性不一；不同家庭对民办高等教育的需求价格弹性不一，甚至在一些经济富裕家庭，这种产品属于完全富有弹性。有关资料显示，不同地区民办高等教育学费价格相差 7 000 元左右，难道办学成本真的相差那么大吗？尽管是一种准公共产品（服务），但依然受到其他替代品的威胁，如家庭经济贫困的学生会选择“高四”复读、进入高职学习或是直接参加工作等。因此，不合理的价格构成会影响到消费者的消费行为的选择。又由于扩大办学规模的边际成本对提供者来讲很小甚至等于零，因此实际上存在着价格构成高于实际办学成本的巨大可能性。

结论：民办高校的服务只能在一种准市场环境中运行。一方面，政府的价格管制是一种拉力，政府期望民办高校的服务更多地体现社会“公益”性质；另一方面，民办高校的市场化、产业化需求又是一种推力，市场更多地体现教育产品的“一般商品”性质。这就决定了民办高校的服务只能部分反映产品价值，部分反映产品的供求关系。因此，民办高校服务的价格构成是一种混合模式，它既是表述市场变化的信号，又是优化配置社会资源的重要手段。这种价格构成也许表现为形式上的所谓的“价格扭曲”，但在本质上体现了准公共产品的双重性质。这也决定了民办高校的效益评价既是必要又是较难的。

11.5.2 某职业技术学院效益的模糊灰色评价及其体系构建

某职业技术学院是 1998 年江苏省人民政府正式批准筹建的一所全日制民办普通高等学校，位于南京市。1999 年起面向江苏省招收参加全国普通高校统一招生考试的学生。2001 年 7 月江苏省人民政府批准正式建校。学院实行董事会领导下的院长负责制。

11.5.2.1 *原始数据的获得*

表 11-6 为某职业技术学院效益评价调查结果数据。

表 11-6 某职业技术学院效益评价调查结果数据表

序号	项目	同意程度									
		非常差		差		一般		好		非常好	
		人数	百分比	人数	百分比	人数	百分比	人数	百分比	人数	百分比
1	学校发展目标及未来规划	0	0	1	2.2	10	22.2	23	51.1	11	24.4
2	计划实际执行情形	0	0	4	8.9	8	17.8	29	64.4	4	8.9
3	董事会组织结构与职能	0	0	2	4.4	11	24.4	22	48.9	10	22.2
4	高层领导的远见卓识	0	0	2	4.4	12	26.7	15	33.3	16	35.6
5	社会使命的清晰度	0	0	2	4.4	5	11.1	24	53.3	14	31.1
6	账册建制	1	2.2	1	2.2	14	31.1	17	37.8	12	26.7
7	财务制度规范健全	1	2.2	1	2.2	11	24.4	21	46.7	11	24.4
8	总收入与总支出的比例高低	0	0	0	0	17	37.8	21	46.7	7	15.6

续表

序号	项目	同意程度									
		非常差		差		一般		好		非常好	
		人数	百分比	人数	百分比	人数	百分比	人数	百分比	人数	百分比
9	资金周转	0	0	3	6.7	17	37.8	15	33.3	10	22.2
10	一般行政费用占总支出的比例	0	0	1	2.2	22	47.8	16	35.6	6	13.3
11	员工工作满意度	1	2.2	5	11.1	19	42.2	19	42.2	1	2.2
12	员工流动情况	1	2.2	5	11.1	21	46.7	15	33.3	3	6.7
13	员工的能力成长	0	0	8	17.8	22	48.9	11	24.4	4	8.9
14	部门间沟通、协调情况	0	0	1	2.2	19	42.2	16	35.6	9	20
15	员工间团结友爱情况	1	2.2	3	6.7	15	33.3	18	40.0	8	17.8
16	志愿工作者数量	13	15.6	16	35.6	9	20	6	13.3	1	2.2
17	科研论文和课题数	6	13.3	13	28.9	16	35.6	6	13.3	4	17.8
18	与同类单位联系	2	4.4	5	11.1	15	33.3	18	40	5	11.1
19	与上级主管部门联系	0	0	1	2.2	12	26.7	23	51.1	9	20
20	政府无偿拨款情况	22	48.9	9	20	9	20	1	2.2	4	8.9
21	境外资金支持	21	46.7	7	15.6	17	37.8	0	0	0	0
22	社会各类组织、个人捐款	19	42.2	9	20	10	22.2	4	8.9	3	6.7
23	加入民办高校群众性组织数	6	13.3	13	28.9	10	22.2	13	28.9	3	6.7
24	参加“公推公选”情况	19	42.2	13	28.9	14	31.1	3	6.7	0	0
25	担任政府参事、顾问情况	15	33.3	13	28.9	13	28.9	4	8.9	0	0
26	担任人大、政协代表，民主党派支部委员	16	35.6	13	28.9	10	22.2	6	13.3	0	0
27	培养费收取情况	0	0	3	6.7	14	31.1	24	53.3	4	8.9
28	各项杂费收取的合理性	0	0	4	8.9	13	28.9	22	48.9	6	13.3
29	学校教学质量	0	0	6	13.3	11	24.4	20	44.4	8	17.8
30	知识适应就业需要	0	0	2	4.4	17	37.8	16	35.6	10	22.2
31	学生生活娱乐需要满足情况	0	0	4	8.9	15	33.3	19	42.2	7	15.6
32	教师的教学态度	0	0	1	2.2	3	6.7	26	57.8	15	33.3
33	毕业生的就业率	0	0	0	0	10	22.2	20	44.4	15	33.3
34	与同类学校相比，专转本比例	0	0	0	0	2	4.4	12	26.7	31	68.9

学院以工科为主，文、管、经、艺术协调发展。“专转本”比例连续四年名列全省高职高专院校前列、民办高校榜首。该职业技术学院的办学特色、教学改革实践成果及人才培养工作，得到社会和各级领导的广泛关注和赞誉。根据我国民办高校的实际情况，经过多次筛选，把原先近 50 个效益评价指标逐步优化，最后变为 34 个效益指标。本着既要科学又要便于操作的原则，笔者随机抽取了某职业技术学院教职员工和兼职教师、学生家长、社区人士、教育部门主管等利益相关者共 50 人，进行了小规模的问卷调查。回收问卷 50 份，其中有效问卷 45 份。利用 SPSS13.0 统计软件进行初步处理，得到了表 11.1 的原始统计结果。

11.5.2.2　*确定效益指标权重的 AHP 法*

构造判断矩阵。请该学院有关高层管理人员、相关专家通过“头脑风暴法”集体商定。具体采取美国运筹学家 T. L. Saaty 提出的层次分析法(即 AHP 法)，以 1～9 及其倒数作为评分标准。“1”表示 A 和 B 同等重要，“3”表示 A 比 B(或 B 比 A)稍微重要，“5”表示 A 比 B(或 B 比 A)明显重要，“7”表示 A 比 B(或 B 比 A)强烈重要，“9”表示 A 比 B(或 B 比 A)极端重要；如果 A 对 B(或 B 对 A)的相对重要程度介于同等重要与稍微重要、稍微重要与明显重要、明显重要与强烈重要、强烈重要与极端重要之间，可以用偶数 2,4,6,8 表示。

表 11-7 为该学院一级效益指标权重设计的判断矩阵。

表 11-7　某职业技术学院一级效益指标权重设计判断矩阵表

	财务效益	过程效益	政治效益	服务效益	其他效益
财务效益(A_1)	1	1/2	1/6	1/5	1/4
过程效益(A_2)	2	1	1/5	1/4	1/3
政治效益(A_3)	6	5	1	2	3
服务效益(A_4)	5	4	1/2	1	2
其他效益(A_5)	4	3	1/3	1/2	1

得到如下表的判断矩阵。

计算判断矩阵 **A** 中每行元素的乘积及其 n 次方根，对方根值(即向量)进行规范化，得到 W 值(过程从略)。得到：

$W_1=0.047\,3$；

$W_2=0.076\,1$；

$W_3=0.424\,3$；

$W_4=0.273\,4$；

$W_5=0.178\,9$。

计算判断矩阵 **A** 的最大特征根 $\lambda_{\max}$

$$\lambda_{\max}=\frac{1}{n}\sum_{i=1}^{n}\frac{(AW)_i}{W_i}$$

$$AW=\begin{bmatrix}1 & 1/2 & 1/6 & 1/5 & 1/4\\2 & 1 & 1/5 & 1/4 & 1/3\\6 & 5 & 1 & 2 & 3\\5 & 4 & 1/2 & 1 & 2\\4 & 3 & 1/3 & 1/3 & 1\end{bmatrix}\begin{bmatrix}0.0473\\0.0761\\0.4243\\0.2734\\0.1789\end{bmatrix}=\begin{matrix}0.2555\\0.3836\\2.1721\\1.3843\\0.8745\end{matrix}$$

$$\begin{aligned}\lambda_{\max} &= \frac{1}{5}\sum_{i=1}^{5}\frac{(AW)_i}{W_i}\\&= \frac{1}{5}\left(\frac{0.2555}{0.0473}+\frac{0.3836}{0.0761}+\frac{2.1721}{0.4243}+\frac{2.1721}{0.4243}+\frac{1.3843}{0.2734}+\frac{0.8745}{0.1789}\right)\\&= 5.1026\end{aligned}$$

进行一致性检验。

$$C.I=\frac{\lambda_{\max}-n}{n-1}=\frac{5.1026-5}{5-1}=0.0257$$

将 $C.I$ 与平均随机一致性指标 $R.I$ 进行比较，得出检验数 $C.R$。一般认为，对于三阶以上的判断矩阵，只要 $C.R<0.1$，就可以认为判断矩阵具有满意的一致性。

$R.I$ 与判断矩阵的阶数有关。一般阶数愈大，出现一致性随机偏离的可能性也愈大，一般有如下数据。

表 11-8 为平均随机一致性指标值表。

表 11-8　平均随机一致性指标值

阶数	3	4	5	6	7	8	9
$R.I$	0.58	0.90	1.12	1.24	1.32	1.41	1.45

$$C.R=\frac{C.I}{R.I}=\frac{0.0257}{1.12}=0.0229<0.1$$

通过检验。W 值可以作为权重。

同理，对各评价指标的二级指标权重进行设计。首先是构造相应的判断矩阵。方法如前。

表 11-9 为某职业技术学院财务效益的判断矩阵表。

表 11-9　某职业技术学院财务效益判断矩阵表

A_{1i}	账册建制	财务制度规范健全	总收入与总支出的比例高低	资金周转	一般行政费用占总支出的比例
账册建制	1	1/2	1/6	1/6	1/5
财务制度规范健全	2	1	1/5	1/5	1/4
总收入与总支出的比例高低	6	5	1	2	3
资金周转	6	5	1/2	1	3
一般行政费用占总支出的比例	5	4	1/3	1/3	1

表 11-10 为某职业技术学院过程效益的判断矩阵表。

表 11-10　某职业技术学院过程效益判断矩阵表

A_{2i}	员工工作满意度	员工流动情况	员工的能力成长	部门间沟通、协调情况	员工间团结友爱情况	志愿工作者数量	科研论文和课题数
员工工作满意度	1	6	2	3	5	4	2
员工流动情况	1/6	1	1/5	1/3	1/2	1/3	1/4
员工的能力成长	1/2	5	1	2	4	3	2
部门间沟通、协调情况	1/3	3	1/2	1	2	2	1/2
员工间团结友爱情况	1/5	2	1/4	1/2	1	1/2	1/3
志愿工作者数量	1/4	3	1/3	1/2	2	1	1/2
科研论文和课题数	1/2	4	1/2	2	3	2	1

表 11-11 为某职业技术学院政治效益的判断矩阵表。

表 11-11　某职业技术学院政治效益判断矩阵表

A_{3i}	与同类单位联系	与上级主管部门联系	政府无偿拨款情况	境外资金支持	社会各类组织及个人捐款	加入民办高校群众性组织数	参加“公推公选”情况	担任政府参事、顾问情况	担任人大、政协代表及民主党派支部委员情况
与同类单位联系	1	1/3	1/2	3	2	4	6	3	5
与上级主管部门联系	3	1	2	4	3	6	7	5	7
政府无偿拨款情况	2	1/2	1	3	3	5	7	4	6
境外资金支持	1/3	1/4	1/3	1	1/2	3	4	2	3
社会各类组织及个人捐款	1/2	1/3	1/3	2	1	3	5	2	4
加入民办高校群众性组织数	1/4	1/6	1/5	1/3	1/3	1	2	1/2	2
参加“公推公选”情况	1/6	1/7	1/7	1/4	1/5	1/2	1	1/2	1/2
担任政府参事及顾问情况	1/3	1/5	1/4	1/2	1/2	2	2	1	2
担任人大、政协代表，民主党派支部委员情况	1/5	1/7	1/6	1/3	1/4	1/2	2	1/2	1

表 11-12 为某职业技术学院服务效益的判断矩阵表。

表 11-12 某职业技术学院服务效益判断矩阵表

A_{4i}	培养费收取情况	各项杂费收取的合理性	学校教学质量	知识适应就业需要	学生生活娱乐需要满足情况	教师的教学态度	毕业生的就业率	与同类学校相比，专转本比例
培养费收取情况	1	3	1/2	1/4	4	2	1/5	1/4
各项杂费收取的合理性	1/3	1	1/2	1/2	2	3	1/5	1/4
学校教学质量	2	4	1	3	5	4	1/2	1/2
知识适应就业需要	3	2	1/3	1	3	1/2	1/4	1/3
学生生活娱乐需要满足情况	1/4	1/2	1/5	1/3	1	1/3	1/5	1/5
教师的教学态度	1/2	1/3	1/4	2	3	1	1/3	1/3
毕业生的就业率	5	5	2	4	5	3	1	2
与同类学校相比，专转本比例	4	4	2	3	5	3	1/2	1

表 11-13 为某职业技术学院其他效益的判断矩阵表。

表 11-13 某职业技术学院其他效益判断矩阵表

A_{5i}	学校发展目标及未来规划	计划实际执行情形	董事会组织结构与职能	高层领导的远见卓识	社会使命的清晰度
学校发展目标及未来规划	1	2	1/3	1/3	1/4
计划实际执行情形	1/2	1	1/5	1/5	1/5
董事会组织结构与职能	3	5	1	2	1/2
高层领导的远见卓识	3	5	1/2	1	1/2
社会使命的清晰度	4	5	2	2	1

经计算，得出各二级指标的具体权重，如表 11-14 所示。

表 11-14　职业技术学院效益指标体系中各指标的权重

	W_1	W_2	W_3	W_4	W_5
	0.047 3	0.076 1	0.424 3	0.273 4	0.178 9
W_{11}	0.044 7				
W_{12}	0.066 2				
W_{13}	0.409 1				
W_{14}	0.310 1				
W_{15}	0.169 9				
W_{21}		0.320 6			
W_{22}		0.037 9			
W_{23}		0.224 8			
W_{24}		0.113 4			
W_{25}		0.057 2			
W_{26}		0.084 3			
W_{27}		0.161 8			
W_{31}			0.150 7		
W_{32}			0.283 5		
W_{33}			0.211 4		
W_{34}			0.078 4		
W_{35}			0.129 2		
W_{36}			0.039		
W_{37}			0.023 7		
W_{38}			0.053 7		
W_{39}			0.030 4		
W_{41}				0.076 7	
W_{42}				0.061 3	
W_{43}				0.176 9	
W_{44}				0.081 8	
W_{45}				0.031 2	
W_{46}				0.062 1	
W_{48}				0.221 4	
W_{51}					0.088 7
W_{52}					0.054
W_{53}					0.271 7
W_{54}					0.205 9
W_{55}					0.379 7

但这些权重系数只有经过一致性检验才能确定是否适合。经过一致性检验后，各项结果如表 11-15 所示。

表 11-15 某职业技术学院效益指标权重的一致性检验结果值

	λmax	*C. I.*	*C. R.*	结果
A_{1i}	5.197 1	0.049 3	0.044<0.1	具有满意的一致性
A_{2i}	7.14	0.023 3	0.017 7<0.1	具有满意的一致性
A_{3i}	9.339	0.042 4	0.029 2<0.1	具有满意的一致性
A_{4i}	8.190 30	0.027 2	0.019 3<0.1	具有满意的一致性
A_{5i}	5.321 2	0.080 3	0.071 7<0.1	具有满意的一致性

这说明，各效益指标确定的权重合适，可以用于实际分析过程。

11.5.2.3 某职业技术学院效益的模糊灰色评价结论

将表 11-15（将百分比数值调整为 0～1 之间的数值，也即对百分比数值进行归一化处理）与表 11-14 相乘，即可得出各等级效益的模糊评价值，如表 11-16 所示。

表 11-16 某职业技术学院整体效益的模糊评价结果表

	非常好	好	一般	差	非常差
某职业技术学院效益评价结果	0.140 3	0.334 8	0.238 4	0.176 5	0.11

从这个结果看，某职业技术学院的“好”效益还是得到较多评价者认同的。需要指出的是，由于众所周知的“商业秘密”等原因，笔者不能获得某职业技术学院的真实财务数据。因此，对该学院财务效益的评价就缺乏真实的参照系，可能会有失偏颇。

将表 11-16 的结果分别代入第 6 章的五种灰色白化权函数中，得到

$B=\max\{0.155\,9,\ 0.428\,5, 0.340\,6, 0.294\,2, 1\}$

按照最大隶属度原则，则该学院的效益状况不容乐观。

但是，该职业技术学院的原始效益数据来自于利益相关者们的主观评价，经 AHP 法层层加权后，其演进过程也不排除存在甚至加重信息失真现象。因此，对“模糊”信息的“灰色”评判结论，还要结合目标对象的全面情况综合分析才较为可靠。

11.6 非营利组织经济效益信息披露

11.6.1 非营利组织绩效预算与信息披露

非营利组织资源的有限性和目标的多元性，使得非营利组织的预算已经不仅仅是一个资金收支计划，更兼具了契约责任和绩效控制标准等多种功能。第一，非营利组织预算是平衡收支的力一法。寻求平衡的收支是非营利组织合理安排资源和服务能力的手段。特别是在收入替代型组织和会费型组织的运营中，需求的无限性和可获得资源的有限性矛盾要求非营利组织在编制预算时，需要对组织的资源及未来可获得的资源做细致的测算，并把支出控制在和收入相平衡的限度内。收支平衡并不意味着非营利组织不能

举债，而是非营利组织资源增值的有限性，使得不同类型的非营利组织在举债与否和举债规模上持有的谨慎态度会有差异。第二，非营利组织的预算是以金额表示的行动计划。预算与使命和战略存在承接性，预算是长远战略的当期计划，恰当的预算实质上指明了组织的行动力一案，也是组织努力完成承诺的计划。预算编制和执行的质量关系到组织战略目标实现的程度，因而，需要更加强调其可行性和执行力的保障。第三，预算是各方利益相关者的契约。与出资人之间的契约，预算表示组织以标准化的模式承诺受托责任；与受益人之间的契约，预算表示组织提供服务的内容、方式和力度；预算也是理事会和执行总裁和员工之间的契约，大家共同遵守这样的契约，以完成使命；预算还是组织和家属等社会公众的契约，以计划的形式表明组织如何完成使命，履行职责。第四，预算是组织有效控制的标杆。预算的控制意义在于其对使命和战略的承接，是金额化、绩效化、具体化的战略。控制步骤包括：首先要控制资源的获得，包括筹资对象控制、团队控制、宣传控制及过程控制等。其次是通过定额控制、进度控制、标准控制等手段控制资源的分配体系。最后，控制组织服务的结果。另外，预算反映组织的理财能力和服务能力，在资源的筹措、分配、使用和评价过程中，组织所能扩展的最大服务面。

对于非营利组织而言，仅以收支观念编制预算是不够的，实行绩效预算很有必要。由于资源依赖，非营利组织需要通过有效的配置所获得的资源，在既定目标下实现投入和产出的经济性；由于组织服务关系到社会公益和社会资源使用的公平性，就要求组织在提供服务时，要强调其透明度，强调其社会效用的满意度评价；由于组织服务结果不以营利为目的，而是完成使命，那么如何才表明组织的工作结果是完成了使命，需要有“预算—行动—绩效”的联动性管理，在制定预算时，就需要将组织的服务结果和绩效预期做出指标，组织的行动就有了可以比对或评价的标准，防止偏离使命的组织行为；由于非营利组织是一个多重投入、多重产出、多重目标、多重效率、多重效益、多重服务的复合体，其管理表现为复杂化，资金来源也表现为多样化。如果没有绩效指标控制，多重运营的组织容易产生混乱和运营口标的迷失；由于非营利组织的公益产权特性，其相关的利益人对组织的运营监督往往更加注重组织使命的完成和社会价值观的考量，那么，以绩效预算为起点和以绩效评价为终点的管理模式更加能够满足组织利益相关者的监督需要。

非营利组织的预算不仅是组织的资源配置计划和行动计划，更是组织运营活动的控制标准。“控制是指组织建立起来的程序、方法、绩效衡量系统，这个系统可以引导和激励所有员工去实现组织的目标。失去控制是指这个系统没有朝着组织目标运行的状况；处于控制之中是指这个系统正朝着目标运行。”通过绩效预算对组织行为进行控制，包括通过制定服务流程标准和服务程序进行过程控制，通过对预算执行结果的数据和预算的指标进行比对，对结果及影响效果进行评价，分别针对执行误差和计划误差进行校准和调整，以便于对下一阶段的计划和行动做出安排。

因此，非营利组织的预算是目标绩效设定下的资源配置计划，代表着组织完成使命的路径，更代表公益性资源的使用契约，公开预算意味着非营利组织对资源提供者和服务者许下承诺，也成为组织运营的基本控制标准，最终成为绩效评价的客观参照。

11.6.2 非营利组织绩效驱动与信息整合

非营利组织涉及行业领域宽泛，组织类型不一，运作方式也各不相同。不同组织战略重点不同，组织为实现战略的绩效驱动也不同，识别组织运行的绩效驱动因素，找到提高组织绩效的行动模式，目的是判断组织行为的有效性以及与绩效的因果联系。现实中，非营利组织有多种分类方式，按照行业分类，按照法律形式分类，基于会计视角分类等，主要考察组织资源的获得、使用及效果情况。更适合选择以资源的动员方式和组织运作方式相结合来分类，通过具体的分析来认识不同组织应该如何提高组织的绩效。非营利组织分类、战略特点与绩效驱动关联归纳见表 11-17。

表 11-17　非营利组织类型与绩效驱动关联表

组织类型	组织资源特点	组织顾客特点	战略重点	绩效驱动点
互益型组织	资源主要来自会员费	会员既是支持客户也是服务客户	满足会员需求，为会员创造价值	提高组织理念认同度，扩大会员规模，不断创造需求
公益型组织	资源主要来自政府、基金会和其他社会捐赠	支持客户和服务客户相分离	既要有充分的筹资，又要向使命定位的特定客户提供服务	广泛的公益价值观的社会认同度，良好的服务效果和社会影响力
捐赠型或中介型组织	资源来自特定或不特定集团	有相对稳定的支持客户，没有固定的服务客户	专业性的募集资源并按照优先次序选择支持社会福利项目或机构	广泛的公益价值观的社会认同度；有效的募捐团队与筹资行为；公平、有效、透明的分配资源；全面评价被支持机构的绩效
社会企业型组织	资源来自收费或商业性活动	受益客户或者是交费人或者是其他客户	合理筹划资源来源，确定受益客户，并为之提供高质量的服务	评价筹资绩效，建立组织效率性、公平性和公益性的控制机制
专业型组织	资源来自特定的委托或自筹	为某一特定领域提供服务	创新特定领域的价值	专业性服务和社会效益评量

11.6.2.1　非营利组织绩效驱动与信息整合

表 11-16 列出了不同类型的非营利组织资源与战略特点，并进一步列出应该通过哪些行为来提高绩效驱动点，不同的组织在战略重点存在差异的前提下，实现组织目标的途径会有差异。比如没有筹资压力的组织和有筹资压力的组织，由于其绩效驱动因素的差异，在资源配置的把握方面就需要有所侧重。

当然，相同类型的组织在战略重点上也会存在不同。以提供公益性服务的民间公益型组织为例，可能存在的战略包括：(1) 在现有的筹资规模条件下，尽可能提高效率、优化服务，可以称之为“有限资源，高效服务战略”。(2) 依照理想的服务规模，去努力筹措资源，达成目标，可以称之为“扩展性战略”。(3) 打破现有的服务项目的局限，不断拓展新的服务项目或领域，可以称之为“多角化战略”。可以看出，即使同类组织，如果采用不同的战略模式，其绩效重点、绩效驱动因素、评价指标、资源配置及对人员的要求等都会不同。

尽管上述分析罗列了不同类型组织由于战略选择和绩效驱动不同，其绩效评价的侧重点有所差异，但是，抽象组织的行为与结果，不同类型组织的业务活动和绩效驱动因素具有共同性：第一，组织的业务活动不外是筹资活动、服务活动和管理活动，无论其客户是否是同一群体，组织的活动类型相同。第二，非营利组织可持续发展的关键驱动因素包括：价值观广泛认同；服务的公平性、效率性和效益性；良好的社会效果或影响力。而这些可以统统包含在组织提高社会公信力的组成要件中。因此，可以将这些共性特征进行概括和抽象，设置一个通用性的信息披露体系，以全面反映组织的使命、行为和绩效。这样不仅可以全面展示一个组织在一定会计期间内为完成使命做出了哪些努力，这些努力产生了什么结果和社会效益，而且能够提高绩效会计信息披露的可比性质量，利于信息使用者在不同非营利组织之间进行衡量和评价。当然，特殊行业、特殊类型组织的个性化绩效仍然需要特别设置相关指标和个别披露，以便于会计信息使用者更全面的了解不同类型组织的运营及其绩效。

11.6.2.2 非营利组织绩效会计信息整合披露体系

根据上述分析，将非营利组织绩效财务会计与绩效管理会计的信息进行整合后进行披露，应当包括：(1) 非营利组织的基本概况，至少说明组织的使命和宗旨、业务范围及治理结构等信息。(2) 组织主要业务活动及成果，表达组织为完成使命做出的努力，是绩效驱动下的行动展示。(3) 预决算报告，表达组织的承诺与责任的履行结果。(4) 绩效财务会计报表：资源存量表、运营绩效表、综合绩效表，表达组织可货币量化的绩效信息。(5) 绩效分析报告，是指在财务报表和其他基础性数据基础上对组织的运营和管理绩效做进一步分析。分析报告包括绩效指标体系和文字分析，更有利于在同行业不同非营利组织之间进行比较，也更有利于区别相同行业不同口标的组织在组织运营和资源配置上产生差异的合理性。其组成关系如表 11-18 所示。

表 11-18　非营利组织绩效会计信息披露组成体系

基本内容	具体内容	披露目的
基本概况	使命与愿景	透明使命、组织结构、治理结构和制度体系，人力资源结构，以提高组织使命认可度，展示组织的运营环境
	组织机构与治理结构	
	员工与规模	
	业务范围与客户	
主要业务活动	业务计划	为实现目标达成使命所作出的努力，展示达成使命的途径，主要业务活动的开展和影响力
	主要的业务活动介绍	
	活动影响力描述	
预算决算报告	预算报告	展示资源配置及绩效，预算契约的履行。与战略相比判断资源配置的合理性，与业务活动相结合，判断资源配置的适当性
	决算报告	

续表

基本内容	具体内容	披露目的
绩效会计报表	资源存量表	展示组织的运营绩效和财务绩效，反映会计要素的存量信息和增量信息及其影响
	运营绩效表	
	综合绩效表	
绩效分析报告	预算及执行绩效分析	通过指标分析、动态分析、绩效动因和结果分析以及评价与反馈，评价经济性、效率性和效益性，评价目标符合度，评价成长性，利于行业比较分析
	筹资绩效分析	
	服务绩效分析	
	管理绩效分析	
审计报告		社会监督途径，利于提高信息的信任度

这是个通用性的报告体系，这个报告体系的信息可以基本涵盖评价组织绩效的信息需求，是财务性绩效信息和非财务性绩效信息相结合、数据和文字信息相结合、基础信息和指标计算信息相结合、过程信息和结果信息相结合的信息体系。在这个信息体系中，预决算报告、绩效会计报表和审计报告必须执行相关规范进行编制和披露，其余信息是非营利组织根据组织发展的要求和社会公信力建设的要求而披露的。充分披露、充分透明信息既是社会监督的必要手段，也是非营利组织展示自我强化自律管理的重要途径。

通过这个信息披露体系可以完整清晰地展示一个非营利组织的使命和目标是什么，他们做了哪些事情和怎么做的这些事情来践行使命的，做的结果如何，与自己相比有哪些成长，与同类组织相比其优势与适当性体现在哪里。非营利组织的利益相关者通过阅读这样的信息报告不仅可以全面了解一个组织的运营和管理活动过程，评价其资源获得和服务提供的合理性和有效性，而且能够对其未来可持续发展的潜力与能力做出评价，同时，可以在同行业中进行比较，进而能够有效地做出相应的决策。

12 经济效益综合分析

12.1 经济效益综合分析指标体系

评价指标体系就是旨在通过制定一个包含一系列评价指标和评价方法的综合体系，以实现对企业经济活动效果的综合评价与分析，从而对企业的进一步发展提供科学性和有指导性的参考标准，起到一个指示器的作用。企业经济效益的综合评价就是把企业经济效益的现状与企业上一年同期的实际水平、本企业历史最高水平、同行业的平均水平、同行业的先进水平、国际同行业的先进水平进行比较。企业经济效益综合分析就是对企业的收益性、成长性、流动性、安全性及生产性进行综合分析。

追求企业价值最大化、取得经济效益是企业的主要目标，对企业的经济效益进行综合评价与科学衡量显得十分重要。首先，对企业经济效益进行科学的评价有利于提高企业管理决策的科学性，能够使企业管理者明白企业进一步发展的方向，可以促使企业苦练内功，挖掘潜力，有利于激发企业提高经济效益的积极性。对国家来说，能够促进国家经济增长方式的转变。其次，开展企业经济效益评价是促进企业加强经营管理、提高经济效益，进一步深化经济体制改革的需要。同时，作为国家企业综合评价指标体系中由财政部颁发的一套具有权威性的评价体系，利用企业经济效益评价指标体系开展对企业经济效益的评价也是进一步完善国家企业综合评价体系的需要。

12.1.1 经济效益综合评价体系概述

12.1.1.1 形成财务指标与非财务指标相结合的经济效益综合评价体系

传统的企业经济效益综合评价指标是在财务报表分析的基础上发展而来的。财务指标为综合评价的基础。评价企业经济活动效益的指标体系是指由若干个反映经济活动效益的指标所构成的有机整体。财务指标是构成经济效益标准的重要因素，但由于财务指标只能反映企业的价值运动，不能全面反映企业的经济活动状况，所以仅以财务指标来评价企业的经营业绩是不全面和不公正的。因此，越来越多的学者和企业试图通过引入非财务评价指标创造更宽泛的指标体系，希望不但要抓住企业价值，还要抓住价值创造的因素。美国通用电器公司将生产率、市场地位、产品领先状况、雇员发展状况、社会责任等非财务指标纳入经济效益的综合评价体系。菲力普公司将质量指数、消费者服务水平、销售实现率、存货保证率等非财务指标纳入经济效益的综合评价体系。国务院国有资产监督管理委员会颁布的《中央企业综合绩效评价管理暂行办法》中提出，企业综合绩效评价由财务绩效定量评价和管理绩效定性评价两部分组成。由此我们主张，建立一个财务指标与非财务指标有机结合的企业经济效益评价指标体系。

12.1.1.2　构建经济效益综合评价指标体系的原则

构建一套科学、完善的企业经济效益评价指标体系，一般应遵循以下原则：

(1) 科学性原则。指标的设置既要考虑指标自身理论的科学合理性，又要结合企业实际，遵循客观规律，是对客观实际的抽象描述，既要有动态指标，又要有静态指标，既要有定性指标，又要有定量指标，而且每个指标的概念要科学、准确，要有精确的内涵和外延。

(2) 全面性原则。指标的设计既要能反映企业财务成果和经营状况，又要能反映企业管理水平和经营能力。因而，既要有财务指标，也应有非财务指标。这样，可以避免统计评价工作出现遗漏，能从不同角度对企业进行全面、综合地考核和评价。

(3) 可行性原则。评价指标的设置要从实际出发，切实可行，力求可比、可测、简易。可比是指评价对象之间或评价对象与评价标准之间能比较；可测是指该体系指标所需的数据易于采集和处理，能获得足够的信息，使评价对象在这些项目上的状态能够进行量化描述；计算和评估方法明确、简易，易于操作。

(4) 系统性原则。采取系统设计、系统评估的原则，才能全面、客观地做出合理的评价。

(5) 可比性原则。评价指标应具有动态可比和横向可比的功能，可以与市场中竞争企业的竞争力状况相比较，也可以与企业自身过去的竞争状况相比较。

12.1.1.3　构建经济效益综合评价体系的思路

(1) 财务指标

财务指标分析是指对企业一定期间的经营管理进行定量对比分析和评判，这种分析和评价主要是针对盈利能力、经营能力、债务风险和经营增长这四个方面。财务指标的设置也分为这几个方面。

① 企业盈利能力分析指标。盈利能力是指企业获取利润的能力，是企业经营业绩的直接体现。主要包括销售净利率、成本费用利润率、净资产收益率、总资产报酬率等指标。

② 企业经营能力分析指标。通过资产周转速度、资产运行状态、资产结构及资产有效性等方面的财务指标，综合反映企业所占用经济资源的利用效率、资产管理水平与资产的安全性，主要包括总资产周转率、流动资产周转率、应收账款周转率、存货周转率等指标。

③ 企业债务风险分析指标。长期负债偿还能力，用来预测企业有无足够的能力偿还长期负债的本金和利息，包括利息保障倍数和资产负债率。短期偿债能力，反映企业偿

付日常到期债务的实力，包括速动比率、流动比率、现金流动负债比率、现金支付保障率等指标。

④ 企业经营增长分析指标。通过销售增长、资本积累、效益变化及技术投入等方面的财务指标，综合反映企业的经营增长水平及发展后劲，主要分析指标包括资本保值增值率、总资产增长率、销售增长率和资本积累率。

(2) 非财务指标

近几年来，企业经济效益评价的一个显著趋势就是在经济效益评价指标体系中引入非财务评价指标。非财务评价是指在企业财务定量评价的基础上，通过采取专家评议的方式，对企业一定期间的经营管理水平进行定性分析与综合评判。

非财务指标评价是指对企业一定期间的经营管理进行定性对比分析和评判，主要是针对企业经营、企业产品、顾客和员工这四个方面进行分析和评价。

① 企业经营方面的评价，包括企业的核心竞争力、企业的新产品开发和创新能力、企业的资源利用情况和环境保护工作。

② 产品方面的评价，包括产品品质、售后服务和主要产品的市场份额。

③ 顾客角度评价，包括顾客满意程度、顾客保持程度和新顾客的获得以及交货效率。

④ 员工角度评价，包括员工满意度和保持力、员工培训、员工劳动生产率及员工积极性和团队合作精神。

12.1.2 经济效益综合评价体系构建

12.1.2.1 财务评价指标

1995 年，财政部在反复研究的基础上，建立了一套企业经济效益评价指标体系。这套体系包括销售利润率、总资产报酬率、资本收益率、资本保值增值率、资产负债率、流动比率(或速动比率)、应收账款周转率、存货周转率、社会贡献率、社会积累率 10 项指标。具体解释如下：

销售利润率，反映企业销售收入的获得水平，计算公式为：

$$销售利润率=\frac{利润总额}{产品销售净收入}\times 100\%$$

式中，产品销售净收入指扣除销售折让、销售折扣和销售退回之后的销售净额。

总资产报酬率，用于衡量企业运用资产获利的能力，计算公式为：

$$总资产报酬率=\frac{利润总额+利息支出}{平均资产总额}\times 100\%$$

$$平均资产总额=(期初资产总额+期末资产总额)\div 2$$

资本收益率，指企业运用投资者投入资本获得收益的能力，计算公式为：

$$资本收益率=\frac{净利润}{实收资本}\times 100\%$$

资本保值增值率，主要反映投资者投入企业的资本完整性和保全性，计算公式为：

$$资本保值增值率=\frac{期末所有者权益总额}{期初所有者权益总额}\times 100\%$$

资本保值增值率等于100%，为资本保值，资本保值增值率大于100%，为资本增值。

资产负债率，用于衡量企业负债水平高低情况，计算公式为：

$$资产负债率=\frac{负债总额}{资产总额}\times 100\%$$

流动比率，衡量企业在某一个时间点偿还即将到期负债的能力，又称短期偿债比率，计算公式为：

$$流动比率=\frac{流动资产}{流动负债}\times 100\%$$

速动比率，是指速动资产与流动负债的比率，它是衡量企业在某一个时间点上运用随时可变现资产偿付短期债务的能力，速动比率是对流动比率的补充，计算公式为：

$$速动比率=\frac{速动资产}{流动负债}\times 100\%$$

$$速动资产=流动资产-存货$$

应收账款周转率，也称收账比率，用于衡量企业应收账款周转快慢，计算公式为：

$$应收账款周转率=\frac{赊销净额}{平均应收账款余额}\times 100\%$$

$$赊销净额=销售收入-现销收入-销售退回、折让、折扣$$

由于企业赊销资料作为商业机密不对外公布。所以，应收账款周转率一般用赊销和现销总额，即销售净收入。

$$平均应收账款余额=(期初应收账款余额+期末应收账款余额)\div 2$$

存货周转率，用于衡量企业在一定时期内存货资产的周转次数，反映企业购、产、销平衡的效率的一种尺度，计算公式为：

$$存货周转率=\frac{产品销售成本}{平均存货成本}\times 100\%$$

$$平均存货成本=(期初存货成本+期末存货成本)\div 2$$

社会贡献率，是衡量企业运用资产为国家或社会创造或支付价值的能力，计算公式为：

$$社会贡献率=\frac{企业社会贡献总额}{平均资产总额}\times 100\%$$

企业社会贡献总额，即企业为国家或社会创造或支付的价值总额，包括工资(含奖金、津贴等工资性收入)、劳保退休统筹及其他社会福利支出、利息支出净额、应交增值税、应交产品销售税金及附加、应交所得税及税收、净利润等。

社会积累率，衡量企业社会贡献总额中多少用于上交国家财政，计算公式为：

$$社会积累率=\frac{上交国家财政总额}{企业社会贡献总额}\times 100\%$$

上交国家财政总额，包括应交增值税、应交产品销售税金及附加、应交所得税及其他税收等。

上述指标主要是从企业投资者、债权人及企业对社会的贡献等三个方面来考虑的。

12.1.2.2 企业通用经济效益综合评价指标体系

为了适应我国各类企业经济效益综合评价之需要，我国企业管理界一直都在不断研究和创新经济效益综合评价体系。由于市场竞争环境的多变性和各类企业自身条件的差异性，从理论上讲，很难形成一套同时适应各类企业又有一定稳定性的综合评价体系。但在实践中，又有必要设计一套基本稳定的评价体系，然后再针对不同企业实际和竞争变化作调整修正。

表 12-1 是目前较有推广价值的一套企业通用的经济效益综合评价体系。

表 12-1 企业通用经济效益综合评价体系

指标类别	子类	具体指标
企业盈利状况指标		① 资产利润率 ② 资本收益率 ③ 成本费用收益率
市场竞争能力指标		① 产品销售增长率 ② 订货合同履约率 ③ 主要产品订货量和生产能力
资产经营状况指标	资产周转	① 总资产周转率 ② 流动资产周转率
	负债状况	① 资产负债率 ② 流动比率 ③ 已获利息倍数
	资产运营质量	① 不良资产比率 ② 资产损失比率
经营管理水平指标		① 企业领导决策水平 ② 职工积极性和凝聚力 ③ 企业内部协调控制能力 ④ 激励和约束能力
企业发展能力指标	生产要素素质	① 资本积累率 ② 企业用于发展的积累
	企业自我积累	① 技术创新费用占销售收入比重 ② 从事科研技术人员占全部技术人员比重 ③ 技术消化吸收费用与技术引进费用之比 ④ 产品更新率
	技术创新能力	① 从业人员平均文化程度 ② 每千人拥有企业技术人员数 ③ 技术装备水平

12.2 经济效益综合分析的意义、内容、方法与步骤

企业经济效益综合分析，就是在企业生产、经营、成本、利润及财务状况分析的基础上，综合考虑资源投入与产出的各个方面，对企业的投入产出率或经济效益所进行的全面、系统和综合的分析，以说明企业经营的总体或综合效益情况。从经济效益综合分析的定义上可以看出，它是对企业经营效果的综合分析，它分析的基础是整个企业生产经营的各个方面。因此，要做好企业经济效益综合分，就要求企业各方面生产经营情况分析及时、准确和完整。

12.2.1 经济效益综合分析的意义

所谓经济效益，通俗地讲，就是企业投入和产出比率，投入包括涉及生产经营的一切

成本，如设备、人员、材料等。产出主要是指生产经营的最终结果，这一结果主要通过企业最终的收入来体现。企业的各项生产经营活动、经营成果及财务状况的好坏，最终都可通过经济效益的高低体现出来。对企业经济效益进行综合分析，有利于从总体上评价企业业绩，以及各环节的经营成果与财务状况，有利于为企业的投资者、债权者、经营者及国家经营管理者提供有效的管理与决策信息。所以，对企业进行综合经济效益分析对于企业来说就显得尤为必要。

经济效益的综合分析，就是不断认识和总结企业生产经营活动的实践，实事求是地总结过去，按照客观经济规律的要求，科学地预测未来，严密地控制现在，有效地指导生产经营活动的方法。经济效益的综合分析，就是依据以会计为主的大量资料和经济信息，对客观的生产经营活动实践进行分析、综合，把感性认识上升到理性认识，再用于指导实践，也是物质变精神、精神变物质的过程。综合分析的过程是由具体到抽象，再从抽象到具体的过程。只有运用综合分析的方法，才能从经济活动的大量经验资料中概括出它们共同的、必然的本质。

12.2.2 企业经济效益综合分析的内容

企业经济效益综合分析的内容包括以下四个方面：第一，企业一定时期内的生产成果满足社会需要的效果；第二，企业一定时期内人力、物力、财力方面利用的效果；第三，企业一定时期内生产消费方面的效果；第四，企业一定时期内生产经营的总效益如何。这四个方面虽各有侧重，但相互有着极为密切的联系。

12.2.2.1 综合分析企业生产成果满足社会需要的效果

企业销售合同完成率指标反映企业一定时期内履行交货合同的程度，它与价值形态的商品产值、产品销售收入等指标结合起来，就能完整地反映和评价企业有用的生产成果满足社会需要的程度。企业满足社会需要的效果取决于一定时期产品销售的数量。产品销售数量取决于产品的产量（总产值）、产品销售数量（发出商品产值）、取得销货收入的产品数量（销售商品产值），因而也取决于在产品数量的变化和库存产成品余额变动情况。

企业产品生产和销售的经济效果指标体系如图 12-1 所示：

图 12-1 企业生产和销售的经济效果指标体系

销售商品产值（产品销售收入）＝按现行批发价格计算的总产品产值±期初期末在产品余额变动差额±期初期末库存产成品余额变动差额±期初期末发出商品余额

变动差额。

12.2.2.2 综合分析企业人力、物力、财力利用的效果

生产什么产品，生产多少，使用效果怎样，既取决于劳动力、劳动手段、劳动对象三要素的数量和质量，更取决于对三者利用的状况如何。在一定时期社会资源有限的条件下，企业生产经营活动的经济效益，不仅表现在增产更多更好的产品以满足社会的需要方面，还表现在提高劳动生产率、提高设备利用率、节约材料和能源消耗、合理占用资金、不断降低产品成本、增加企业盈利、充分合理利用劳动和物资资源，以及全面提高人力、物力、财力利用的效果为社会积累资金方面。企业一定时期内人力、物力、财力利用的效果如何，一般用全员劳动生产率指标反映人力利用的效果，用百元固定资产生产产值、百元材料费用生产产值等指标反映物力利用的效果，用产值资金率、经营资金周转率等指标反映财力利用的效果。

12.2.2.3 综合分析企业生产耗费的经济效益

企业的生产过程也是生产的耗费过程。产品成本作为生产中的耗费，与产品的生产过程有着不可分割的联系。因此，产品产量的多少，产品质量的高低，劳动生产率增长与否，工时利用的情况，材料、能源消耗的水平如何，设备是否有效地利用，各项费用支出的节约与否，企业生产水平、技术水平和管理水平的高低，均综合反映在成本指标中。反映企业生产耗费的经济效益指标体系如图 12-2 所示：

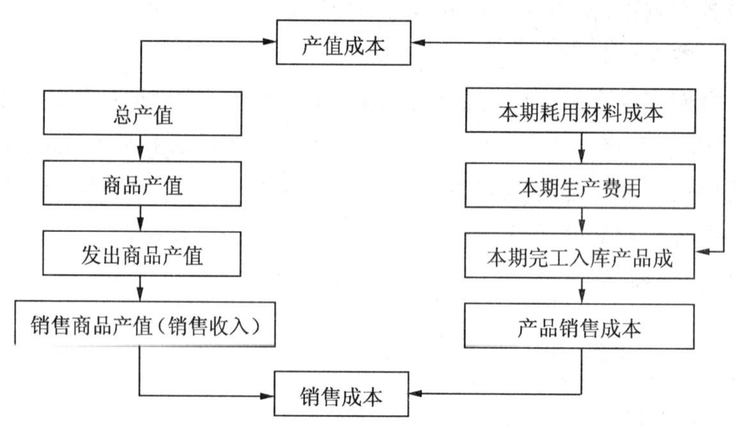

图 12-2 企业生产耗费的经济效益指标体系

12.2.2.4 综合分析企业生产经营活动的总效益

利润指标是衡量和评价企业生产经营活动总效益的一项重要指标。企业生产经营的经济效益的大小，表现为企业生产的产品的劳动消耗是低于还是高于社会必要劳动。低于社会平均劳动消耗的，获得的利润就多，经济效益就大；反之，利润就低，甚至出现亏损，经济效益就小，甚至没有经济效益。因此，通常情况下企业生产经营活动的总效果可以通过利润的高低来衡量。

企业生产经营活动总效果的指标体系如图 12-3 所示：

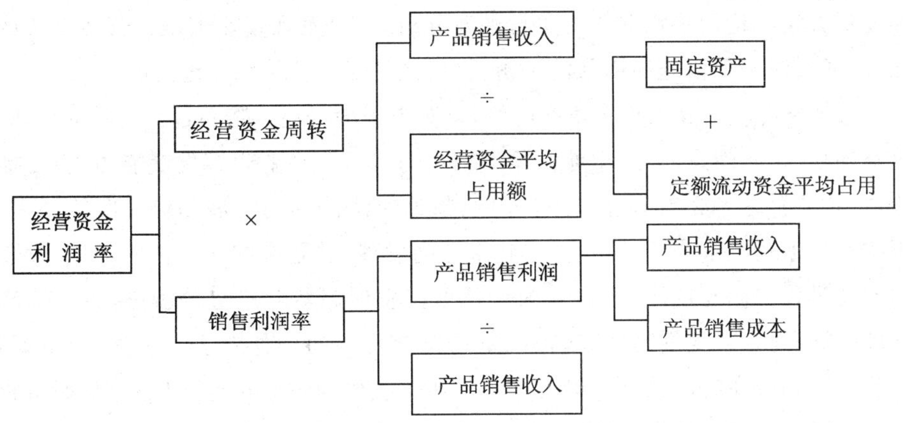

图 12-3 企业生产经营活动总效果的指标体系

12.2.3 企业经济效益综合分析的基本方法

进行企业经济效益分析应根据实际情况选择一种或几种相应的分析方法，下面简单介绍几种常用的分析方法。

(1) 比较分析法。比较是人们认识客观事物的科学方法，也是经济效益分析的基本方法。通过对各种经济指标的对比，从数量上确定差异的方法就是比较分析法。比较的形式有：实际指标同计划指标相对比，本期实际指标同往期实际指标相对比，本企业实际指标同其他企业实际指标相对比。

在进行对比分析时，应注意经济现象或指标的可比性，也就是相比较的现象或指标在性质上、范围上、时间上应基本相同。

(2) 比率分析法。比率分析法的实质也是一种比较分析法，它通过计算指标之间的相对数来分析经济现象。常用的有相关比率分析法、构成比率分析法、动态比率分析法。相关比率分析法是将两种性质不同但又相关的指标进行对比(相除)，算出比率，用以反映生产经营情况的分析方法。如资金利润率就是利润额与资金额相除的比率，用以说明盈利的能力。构成比率分析法是通过计算某一经济指标的各个组成部分占总体的比率，用以评价经济指标内在结构是否合理的分析方法。动态比率分析法是将不同时期同类经济指标进行对比，计算出动态比率，用以反映该项指标的发展趋势和速度。

(3) 因素分析法。在企业经济活动中，一些综合性经济指标是由多种因素构成的，每一因素的变动，对综合性指标都有影响。比如销售利润的大小，取决于产品销售量、销售单价、销售成本等因素；销售成本的高低，取决于原材料耗用量、材料单价、工时用量、工资水平等因素。只有把综合性经济指标分解为具体因素，并确定各个因素变动对总体指标的影响，才能找出综合性经济指标完成好坏的原因，进而确定其责任。这种分析方法就是因素分析法。

(4) 平衡分析法。平衡分析法是用以查明具有平衡关系的各项经济因素之间的依存关系，将实际平衡关系与平衡关系对比，以确定各项经济因素变动对经济指标变动影响的一种分析方法。运用平衡分析法进行平衡分析，可以发现企业生产经营活动中的不平衡状况，以便及时采取措施组织新的平衡，保证经济活动持续稳定地发展。

(5) 趋势分析法。分析事物发展趋势，是对未来的研究。随着现代科学的飞速发展，技术更新加快，市场瞬息万变，企业竞争加剧。为了增强企业生存发展能力、应变能力和竞争能力，企业管理者必须研究未来，分析、预见经济活动的发展趋势。鉴往知来，是趋势分析的根本途径。事物从过去、现在到未来的发展，总是有内在规律的，只有发现和掌握事物发展过程的固有规律，才能正确地预见其发展趋势。趋势分析法，就是以历史资料的基础，研究复杂多变的诸因素，预见事物发展趋势的一种方法。这里"历史资料"是指占有的过去和现在的以数据资料为主的一切信息。通过分析这些信息，掌握事物的规律。这里的"诸因素"是指影响和决定事物发展变化的内外部条件。通过分析这些条件，预见事物发展的趋势。

(6) 线性规划法。任何企业的资源都是有限的。如何合理地利用有限的资源取得最好的经济效益，这是企业经营决策的重要问题。线性规划则是分析这类问题，选择最优方案的有效方法。运用线性规划作经济效益分析，主要是根据有关资料建立数学模型，采用一定方法求解最优方案的过程。线性规划数学模型分为约束条件和目标函数两部分。约束条件指的是用一组不等式或等式反映有限资源与待定未知数之间的关系，并限制未知数取值的范围的条件。目标函数，是指以一定函数形式表现的，在一定条件下可能达到的最优结果。求解线性规划问题，有图解法和单纯形法。图解法直观，但待定未知数只能有两个，适用性不强。最常用的还是单纯形法，特别是电子计算机的应用，为单纯形法提供了科学的手段。

12.2.4 经济效益综合分析的方法步骤

进行企业经济效益综合分析的方法很多，但通常采用的方法是综合指数法，即通过计算企业综合经济效益指数，反映企业总体经济效益水平的高低。运用综合指数的一般程序或步骤主要包括以下几个方面：选择经济效益指标；确定各项经济指标的标准值；计算经济效益指标的单项指数；确定各项经济指标的权数；计算综合经济效益指数；分析评价经济效益综合指数。下面对以上各方面进行分别阐述，最后得出企业综合经济效益指数并评价企业综合经济效益的高低。

12.2.4.1 选择经济效益指标

经济效益综合分析的第一步是正确选择经济效益指标。指标选择要根据分析目的和要求，考虑分析的全面性、综合性。现行经济效益指标包括三个方面的十项指标：

(1) 反映盈利能力和资本保值增值的指标

① 销售利润率，反映企业销售收入的获利水平，计算公式为：

$$销售利润率=(利润总额/产品销售净收入)\times 100\%$$

式中，产品销售净收入指扣除销售折让、销售折扣和销售退回后的销售净额。

② 总资产报酬率，用于衡量企业运用全部资产的获利能力，计算公式为：

$$总资产报酬率=[(利润总额+利息支出)/平均资产总额]\times 100\%$$

式中：平均资产总额=(期初资产总额+期末资产总额)/2。

③ 资本收益率，指企业运用投资者投入资本获得收益的能力，计算公式为：

资本收益率=净利润/实收资本×100%

④ 资本保值增值率，主要反映企业投资者投入企业资本的完整性和保全性，其计算公式为：

资本保值增值率=期末所有者权益总额/期初所有者权益总额×100%

该指标等于该指标等于100%，说明资本保值；如果该指标大于100%，说明资本增值。

(2) 反映资产负债水平和偿债能力指标

① 资产负债率，用于衡量企业负债水平的高低情况，计算公式为：

资产负债率=负债总额/资产总额×10%

② 流动比率或速动比率，流动比率衡量一个企业在某一时点偿付即将到期债务的能力，计算公式为：

流动比率=流动资产/流动负债×100%

速动比率指衡量企业在某一时点上运用随时可变现资产偿付到期债务的能力，计算公式为：

速动比率=速动资产/流动负债×100%

式中：速动资产=流动资产-存货。

③ 应收账款周转率，指用于衡量应收账款周转速度快慢的指标，计算公式为：

应收账款周转率=赊销售净额/平均应收账款余额×100%

式中：平均应收账款余额为期初应收账款余额与期末应收账款余额的平均数；赊销净额为销售收入减去现销收入后再减去销售退回、折扣及折让。

④ 存货周转率，用于衡量企业在一定时期内存货资产的周转次数，反映企业的购、产、销平衡效率的一种尺度，计算公式为：

存货周转率=产品销售成本/平均存货成本×100%

(3) 反映企业对国家或社会贡献水平指标

① 社会贡献率，可用于衡量企业运用全部资产为国家或社会创造或支付价值的能力，其计算公式为：

社会贡献率=企业社会贡献总额/企业平均资产总额×100%。

式中：企业社会贡献总额包括工资(含奖金津贴等工资性收入)、劳保退休统筹及其他社会福利支出、利息支出净额、应交增值税、应交产品销售税金及附加、应交所得税、其他税收、净利润等。

② 社会积累率，可用于衡量企业社会贡献总额中有多少用于上交国家财政，计算公式为：

社会积累率=上交国家财政总额/企业社会贡献总额×100%

式中：上交国家财政总额包括应交增值税，应交产品销售税金及附加，应交所得税，其他税收等。

12.2.4.2　确定各项经济效益指标的标准值

经济效益指标标准值可根据分析的目的和要求确定，可用某企业某年的实际数，也可用同类企业，同行业或部门平均数，还可用国际标准数。一般来说，当评价企业经济效益指标计划完成情况时，可以企业计划经济效益水平为标准值；当评价企业经济效益水平变动情况时，可以企业前期经济效益水平为标准值；当评价企业在同行业或在全国或国际上所处地位时，可用行业标准值或国家标准值或国际标准值。从以上指标体系考虑，标准值的确定主要参考以下两方面：一是适当参照国际上通用标准，如流动比率为200%，速动比率为100%，资产负债率为50%等，但考虑到我国整体效益水平偏低，与国际上发达国家差距较大，国际通行标准值可作为一个参考依据。二是可参考我国企业在近三年的行业平均值。

12.2.4.3　计算各项经济效益指标的单项指数

经济效益指标单项指数是指各项经济效益指标的实际值与标准值之间的比值，计算公式为：

单项指数＝某指标实际值/该指标标准值×100%

上式单项指数的计算公式适用于经济指标为正指标或者逆指标，如果为正指标，则单项指数越高越好；如果为逆指标，则单项指数越低越好；如果某指标既不是正指标，也不是逆指标，如资产负债率、流动比率、速动比率等，其单项指数可以按下面的公式计算：

单项指数＝[标准值－(实际值与标准值差额的绝对值)]×100%/标准值

12.2.4.4　确定各项经济效益指标的权数

计算综合经济效益指数，应在计算单项指数的基础上，确定各项指标的权数。各项经济效益指标权数的确定应依据各指标的重要性而定，一般来说，某项指标越重要，其权数就越大；反之，则权数就越小。假定十项经济效益指标的权数总和为100，则各项经济指标的权数可以分配如表12-2所示：

表12-2　经济效益指标权数分配表

经济指标名称	权　数	备　注
销售利润率	20	
总资产报酬率	12	
资本收益率	8	
资本保值增值率	10	
资产负债率	10	
流动比率	10	
应收账款周转率	5	
存货周转率	5	
社会贡献率	12	
社会积累率	8	
总计	100	

12.2.4.5 计算综合经济效益指数

综合经济效益指数是以各单项指数为基础，乘以各指标权数所得到的一个加权平均数，计算公式为：

综合经济效益指数＝某指标的单项指数×该指标权数

一般来说，综合经济效益指数达到100％，说明企业经济效益总体水平达到标准要求，或者说企业取得了较好的经济效益。该指标越高，经济效益水平越高，如果综合经济效益指数低于100％，说明企业经济效益水平没达到标准要求；该指标越低，经济效益水平则越低。

在运用综合经济效益指数进行经济效益综合分析评价时，选择的各项经济效益指标在评价上应当尽量保持方向的一致性，即如果选择正指标，就尽量选择正指标，这样评价标准为越高越好；如果选择逆指标，则尽量选择逆指标，这样评价标准为越低越好。

进行企业经济效益综合分析，有利于企业掌握自身的经济效益水平，借于调整企业的经营战略方向和目标，为企业的正确决策提高有力的依据。因此，企业经济效益综合分析应当纳入企业管理的重要管理内容中，作为最为重要的工作来抓，让企业掌握自身的优势和不足，从而采取积极有力的措施，提升企业的核心竞争力。

12.3 经济效益综合分析报告

经济活动分析是人们认识客观经济活动的一个重要方法，它通常是以经济理论和经济政策为指导，以会计核算、统计报表、计划指标和调查的情况为依据，运用科学的分析方法，对某一经济组织的经济活动或某一经济现象进行分析研究，从中探索经济规律，评价成败得失，探讨其中原因，寻求改进方法，达到提高经济效益的目的。经济活动分析报告全面反映了经济活动分析过程，也简称为经济活动分析，是对已经发生过的经济过程进行剖析，总结经验和规律。

12.3.1 经济效益综合分析报告的作用

作为反映经济活动分析结果的经济效益分析报告，在经济生活中具有重要的作用。

第一，可以帮助决策者了解客观经济活动的情况。为制定和调整经济决策提供可靠依据，从而及时、正确地指导经济活动，解决经济问题。

第二，可以帮助企业了解其生产、经营、管理活动情况。发现存在的问题，进而改善经营管理，想方设法地提高经营管理水平，取得好的经济效益。

第三，可以为财政、金融、工商、税务部门提供信息资料，使其了解企业的生产、经营、管理情况，发现问题，及时采取相应措施，加强管理，有效地发挥其在经济活动中的职能作用。

第四，及时地帮助经济管理部门尤其是企业了解市场动态。预测市场未来的发展趋势，使其在生产、经营和管理活动中做到“未雨绸缪”。

12.3.2 经济效益分析报告的种类

划定经济效益分析报告的种类，既有利于经济效益分析工作的开展，也有利于把握不同类型经济效益分析报告的特点和规律，从而写好经济效益分析报告。经济效益分析报告在经济工作中应用十分广泛，因此其种类也很多，可以从不同的角度进行划分。

(1) 按照经济部门、经济工作内容，经济分析报告可以分为工业经济效益分析报告、商业经济效益分析报告、农业经济效益分析报告等。

按照经济活动分析的对象，可以分为财务状况分析报告、质量分析报告、成本分析报告、设备情况分析报告、质量分析报告、库存结构分析报告、市场动态情况分析招告、商品流转情况分析报告、税收执行情况分析报告、资金运用情况分析报告等。

(2) 按照经济效益分析的内容范围，可以分为综合分析报告、专题分析报告、简要分析报告。

(3) 按照经济效益分析的目的，可以分为事前预测分析、事后检查分析。

(4) 按照经济效益分析的时间，可以分为定期分析和不定期分析、预期分析和期终分析。

(5) 按照经济效益分析的部门和人员，可以分为专业分析和群众分析。

(6) 按照经济效益分析报告的形式，可以分为文章式分析报告和表格式分析报告。

12.3.3 经济效益分析报告的内容

严格地讲，财务分析报告没有固定的格式和体裁，因材料的内容和分析的目的不同而定，但要求能够反映要点、分析透彻、有实有据、观点鲜明、符合报送对象的要求。写作时要合理安排。其基本结构一般包括标题、摘要、正文、落款三个部分。

(1) 标题

经济活动分析报告的标题通常有以下几种结构形式：

标明被分析单位、分析的时限、分析的内容及文种，如《××公司 20××年××季度××分析报告》。有时也可省去单位和时限，如《企业信用政策操作分析》。也有直接标明分析报告的结论论点，如《××产品成本上升的问题必须尽快解决》。

(2) 摘要

摘要是对本期报告内容的高度浓缩，主要是针对本期报告的内容或须加以重大关注的问题事先做出说明，旨在引起使用者高度重视，目的是让使用者在最短的时间内获得对报告的整体性认识及本期报告中将告知的重大事项，一定要言简意赅、高度浓缩。

(3) 正文

经济活动分析报告的正文一般采取引言—主体—结尾的结构形式，体现出提出问题、分析问题、解决问题构思思路。

① 引言部分

引言部分是经济活动分析报告的开头，通常是开门见山地概述主要经济指标的完成情况、存在问题、分析的必要性和目的、分析的中心内容、经济活动的基本情况。

② 主体部分

这是经济活动分析报告全文的核心部分，要运用科学的经济活动分析方法，从不同的角度对有关数据进行运算推导，对影响经济指标的各种因素进行剖析研究。既分析经济活动的成效和经验，又揭露矛盾，找出存在的问题及其主客观原因，然后针对上述分析结果，做出客观、恰当的评价，得出结论。

主体部分的内容主要包括五个方面的内容：

第一部分提要段，即概括公司综合情况，让财务报告接受者对财务分析说明有一个总括的认识。

第二部分说明段，是对公司运营及财务现状的介绍。该部分要求文字表述恰当、数据引用准确。对经济指标进行说明时可适当运用绝对数、比较数及复合指标数。特别要关注公司当前运作上的重心，对重要事项要单独反映。公司在不同阶段、不同月份的工作重点有所不同，所需要的财务分析重点也不同。

第三部分分析段，是对公司的经营情况进行分析研究。在说明问题的同时还要分析问题，寻找问题的原因和症结，以达到解决问题的目的。

第四部分评价段。做出财务说明和分析后，对于经营情况、财务状况、盈利业绩，应该从财务角度给予公正、客观的评价和预测。评价既可以单独分段进行，也可以将评价内容穿插在说明部分和分析部分。

第五部分建议段。即财务人员在进行分析后形成的意见和看法，特别是对运作过程中存在的问题所提出的改进建议。值得注意的是，财务分析报告中提出的建议不能太抽象，而要具体化，最好有一套切实可行的方案。

③ 结尾部分

结尾部分主要是在提出问题、分析问题的基础上提出对策，即提出解决问题的意见、建议或措施。也有的在结尾部分概括与总结全文，重申作者的观点，或者对未来的发展趋势做出预测。

12.3.4 经济效益分析报告的写作要求

12.3.4.1 积累素材，为撰写报告做好准备

(1) 建立台账和数据库。通过会计核算形成了会计凭证、会计账簿和会计报表。但是编写财务分析报告仅靠这些凭证、账簿、报表的数据往往是不够的。比如，在分析经营费用与营业收入的比率增长原因时，往往需要分析不同区域、不同商品、不同责任人实现的收入与费用的关系，但这些数据不能从账簿中直接得到。这就要求分析人员平时就作大量的数据统计工作，对分析的项目按性质、用途、类别、区域、责任人，按月度、季度、年度进行统计，建立台账，以便在编写财务分析报告时有据可查。

(2) 关注重要事项。财务人员对经营运行、财务状况中的重大变动事项要勤于做笔录，记载事项发生的时间、计划、预算、责任人及发生变化的各影响因素。必要时马上做出分析判断，并将各类各部门的文件归类归档。

(3) 关注经营运行。财务人员应尽可能争取多了解生产、质量、市场、行政、投资、融

资等各类情况。参加会议，听取各方面意见，有利于财务分析和评价。

（4）定期收集报表。财务人员除收集会计核算方面的有些数据之外，还应要求公司各相关部门（生产、采购、市场等）及时提交可利用的其他报表，对这些报表要认真审阅、及时发现问题、总结问题，养成多思考、多研究的习惯。

12.3.4.2　财务分析报告框架结构

财务分析报告尽管没有固定格式，表现手法也不一致，但并非无规律可循。报告写作前，一定要有一个清晰的框架和分析思路。财务分析报告的框架具体如下：结构目录—具体分析—问题重点及相应的改进措施。

结构目录总括本报告所分析的内容及框架结构

“问题重点及相应的改进措施”一方面是对报告“具体分析”部分中揭示出的重点问题进行集中阐述，旨在将零散的分析集中化。

“具体分析”部分，是报告分析的核心内容。“具体分析”部分的写作如何，关键性地决定了本报告的分析质量和档次。要想使这一部分写得很精彩，首要的是要有一个好的分析思路。

（1）分析要遵循寻找差异—原因分析—建议措施原则。撰写财务分析报告的根本目的不仅仅是停留在反映问题、揭示问题上，而是要通过对问题的深入分析，提出合理可行的解决办法，真正担负起“财务参谋”的重要角色。

（2）对具体问题的分析。揭示异常情况，要始终抓重点问题、主要问题。真实、准确的材料是判断情况、分析原因、总结经验教训、提出对策的依据。因此，经济活动分析报告的写作，首先要充分占有材料，包括各种核算资料、统计资料、计划指标、调查收集到的实际情况等。在此基础上，要进行分析研究，即对各种材料去粗取精，去伪存真，使其系统化，并提炼出观点，写作时再根据主题的需要，恰当地运用收集到并处理过的材料来说明观点，阐述主题。

（3）完整、系统、准确的数据资料和实地调查的材料相结合，运用科学的分析方法，进行中肯的评价，提出切实的建议，是写好经济活动分析报告的关键。

13 经济效益提升的路径

13.1 挖掘人力潜力 提高经济效益

在所有经济资源中，人力资源是使用效率最低的资源，也是最有希望提高经济效益的资源。本部分主要讨论挖掘人力的潜力策略，并重点介绍如何运用激励机制挖掘人力潜力。

13.1.1 人力资源效益概述

13.1.1.1 人力资源效益的作用

“人”作为一种资源，如何最大限度地发挥员工的个性特长，提高人力资源效益，从而提高企业经济效益和社会效益就显得尤为重要。人力资源管理实质上是一个组织创造效益的动力源泉，建立科学化、系统化的人力资源管理体系，设计以人力资源规划为中心的企业发展战略，采取积极有效的措施，充分调动组织中人的积极性、创造性和能动性，将是决定一个企业有效创造效益和长期持续发展的关键所在。人力资源作为企业最具创造性和能动性的第一资源要素，对企业经济效益的提升具有直接的决定性的作用。

13.1.1.2 人力资源管理的核心本质

企业一切经济活动的根本出发点是不断提高企业的经济效益，如果一个企业有了先进的技术、设备和一定的生产规模，但没有一个良好的人才队伍，很难想象会有稳定持久的经济效益。经济衡量理念和管理活动的效益产出是现代企业认知和评估事务的普遍出发点，人们在评价经济效益时注重的是投入和产出的关系。但是在一个企业中，构架成企业的最基本元素是企业中的每一位成员个体，所以说企业创造效益的过程，实质上就是企业根据经营规划采取有效措施，积极调动和协调组织的每一位成员，科学利用物力和财力的管理活动过程。

知识经济时代的到来，极大地提高了人力资源在组织中的地位：组织的技术优势来自组织中人员在知识和技术上的不断开发和创新；生产和销售优势源于优秀的人才队伍。一句话，组织创造效益的每一个环节都是由“人”来完成的。而人力资源管理的实质正是围绕着以“人”为核心，以人与组织、人与环境、人与人、人与事为对象，研究其内在原理，掌握其内在规律，认知人性、尊重人性，并通过一系列有效措施，充分开发和调动人的主观能动性，促进和提高人力资源的投入产出比率，从而能够科学地利用财力、物力，为企业创造更大的经济效益。现代人力资源管理的重点，已经从原来的人事管理职能支持，提升到积极主动创造效益上来。所以说，人力资源管理的核心本质就是创造效益。

人力资源是一种蕴藏着巨大潜力，具有极强扩张力的资源。例如，高新技术型企业个体人力资源从作业类别的分类，可以分为企业高级管理人员的人力资源、研究与开发人员的人力资源、技术操作人员的人力资源，加上对于每一类人力资源的有效运作智力系统，就可以成为个体人力资源的主要结构。

13.1.1.3 影响企业人力资源效益的因素

(1) 人力管理重心的战略性

人力资源管理重心是否具有明确定位和战略性，与企业的人力资源效益密切相关。L. James Harvey 指出，除非公司制定有效的战略规划并且将其人力资源开发规划与之相连，否则其人力资源开发的努力就无法实现它最大的潜力。企业在认真分析自身面临的内部和外部环境的基础上，需要制定相关的发展战略及一系列具体的子战略，人力资源战略直接关系到对组织战略的实现提供技术和人才保证。如果企业不能从整体战略的角度出发明确人力资源管理的重心，管理目标缺乏明确定位，可能导致人力资源效益低下，从长远看会影响到人力资源间接效益。

(2) 成本管理意识的科学性

企业的人力资源管理活动需要投入较高的成本，而人力资源收益的获得则需要较长的时间，易导致管理者的成本管理意识产生误区。在成本投入方面，如果企业的人力资源管理预算控制过于严格，企业会因为缺乏人才储备而导致发展过程中面临瓶颈制约；在成本的管理和使用方面，企业有限的人力资本投入如果没有放到关键管理环节，会导致企业管理成本不断提高而效益没有明显改善；在成本投入后，企业如果不能让投入的成本发挥效益，缺乏对效益的长期追踪和评估，会导致企业投入大量资金后收效甚微。有资料表明，美国许多公司的培训和开发实践并没有给员工或公司本身带来任何真正的好处，有的公司约有一半培训成本被浪费了，仅有 10%的培训学习材料被真正用于工作。

(3) 员工激励机制的全面性

企业人力资源效益的发挥需要挖掘员工的潜能并有效地激活。调查显示，超过 50%的美国工人相信，如果他们愿意，可以提高生产率，然而他们找不到这么做的动机。因此公司经理人员需要找到不同的方法去激发员工的动机，激励员工采取“适当的行为”。如果企业对员工的激励手段单一，只是注重采用科学管理的激励模式，单纯利用工资福利等物质手段刺激员工，而对于员工多层次的需求，如职位晋升、尊重、信任、授权等没有充分满足的话，会导致员工不理想的工作态度和工作行为，人力资源的效益也就难以充分发挥和体现。

(4) 员工使用机制的动态性

人力资源效益的发挥需要员工素质和岗位要求的相互匹配。但二者的匹配是动态的，如果企业没有根据变化的要求提前对员工进行战略性培训与开发，员工就缺乏正常的流动机制，就会造成员工很难胜任变化后岗位的工作要求，导致人力资源使用的低效甚至浪费。即使入岗处于匹配状态，如果员工长时间待在一个工作岗位，也会对工作产生单调感和枯燥感，降低工作动力，影响人力资源效益的发挥。从一些知名企业的经验来看，如果一名员工在其职业生涯中一直在同一企业工作，包括其晋升和岗位轮换的总数大约在6～8次较为适宜，每个员工在3～5年都应该有一次轮换工作的机会。如海尔就明确规定员工任职届满要轮流，以更好地促进企业创新，而不要形成固化的知识结构与思维方式。

13.1.2 挖掘人力潜力的策略

13.1.2.1 重视人力资源规划

企业要按照既定的经营战略通盘考虑人力资源规划的制定，在一定的成本约束范围内，综合协调利用企业内部和外部的人力资源，明确管理重心，将有限的资金充分利用到最能体现战略要求的管理环节上。如企业选择成本领先战略，企业人力资源规划的制定应主要考虑以诱人的薪酬去聘用数量相对较少的高质量雇员；如企业选择产品差别化战略，企业人力资源规划的制定要考虑通过对员工的持续投资培养员工的独立思考和创新工作能力。在人力资源规划制定过程中，要从长远规划企业在生产经营的各个环节上人员的宏观配置和管理激励工作，激活人员的效能。福特汽车公司在20世纪70年代末期，通过开发一种新的战略以及调整其人力资源管理的焦点以便与这一策略相匹配而扭转了公司的命运。海尔集团在实施名牌战略阶段，推行“OEC”管理法，通过建立质量价值券考核制度并将分配制度主要同质量挂钩，从人力资源管理战略层面上有力配合了战略的实施。

13.1.2.2 强化人力资源成本预算和控制

在人力资源管理中，人力资源成本花费较大的部分主要体现在招聘、培训和奖励等环节。在招聘阶段，企业要认真分析不同招聘渠道所能提供的人才的数量和质量，开发与招聘岗位的工作说明书相匹配的测评项目和方法，最大限度地提高招聘的收益成本比率。美国肯塔基大学医院激励招聘者“按照公司的命令做事”，每聘用一个人的成本从2 400美元降到837美元，实现了成本降低和生产率提高的目标。在培训阶段，应该根据培训对象和内容，重点做好培训方法和培训师的选择。一般项目的培训应立足于利用企业自身的培训设施和内部培训师；高层次项目的培训应该与一些培训机构建立长期的合作关系，从而节约成本，增强培训效果。在成本预算的基础上，企业必须进行有效控制，及时进行成本效益的评估，并根据评估结果调整下一个周期的管理预算。企业薪酬费用的预算要体现一定的弹性，在保障员工基本利益的基础上，适当提高可变薪酬的比重，避免形成过重的成本负担。在薪酬制度运行过程中，要通过薪酬比较比率等技术手段对薪酬总额进行有效控制，确保预算目标的实现。

13.1.2.3 加强对员工的全方位激励

企业对员工的激励，除了工资福利等物质措施外，还要注重采取多种激励措施，提高激励效果。一是职位晋升激励。企业可设置多重职业发展通道，尽可能满足不同类型员工的晋升愿望和要求。美国联邦快递公司信奉"激励胜于控制"的道理，实行内部提升制度，只要工作做得好且有能力的，就可以提拔到公司各层主管部门的领导岗位上做主管。二是精神激励。企业应该塑造一种尊重员工、信任员工、认可员工的组织氛围，以满足员工高层次的精神需求，激发工作热情。当下属的工作取得成绩的时候，宝洁公司的上级经理会及时致谢，通过感谢信或表扬信的方式形成对下属的激励。三是授权激励。在组织内部，上级对下级的适度授权，可以体现下级工作的自主性，增强员工的责任感，提高工作动力。摩托罗拉公司创造适当的环境，尽量让员工多参与跟自己有关的管理工作。

13.1.2.4　引导员工适度流动

人力资源活力的发挥和效益的提高，离不开人才在岗位和部门之间的适度流动。企业可通过分析部门和岗位之间的共同性及差异性，安排员工进行工作轮换，以体现工作的多样性和挑战性，激发员工的工作兴趣和活力。美国北电网络公司的员工通常工作两年就会有轮岗的机会。公司有一套内部调度制度，通过轮岗增加员工的能力，执行内部调度员工至少要在一个岗位 18 个月或 24 个月。对于优秀人才频繁的向外流动，管理者应该引起警觉，认真分析员工流失的原因，及时采取措施稳住现有员工。沃尔玛公司建立的离职面谈制度，确保了每一位离职员工离职前有机会与公司管理层交流和沟通，从而能够了解到每一位员工离职的真实原因，有利于公司制定相应的人力资源策略。

13.1.2.5　注重员工的培训与开发

针对员工的知识和技能与岗位要求在动态变化中相互脱节而导致的工作低效率和人力资源闲置状况，企业管理者应树立动态和战略眼光，及时分析员工绩效低下的原因，对于可以通过培训解决的，要认真分析培训需求，找准培训的着力点，努力提高培训效果。在培训过程中，还要注重员工潜力的开发，因为员工潜力没有得以充分的发挥也是人力资源闲置的一种表现。企业可以在员工素质测评的基础上，对于有发展潜力的包括生产经营各个层面的人才开发一些较高层次的培训项目，通过提前盘活这些宝贵的人力资源，为企业的长远发展提供战略性人才储备。英特尔公司针对有发展潜力的有可能成为未来领导的人才，会进行一项"经理加速项目"的培训计划，根据他们未来担任领导职位需要的能力水平，量身定做培训课程，如送他们去攻读 MBA，去海外工作，与现任的高层管理者安排一些特别对话等措施，提前识别并激活高层次人才的效能，保证人力资源的未来收益。

13.1.2.6　打造灵活与安全的用工模式

随着我国劳动立法的不断完善，尤其是《劳动合同法》的颁布实施，企业应该承担的法律责任在不断加大，面临的法律风险也在不断增大，对企业的人工成本支付形成了硬约束。在资金有限的前提下，为了发挥资金的最佳效益，同时也为了体现企业的社会责任，企业可以根据自身的战略选择、业务重点等将企业员工分为核心员工和非核心员工，分别采取不同的用工模式和管理措施。对于核心员工，企业应该着眼于长期雇佣，通过创新激励机制，构建核心员工的稳定机制。微软公司为了长期留住关键技术人才，早期公司把技术过硬的技术人员推上管理岗位，从新员工变成指导教师、组长，再成为整个产品单位里某个功能领域的经理。随着优秀技术人员的增多，公司在技术部门建立正规的"技术升迁"途径，并给予他们相当于一般管理者可以得到的薪酬。对于非核心员工，主要是企业发展的某个过程中临时需要的部分较低层次人员，企业可以采用劳务派遣的用工模式保持弹性，避免形成长期的成本负担，提高人力资源成本的使用效率。

13.1.3 员工激励提高经济效益

在企业管理工作中，把企业目标变成每个员工自己的需要，把集体利益与满足员工个人需要巧妙地结合起来，使他们积极自愿地工作，这是企业管理和管理者一项重要任务。正确地运用激励理论，可以有效地帮助管理者通过激发员工的动机，调动员工的积极性，从而完成管理工作的各项任务。研究激励理论最终目的也是服务于社会实践，在企业管理及各种管理中得到具体应用，并在实践中加以丰富和发展。

人力资源是现代企业的战略性资源，也是企业发展的最关键的因素，而激励是人力资源的重要内容。企业要吸引优秀人才的加入，要激励自己的员工更加努力地工作，更好地发挥创造力，提高企业的经济效益，就需要灵活有效地运用激励理论，各激励方式的科学与否，直接关系到人力资源运用的好坏。很多企业都有人才外流现象，留不住人才已经成为制约企业发展的重要因素之一。有效的激励正是解决这个问题的关键。

由此，企业在拥有人力资源和物质条件的同时，必须采取科学有效的激励机制，将员工的积极性和创造性充分调动起来。只有这样，企业才能提高经济效益，才具有兴旺发达的强大推动力，才有敢于竞争，善于竞争的生机和活力。

要在企业管理工作中正确地运用激励理论对员工进行激励，服务于企业管理，一般应从以下几个方面开展：

(1) 企业管理者需要深入地了解员工的心理需求和人格类型。鉴于人的动机是由需要引起的，对于管理者来讲：首先，要准确的了解员工的需求。例如，政治上进步的需求、发挥才能的需求、尊重和荣誉的需求等。管理者可以根据种种不同的需求，采取不同激励方式，满足不同员工的不同需求。对于前者，企业可以重于物质激励；而后者则经过创造良好的环境，发挥其聪明才智，通过各种途径让其获得自我实现所带来的各种满足。其次，员工人格类型也是管理者采取不同激励方式的依据。人格类型可以划分为内向型和外向型两种。内向型的人态度指向内，受自主、能力、成就等需求的推动；外向型的人指向外，受追求权力、名望等需求的推动，他可能为了获取某一权力职位，辛勤劳动，不计较报酬和得失。不同类型员工会有不同的动机，作为管理者应针对不同的员工采取不同的激励方式。

(2) 企业要善于改进员工的工作内容，使之丰富化，从而有效地提高员工的工作绩效。应改进职工的工作内容，进行工作任务再设计，从而使职工从工作中感到成就、责任和成长，并且经常给予职工表扬和赏识，使他们感到自己受人重视和尊重。企业管理者应为职工设计出具有内在兴趣的工作任务，实行工作丰富化；在决定工作方法、工作秩序和速度等方面给予职工更大自由，或是让他们自行决定接受或拒绝某些资料或材料，使职工对自己工作有个人责任感；采取措施以确保人们能看到自己的工作对组织或部门所做出的贡献；把工作完成情况及时反馈给他们。总之，应通过各种工作丰富化手段，激起职工内在积极自主性，发挥其潜能，为企业创造更多意想不到的效益同时，使员工获得心理上的满足，感到自己在企业中的重要性，激发更大热情，对企业管理者来说是非常重要的。

(3) 企业决策者和管理者要善于设立合适的目标，充分有效地利用目标激励。期望值就是人们对某一事物估计情况，或对待事物在发展中可能达到的程度的一种主观愿望，在运用目标激励时，应充分注意期望值在其中所起的作用。合理目标，期望值较高，会使人产生想达到该目标的成就需要，对人具有强烈的激励作用。一般讲来，实际结果大于期望值，会使人高兴，使人增加信心，从而大大增加激发力量；实际结果等于期望值，属意料之中，无须进一步激励，积极性能维持在期望值水平；实际结果小于期望值，则会使人产生挫折感，会使激励力量失去作用。因此，管理者在进行目标激励时，不能使员工期望值过高或过低，否则期望值就不会起到应有的作用。目标过高不能实现，会使人感到望而生畏，产生畏惧心理，不敢接受；目标过低非常容易实现，员工则会觉得是对自己能力的否定，不感兴趣。总之，设立合适有效的目标是非常重要的。

(4) 在企业管理过程中，企业管理者需要善于合理有效地运用奖惩手段。对人们取得的工作成效给予奖励，会起到强化人们动机的作用。因为这样可以使员工看到自己的成就得到了尊重，或取得了信任。奖励包括物质和精神奖励，二者要结合起来，偏向哪一头都会减少奖励的作用。奖励要注意：一是奖励要不断创新，给人以新鲜感和新的刺激；二是对员工的奖励要尽量扩大社会影响，包括通过一定的形式，使其家属分享荣誉；三是在奖励的同时，还要采用惩罚手段予以辅助，以教育那些或阻碍组织目标实现的个别人员。当然，惩罚要严格按政策、按规章制度执行，做到严肃慎重、合理得当，使受罚人心悦诚服，化消极因素为积极因素。在奖惩手段上，要以奖励为主，以罚为辅助手段，不能过多运用惩罚手段。处罚理由不充分时，使员工产生敌对情绪，有时甚至对组织目标实现起破坏作用。

(5) 企业要创造公平的竞争环境，真正实行按劳分配。员工对自己的付出和所得，经过综合衡量后，若感到自己的付出比他人多，而所得反比他人少；或竞争某些职位时，自己有能力获得某一个职位，但由于企业及企业管理者选拔标准不明确，或含有复杂的人际关系，而得不到此职位，那么员工就会感到强烈的不公平、不合理，内心就会产生不平衡觉得受委屈，自尊心也会受到打击，不满情绪便油然而生。作为领导者，应尽可能公正、无私地对待每一位同志，要一视同仁，尤其是在工资、奖金、职称、住房等敏感问题上应做到公平合理，因为这些东西都是职工最关心的并且是看得见的、摸得着的。针对这种情况，要加强对工资和奖励分配制度的科学研究，而且要在人事考核与评价的技术上下功夫，使对工作绩效的考核更加客观和科学，从而更好地贯彻按劳分配的原则。简而言之，企业管理者必须要坚持“赏不遗远，罚不阿近”的原则，一定要一碗水端平，切忌偏袒徇私。

(6) 企业还需要加强企业文化建设,增强员工凝聚力,提高员工的自信心。企业文化是联结和维系组织内部人与人之间关系的纽带,可以激励全体成员自信自强、团结进取,使员工自主管理、自我诊断、自我启发、自我完善;可以调动组织及员工积极性和主动性,使全体职工向着一个目标去去实现个人的奋斗。加强企业文化建设形式和途径多种多样,如张贴"爱厂如家"的标语、搞优质服务等。企业应针对不同的情况采取不同的方法,切实搞好企业文化建设。

(7) 企业管理者要善于根据实际情况灵活地运用各种不同的激励方式。激励方式是多种多样的,并且由于年龄、性别、资历、社会地位和经济条件等方面各不相同,员工所接受的激励方式也不尽相同。对同一种奖励不同的人,所体验到的"效价"是不同的。管理者应根据不同的实际情况,灵活地运用各种不同的激励方式,切记把激励方式模式化、公式化,否则激励就成为没有内容的形式,不会收到应有的效果。所以,企业管理者应根据不同员工的不同情况,灵活多样的采取各种激励方式。

上海某电机厂唐师傅除夕收到挂号信的故事,就是一种特殊的荣誉激励方式。除夕,唐师傅受到了一封挂号信,是工厂给先进生产者的一张配诗贺年卡。第二年除夕,又收到一张先进工作者工作照和五好家庭的彩色合家欢照片。这张照片挂出来,是荣誉,是鼓励,更是鞭策。亲朋好友来家贺年,看到这张照片都会表示赞扬和祝愿。这是一种特殊的激励法。员工被评为先进工作者,发给奖金、奖状、戴红花、登光荣榜,可以满足员工的精神需要。

社会心理学认为,赞许也是一种荣誉。人们受到赞许,会带来巨大的力量,这会促使受赞许者做出许多可歌可泣的事迹来。某钢铁厂从满足员工这种需要出发,组织员工开展评选"十佳"活动,起到了激励员工的作用。评选"十佳"活动,使工人得到了荣誉,激发了工人钻研技术、热爱本职工作的热情。这个厂虽然对"十佳"员工没有实行物质奖励,只是通过表彰会、戴大红花、上光荣榜、登厂报进行精神鼓励,但"十佳"员工们觉得比物质奖励更光荣,从心理上得到满足,从而激发出他们更大的工作热情。

从上面可以看到,企业中常用的激励方法有很多。随着建立社会主义市场经济体制总体目标的确立,我国积极调整和完善所有制结构,加快推进国有企业改革,发展生产要素市场,健全宏观调控体系。与此同时,为适应现代企业的发展,我国很多企业也相继建立了以员工的激励机制和约束机制为核心的人力资源管理制度,为企业的发展和壮大提供了制度的保障。但仅仅知道这些方法还不够。要想让激励方法起到积极作用,必须在正确的指导思想下进行。很多企业在激励的思想、原则上把握不够,在对激励的认识和运用上存在很多误区,往往采用了激励手段,也无法起到激励的效果。

有效的激励还必须以科学的评价体系为保证。这里所指的评价体系包括绩效评估体系和对激励手段有效性的评价。客观、公正的绩效评价是对员工努力工作的肯定,是对员工进行奖惩的依据。以员工绩效为依据,对员工进行奖惩,才能起到激励员工的目的。而激励的根本目的就是为了让员工创造出高的绩效水平。没有一个科学的绩效评价体系也就无法评定激励是否有效。

随着企业的发展，员工的需要也会随之变化，通过对激励手段的评价，可以随时把握激励手段的有效性和员工需要的变化，调整激励政策，达到激励员工的最好效果。

总之，在当今全球经济一体化、知识经济的趋势下，人力资源已成为企业取得和维系竞争优势的关键性资源，要将人力资源从潜在的生产能力转化为现实的生产力，进而转化为人力资本，就必须加强人力资源的开发与管理。一个企业只要将人力资源数量调节、合理配置、教育培训、人员激励、企业文化建设等手段有效配合起来，就可以大大提高企业劳动生产率，将人力资源真正转变为人力资本，为企业创造更多的财富，使企业在市场竞争中立于不败之地。

13.2 挖掘物力潜力　提高经济效益

企业的经济效益是由内部经济效益和外部经济效益两个方面组成的一个有机整体，两者呈正相关关系。要提高高校办学经济效益，要缓解资源稀缺与快速发展的产业对资源需求之间的矛盾，能否实现企业资源的优化配置就成了问题解决的关键。优化企业资源配置是一项复杂的系统工程，其中，优化人力资源配置是核心环节，优化财力资源配置是基本保障，优化物力资源配置是重要内容，三者相辅相成、辩证统一。本部分着重探讨物力资源的优化配置。

13.2.1 物力资源效益概述

13.2.1.1 物力及物力资源的概念

物力指企业进行生产经营活动所需要并拥有的土地、厂房、建筑物、构筑物、机器设备、仪表、工具、运输车辆和器具、能源、动力、原材料和辅料等。企业物力资源是指企业从事生产经营活动所需的一切生产资料，是企业在发展过程中物质资料方面的直接实物条件，其构成状况可按物力资源在生产经营过程的作用划分为劳动对象和劳动手段。在制造类企业中，劳动对象是指通过劳动者进行加工之后，转换成为新的使用价值的那一部分物力资源，如原材料、辅助材料、燃料等。劳动手段是指劳动者用以改变劳动对象的一切物质条件，如厂房、设备、工具等。企业物力资源管理必须考虑劳动对象与劳动手段二者相互协调适应，做到综合性的系统管理。

13.2.1.2 影响物力资源效益的因素

（1）缺乏资产配置的规划观

这是造成物力资源利用率低的根本所在。如果不能充分对物力资源的投入进行科学论证和系统规划，势必造成资源浪费。

（2）缺乏资产分配的效益观

著名经济学家舒尔茨认为，资源配置的原则是“永远要把用来投资的资源分配给收益率最高的投资机会”。

(3) 缺乏资产管理的运营观

运营通常是指企业资本通过流动、重组、收购、兼并、参股、控股等经济行为，实现资本优化配置，提高资本的效率和效益。如果缺乏资产管理的运营观念，资产管理不科学、资产调配不及时，过剩的资源不能实现有效转移，能共享的资源独用，能共建的分散投入，势必造成资源的浪费。

(4) 缺乏资产使用的维护观

资产维护、维修就好比患者的“三分治疗七分护理”中的“护理”一样重要。但在实际工作中常常是资产维护的相关政策制度不健全、不配套，没有维修、养护预算，或者有预算但资金不到位，设备损耗的补偿不及时，管理人员的编制不足，培训没有规划等，由此造成的资源浪费现象更为严重。

13.2.2 挖掘物力资源的途径

13.2.2.1 挖掘劳动手段潜力，提高经济效益

挖掘劳动手段潜力，就是对现有的厂房、设备进行有效合理的管理，并以企业生产经营目标为依据，通过一系列的技术、经济、组织、措施，对设备的规划、设计、制造、选型、购置、安装、使用、维修、改造、更新直至报废的全过程进行的科学的管理。在现实生产中，生产设备管理是企业管理中的一个重要环节，生产设备管理水平的高低，对企业的经济效益有着直接的影响。

(1) 搞好设备管理的意义

① 搞好设备管理能降低产品成本。设备管理就是让设备处于一种良好的运行状态，减少故障停机时间，充分合理有效地利用设备资源，降低产品单耗，节约成本。由于设备保养和维修不及时、不彻底，从而致使设备损坏或者发生设备事故，造成设备维修费用增加，不但影响生产进度，而且还增加产品成本。

② 搞好设备管理能提高产品质量。设备管理是为产品质量服务的，要杜绝废品发生，把设备维护到最佳状态，为保证产品质量提供好的劳动条件。设备作为现代工业企业生产过程中的关键因素，极大影响着产品质量，增加废品率就意味着增加成本。因此，必须对设备进行全过程的有效控制，不仅要掌控设备的运行状态，还要了解设备的精度、性能、可靠性，产品质量才能得到有效的控制和提高。

③ 搞好设备管理能提高生产能力。设备管理是以最少的资金投入换取最佳的技术装备。只有加强对设备的维护保养，让设备性能处于一种最佳状态，减少故障停机时间，才能加快施工进度、缩短工期，才能提高企业的生产能力。

④ 搞好设备管理能节约能源。节约能源是企业降低产品成本、提高效益的又一因素。目前，机械设备的动力大多来源于电能和燃油，对于能耗高、效率低、精度低的设备必须实行技术改造或更新计划，并且要加强维护保养，保持其良好的技术状态，这些都将有利于降低能耗。另外，还要广泛开展节能宣传教育，消灭设备的跑、冒、滴、漏等能源浪费的现象。

(2) 做好设备管理的基础工作

① 建立健全设备管理制度。企业制度是带有强制性的规则，可以促进企业行为、运

作的积累与优化。通过建立设备巡检制度、监督检查制度、定期维护工作管理制度等逐步改进和完善设备管理制度，并发挥监督机制，使设备管理纳入规范化管理的轨道。

② 实行动态管理。设备管理部门应定期深入施工工地对机械设备进行检查，及时统计运转机时，掌握设备技术状况，了解新设备磨合情况，发现隐患及时安排整改；对暂时无法整改的隐患，要制定有效的监护措施，并随时掌握其劣化趋势，根据条件限期整改，使设备隐患始终处于受控状态，做到有检查、有落实，努力提高机械设备完好率和利用率，杜绝各类事故的发生。

③ 完善档案管理。设备技术档案是设备管理工作的重要组成部分，是设备从启用到报废全过程中技术资料的系统记录。设备更新变动要及时办理账务手续，及时计提折旧，做到账账、账卡、账物相符。针对设备多且外形相似的特点，还应实行实物照片与设备台账相结合的管理方法，使档案管理逐步创新和完善。

④ 加强培训，提高操作人员业务素质。随着科技的发展，先进的施工设备不断增加，对操作人员技术水平的要求也随之提高。对此，根据设备特性，围绕操作和维修的薄弱环节，对设备操作人员采取定期的技术培训，提高他们的操作水平和保养技能，减少设备故障。此外，还把安全生产和设备管理有机地结合起来，对设备操作人员经常进行安全教育，坚持持证上岗。

（3）加强设备各环节的管理

① 强化设备前期管理。为使投入的设备资金发挥最大效益，从设备的选型时就从实际出发，既考虑设备的可靠性、适用性、维修性、安全性等因素，又考虑经济上是否合理，能源消耗是否少、是否环保等问题。另外，选择设备还尽量同原有的设备系列化，这样才能为设备后续生产、运行、维护的经济性打下良好的基础，降低设备的管理成本。

② 搞好设备的更新、改造和报废工作。机械设备将要达到报废年限时，往往能耗高、故障率高、安全性能低、维修费用大、停修时间长，严重影响施工进度和质量，要及时对这些设备进行报废和淘汰，盘活资金，代之以结构先进、技术完善、效率高、性能好、能源消耗低的设备。但是，对设备更新、改造之前，必须进行方案论证和经济效果评价，对投资回收期较短、投资效果明显的项目要优先考虑投资。

③ 减少闲置设备，提高设备利用率。为充分发挥现有施工机械设备的作用、提高机械设备的利用率，设备管理部门在合理调配施工设备的同时，要尽量减少设备的闲置时间。预计一年以上不用的设备采取租赁和有偿转让方式来盘活资产，减少因设备停用给企业造成的经济损失，由此达到提高经济效益的作用。

④ 加强设备的维修和保养。机械设备的维修和保养要以预防为主、养修并重，正确处理好机械设备维护与施工组织的关系，最大限度地降低机械设备的故障停机率。要及时处理发生的问题，随时改善机械设备的技术状况，防患于未然，把事故消灭在发生之前。施工现场要对易损配件进行合理的储备，做到计划科学，保证供应，并严把质量和价格关。为节约维修资金，采用事后维修、预防维修和改善维修三种维修方式，对不同的设备应采取不同的维修方式。

13.2.2.2 挖掘劳动对象潜力，提高经济效益

劳动对象是指通过劳动者进行加工之后，转换成为新的使用价值的那一部分物力资源，如原材料、辅助材料、燃料等。因此，物资管理是企业管理的重要组成部分，是对企业所需的原材料、辅助材料、燃料等生产资料进行有计划的组织供应和管理。

（1）做好物资供应的基础工作

① 加强计划管理，做到心中有数。物资计划管理是物资供应部门管理工作的基础，是物资供应管理工作的主线和源头，合理编制物资供应计划，不仅有利于按时、保质、保量地供应所需物资，保证安全生产所需，而且有利于加速资金周转，达到合理储备，降低物资采购成本，减少费用开支，提高经济效益。加强物资计划管理，一方面要提高对物资计划重要性的认识，另一方面要运用科学方法，科学编制物资需要计划。通过加强计划管理，及时均衡地保证煤炭企业生产的物资供应，实现最少的资金占用和劳动消耗。

② 强化管理意识，创造齐抓共管新局面。生产所需的物资最终是在生产过程中消耗，这就要求物资供应部门要结合生产部门根据当月生产计划，科学合理地制订物资消耗计划，对于物资领用计划，要按照有关制度，严格进行审核，避免物资领用过程中“造而不领、领而不用”现象。同时，企业要根据消耗规律科学地制订物资消耗考核办法，并严格考核、奖罚分明；要不断增强物资的“回收复用、修旧利废“意识，注重节约提效。各生产部门对于物资消耗，也要层分解，责任到人、逐级考核，并与工资奖金挂钩，做到节约有奖，浪费必罚。

（2）加强物资采购的管理

① 建立多部门参加的物资采购内控监管组织

建立由企业主管、物资、经营、财务等部门参加的物资采购内控监管组织，实行“全员、全过程、全方位”的采购监管，保证在物资采购过程中的真实性、合理性、合法性，计划和合同全面执行。这样就能及时有效地解决在采购工作中遇到的各种问题，约束和防止营私舞弊，违反财经法纪的行为，从而达到成本核算事前控制、事中处理、事后分析的目的。

② 建立内控审查体系

建立物资采购决策，执行采购、物资验收、资金结算和使用监督的内控审查体系。主要审查：A. 物资采购计划，采购的品种和质量是否符合施工计划的要求，计划采购量是否经济合理。B. 采购合同签订的依据是否正确，采购合同的合理性、合法性及合同执行情况。C. 物资验收的数量、品种、质量，若发现与有关凭证不符时应及时提出退货或作赔偿处理。D. 材料采购成本、材料的买价和采购费用支出是否真实合理。

③ 完善规章制度，强化施工现场物资管理。做好降低采购成本工作，既要坚持经济性，又要注意合理性，做到“适质、适时、适地、适量、高效”采购，在重点加强采购监管的同时，对物质入库、保管、发放及旧物质回收等物流全过程加强管理，挖掘效益潜力，要实现以上各项管理行为，必须制定与之相应的规章制度来完成，其中主要应加强计划采购制度、合同管理制度、质量检验制度、物资价格审核制度等制度的建设。

④ 以人为本，提高企业物管人员的思想业务素质。企业的规章制度是要靠人去执行的，企业必须引导员工树立正确的世界观、人生观和价值观，提高员工的思想与业务素质，建立和完善用人机制、监督与激励机制。企业应定期对业务人员进行思想教育和法制教育，提高风险防范意识和“抗干扰力”。此外，要定期对员工进行培训，提高物管人员业务素质，同时进行严格考核，优胜劣汰，竞争上岗。企业也应加强基础设施建设。在物资管理、采购、供应用电子商务中，运用现代化管理手段必将全面提高企业物流管理水平。

（3）加强物资储备的管理

物资储备是指生产资料从离开生产过程到投入生产消费或使用之前，而无生产领域和流通领域各个环节的暂时停滞状态，它是为了保证社会再生产连续地进行而储存备用的物资。物资供应作为企业的投入活动，物资的运动伴随着资金的运动，储备物资就要占用企业流动资金，资金是企业的血液，只有抓住资金，才能有效的经营和发展。因此，企业的物资储备不但是保证生产正常进行的客观需要，而且与企业的经济效益有着十分密切的关系。

① 加强物资的计划管理，提高物资计划的准确性。加强物资的计划管理，可以保证企业的正常生产，控制物资储备，提高物资计划的准确性。物资供应计划，是企业物资管理工作的重要组成部分，是保证降低储备、提高经济效益的关键。物资供应计划要根据生产计划、维修计划、技术措施计划等对物资供应的要求编制。同时，物资计划又为完成这些计划所需要的物资提供有效的保证。编制科学合理的物资供应计划，一方面可以防止因盲目采购物资而造成的积压浪费；另一方面又可以避免因供应脱节而导致生产中断。因此，正确编制物资供应计划有着非常重要的意义。一是对所需用的物资，做到供应，品种齐全，数量准确，质量可靠。二是有利于加快资金周转，节约储备资金占用，降低生产过程中物资的消耗，提高经济效益。物资供应计划的编制要符合以下要求：

A. 计划的系统性。在编制物资供应计划时，必须把物资供应的各个职能部门，各个环节，各个岗位从上到下看作一个完整的系统。把各个方面系统地、有机地联系起来，做到互相衔接、紧密配合、层层保证、互不脱节，从而连成个片，结成一体。

B. 计划的全面性。物资供应工作既要保证生产需要，又要实现财务管理对其提出的降低成本的要求，降低储备资金的占用，降低流通费用的要求，另外还要考虑企业情况的综合具体分析，真正把计划编制好。

C. 计划的准确性。物资供应计划是正确指导企业物资供应的方针，是企业管理水平的具体体现，这就要求计划完整无误，为此，供应部门必须认真分析多种情况，掌握生产计划的变化和生产现场对物资的要求，准确了解和掌握多种资料、数据，有无特殊情况引起的变化，以确保各项计划准确可靠。

D. 计划的及时性。物资供应计划是直接指导企业日常物资供应活动的计划，它的及时编制和下达对于发挥计划的作用关系重大，如不及时，将会使企业工作陷入盲目，影响整个生产计划的实施。

E. 计划的连续性和协调性。编制物资供应计划要处理好计划前后和计划中的关系，即在编制计划时不但要了解计划的情况，而且还要调查前期计划的实际完成情况，预测下期发展趋势，计划的可行程度等，以保证计划的连续性和协调性。由于我们在实际工作中，坚持了以上比较好的做法，使物资管理水平上了一个新台阶，储备资金明显下降，提高了企业的经济效益。

② 加强储备定额管理，调整库存结构，处理积压。物资储备定额是在一定的条件下为保证生产正常进行，所制定的各类物资储备的标准，因此，制定物资储备定额有着非常重要的意义和作用。

A. 物资储备定额是编制物资供应计划和组织货源进行订货的主要依据之一。物资供应计划要根据生产的需要量和仓库的储备量来制定，要有合理的物资储备定额，应及时制订采购计划，调整库存结构，严把采购进货关，杜绝新的积压。

B. 物资储备定额是考核企业流动资金的重要依据之一，前面已经讲过，储备资金在企业整个流动资金中占有很大比重。所以，制订了完善的物资储备量定额，就能考核储备资金定额，为整个企业的经营状况提供数据。

C. 物资储备定额是管理人员掌握和监督库存动态变化，使企业库存物资始终处于合理水平的科学依据，是保证生产顺利进行的需要，同时又是进行清仓查库、及时处理积压物资、杜绝浪费的重要手段。

D. 制订物资储备定额，可以对仓库管理工作做到心中有数，了解一段时期内物资的吞吐量，储备量和以便提高库房设备的利用率。

E. 挖掘潜力，回收复用，处理积压，及时掌握物资的变动情况，避免物资的短缺和超储，定期进行清仓盘点工作，对清查出的超储和呆滞物资必须及时处理、调剂平衡，保持合理库存。

③ 调整企业发展思路，努力探索并积极实施现代物流管理。调整企业发展思路，努力探索并积极实施现代物流管理。使物资储备进一步降低，逐步提高企业的整体经济效益。发达国家的现代物流是在传统物流的基础上，运用现代科学技术对各种物流功能、要素进行整合而发展起来的。从现状看，一般企业都拥有一定规模的用地、仓储设施、运输装卸手段和加工配送能力等物流资源，具有相当的开展现代物流服务的物质条件。充分利用这些物流资源，按照现代物流管理方式进行整合，开展现代物流服务是完全可能的。关键是调整企业发展思路。调整企业发展的指导思想应该是：以物流企业为方向，以深化改革为动力，以业务创新为主线，以整合物流功能、要素为重点，以降低储备、降低各种流通成本和提高物流服务质量为中心，切实增强企业的核心竞争力。

A. 转换视角，在物流领域挖掘降低成本潜力。随着企业装备水平提高，特别是采用计算机的广泛使用，在制造领域人为降低成本的空间缩小，而在材料采购、存储和货物配送等物流环节，有着相当大的降低成本空间。当前企业要加大采购资金和储备资金的集中管理，全面实行定点采购、招标采购、比价采购，提高供应的计划性和可靠性，实现物资采购规范化、制度化。要加大对物流管理中心的支持力度，增加其采购资金额和储备资金额的调配比。另一方面，要充分利用买方市场和批量优势，改革和完善原物资供应方式，引入竞争机制，建立招标体系，大力推进物资招标采购制，优化企业物资供应渠道。为积极稳妥、保质保量地做好招标工作，要成立相应的物资采购招标委员会和价格审查委员会，建立健全制度和组织保障。与此同时，要不断探索和加强企业招标采购管理监督体系的建设，确保招标体系的高效运行。

B. 深化改革，完善仓储、采购、配送管理机制，减少中间环节，减少自我服务，努力参与社会物流服务。首先，要根据现代物流的要求，对本企业的仓储功能进行优化配置，逐步实现无资金压库管理制度。要充分发挥物资买方市场的优势，对用量较大的材料、机电产品，尽可能实行代存代销或实行物资超市管理，根据实际用量定期与对方结算。其次，要减少物资中转环节，逐步实现物资的完全配送。物流管理中心要在现有的基础上，制定出物资配送的品种，并逐步扩大范围，在企业内部建立"物资超市"，完善物资配送网络，提高物流效率。实行"承诺服务"，确保生产需要，逐步取消"二级仓库"。再次，充分利用现有资源，发挥设施、人才、信息等诸方面的优势，在搞好企业内部物流的同时，要努力发挥区域专业优势，依托社会物流资源，打破行业界限，积极参与社会物流，提高企业的经济效益。

无论是设备管理还是物资管理，都是一项重要而且复杂的系统工作，是对设备以及物资全过程的综合管理。只有灵活地运用以上管理措施及方法，才能减少企业的成本、提高经济效益。因此，加强设备管理和物资管理是确保设备正常运行、物资合理安排的保障，提高了企业的经济效益，其意义非常重大。

13.3 挖掘财力潜力　提高经济效益

企业的财力是企业拥有的物质资产与金融资产的货币表现。挖掘财力潜力是企业提高经济效益的重要方面，企业加强财务管理、合理有效地运用资金对提高企业的经济效益起着至关重要的作用。在拥有足量资金的情况下，企业生存和发展的潜力，主要取决于管好、用活资金的程度。

13.3.1 以资金管理为中心，提高资金使用效益

企业管理以资金管理为中心是社会主义市场经济的客观要求，是市场机制正常运行的必然趋向。要提高经济效益，必须加强财务管理。

13.3.1.1 建立全面预算组织机构，完善资金预算管理制度

(1) 建立预算目标责任制：赋予预算执行主体具体责任

建立预算目标责任制，是按照企业各预算执行主体各自具备的职能来明确责任并进行考核的制度。实行预算目标责任控制，首先要确定各个预算执行主体的工作内容，责任范围以及它们之间的联系。其次要制定各个预算执行主体的工作标准，以及各主体之间的联系、协调制度，并经常检查执行情况，以使企业内部各预算主体既能各司其职，又能协调配合，从而有条不紊地完成各自的工作任务，保证预算的有效执行。

（2）实行责任会计制度：建立与预算相一致的信息反馈系统

全面预算的落实必须有责任预算的支撑，责任预算是全面预算的延续及具体化，是全面预算管理责任的具体落实，它具有明确目标、控制依据、考评标准等职能作用。责任预算的实行，使预算管理与责任会计结合起来，企业的全面预算管理可以充分利用责任会计的核算系统和评价体系，建立预算的信息反馈系统。

为了正确反映和考核预算责任履行情况，责任会计制度必须建立一套完整的日常记录、计算和考核有关责任预算执行情况的信息系统，明确各种责任报表的格式、内容和报送的时间，以便及时了解各有关责任中心的经验活动情况，并将实际数与预算数进行对比，借以评价和考核各有关责任中心的工作成绩并反映存在的问题。

13.3.1.2 保证资金投入效益，抓好资金的源头管理

决策失误是资金低效甚至无效的重要原因，而决策正确与否、科学与否，很大程度上是靠财务管理来实现的。这就要求企业财务部门在进行分析时，应对企业资金的占用情况、资金的使用方向和使用效果进行分析，研究企业占用资金的合理性、取得资金的合法性、使用资金的效益性，以寻找减少资金占用量，和提高资金使用效益的途径；在充分考虑企业偿债能力的前提下，设法筹足项目建设资金，防止急功近利，盲目举债；对在建工程的财务监督，跟踪考核项目的资金使用效果，确保资金的投入效益。

（1）了解市场需求状况、明确预期收益水平

企业的一切经营活动都要以市场为导向。企业的资源要从市场中取得，企业的投资也必须从市场需求出发。要认真分析研究市场，明确投资对象是否有市场需求，所需资源是否有市场来源，企业自身是否有能力满足市场要求等。与此同时，企业投资的目的是获取预期收益，所以预期收益水平的高低是考虑和评价投资方案的重要标准和依据，因此经过财务测算，符合企业或股东预期收益标准的备择方案可选择，否则应该排除。

（2）优化技术水平、降低投资风险

无论是传统产业还是现代高科技产业，都离不开技术的支持，科技是企业的重要生产力因素，所以评价企业投资方案，不仅要看效益上的合理性，还要分析技术上的可行性。

投资是企业着眼于未来的长期经济行为，虽然在投资决策时要对未来影响因素进行详细的分析判断，但毕竟是预见而已，实施时政策的协调、市场的变化、技术的进步、经济的发展、不可抗力的出现等超出所料的因素都可能会存在。这些不利于企业投资实现的因素都是投资风险，既然企业的投资风险不可避免，所以投资决策必须考虑风险，在利益与风险中权衡决策。

（3）选择合适的筹资渠道、确定合理的融资规模

融资规模的确定首先受限于资本结构的安排，也需要满足企业经营管理的需要，当然这两方面是不相矛盾的。筹资过多，或者造成资金闲置浪费，增加筹资成本；或者导致企业负债过多，使其无法承受，偿还困难，增加经营风险。而如果企业筹资不足，则又会影响企业投筹资计划及其他业务的正常开展。因此，企业在进行筹资决策之初，要根据企业对资金的需要、企业自身的实际条件及筹资的难易程度和成本情况，量力而行来确

定企业合理的融资规模。

在实际操作中，企业预测融资规模的方法有销售百分比法、持续增长率法、线性回归分析法、计算机财务预测等。

13.3.1.3 加速资金周转，使流动资金利润率不断提高

流动资金是用于购买劳动对象、支付工资和其他生产费用的资金，其价值是在生产经营过程中一次全部转移到消耗中去，在一个再生产周期中完成一次周转。因而，要强化资金管理，做到精打细算、合理使用，用较少的钱办更多的事。加快资金周转，最大限度地发挥资金增值作用是提高经济效益的最好途径。

(1) 加强现金的管理

现金是流动性最强的资产，也是最容易出现问题的资产。通过缩短现金周转期和压缩收账流程加速现金回收；通过推迟付款、使用承兑汇票付款、合理利用现金浮账量来控制现金支出。确定最佳现金持有水平后，当企业实际现金余额与最佳现金持有量不一致时，可采用短期融资策略或采用归还借款和投资于有价证券等策略来灵活调度、适时控制，以使现金持有量保持在最优水平，在将多余现金进行证券投资时，必须考虑安全性、变现性、收益性和到期日等关键因素。

(2) 加强应收账款的管理

应收账款的回收是现金周转中的重要环节，也是维系企业间交易资金链的关键，对正常的采购销售等经营活动有直接影响。制定合理的信用政策，任用称职的信用管理人员以加强应收账款的管理。当然，企业还应做好应收账款的日常管理工作。通过建立客户档案，对重点客户进行跟踪管理；定期向欠款客户寄发应收账款对账单，或面对面对账等方式核对账目；对逾期应收账款应列入专项管理，必要时借助法律手段进行清收；对于疑难债权可以委托代理公司帮助清账处理；建立应收账款清收责任制，并实行回款奖励制度。

(3) 加强存货的管理

存货是企业在生产经营过程中为生产或销售而准备的物资，是生产和销售的联结纽带，为企业的经营管理带来弹性，同时还可以提高企业的经济效益。存货管理的措施主要有：建立健全存货物流流转程序及手续制度，做到程序合理、手续完备；科学确定合理库存量，及时调节库存水平；合理确定存货资金的占用数量，编制存货资金计划；定期进行存货财务核对和实物的检查盘存，确保库存数量的准确完好和库存结构的合理与优化，并为采购和生产及营销环节提供准确的反馈信息；建立存货的分级归口管理责任制度；做好存货的防火、防盗、防水等防护性日常管理工作，并为存货购买财产保险，防止意外损失；利用计算机管理手段，通过建立企业管理信息系统，或通过实行企业资源计划管理，将存货管理与营销、采购、财务、人力资源管理等管理业务有机对接，实现系统化、网络化、自动化存货管理，提高企业的存货资源管理效率和效益。

13.3.1.4 严格控制管理费用，节约资金

职工差旅费近年来急剧增加，办公费用也逐渐增多，针对这种情况，财务人员应吸取

同行业其他公司的先进经验，提出改进措施，其中最重要的一点是使费用与个人利益挂钩。这样，各单位、部门就能够转变观念，制定出合理的出差方式及路线。将工资、资金与办公费用是否超标挂钩，也可以节约大量资金。

13.3.2 以控制成本为中心，落实成本控制目标

在市场经济条件下，企业存在的根本目的就是获取效益（或利润），而效益是由收入和成本之差决定的。随着我国市场经济体系逐步确立和经济的飞速发展，大多数商品市场逐渐转变为买方市场，产品供过于求，企业之间的竞争也日趋激烈。竞争不仅使有利可图的行业生产规模迅速扩大，也推动着技术创新和成本降低。为了占领市场，企业需要不断开发新产品，生产出性能更高、价格更低的产品。企业的最终目标是利润最大化，而取得最大化利润的主要手段之一就是降低成本费用。成本费用是反映和监督劳动耗费的工具，是综合反映企业工作质量，推动企业提高经济效益和经营管理水平的重要杠杆。

13.3.2.1 不断改进生产技术与工艺流程，提高生产效益

要开发新产品，改进现有产品的设计，利用价值工程等方式提高产品的功能成本比率。具体途径有：一是通过改进工艺流程和技术装备，降低消耗系数，直接降低成本；二是通过提高产品质量改善产品性能，提高产品附加价值，节约相对成本。

13.3.2.2 优化配置并充分利用企业内部资源

要充分利用企业现有资源，降低固定成本和机会成本。资源闲置浪费是企业生产低效率的重要原因之一。要提高资源配置效率、降低成本，必须明确实现资源最优配置的条件，即在一定技术条件下，使各种资源的价格等于其生产的边际成本，在此基础上，调整企业资源的配置数量与方式。

13.3.2.3 研究企业成本函数，确定最低成本生产方法和最佳经济规模

企业生产经营的目的，就是要以尽量少的投入获取尽可能多的产出。企业的投入产关系可用生产函数表示出来，通过生产函数及投入品的价格可求得企业的成本函数。实现短期最低成本条件是变动生产要素的平均产量等于边际产量，或短期平均成本等于边际成本，企业应该认真学习现代成本管理理论与方法，研究自身本、量、利之间的关系，做出正确的生产经营决策。

13.3.2.4 抓关键，严格控制关键环节的成本费用

企业成本管理中，原材料采购和生产制造是两个重点，必须高度重视，切实抓好。在材料采购时，判断直接渠道还是间接渠道更为有利；在计算经济采购批量的同时，综合考虑各方面因素，确定最为有利的采购数量；利用全国各地及本企业的价格信息网络，通过市场比价、报价以确定采购价格；对采购价格要进行事后检查，尽量避免不正当采购行为的发生；要研究采购程序，随时掌握物料清单，紧盯材料消耗定额，进行有效的监督和制约。

在生产制造时，要改进生产作业管理，降低生产作业成本，通过降低材料消耗系数及其他消耗系数，直接降低生产单位成本；提高产品出成率，在一定消耗下增加产出量，降低生产单位成本；不断改善生产效率，提高生产效率，降低生产总成本；合理安排生产，通

过对生产批量、生产时间和顺序的研究，科学组织生产过程；注意固定资产的有效利用。

13.3.2.5　开展作业成本计算、作业成本管理和作业管理

作业成本计算能把成本更精确地分配到成本对象，其目的是提高盈利能力分析的科学性和有效性。在作业管理中，能够把作业成本计算、作业成本管理和非成本问题管理结合起来，综合考虑包括生产周期、产品质量、交货及时性和顾客满意度等方面的内容，以创造更多的价值。通过作业分析，企业能够挖掘成本动因、改变作业方式，不断提高作业效率和降低作业成本。

13.3.2.6　注意成本控制措施的融入问题

成本控制中一个十分突出的问题，是如何把成本控制措施融入具体的业务过程和管理过程中加以实施，使成本控制方法真正发挥作用。因此，要有先考虑到这些措施与各部门具体业务工作的可融合性，将成本控制的理念、方法、规章制度融入各部门的业务工作过程之中，融入企业员工头脑中去，才有可能变成真正有效的成本控制措施。

13.3.2.7　充分利用计算机管理技术，提高成本管理水平和管理效益

电子计算机成为现代成本管理提供了条件，它存储信息量大、运行速度快，能够及时提供成本管理的有用信息，加快信息的处理和反馈速度，使成本管理人员增强业务处理能力。充分利用计算机技术来进行成本要素的优化配置管理，能够堵塞漏洞，促进成本管理水平和管理效益的提高。

13.3.2.8　建立健全成本控制体系，实行十严格的成本管理责任制

成本控制体系涉及成本管理的制度保障和组织保障，它们是成本管理措施和方法顺利实施的基础和依托。为此需从以下几方面说明：

第一，确定企业成本目标并逐级分解落实；在此过程中要强调授权，给下级一定的自主权，减少干预，在统一的目标下发挥下级的能动性和创造精神。

第二，充分发挥责任会计核算作用，及时分析和控制内部成本差异，此外还要实行例外报告制度，对预算中未规定的事项和超过预算限额的事项，要及时向相对应的管理级别报告，以便及时采取对策。

第三，建立成本否决制度，强化成本控制约束制度，还需要强有力的制度约束和适当的激励机制和监督机制与之相结合，才能保证成本控制的有效实施。

13.3.2.9　把战略观念融入成本管理，建立战略成本管理观念

战略成本管理所追求的，是在不损害企业竞争地位前提下的成本降低途径。按照这种观念，如果某种成本控制措施在成本降低的同时削弱了企业的竞争地位，那么这种策略就是不可取的。要改善企业的相对成本地位从而获得竞争优势，不仅需要日常的成本管理策略，更需要在战略和价值链上做出重大调整。不仅如此，战略性成本管理观念还强调，在激烈的市场竞争中，为了及时了解环境、内部条件和竞争对手的变化可能带来的机会和威胁，还应该建立起成本预警分析系统，对外部环境、竞争对手及企业自身变化进行长期的观察，对可能出现的重大变化及其对成本产生的影响做出及时预报，使企业能够有充裕时间做出成本管理方面的反应。

参考文献

[1] 李晓东:《中国经济效益理论研究的历史回顾与分析》,《改革与战略》,2008年第8期。

[2] 托马斯·G.罗斯基:《经济效益与经济效率》,《经济研究》,1991年第11期。

[3] 周莉莉:《浅谈企业经济效益分析》,《经济教育研究》,1996年第2期。

[4] 陈思维,王会金,王晓震:《经济效益审计》,中国时代经济出版社,2002年。

[5] 姜继斌:《经济效益与经济效果》,《经济理论与经济管理》,1985年第3期。

[6] 崔彤:《经济效益审计学》,天津人民出版社,2002年。

[7] 马克思,恩格斯:《马克思恩格斯全集》第26卷,人民出版社,1974年。

[8] 李强:《企业市场分析的理论与方法研究——以大连实德为例》,辽宁工程技术大学硕士学位论文,2005年。

[9] 何德炬,方金武:《市场价值法在环境经济效益分析中的应用》,《安徽工程科技学院学报》,2008年第3期。

[10] 徐海见,《谈如何建立企业经济效益考核体系》,《现代商业》,2012年。

[11] 琼斯,乔治:《当代管理学》,郑风田,等译,人民邮电出版社,2005年。

[12] 斯蒂芬·P.罗宾斯,玛丽·库尔特:《管理学》,孙健敏,等译,中国人民大学出版社,2008年。

[13] 王凤彬,李东:《管理学》,中国人民大学出版社,2003年。

[14] 陈希孺:《数理统计学简史》,湖南教育出版社,2002年。

[15] 陈希孺:《数理统计引论》,科学出版社,2007年。

[16] 谢启南,韩兆洲:《统计学原理》,暨南大学出版社,2006年。

[17] 胡玉明,丁友刚,卢馨:《管理会计》,暨南大学出版社,2010年。

[18] 陈共荣,左旦平:《财务分析学》,湖南人民出版社,2008年。

[19] 王美涵,李儒训,耿汉斌:《财务百科全书》,辽宁人民出版社,1993年。

[20] 王克勤,秋兰:《企业经济效益定量分析》,中国统计出版社,2000年。

[21] 胡玉明,丁友刚,卢馨:《管理会计》,暨南大学出版社,2010年。

[22] 杨妍珑:《浅议杜邦分析法和因素分析法在财务管理中的应用》,《财政监督》,

2010 年第 10 期。

[23] 石峦:《企业经济效益分析方法介绍》,《农牧业经济》,2010 年第 8 期。

[24] 巴曙松,矫静:《上市公司如何提高市值溢价》,《新财经》,2007 年第 1 期。

[25] 边智群,杨耀峰:《上市公司如何进行市值管理》,《湖北经济学院学报》,2007 年第 6 期。

[26] 戴维·扬,斯蒂芬·F.奥伯恩:《EVA 与价值管理：实用指南》,李丽萍,等译,社会科学文献出版社,2002 年。

[27] 蒋陈:《客户关系管理的运用策略初探》,《现代金融》,2007 年第 2 期。

[28] 刘国芳:《上市公司离不开市值管理》,《中国企业家》,2007 年第 13 期。

[29] 刘国芳,等:《构建科学的市值管理绩效评价体系》,《董事会》,2007 年第 11 期。

[30] 刘星等:《运用 EVA 的修正指标衡量我国上市公司的业绩》,《商业研究》,2002 年第 10 期。

[31] 上海荣正投资咨询有限公司:《中国上市公司高管薪酬及持股状况综合研究报告暨中国企业股权激励状况综述(2000)》,《证券时报》,www.p5w.net,2006—7—15。

[32] 施光耀,邵永亮:《市值管理时代悄然来临》,《董事会》,2007 年第 11 期。

[33] 孙孝立:《公司市值管理全流通时代的"革命"》,《资本市场》,2007 年第 9 期。

[34] 唐现杰,温旭伟:《后股权分置时代上市公司绩效评价的核心——资产市值》,《商业会计》,2007 年第 21 期。

[35] 唐志勇:《市值管理"3 板斧"》,《上海国资》,2007 年第 5 期。

[36] 汤姆·科普兰等:《价值评估：公司价值的衡量与管理》,郝绍伦,等译,电子工业出版社,2002 年。

[37] 伍华林:《我国上市公司市值管理问题研究》,《经济导刊》,2007 年第 11 期。

[38] 朱陵川:《全流通时代的市值管理》,《财经界》(下旬刊),2007 年第 5 期。

[39] Jorg Budde. Performance Measure Congruity and the Balanced Scorecard. *Journal of Accounting*,2007,3.

[40] Ronte,Hanno. Value-based management. *Management Accounting*,1998,76.

[41] R.格伦·哈伯德,安东尼·P.奥布赖恩:《经济学(微观)》,机械工业出版社,2011 年。

[42] 孔颖:《影响我国城市住宅供求关系的相关因素研究》,吉林大学硕士学位论文,2006 年。

[43] 高鸿业:《西方经济学(微观部分)》,中国人民大学出版社,2008 年。

[44] 吴学翠:《基于蛛网理论的蔬菜价格波动研究——对大连市场供求与流通的比较分析》,东北财经大学硕士学论文,2012 年。

[45] 田晖:《消费经济学》,同济大学出版社,2006 年。

[46] 陈燕武:《消费经济学：基于经济计量学视角》,社会科学文献出版社,2010 年。

[47] 杜吉泽,程钧谟:《市场分析》,经济科学出版社,2010 年。
[48] 李民:《马尔可夫模型的市场预测方法及其应用》,《数学理论与应用》,2005 年第 9 期。
[49] 陈建湘:《关于因素分析法(差额分析法)的应用问题》,《湖南税务高等专科学校学报》,2003 年第 1 期。
[50] 齐文博:《相关分析法在管理中的应用》,《阴山学刊》,2001 年第 12 期。
[51] 张颖:《谈会计平衡分析法的运用》,《现代商业》,2012 年第 9 期。
[52] 贾莲琪:《统计方法在会计分析中的应用初探》,《商业会计》,2001 年第 9 期。
[53] 刘广香:《财务报表分析的基本理论及方法》,《煤矿现代化》,2007 年第 3 期。
[54] 安劲萍:《线性规划在经济分析中的应用》,《中央财经大学学报》,2005 年第 1 期。
[55] 邓延芳等:《财务会计报告编制与分析》,东北财经大学出版社,2005 年。
[56] 陈守文:《成本会计(第三版)》,辽宁人民出版社,2009 年。
[57] 唐婉虹:《成本会计》,清华大学出版社,北京交通大学出版社,2011 年。
[58] 来华,乾惠敏:《成本会计学》,清华大学出版社,2011 年。
[59] 冯巧根:《成本会计》,北京师范大学出版社,2007 年。
[60] 徐纪敏,刘玉凤:《成本会计》,化学工业出版社,2010 年。
[61] 马琳,张五新,唐艳,杨琬君:《成本会计学》,中国市场出版社,2012 年。
[62]《新闻出版产业分析报告摘登》,http://www.chinaxwcb.com.中国新闻出版网,2013—07—10.
[63] 欧阳炽:《基于 DEA 方法的投资基金业绩分析》,《现代商贸工业》,2013 年第 16 期。
[64] 叶茂升,周兴建:《基于 DEA 模型的中国纺织服装企业竞争力评价研究》,《武汉纺织大学学报》,2013 年第 2 期。
[65] 李正辉,袁汝华:《基于超效率 DEA 房地产业投资绩效评价研究》,《工程管理学报》,2013 年第 3 期。
[66] 唐溯:《我国出版上市公司绩效综合评价》,《出版发行研究》,2010 年第 8 期。
[67] 黄霄旭:《出版上市公司"数字化"透视》,《出版广角》,2012 年第 5 期。
[68] 魏权龄:《数据包络分析》,科学出版社,2004 年。
[69] 陈静:《上市公司财务恶化预测的实证分析》,《会计研究》,1999 年第 9 期。
[70] 吴世农,卢贤义:《我国上市公司财务困境的预测模型研究》,《经济研究》,2001 年第 6 期。
[71] Beaver. W. Financial Ratios as Predictors of Failure. *Journal of Accounting Research*, 1966,4.
[72] Altman E I. Financial Ratios: Discriminant Analysis and the Prediction of Corporate Bankruptcy. *Journal of Finance*,1968(3).

［73］党正磊:《基于 logistic 回归的上市公司财务危机预警模型》,《经济研究导刊》,2008 年第 6 期。

［74］杨保安,季海,徐晶:《BP 神经网络在企业财务危机预警的应用》,《预测》, 2001 年第 2 期。

［75］杜巨玲,金茜茜:《化工化纤行业上市公司财务危机预警的实证研究》,《商业会计》,2013 年第 2 期。

［76］李燕,王可:《我国化工行业财务危机预警实证研究》,《知识经济》,2010 年第 23 期。

［77］胡旷:《沪市上市公司财务危机预测分析》,《经济研究导刊》,2012 年第 10 期。

［78］陈志君:《我国通信行业上市公司财务危机预警研究》,北京邮电大学, 2012.

［79］丁日佳,王华民,刘海龙,等:《我国上市公司财务危机预警模型及实证研究》,《煤炭经济研究》, 2008 年第 5 期。

［80］易小红:《行业竞争与公司治理视角下的财务危机预警研究》,西南财经大学硕士学位论文,2012 年。

［81］刘士财:《我国上市公司财务危机预警研究》,哈尔滨工程大学硕士学位论文,2012 年。

［82］史淑君:《中国化工上市公司财务危机预警研究》,北京化工大学硕士学位论文,2012 年。

［83］吕长江,周现华:《上市公司财务困境预测方法的比较研究》,《吉林大学社会科学学报》,2005 年第 6 期。

［84］崔学刚,王立彦,许红:《企业增长与财务危机关系研究——基于电信与计算机行业上市公司的实证证据》,《会计研究》,2008 年第 12 期。

［85］Adelihan D:《火力发电的环保性现状研究》,《科学之友》, 2011 年第 33 期。

［86］张玲:《财务危机预警分析判别模型》,《数量经济技术经济研究》,2000 年第 3 期。

［87］易小红:《行业竞争与公司治理视角下的财务危机预警研究》,西南财经大学硕士学位论文,2012 年。

［88］于秀芝,高占才:《企业财务危机预警的含义、作用及功能》,《中国科技信息》, 2005 年第 24B 期。

［89］宇灿:《基于 logistic 模型的制造业上市公司财务危机预警实证研究》,《经济研究导刊》,2011 年第 13 期。

［90］何惠珍:《上市保险公司财务预警模型选择探讨》,《宏观经济研究》,2010 年第 6 期。

［91］夏炜,叶金福,蔡建峰,李正锋:《非营利组织绩效评估理论综述》,《软科学》, 2010 年第 4 期。

［92］史蒂文·M. 布拉格:《业绩评价指标计算最佳实务》,舒新国译,经济科学出版

社,2006 年。

[93] 朱健仪,苏淑欢:《企业经济活动分析(第 3 版)》,中山大学出版社,2005 年。

[94] 王守业,杜晓光:《现代企业经济活动分析》,中国商业出版社,1996 年。

[95] 彭韶兵,等:《财务风险机理与控制分析》,立信会计出版社,2001 年。

[96] 董华编:《技术经济评价论丛:项目评价出》,中国标准出版社,2008 年。

[97] 都永刚:《浅谈事业单位绩效评估方式的选择》,《江苏省社会主义学院学报》,2012 年第 2 期。

[98] 陈晓曼:《非营利组织绩效评价研究》,北京林业大学硕士学位论文,2011 年。

[99] 王骞:《非营利组织的绩效评价模式研究》,中国海洋大学硕士学位论文,2008 年。